山东省精品旅游绿皮书(2022)

旅游企业创新发展案例

王德刚　孙平　主编

山东大学出版社
SHANDONG UNIVERSITY PRESS
·济南·

图书在版编目(CIP)数据

山东省精品旅游绿皮书.2022:旅游企业创新发展案例/王德刚,孙平主编.—济南:山东大学出版社,2023.12

ISBN 978-7-5607-8034-4

Ⅰ.①山… Ⅱ.①王… ②孙… Ⅲ.①地方旅游业-旅游业发展-研究报告-山东-2022 Ⅳ.①F592.752

中国国家版本馆 CIP 数据核字(2023)第 244245 号

责任编辑 李艳玲
封面设计 杜 婕

山东省精品旅游绿皮书(2022)
SHANDONG SHENG JINGPIN LVYOU LVPISHU(2022)
旅游企业创新发展案例

出版发行 山东大学出版社
社 址 山东省济南市山大南路 20 号
邮政编码 250100
发行热线 (0531)88363008
经 销 新华书店
印 刷 济南新科印务有限公司
规 格 720 毫米×1000 毫米 1/16
23 印张 400 千字
版 次 2023 年 12 月第 1 版
印 次 2023 年 12 月第 1 次印刷
定 价 87.00 元

前 言

创新是发展的原动力。

进入“十四五”以来，国家采取系列政策推动经济社会高质量发展，旅游业作为国民经济体系的重要组成部分和衡量人民群众获得感、幸福感、安全感的重要指标，也在高质量发展的大潮中积极通过求新、求变实现转型升级，努力实现由数量效益型增长向质量效益型增长转变。这种源于旅游业自身发展诉求的内生动力，成为旅游业产品创新、服务创新、业态创新、模式创新和管理创新的原动力。同时，由于新型冠状病毒感染的影响，人们的生活习惯和旅游消费习惯都发生了很大变化，也倒逼旅游业必须通过创新来适应新市场、新需求，来实现新增长、新发展。因此，在刚刚过去的几年中，创新一直是旅游业发展的主旋律。

在政策层面上，自 2018 年以来，在国务院的支持下山东省实施新旧动能转换战略，“精品旅游”被列入全省新旧动能转换“十强”产业，成为全省经济社会发展的重点产业，一系列的政策从资金支持、资源配置、业绩考核和奖励等方面予以重点支持，其中，引导和鼓励创新成为这些政策的主要内容。

正是有国家战略的指引、地方政策的激励、市场的倒逼和旅游产业自身转型升级的内在诉求等多重因素的影响，几年来，在山东省旅游行业内部，创新成为旅游企业谋生存、谋发展、谋跨越的主要路径，也因此涌现出许多具有示范和借鉴意义的成功案例。

收入本次专辑的案例，是在全省旅游行业中通过定向寻访和自愿申报严格遴选出来的。本次收录的案例按性质分为产品业态创新、管理模式创新、科技赋能创新、营销推广创新四类，共23个，细分行业和领域涵盖旅游综合体、景区、旅游交通、民宿和乡村旅游、休闲街区以及研学旅游、旅游科技、旅游演艺等方面。每一个案例都是源于产业发展实践的最前沿、具有原创性的成功典范；市场主体既包括拥有众多优质资源、实力雄厚的国有旅游集团企业，也包含独具特色、有着巨大行业影响力的民营经济实体，既有深耕旅游行业多年的传统旅游企业，也有新进入旅游行业不久的跨界企业。在这些案例中，我们还欣喜地看到，部分旅游科技企业虽然在旅游行业崭露头角，但他们在现代先进技术的旅游化应用，在科技赋能旅游产业发展推动产品创新、业态创新、服务创新、场景创新等方面，已经明显显露出在产业发展中的引领地位和示范作用。更让我们感到欣慰和钦佩的是，许多旅游企业即使是在受到疫情严重影响、收入大幅下滑的情况下，依然坚持不裁员、不降工资的“两不”底线，使企业始终保持了充足的人才家底和较高的生产能力、创新能力。他们因此也能够在逆势中发展、在逆境中创新。这就是我们的旅游企业，这就是我们山东的旅游企业！

但也有遗憾，在本次旅游企业创新案例征集过程中，除研学旅游外，全省传统旅行社企业中一直没有找到符合条件的案例。2022年底，山东全省有3107家旅行社，企业数量不少，但在产品、业态、服务和模式等创新方面，旅行社企业严重滞后。从一定意义上说，传统旅行社已经成为旅游产业的落后产能，如何实现转型升级，开创整个旅行社行业的高质量发展的确也成为全行业的大课题。巧合的是，就在这篇“前言”快要写成的时候，我看到了新东方将进军文旅产业的消息，其前期实验性的“东方甄选看世界”，以董宇辉的“小作文”先行，连续举办了几个目的地营销专场，业绩如下：张家界专场成交25000多单，总销售额达3190万元，总观看人数超过728万人；云南专场订单量达213万，总销售额过亿元，总观看人数突破880万人次；山西专场，总销售额突破1.3亿元，直播间观看人次超过2400万，短视频相关播放量突破3亿次；西安专场，场场观看人数超10万，全网点赞量突破亿级门槛。按俞敏洪的说法，新东方将以“直播＋旅游”这种玩法为核心去布局文旅产业，而其核心竞争力就是新东方能够培养出一批“能讲课”的导游。若如是，旅行社行业未必不会迎来一个新的风口。

时代在变，旅游业的“玩法”也在变。一方面，掌握新知识工具的人正在碾压传统旅游人；另一方面，传统旅游人需要努力学习，去掌握新知识、新工具，在创新中发展。死守传统“玩法”，终将被时代淘汰。

创新永远在路上。

王德刚

山东大学旅游产业研究院　院　长

山东省旅游行业协会　会　长

山东省新旧动能转换重大工程精品旅游产业智库　秘书长

2023 年 7 月

目　录

Ⅰ　产品业态创新案例

Ⅱ　管理模式创新案例

Ⅳ 营销推广创新案例

I

产品业态创新案例

从文化集成到文旅集群

——泉城欧乐堡度假区实现“文旅集群”模式创新*

▶案例概览

40多年来，李海锋带领山东省坤河旅游开发有限公司，本着“做旅游就是做文化”理念，围绕“文化创意”“精品旅游”两大产业，以旅游塑形、文化铸魂，历经“组建团队、构建船队、打造舰队、铸造航母”四个阶段，深挖仙境文化、齐鲁文化、黄河文化、传统文化、民族文化、和谐文化，将“吃住行游购娱”六要素一体化，将观赏研学、科普教育、体验互动、体育竞技、文艺演出、温泉康养、休闲度假、餐饮娱乐“八大功能”集聚化，建成一个集“十大精品项目”于一体的泉城欧乐堡度假区“文旅集群”商业综合体，特别是齐河博物馆群，更好地讲述了中华民族守正不守旧、尊古不复古的文明传承发展故事。集团成功完成“从文化集成，到文旅集群”模式转化，成功实现“文旅集群”新型业态模式突破与创新，极大满足了新时代“城市大休闲、乡村微度假”服务需求，推动中华优秀传统文化创造性转化、创新性发展。通过全国布局、推广应用，先后建成蓬莱（登州）、德州、福州、泉州、徐州五个“欧乐堡度假区”，实现了发展区域化、体验沉浸化、模式多元化和消费生活化的发展目标。

---

* 本案例由山东省坤河旅游开发有限公司李海锋、李佳珊，蓬莱市文化和旅游局刘妍、管毅，恒丰银行管颖撰写，由山东大学旅游产业研究院/山东省新旧动能转换重大工程精品旅游产业智库改编收录。

引　言

文化是旅游的灵魂,旅游是文化的土壤。只有文旅融合、文旅共创,才能集文化之精华、汇旅游之精粹,才能由“文化集成”走向“文旅集群”,写出最真、最美、最好的文章,才能“以守正创新的正气和锐气,赓续历史文脉、谱写当代华章”①。

“做旅游就是做文化”,山东省坤河旅游开发有限公司(以下简称“公司”)成立之初便以“传承文化”为初心,多年根植文旅产业,在发展中创新、在创新中转型,从“文化集成,到文旅集群”,形成了产业集群,走出了一条以文赋能、以文制胜的发展之路,铸造出“泉城欧乐堡度假区”,锻造成“文化旅游产业集聚区”。

公司在李海锋的带领下,深挖黄河文化、齐鲁文化、传统文化、和谐文化,依托深厚的文化底蕴和丰富的旅游资源,踔厉奋发、勇毅前行,从“文化集成”走到“文旅集群”,不断创新、创建文化旅游新产品,尤其是以“齐河博物馆群”(黄河文化博物馆群)为领军项目的“文旅集群”新型业态经营模式、商业运营模式创新,使文旅产业发展区域化、体验沉浸化、模式多元化、消费生活化,较好满足了“城市大休闲、乡村微度假”的服务需求,深得社会广大群众满意,深受政府行业部门好评,成为山东乃至全国文旅产业化、示范化的标杆。

一、立足文化,创新模式

遵循李海锋“吸纳外来、洋为中用,不忘本来、古为今用,开创未来、创新发展”的文化旅游产业创新发展理念,坤河旅游公司将散落在各处的文化珍珠串点成线、织线成面,经过深化、细化、优化、升华,由文化集成到文化集聚,再到文旅集群,创建出一个庞大的文化资源宝库,创造出一种“文旅融合”综合体,创造出一种商业运营新模式。“文旅集群”是精品项目拼盘、服

① 《习近平在文化传承发展座谈会上强调:担负起新的文化使命　努力建设中华民族现代文明》,《人民日报》2023 年 6 月 3 日。

务功能拼盘、市场有机组合，是“文旅融合”的硕果，是商业模式的创新，让各种优秀文化强强联合，绽放出无穷的魅力和璀璨的光芒。

(一)艰苦创业，着力构建“蓬莱文化”旅游船队

1984 年，李海锋带领七八个人，从“零”做起，艰苦创业，在餐饮文化、休闲文化、旅游文化产业发展中，探索前行，一路打拼，做大做强，积攒下第一桶金，积累了创新发展的“第一桶经验”，逐步走上蓬莱“仙境文化”传统发展之路。

2003 年，凭借对“文化产业”的感性认识、对“文化创新”的固有经验、对“创新发展”的超前思维，李海锋以 2.08 亿元的注册资本，设立蓬莱八仙过海旅游有限公司，挑选精英，重组团队，深入挖掘八仙文化、三仙山文化、海洋文化、古典建筑文化、北方园林文化、地方民俗文化、西方游乐文化，适时将“蓬莱文化”之魂创造性转化为“旅游景区”之形，推进“文旅融合”创新性发展。经过 6 年多的创建，形成集文旅项目投资研发、地方文化集聚展示、北方园林文化汇集汇聚、海洋文化科普教育、神仙文化展示利用、乐山乐水文化综合运用、中西文化有机融合、研学文化休闲旅游等八大功能为一体的“文旅集群”综合体。

公司先后投资近 100 亿元，建成运营了“五加三”“八大文旅精品项目”，创新出“蓬莱文旅集群”业态经营、商业运营新模式雏形。其中，“五大文化景区”包括代表“八仙文化”的八仙过海景区、代表“仙山文化”的三仙山风景区、代表“海洋文化”的蓬莱海洋极地世界、代表“游乐文化”的欧乐堡梦幻世界、代表“乐水文化”的欧乐堡水上世界。“三大文化配套”包括代表“古典建筑文化、北方园林文化”的三仙山大酒店、代表“西方骑士文化、东方海洋文化”的欧乐堡国际酒店、代表“地方民俗文化、精品民宿文化、滨海旅游文化”的蓬莱度假中心。

(二)创新创造，全力打造“齐鲁文化”旅游舰队

缘起黄河滩，情定母亲河。2009 年，李海锋带领团队，走出蓬莱，放眼山东，从烟台蓬莱、黄海岸边，来到德州齐河、黄河岸滩，选址 2008 年解禁的泄洪区，带领农村脱贫致富，带领群众乡村振兴，让荒滩变成宝地，让农民变成旅游产业职工，带领齐河快步进入黄河流域生态保护和文旅产业高质量发展快车道。

李海锋注资 2.27 亿元，在黄河泄洪区内设立山东省坤河旅游开发有限

公司,规划 10 平方千米,总投资 210 亿元,倾力打造泉城欧乐堡度假区(见图 1)“文旅集群”。将蓬莱成熟的创意创新研发平台升级为“坤河文旅创新中心”,并于 2021 年 2 月被山东省发展和改革委员会评为“山东省服务业创新中心”。设立创新研发经费预算 8800 万元,并采取保底不封顶的方法,只要有利于项目创新研发,就全力配套支持,经费追加,服务配套。先后聘请国内外顶级专家教授组建“创新研发”核心团队 7 人组、“智库”12 人、“外脑”20 人,以“文化创意”为先导、以“产业创新”为主流、以“文旅集群”为己任,全力开展“从文化集成,到文旅集群”产业科技创新,集成“蓬莱文化”,打造“齐鲁文化”,创建具有“黄河流域生态保护”文化特色的泉城欧乐堡度假区“文旅集群”。2020 年 3 月,李海锋团队被山东省人民政府授予“第四届山东省文化创新奖”,让山东乃至全国人民再一次见证李海锋创新团队的“拼劲猛劲忍劲、创意创新创造、超前超越超卓”的实力,见证“文旅集群”新型业态经营模式、新型商业运营模式领军全省乃至全国文化旅游产业在“黄河流域生态保护”道路上健康、快速、高质量发展。

图 1　泉城欧乐堡度假区正门[①]

(三)创造升华,倾力铸造“中国文化”旅游航母

“从文化集成,到文旅集群”,李海锋带领创新团队攻坚克难、奋力开拓,一路走来,集成仙境文化、蓬莱文化、齐鲁文化、黄河文化、中华文明,成就了泉城欧乐堡度假区“文旅集群”新型商业模式,在黄河之滨、济南西岸,矗立

① 本案例图片均由泉城欧乐堡度假区提供。

起一座气势恢宏的历史文化丰碑。

文化引领，模式创新，李海锋丝毫没有停歇前行的脚步。2015 年，他将泉城欧乐堡度假区“文旅集群”商业模式升级升华、布局全国，带领团队，先后到福州、泉州、徐州三地进行文化传播和推广应用，规划建成了升华版的福州欧乐堡度假区文旅集群、泉州欧乐堡度假区文旅集群、徐州欧乐堡度假区文旅集群，对标上海迪斯尼、广州长隆、北京环球影城、大连海昌等大型同类项目，差异化布局，集群化超越，让“中华优秀传统文化得到创造性转化、创新性发展”①，倾力铸造新时代“中国文化”旅游航母。

目前，公司“五大文旅集群”共拥有板块式文旅项目 30 个，总投资近 400 亿元，日益成为全国文旅产业一个龙头、一面旗帜、一个标杆，带动文旅及上下游链上产业健康、快速、高质量发展。

二、盘活资源，凸显亮点

（一）汇集民间文化传说，创新地方特色文化瑰宝，让失落文化重现

中国文化源远流长，中华文明博大精深。“做旅游就是做文化”，就是让文化落地生根、发扬光大。“只有全面深入了解中华文明的历史，才能更有效地推动中华优秀传统文化创造性转化、创新性发展。”②八仙传说、八仙文化、三仙山文化、民间传说、民间文化等诸多神仙文化是蓬莱地方文化的重要组成部分，但长期以来散落民间，流散久远，多为碎片，随着时光流逝，地方文化渐行渐远，有的甚至流逝殆尽。

对此，公司将挖掘文化精髓作为文旅项目研发起点，组织专业人员，深入田间地头、乡村隅落，采取各种措施、手段、方式，对神仙文化、民间文化进行搜罗、采集、编撰，根据文化内容分门别类进行文化集成、规划设计，创新创造出八仙过海景区，三仙山风景区，三仙山大剧院、三仙山大酒店建筑群，欧乐堡国际酒店、欧乐堡海洋酒店、欧乐堡骑士度假酒店建筑群，黄河国际

---

① 习近平:《高举中国特色社会主义伟大旗帜　为全面建设社会主义现代化国家而团结奋斗——在中国共产党第二十次全国代表大会上的报告》，人民出版社 2022 年版，第 10 页。

② 习近平:《在文化传承发展座谈会上的讲话》，人民出版社 2023 年版，第 1 页。

酒店建筑群，黄河文化博物馆群等。将民间文化做成景区，落到实处，让民间文化落地生根、创新利用，留下新的文化遗产。同时，创作一台大型史诗歌舞剧《仙境蓬莱·和之魂》，包括秦始皇东巡求仙、八仙过海各显神通、海上丝绸之路、英雄戚继光抗倭保海疆、天宫开盛筵群仙庆升平等，面向广大游客、社会群众展演。传播"蓬莱文化"，讲好"蓬莱故事"，延续历史文脉，坚定文化自信，保护、传承、弘扬蓬莱文化，让蓬莱文化发扬光大、万古流芳。

(二)搜集海洋水生动物，创新海洋科普教育基地，让海洋文化汇聚

浩瀚的海洋无边无际，水生野生动物种类繁多，为了能让广大群众特别是青少年儿童群体认识海洋生物、海洋动物，深度研究海洋文化，了解极地海洋动物生活习性、生活状态、成长故事、救助知识、救护经验，公司建成了蓬莱、泉城、福州、泉州、徐州五大"海洋极地世界"，将各种典型的海洋动物、南北极动物汇集起来，进行饲养繁育、展示利用、收容救护，为广大群众提供科普馆、研学基地、休闲度假空间。

德州齐河"泉城欧乐堡海洋极地世界"(海洋动物科普馆)就是一处大型水生野生动物保护、驯养、繁育、展示基地，占地300亩，展示面积10万平方米，内容包括海洋鱼类及其他水生野生动物的保护、养殖、表演、观赏、繁育等，拥有热带雨林、海底隧道、海洋生物、极地动物、环幕影院、科普教育、水下剧场、海洋剧场等10多个展示区、表演区和研学科普教室、大讲堂、多功能厅、会议室，是一个集观赏性、趣味性、知识性、体验性于一体的大型海洋动物科普馆。2012年被国家旅游局评为"国家4A级旅游景区"、被中国海洋学会评为"全国海洋科普教育基地"，2020年被山东省教育厅、发改委、文旅厅评为"山东省省级中小学生研学基地"。

(三)集聚中西方设备，创新竞技游乐梦幻世界，让中西文化合璧

体育竞技、设施游乐项目在国内比比皆是，但文旅融合、中西方文化合璧的屈指可数。为了能够让青少年拥有一个更宽广、更高远、更奇特的挑战平台，公司研发团队从世界各地遴选精品游乐设施、新奇项目、惊险项目、体育项目、竞技项目，建成了欧乐堡梦幻世界，让人们挖掘潜能、倾情体验、尽情尝试、挑战极限，分年龄段操练、玩转世界顶级体育竞技游乐项目。

欧乐堡梦幻世界占地1700亩，建筑面积16万平方米，总投资26亿元，布设体育竞技文化娱乐项目60多个，同时还有俄罗斯国际大马戏表演场，成吉思汗马战、马术表演场，音乐灯光烟花秀广场，无人机群表演场，国际音

乐节演唱会，大型车队文艺巡演，商业街街头流行秀等文化娱乐表演项目，成为北方规模巨大、品类众多、科技感十足的大型文化旅游综艺展示主题乐园，2015 年被国家旅游局评为“国家 4A 级旅游景区”，2020 年被山东省教育厅、发改委、文旅厅评为“山东省省级中小学生研学基地”。

（四）遴选历史经典建筑，创新历史建筑文化集群，让历史文化复原

古代经典建筑是历史与文化的载体，是一个民族历史文化存在、延续和伟大复兴的见证，对重要历史建筑进行复原研究，对文化史、艺术史、建筑史等中华民族文化“伟大复兴”具有重大意义。习近平总书记讲过：“一个博物馆就是一所大学校。”[①]坤河旅游公司以“重现历史文化”为目的，建设“齐河博物馆群”项目，通过建筑载体，向游客讲述古老的故事、传播中华民族文化。

“齐河博物馆群”（见图 2）是李海锋会同清华大学建筑学院教授、清华大学建筑历史与文物保护研究所所长王贵祥一起联合团队进行研发创建的历史时期跨度长、复原研究和设计方法科学、成果极具开创性的标志性落地项目。项目总投资 120 亿元，占地5000 亩，建筑面积82 万平方米。项目以中国传统文化为载体，将古典建筑与古典园林艺术进行有机结合，运用清华大学建筑历史与文物保护研究所多年科研成果，依托原有自然风貌，建成集传统建筑、自然文化、教育成长三位一体的大型古典园区，打造了一个高品质和高品位的中国历史文化综合体。外围绿树清水环绕，河岸历史古城墙耸立，城内叠山理水，建有气势恢宏的北方古典园林。山水园林中建有 20 个博物馆，建筑主体取材于中国历代著名经典建筑，同时建有 10 个青少年教育成长基地、研学基地。

“齐河博物馆群”是当代精品、未来遗产。项目建成后，荣获多项荣誉。2020 年 12 月，被中共中央宣传部评为“国家文化产业发展项目库”首批入库项目。2023 年 3 月，“齐河博物馆群”项目被山东省委省政府确定为“山东省文化体验廊道重点项目”。正是李海锋多年来在文化旅游创意领域的深耕探索，成就了“文旅集群”领军之作、“文旅创新”巅峰之作，让这座以“中国古代建筑文化”为主题的大型山水园林，屹立在齐鲁大地、黄河岸边，成为展示中国历朝历代经典文化的丰碑，成为中华文明标志性文化工程。

---

① 中共中央文献研究室编：《习近平关于社会主义文化建设论述摘编》，中央文献出版社 2017 年版，第 193 页。

图 2　齐河博物馆群

三、关注生态，抢抓机遇

黄河文化是中华文明的重要组成部分，是中华民族的根和魂。在习近平总书记的亲自谋划和部署下，黄河流域生态保护和高质量发展上升为重大国家战略，也为发展黄河文化带来了新的发展机遇。

为做好“精品旅游”中的极品项目，公司乘势而上，聚势而强，本着人与自然和谐共生的发展理念，借力黄河流域生态保护和高质量发展的国家战略机遇，紧紧围绕生态保护、生态修复、生态维护，深度创新创造集环境修复、生态景区、研学基地、红色教育、影视基地、商业会展、休闲康养、精品民宿于一体的新型业态经济模式，全面拓展生态保护和文旅产业高质量发展新局面，为以省会济南为中心的周边城市打造“城市大休闲、乡村微度假”后花园。

(一)倾力打造绿色空间

习近平总书记鲜明指出：“从民本到民主，从九州共贯到中华民族共同体，从万物并育到人与自然和谐共生，从富民厚生到共同富裕，中华文明别开生面,实现了从传统到现代的跨越,发展出中华文明的现代形态。”①

近年来,公司坚持山水林田湖草沙一体化保护和系统治理,统筹产业结构调整、污染治理、生态保护,依托黄河西岸、玉带湖畔的临水湿地、草泊、池塘、水洼、杂树林、荒泊地、零星空地等基底自然资源,实施生态系统保护和修复重大工程,实施生物多样性保护重大工程,规划占地 1700 亩、水面 300 亩,总投资 16 亿元,总建筑面积 19 万平方米,建成一处动植物科普教育基地——泉城欧乐堡动物王国。项目拥有“亚洲森林”“狂野非洲”“鹦鹉世界”“熊猫王国”“萌宠乐园”“灵长王国”“鸟语湿地”“飞鸟奇缘”八大区域板块,养殖珍稀野生动物 200 多种,展示古生物化石 800 多种,展示野生动物标本 1000 多种,种植珍稀植物 10000 多种,为协同推进降碳、减污、扩绿、增长做出了重大贡献。同时配套建有八大生态休闲主题餐厅、六大科普教育场馆、一家动物医院、一处饲料加工场等,是集古生物化石研究、动物标本研究、珍稀植物种植欣赏、野生动物驯养繁育、濒危动物收容救护、受伤动物医疗救助、科普研学体验教育、观光休闲旅游度假等于一体的自然生态环境科普基地、文化旅游教育绿色营地。2020 年 11 月,被山东省教育厅、发改委、文旅厅评为“山东省省级中小学研学基地”和科普教育基地。

(二)匠心铸造生态乐园

修复性建成动植物科普教育基地后,公司在总经理李佳珊的带领下,创新创建,创新发展,在基地内深度植入专供研学旅游、深度体验、休闲度假等群体活动的精品民宿,匠心铸造融入式沉浸空间,让人们住进民宿,与动物亲密互动,与植物零距离接触,融入自然、融入生态,在自然中研究动植物,在动植物中享受大自然,多维度、多层次、深度体验人与动物、人与自然、动物与自然共生共存、和谐相处的绿色空间,沉浸式体验人与动物共生共息、相伴同眠的主题乐园,让精品民宿成就人们与动物、与植物共享生态、共享自然的圆梦空间。

五星级旅游民宿根植基地中央、玉带湖畔,总投资 4500 万元。北侧入园,可与大长腿、大长脖、大长睫毛的绅士长颈鹿先生一起悠闲漫步绿色庄园,共享一场优雅早茶、互动午餐。东侧是斑马先生的私家花园,可来一场野外散步,共享一帘情意缠绵。西侧是亚洲象、河马先生的私属领地,可玩水嬉戏、投喂休闲,互动无限。此外,民宿周边非洲肯尼亚餐厅、非洲仙人掌

① 习近平:《在文化传承发展座谈会上的讲话》,人民出版社 2023 年版,第 6 页。

餐厅、非洲杰克餐厅以及长颈鹿餐厅、熊猫餐厅、老虎餐厅、树懒餐厅、拓展餐厅等八大餐厅星罗棋布，非洲美食、饕餮盛宴、岸畔野炊……丰富的自然美食文化让人回味无穷。

民宿装修是非洲肯尼亚风情格调，房间内有“王子房”“公主房”“儿童森林房”，有“主人大床”“树洞小窝”，还有随处可见、为孩子量身打造的动物玩偶、童趣家居、滑梯滑道，超五星级的情趣配套，让游客尽享极致奢华，是亲子互动、闺蜜聚会、情侣约会、生日派对、企业年会的极佳选择。

(三)全力建造黄河保护区

黄河北展区(黄河国际生态城)位于齐河县城区南部，与省会济南隔黄河相望，1971 年为黄河防洪防凌修建。2008 年 7 月，国务院批复取消防洪防凌任务，北展区全面解禁。2010 年 11 月，山东省政府批准在黄河北展区内设立“黄河国际生态城”省级旅游度假区，规划面积 63 平方千米，确立了“三分之一水、三分之一绿、三分之一建设”的设计理念，精心打造“文化旅游”“商务新城”“休闲养生”三大板块，文旅产业实现了从无到有、从小到大、由弱到强的跨越式发展。

2009 年，李海锋心怀家国，情系黄河岸滩，怀着对“母亲河”的无限崇敬、眷恋与热爱，从黄海岸边来到黄河岸滩，扎根北展区，厚植泄洪滩，以“母亲河”之名，注册了坤河旅游公司。几年来，公司借力新旧动能转换、省会经济圈一体化两大战略叠加交汇新机制，强化“文旅融合”新举措，在黄河流域生态保护和高质量发展国家战略的道路上，瞄准山东省十强产业中的“文化创意”和“精品旅游”，深度创建“沉浸式”生态文化旅游空间，接续打造生态旅游、绿色环保、精品服务项目，在黄河岸滩上建起一个泉城欧乐堡度假区，建成一座十大精品项目商业综合体。同时，潜移默化地向游客传播“人与自然和谐共生”理念，以文化强有力的冲击力和感染力，进入人们的心灵世界，驻留在人们的记忆之中，倡导、呼吁人们保护动物、爱护动物、保护自然、爱护自然，共同筑建美好家园，让文旅服务产品的创造者、开发者和提供者以及考察者、体验者和消费者共同成为“保护生态环境，共建美好家园”的践行者。

十大精品项目包括五大项目基地和五大配套酒店。五大项目基地包括齐河博物馆群(山东省中小学生研学基地、科普教育基地)、泉城海洋极地世界(“国家 4A 级旅游景区”、全国海洋科普教育基地、山东省级中小学生研学基地)、泉城欧乐堡梦幻世界(“国家 4A 级旅游景区”、山东省级中小学生研学基地、科普教育基地)、泉城欧乐堡动物王国(山东省级中小学生研学基地、科普教育基地)、泉城欧乐堡水上世界。五大配套酒店包括泉城欧乐堡骑士度假酒店(金星级文化主题酒店)、泉城欧乐堡温泉商务酒店、长颈鹿庄园(五星级旅游民宿)、黄河国际酒店(超五星级文化主题酒店)、黄河文化酒店群。项目全部达产后,预计年可接待游客600多万人次,实现营业收入20多亿元,拉动地方经济近百亿元,为社会提供工作岗位5000多个,拉动相关产业增加工作岗位近万个。

四、特色服务,便民利民

泉城欧乐堡度假区文旅集群落成后,为当地及周边群众增添一处可供文化交流、休闲度假、研学旅游的多功能活动区域,发展区域化,体验沉浸化,模式多元化,消费生活化,使广大群众能够在有限的假期内安排和享受近距离、高质量的文化旅游休闲活动,在同一旅游目的地进行多品类、多功能的文化旅游项目消费活动,在不同时长假期内享受高尊严、高性价比的精致生活,得到静谧体验。利民为本,造福为民,惠民生,暖民心。

(一)便民利民布局,假日"一地多得"

在一年所有的假期中,泉城欧乐堡度假区文旅集群可满足广大群众在有限的假日时间内近距离安排文化旅游活动的需求,让广大群众在同一旅游目的地参加多类多品、功能各异、精品高端的文化旅游项目活动、享受休闲度假配套生活,满足广大群众在文化交流、观光旅游、体育竞技、康体游乐、研学旅游、科普教育、园林漫赏、洗浴康养、挑战美食的需求。

(二)惠民益民组合,服务"一站全包"

泉城欧乐堡度假区文旅集群是山东省文化和旅游消费集聚区,改变过去文旅活动需要组织多地多个项目"穿点成线"的传统旅行方式,实现文旅活动"一地多得""一站服务""一价全包",让广大群众在同一目的地就能享受多种、多样、精品、优惠的活动和服务,将文化、旅游、体育、美术、研学、科普、美食、住宿、洗浴、康养、娱乐、购物、休闲、生活等精品项目有机组合、统筹运作,推出"游三惠一""游五惠二""游文化惠旅游""游景区惠食宿""品美食惠温泉""洗温泉惠康养"等多种以人为本的惠民、益民、利民套餐,实现业态模式创新、营销模式创新、服务模式创新,成为“文旅融合”及“后文化、后旅游、后消费”业态经营新秀。这种模式在国内少有雷同,业界少有抗衡,具有强劲的竞争力、生命力和发展潜力。

(三)以人为本理念,活动“一价全包”

社会在发展,时代在变迁,随着广大群众的消费能力、消费境界、消费门槛的不断提升和消费心理的不断变化,广大人民群众对文旅项目的种类、种群、区位、团队、设施、服务、水平等的要求也在不断提高。对此,李海锋带领创新团队,超前思维、提前运作、开拓进取、与时俱进,在创新文旅集群新型商业模式的基础上,积极研究未来文旅动向需求,定制适合中产阶级消费的中高端文化旅游活动套餐,创新出“文旅集群+保姆式服务+以人为本”的新型业态经济模式,推进“文旅融合、文旅融创”走出新水平、走上新高地、踏上新征程。

结　语

40 多年的探索前行,40 多年的创新开拓,泉城欧乐堡度假区共获得 74 个省部级荣誉和奖项,李海锋董事长、李佳珊总经理共获得 17 个荣誉奖项。李海锋从步入黄河岸滩荒凉的泄洪区到走出文旅产业繁荣的新天地,从单体项目开发建设到以文化引领旅游高质量发展,一路走来,他走出了一条以文化引领旅游的创新之路、从文化集成到文旅集群的发展之路,“文化创意”扎根李海锋的心底,“精品旅游”彰显李海锋的风采,他弘扬优秀传统文化,传承民族精神命脉,打造精品文旅工程。泉城欧乐堡度假区文旅集群的打造,倾注了他万般心血;“黄河文化博物馆群”的建成,更是他内心世界的真实写照。以文塑旅,以旅彰文,构建出生态保护、文旅融合、高质量发展的远航目标,在黄河岸边挖掘出无限潜力,焕发出勃勃生机,创造出时代价值。“黄河文化博物馆群”也成为保护、传承、弘扬黄河文化的基地,成为讲好“黄河故事”的平台,为弘扬中华民族优秀文化留下了宝贵遗产。

习近平总书记强调,要“坚持以文塑旅、以旅彰文,推进文化和旅游深度融合发展”[①]。下一步,李海锋将带领公司继续深入贯彻落实习近平总书记重要指示,推动文旅提质赋能。

▶启发思考

1.文化是旅游的灵魂,旅游是文化的土壤。所以,做旅游就是做文化,就是将文化元素的“魂”融入旅游土壤的“形”当中,实现形神兼备的文旅融合。新形势下,如何做好“文旅融合”新业态创新、如何做好“一站式”文旅服务新模式创新?

2.泉城欧乐堡度假区文旅集群商业模式创新被行业部门、社会群众认可,并在全国五地示范推广应用,基本实现了发展区域化、体验沉浸化、模式多元化、消费生活化。如何进行下一步的深度运维、高效运作?

3.泉城欧乐堡度假区文旅集群位于黄河之滨、济南西岸,拥有较大的岸滩、丰富的业态,它是一个城市生活综合体,又是一个乡村度假目的地,更是产业链产业端集结地,形成了产业群,构成了集聚区。如何做到以增量拉动存量,以高端拉动中低端?

---

① 习近平:《高举中国特色社会主义伟大旗帜 为全面建设社会主义现代化国家而团结奋斗——在中国共产党第二十次全国代表大会上的报告》,人民出版社 2022 年版,第 45 页。

变历史文化资源为文化旅游产品

——台儿庄古城文化产业发展创新之路*

▶案例概览

本案例描述了台儿庄古城依托历史文化资源进行旅游开发，打造优质文旅产品、发展文化产业的时代背景和主要做法。在城市产业升级的内部需求和文旅融合发展的时代背景下，枣庄市以重建台儿庄古城为突破口，采取“政府主导、市场运作”的开发模式，通过发掘历史文化、保护文化遗产、打造文化景观、植入文化基因等方面的措施，实现了文化产业的创新性发展。实践证明，该模式符合“坚持以文塑旅、以旅彰文，推进文化和旅游深度融合发展”①指导思想，经验做法值得借鉴。

引　言

2006年11月7日，滕州滨湖码头，一行人登上“鲁海巡30号”，沿着京杭大运河航道，缓缓南行。这是一支由枣庄市政府的正、副市长和各部门负责人组成的文化产业发展调研组。晚上9时，调研组一行人在台儿庄登岸。台儿庄区委书记刘玉冰向大家介绍了正要实施的台儿庄运河古镇综合开发

---

* 本案例由枣庄市文旅发展集团有限公司王密撰写，由山东大学旅游产业研究院/山东省新旧动能转换重大工程精品旅游产业智库改编收录。

① 习近平：《高举中国特色社会主义伟大旗帜　为全面建设社会主义现代化国家而团结奋斗——在中国共产党第二十次全国代表大会上的报告》，人民出版社2022年版，第45页。

项目。该项目拟建设一处复合型旅游商贸居住区。这引起了刚上任不久的枣庄市委副书记、代市长陈伟的兴趣。在与调研组成员交换意见后，陈伟决定重新评估台儿庄老城区所蕴含的历史文化价值。此时，一个撬动全市文化产业发展的支点已在他的脑海中呼之欲出。①

一、转型之需，刻不容缓

(一)产业转型升级需求

枣庄是一座因煤而建、因煤而兴的城市，采煤历史可以追溯到1500年前的南北朝时期。在新中国成立后的计划经济时代，国家共计调出原煤4亿吨，总值为64亿元人民币。到2006年，全市煤炭可采量不足6亿吨，按年开采量3000万吨计算，20年内整座城市将矿竭城衰。为此，枣庄市先后引进新奥、韩国SK、联想3个过百亿元的煤化工项目，全市煤化工总投资达470亿元，可形成1500亿元的产业规模，为城市转型奠定了坚实的基础。但从就业角度分析，投资100亿元的煤化工项目只能提供1000个就业岗位，随着一些矿井的关闭以及相关企业的萎缩，枣庄市10年内将有20万人急需转岗，加上现有的14万下岗职工，未来整个城市就业压力剧增。因此，需要大力发展包括文化产业在内的现代服务业。枣庄市现有温泉、湿地和传统文化资源，但整个文化产业体量小、效益差，年收益只有23亿元，从业人员不足5万人。由于市内没有文旅龙头项目，在全面调查和分析比较的基础上，枣庄市最终把发展方向定位于台儿庄。

(二)古城重建“兴台”定位

2006年10月4日，枣庄市委副书记、代市长陈伟到台儿庄区调研，提出了三个“兴台”的发展新思路，即借“河”兴台，做好京杭大运河这篇文章；借“台”兴台，做好同台湾交流与合作的文章；借“史”兴台，做好挖掘台儿庄历史文化的文章。11月7日，陈伟再次来台儿庄区调研后认为，台儿庄老城区内保留的古运河、古码头、古建筑等蕴含着极高的历史文化价值，台儿庄战役遗存具有巨大的爱国主义教育意义，可以作为“世界文化遗产”进行保护

① 参见徐锦庚：《台儿庄涅槃》，人民日报出版社2015年版，第320页。

和复原。基于保护历史文化遗产、改善人居环境和推动城市转型等种种考虑，枣庄市委、市政府果断决策，停止一切可能破坏历史文物的工程施工，尽快实施对台儿庄古城历史街区的调查研究和文物保护工作。经过广泛调研与论证，枣庄市于2008年4月8日正式对外宣布重建台儿庄古城。2009年1月1日，台儿庄古城重建工程破土动工。2013年8月，古城重建主体工程竣工。十余年来，枣庄市以发展文化旅游业为突破口，大力实施“古城重建引领城市转型”战略，以恢复建设台儿庄古城为基点，积极构建文化产业聚集区，实现了文物保护、文化传承与文化旅游的有机结合。

(三)文旅融合时代背景

文化旅游业是文化产业的重要组成部分，是文化和旅游融合发展的产物。因此，加强旅游文化建设，推动文化产品创新，是提升文化旅游产业竞争力的重要手段。在文旅融合时代背景下，旅游是文化的载体和传播途径，文化则是旅游的灵魂和根。缺少文化的内涵，任何一种旅游产品都无法拥有巨大的市场感召力和强大的生命力。台儿庄古城自动议重建以来，通过深入发掘历史文化并将之融入规划设计中，形成了一系列富有特色和内涵的文化旅游产品，既赓续了地方历史文脉，又保障了旅游市场供给，受到社会各界的广泛好评，实现了经济效益与社会效益的有机统一，促进了文化和旅游的融合发展。2013年9月，台儿庄古城文化产业园创建运营模式荣获首届“山东省文化创新奖”。2020年12月，台儿庄古城文化产业园成功创建，成为国家首批9家文化产业示范园区之一。自2010年5月试运营以来，台儿庄古城累计接待游客7000万人次，文化旅游及配套服务业总产值累计达120亿元。

二、政府主导，市场运作

台儿庄古城采取“政府主导、市场运作”的开发模式，先后成立了台儿庄区运河古城恢复建设办公室、枣庄市台儿庄运河城市资产经营有限公司、枣庄市台儿庄运河古城投资股份有限公司、枣庄台儿庄古城保护开发建设管理委员会、枣庄市台儿庄古城旅游发展有限公司等政府机关和国有企业，分别负责项目的论证立项、规划设计、施工建设、行政监督、管理运营等各环节工作。

(一)政府筑基,国企塑体,保证资金投入不超载

2007 年 8 月 6 日,台儿庄区政府设立运河古城文史资料征集办公室。9 月 22 日,进一步抽调人员成立台儿庄区运河古城恢复建设办公室,全面启动项目的论证立项工作。9 月 30 日,台儿庄区国有资产管理局注资 1 亿元成立枣庄市台儿庄运河城市资产经营有限公司,负责开展项目的规划设计工作。

在完成论证立项和规划设计工作后,施工建设和管理运营所需的资金问题摆在了枣庄市决策者面前。枣庄市委、市政府深入调研后认为,如果政府将台儿庄古城重建工程交给民营企业,虽然能减轻财政压力,但是开发商大多追求的是短期利益,不利于古城的生态保护和长远发展。而政府主动引导、国企投资运营,则是确保古城保护质量与资金运转可持续双赢的重要路径。在项目施工过程中,政府的定位是主导和规划,参与建设必要的基础设施;国有企业则负责主体工程的招标和建设,其余资金则主要靠吸引社会投资来实现。围绕项目施工,枣庄市政府配套投资 2 亿元,主要用于道路、水系等基础设施。2 亿元的基础设施建设投入,加上国有企业投资建设的主体工程,不仅带来了商户室内装修的 6 亿元投资,还吸引了大量社会服务业资本。2008 年 11 月 17 日,枣庄市金庄生建煤矿、鲁南(枣庄)经济开发投资有限公司、山东泉兴矿业集团有限责任公司、山东王晁煤电集团有限公司、山东中泰煤业集团有限公司、山东丰源煤电股份有限公司、枣庄市台儿庄区运河城市资产经营有限公司共同出资 4 亿元注册成立枣庄市台儿庄运河古城投资股份有限公司,作为台儿庄古城景区的投资主体,推进各项工程建设工作。政府主导模式下,带动社会资本投入达20 亿元。

(二)三分造景,七分造市,保证开发运营不落空

历史演进的规律无数次证明,城市是“城”和“市”的结合,造“城”先造“市”,市为城本,本固城兴。然而,2009 年以前的枣庄市,没有一辆旅游大巴,没有一个地接导游,没有一家五星级酒店,宾馆只有 4700 张床位,且常年入住率不足四成。在这样的现实窘境下,台儿庄古城如何带领枣庄旅游突围成为一道难题。

枣庄市主要领导深深意识到,在旅游业发展初级阶段,只有在政府的主导下,旅游市场才能率先启动,显现效益,才能带来市场主体的积极主动参与。换言之,市场缺位的地方,政府就要到位。为此,早在项目开工建设之

初，枣庄市就启动了以台儿庄古城为核心项目的“枣庄两日游”营销活动，最终探索出了一条“政府培育市场、市场拉动消费、消费带动投资、投资助推转型”的旅游发展新路。

三、文化为魂，旅游为体

（一）发掘文化基因

征集文献资料。先后从区民政局、水利局、史志办、文化局等部门和居民手中，征集各种书籍 200 余本，收集手绘地图《台儿庄镇“四十年代前及近代示意图”》，为古城修复提供了最有力的证据。

收集老旧物件。主要包括古建筑遗存、石器、生产生活用具、契约、合同、交通运输工具、服饰、饰具等方面的实物和信息，然后统一编号、分类、汇总、整理，并录像、拍照留存。累计收集相关图纸、图片、照片 500 余幅，征集旧石板 600 余平方米、老砖 150 方、其他老旧物品 300 余件。

走访原住居民。先后走访 80 岁以上老人 40 多位，跟踪走访了燕、尤、赵、万、陈、袁、王、骆、郁等家族，初步了解了几大家族的商号、码头、家族兴衰及其当时的居住情况，形成 1 万余字采访材料。

调查历史建筑。通过现场查看、收集老照片、采访老人、入户调查等形式，对规划区范围内的箭道街、繁荣街、丁字街、月河街等主要街道的建筑全面调查，对现存老建筑全部拍照，分类保存，理清临水建筑、徽派建筑、茅草屋、欧式建筑等建筑风格、建筑艺术，形成系统照片和文字资料；对各庙宇进行调查，明确建筑位置、建筑风格、建筑艺术、建筑布局，绘制了部分建筑平面图。

在资料收集和走访调研的基础上，整理出街道、水系、商铺、庙宇、美食等方面的参考材料 200 余万字、照片 1000 余幅，绘制了《战前台儿庄城区示意图》《台儿庄古城胜迹复原图》等相关图纸资料 20 余份，编印了《台儿庄古城文化研究》丛书。[①]

---

① 参见中共枣庄市委党史研究室编:《枣庄市改革开放实录》，方志出版社 2019 年版，第 282 页。

(二)保护文化遗产

1.健全工作机构

成立文化遗产保护管理工作的责任机构——台儿庄古城文化交流中心,并在市政府的关心支持下,从枣庄市博物馆和台儿庄区文化局借调专职干部,从事古城的文物保护工作。一方面,组织开展古城内文物保护的规划设计、普法宣传和执法检查工作;另一方面,与大运河申遗专项工作组等相关部门对接,做好古城内历史文化遗产的清查、资料采集以及运河文化生态的保护等工作。根据大遗址保护的“四有”的要求,大运河申遗成功后,又成立了专门的工作机构——台儿庄古城文化遗产保护管理中心,继续做好和推进大运河遗产保护界桩和标识的设置、档案资料的编制、文物的看管等相关工作。

2.保护历史遗存

对古河道进行清淤,对被掩埋的古码头、古驳岸进行清理,对破损的古码头、古驳岸进行保护性加固和修缮,对古驳岸沿线树木的病害进行防治,对泰山庙等遗址进行专业性的考古发掘。在此基础上,充分坚持古城重建的留古、复古理念,先后委托同济大学国家历史文化名城研究中心等相关单位,制定通过了《京杭大运河与台儿庄大战旧址保护规划》及《台儿庄大运河历史街区保护与发展规划》,对现存的明清水工设施遗址以及清真寺等建筑遗址进行科学保护,对一切有据可依的历史建筑,严格按照原地址、原空间、原风貌、原来材料、原有工艺、原籍工匠等“六原”原则进行复原。

3.推动立法保护

制定《台儿庄古城保护管理条例》,报请山东省人大审议通过,使古城得到立法保护。2013年,《山东省台儿庄古城保护管理条例》在山东省十二届人大常委会第五次会议上正式审议通过。该条例于2014年1月1日起施行,共包含6章36条内容,涵盖古城规划建设、保护、管理、法律责任等方面,明确了古城保护区域、保护措施、处罚规定等内容,为依法保护和合理利用遗产资源、推动古城持续发展提供了重要法律依据。

4.加强执法检查

制定《关于加强古城文物工作的通知》,加强对古城内现存的码头、驳岸等遗址和重建过程中新近发掘之文物的巡视和监管。在纤夫村文物征集工作开展过程中,印发《致广大村民的一封信》,借机对广大村民进行文物保护的普法宣传。《山东省台儿庄古城保护管理条例》颁布后,成立行政执法大队,在上级文物管理等有关部门的指导和支持下,严格遵守古城保护管理条例和文物管理相关规定,对古城加强管理,古城文物保护工作健康有序开展。①

(三)打造文化景观

1.规划设计先行

2007 年 12 月 8 日,规划编制工作正式启动。本着对社会、对历史、对未来负责的精神,以符合历史逻辑为底线,把台儿庄古城放置到大背景上进行论证。重建团队,先后组织了三次以台儿庄为中心的大规模考察。第一次由文化、建设、旅游部门的专业人员,考察沧州、聊城、临清、济宁、淮安、宿迁、扬州、苏州、镇江、杭州等沿运城市以及扬州的瓜洲渡、淮安的河下镇、北京的清河镇、微山的南阳镇等古镇,详细了解不同区域的古建筑风格,对比凸显台儿庄特有的城市底蕴。第二次考察邀请国内著名的古建筑专家,从专业的角度,考评台儿庄古城的建筑设计,为古城重建提出专业性的指导建议。两次考察之后,对京杭大运河进行第三次全线考量,挖掘运河历史,形成文化体系。

此外,还对平遥、罗城、黄龙、阆中、洛带、周庄、同里、乌镇、凤凰、丽江等古城古镇,以及香港、澳门、台湾的古街古庙进行考察学习。前后累计对 150 个地点进行重点考察,拍摄照片 6000 多张。每次考察,除古建筑专业人员和规划设计人员外,还邀请文化学者与建设者一起讨论、推想台儿庄古城的历史面貌。2008 年 8 月,批准通过同济大学国家历史文化名城研究中心教授阮仪三团队编制的《台儿庄大运河历史街区台儿庄运河古城修建性详细规划》。2010 年 4 月,进一步委托苏州科技大学空间设计院时匡团队编制《台儿庄古城二期控制性详细规划》,2011 年 2 月批准通过。后又委托枣庄市城乡规划研究院在此基础上编制更为详细的《台儿庄古城重建项目(二期)规划》。② 详细的计划编制工作为台儿庄古城后续建设提供了有力依据,打下了坚实的基础。

2.施工建设同步

2009 年 1 月 1 日,试验性项目万家大院开工建设。8 月 11 日,景观建设

① 参见吴欣主编:《中国大运河发展报告(2019)》,社会科学文献出版社 2019 年版,第 292～293 页。

② 参见陈伟:《复活古城台儿庄》,中华书局 2012 年版,第 118 页。

工程全面启动。2010 年 5 月至 2019 年底，各街区陆续建成开放。2021 年 8 月 2 日，扫尾工程东护城河南段竣工。累计完成建筑面积 25 万平方米，共建成主街 10 条、驳岸 22 千米、城墙 2.7 千米（建筑面积 1.5 万平方米）、城门 6 座、水门 6 座、单体建筑 1088 座、院落 218 栋、桥梁 72 座、码头 120 个，铺设各类管线 100 千米，开挖河道长度 11 千米，水域面积 21 万平方米，栽植香樟等名贵树种约 7000 棵，累计用砖约 3600 万块、瓦约 2800 万块、木材约 1.6 万立方米、石材约 27 万立方米。

在科学保护明清水利设施和台儿庄战役遗址等历史遗存的基础上，恢复了城池及城内因战争等人为因素毁坏的建筑。基于历史认知限制和现实功能诉求，重建的古城建筑打破了原有的时空格局，选择性地将不同历史时期的精华建筑融为一体，重新规划，根据审美需要艺术性地穿插传统中式建筑、园林或街景，以求做到外观上的和谐统一及旅游经济效益的实现。同时隐性配置现代化的水电管网系统，以求重建后的建筑可以更好地发挥使用价值。

（四）厚植文化基因

1.传承运河文化

为再现运河古城历史风貌，修复了大衙门街、后大路、月河街、顺河街、北河涯、丁字街、箭道街、姜桥街等历史街区和蝎子汪、庙汪等水系汪塘，重建了参将署、县丞署、闸官署、天后宫、关帝庙、泰山行宫、东岳天齐庙、金龙四大王庙等官署和庙宇。为展示运河文化古今风情，打造了台儿庄运河奏疏展馆、中国运河招幌博物馆、运河漕帮镖局博物馆、中国运河粮仓博物馆、运河酒文化馆、运河税史馆等专题展馆和大运河非物质文化博览园、运河街市美食街等主题街区，安装了《修船》《惊奇》等展示沿运地区居民生活场景的雕塑，编排了《乾隆巡游台儿庄》实景演出，开展了开河节、大运河文化带优秀非物质文化遗产展演、运河沿线城市创新发展研讨会等文化活动。2014 年 6 月 22 日，位于台儿庄古城内的 3 公里运河故道成功入选为世界文化遗产“中国大运河”的 27 处遗产河道之一。2017 年 12 月 2 日，在第二届中国大运河国际论坛上，台儿庄古城荣获“中国大运河文化带经典案例奖”。枣庄市近年来通过挖掘台儿庄丰富的运河资源，再次实现“因河而兴”，[①]成

① 参见新华社：《“一河渔火，十里歌声”——大运河畔抗战名城台儿庄“因河而兴”》，2017 年 7 月 24 日，http://www.xinhuanet.com/politics/2017-07/24/c_1121371315.htm。

为“遗产保护示范之城”。[1]

2.深耕红色文化

打造红色文化阵地。建造了“同龄时代”“小敢死队员”“刘守玟”“罗伯特·卡帕”“粮包工事”“盐包工事”“民族魂”“英雄归来”等主题雕塑,开辟了台儿庄大战遗址公园,开设了台儿庄大战遗物陈列馆、台儿庄大战故事馆、台儿庄大战战地报道史料馆、罗伯特·卡帕台儿庄大战影像史料馆、女中学生刘守玟抗战事迹馆等主题展馆,编排了鼓乐剧《台儿庄大捷》、皮影戏《台儿庄大战》、实景演艺《烽火家园》等主题演出,还在驿站广场常态化播放《血战台儿庄》等老电影。

举办红色文化活动。先后举办了两岸抗战文学论坛、台儿庄大战与60军学术研讨会等讨论活动,中国抗战正面战场图片实物、山东抗战老兵影像、台儿庄大战烽火记忆图片、日本军国主义罪行图片、侵华日军罪证史料、中国抗战文化藏品交流大会等展览活动,“英雄台儿庄”抗战主题雕塑、“英雄台儿庄”抗战主题摄影等赛事活动,追思河灯会、台儿庄大战无名英雄遗骸集中安葬、忠烈祠落成仪式暨抗战阵亡将士追思、“英雄归来”雕塑落成揭幕等纪念活动。开展红色文化教育,开发了“台儿庄抗战精神”干部教育和中小学生研学爱国主义教育课程,设立台儿庄干部教育基地现场教学点6处、中小学生研学教室2处。

3.弘扬传统文化

打造年文化品牌。突出元旦、春节、元宵三大节点,承办“好客山东”贺年会、中国春节旅游产品博览会,与凤凰卫视联合举办春节文化论坛等活动,打造“北方第一大年”,“到最有年味的台儿庄古城过大年”成为山东旅游的新名片。

打造非物质文化品牌,对运河大鼓、柳琴戏、皮影戏、竹马会等地方非物质文化遗产进行系统挖掘、还原,在景区内常态化展演,推动非遗活态传承。目前,已有30多个非物质文化遗产展演项目落户古城,2012年9月,成功承办了第二届中国非物质文化博览会。打造“明德古城”品牌,着眼于弘扬优秀传统文化,建设中华珠算博物馆、私塾文化展馆、中医文化展馆、武科举文化展馆、枣庄古代清官廉吏展馆等专题展馆,打造中小学研学旅行目的地,现已有20余家高校在古城设立研学基地。

---

① 参见李鲲、孙晓辉、俞菀等:《旧运河,新担当——流动的文化动脉:大运河新使命调查(之二)》,《半月谈》2017年第14期。

4.焕新文旅产品

当前,在枣庄市委、市政府“工业强市、产业兴市”的战略指引和枣庄市文旅发展集团的具体指导下,台儿庄古城立足“国际知名旅游目的地、运河文化传承核心区”的定位,正以充满自觉奋斗的情怀实施“焕新计划”。一是焕新演艺曲目,联合国内知名团队,打造夜游光影秀、复兴楼大型实景演艺等项目,形成全域文旅沉浸式集群演艺;二是焕新商业活力,开启“沉浸体验+业态融合+场景搭建”的新商业模式,打造高端化、个性化极具吸引力的客栈酒店和特色民宿;三是焕新文创产业,对文创品牌及产品进行全线升级且邀请成熟的文创知名品牌入驻景区,打造以“梦的礼物”为核心的文创品牌集群;四是焕新服务升级,推进景区游客服务中心配套设施项目,建设“商业+智能停车+智能充电桩+智能加油”于一体的景区配套商业综合体,完善游客购票、讲解、接待等服务功能。

四、卓有成效,不断完善

(一)文化遗产得到活态化保护

通过一系列保护性开发工作,台儿庄的文化遗产得到了有效传承。台儿庄古城内现有明清运河水工设施和大运河历史文化街区两处文化遗产集群。明清运河水工设施包括3公里的古河道、1.5公里的古驳岸和13处古码头。大运河历史文化街区主要是指顺河街、丁字街、月河街等临河、近河街区,包括12处明清城市建筑遗存、34通古石碑等史迹。为确保历史遗迹得到充分保护,在古城重建前,考察团队进行了充分的走访调研,并邀请专家制订了开发规划。在重建过程中,严格依据相关法律法规,在文物部门的指导下,对相关遗址进行了科学开发和管理,得到了包括国家文物局原局长单霁翔在内的众多领导和专家的认可。大运河申遗专家舒乙就曾评价说:“我在世界范围内也看到过很多历史文化名城。做得最好的,是京都,但是我意外地发现,台儿庄做得几乎比京都还要好,我觉得它的意义已经超过了中国的范围,可以在世界上坐得住。”基于此,台儿庄古城在2011年底被国家文物局批准为首家“国家文化遗产公园”。

(二)历史风貌得到原真性恢复

台儿庄古城是明清时期京杭大运河沿线的一座水旱码头和商贸重镇，1938 年，台儿庄古城被战火化为一片废墟。台儿庄古城在恢复重建时，重点把文化基因融入有形建筑，让古城在原有面貌、形态和规制的基础上“复活”，实现了文化景观与文化空间的有机融合。2010 年至 2019 年，台儿庄古城各街区陆续建成开放。城内共建有 218 栋精品院落和 1088 座单体建筑，打造了运河街市美食街、枕水风情酒吧街、民国怀旧风情街、大运河非物质文化博览园等主题街区和中国运河招幌博物馆、国家安全教育馆、泰山行宫、天后宫等 30 余座文化场馆，共进驻餐饮、住宿、零售、文娱四大类别的商户 400 余家。在台儿庄古城修复过程中，不仅最大限度地保持了明清时期的城市肌理和建筑风貌，而且严格采用传统建筑工艺，使木雕、石雕、砖雕和传统木结构制造技艺得以传承。原城乡建设环境保护部部长叶如棠评价道:“台儿庄历史遗存较少，但体现的文化内涵最丰富，原真性的程度最高。”

(三)文化产品体系不断完善

坚持政府主导下的市场化运营模式，注册成立山东省台儿庄古城旅游集团有限公司，依托丰富的文物遗存和复原的文化街区，大力开展文化旅游、教育培训等文化产业。文化旅游业方面，引入了柳琴戏、皮影戏等非遗表演项目，编排了《乾隆巡游台儿庄》《运河老街》等情景演出，推出了春节大庙会、端午文化节等节会活动，打造了内河摇橹船、古运河画舫等水上产品和火龙钢花表演、《血战台儿庄》老电影、迎宾光影秀等夜游产品，承办了第二届中国非物质文化遗产博览会、首届中国春节旅游产品博览会等会展活动，着力推动由观光游向休闲度假游的产业升级，先后被评为“国家级夜间文化和旅游消费集聚区”和“国家级文明旅游示范单位”。教育培训业方面，着眼于弘扬优秀传统文化，开展爱国主义教育，注册成立了山东大运河文化教育发展有限公司，开发了“探秘世界文化遗产——古运河”“招幌——小小设计师”“鲁班锁——玩转中国乐高”等博物馆文化研学实践课程，累计接待研学学生 60 余万人，被教育部评为“全国中小学生研学实践教育基地”。同时，开发了“台儿庄抗战精神”干部教育课程，先后接待全国 30 多个地方的教育培训班共 104 期，被评为“中共山东省委党校教学调研基地”“山东省统一战线教育基地”“枣庄市干部教育基地现场教学点”，目前已有全国30 多所高校在此设立培训教育基地。

(四)龙头带动作用成效显著

台儿庄古城作为经济发展转型的龙头项目,在枣庄城市经济转型方面发挥了重要作用。一是实现了旅游业内部转型,实现了台儿庄从红色旅游向文化旅游、生态旅游多元形态的发展,并带动枣庄整体从观光旅游向文化休闲旅游转化,改变了旅游业态类型较单一的状态。二是以单行业带动整产业,以单个区域带动整体城市,实现枣庄同城化发展。台儿庄古城重建之初,枣庄作为资源枯竭型城市,处在经济结构转型的关键节点,在从资源城市向旅游城市发展探索的过程中,实现了文化产业跨越式发展。旅游业成为枣庄城市发展新的经济增长点、经济结构战略性调整的重要支点和转变经济发展方式的重要着力点。在10年的发展历程中,台儿庄古城不断对运河文化、民俗文化和抗战精神进行挖掘和阐发,推进中华优秀传统文化的创造性转化和创新性发展,先后被国家有关部委评为“国内首个海峡两岸交流基地”“国家文化遗产公园”“国家版权贸易基地”“国家级文化产业示范园区”“华文教育基地”“中国华侨国际文化交流基地”“全国中小学生研学实践教育基地”“国家级夜间文化和旅游消费集聚区”“国家级文明旅游示范单位”,被山东省评为“省级旅游度假区”“省级历史文化街区”,被美国有线电视新闻网(CNN)评为“中国最美五大水乡”之一,荣膺“十大齐鲁文化新地标”榜首,获评“中国大运河文化带经典案例”,为本地旅游行业发展树立了典范。

结　语

台儿庄古城文化产业的发展壮大,得益于其在旅游产品的开发中对历史文化的传承,对文化旅游的深度融合的坚持。在个性化旅游时代,以内容取胜的旅游产品开始变得炙手可热,谁能够产出更多优质内容,谁就掌握了发展风口。独特的、稀缺的旅游产品,正在超越同质化、流水线旅游产品,被业界视为旅游发展的趋势。台儿庄古城坚持以文促旅、以旅彰文,推动文化产业高质量发展,走出了一条文旅融合的守正创新之路。通过发展文化产业,变文化遗产为旅游产品,满足了广大游客的个性化需求,赢得了国内市场的青睐。正是对优质内容的精准把握,才使得台儿庄古城在市场竞争中形成了独特的文化品牌优势,被业界誉为文化和旅游融合发展的典范。

目前,如何进一步推进文化和旅游各领域、多方位、全链条深度融合,不断探索文化旅游融合发展的新思路、新方法、新途径,仍然是值得深入研究的重要课题。接下来,台儿庄古城将发展重点放在以下三个方面:首先,加强顶层设计和战略规划,根据实际情况制定符合当地的旅游保护和开发政策,通过制定各类扶持政策,培养创新性研发人才,优化研发设施和环境,提升旅游线路研发能力。其次,优化旅游发展总体布局,推进旅游业与周边生态建设、城市功能、经济发展的融合,打造特色鲜明、结构合理、文脉清晰的文化遗产传承和旅游带开发建设的空间战略布局。最后,充分营造旅游场景,增强代入感和互动性,提升游客的感官体验和认知体验,使个体的历史情怀与景区的场景氛围融为一体,形成具有在地文化属性的沉浸式体验古风街区。

▶启发思考

1.在人文类景区建设和发展过程中,为什么只有根植文化基因,突出自身特色,实现地方历史文化的活态传承,才能形成品牌竞争力?

2.通过一系列保护性开发工作,台儿庄的文化遗产得到了充分保护。台儿庄古城有哪些重大历史文化资源?在旅游开发过程中,是如何将这些重大历史文化资源转化为文化旅游产品的?

3.在新时代经济社会发展的形势下,如何推动历史文化资源的开发与利用?如何促进古镇类景区的可持续、高质量、差异化发展?

贫困村变“网红村”

——山乡集团有限公司打造乡村振兴齐鲁样板的全流程实践*

▶案例概览

本案例阐释了山乡集团有限公司（以下简称“山乡集团”）打造乡村旅游振兴齐鲁新样板——泰山九女峰乡村振兴示范区（以下简称“泰山九女峰项目”）的全流程开发实践。案例旨在深入探讨山乡集团自上而下展开的乡村振兴“667”发展模式，总结在互联网信息和新媒体时代背景下，山乡集团触媒破局的有效经验以及打造集文化、娱乐、体验等功能于一体的乡村度假综合体的布局实践。通过本案例的探讨与分析，能够为我国乡村旅游振兴发展模式以及文旅深度融合的实践探索提供研究借鉴和理论参考。

引　言

“三农”问题是事关国计民生的根本性问题，历来受到党和国家的高度重视。党的十九大提出的乡村振兴战略，对于破解“三农”问题、为农业农村建设指明方向等起到了举足轻重的作用。我国疆域辽阔，土地广袤，文化底蕴深厚，人民勤劳而富有智慧，推进乡村振兴事业具有坚实而稳定的基础。乡村旅游是旅游业的重要组成部分，也是全面推进乡村振兴事业不可或缺的重要内容。习近平总书记多次作出重要指示，支持和鼓励乡村旅游的发展，强调“全面推进乡村振兴，要立足特色资源，坚持科技兴农，因地制宜发

---

* 本案例由泰山学院旅游学院张若阳、陈磊和山乡集团于在武撰写，由山东大学旅游产业研究院/山东省新旧动能转换重大工程精品旅游产业智库改编收录。

展乡村旅游、休闲农业等新产业新业态，贯通产加销，融合农文旅，推动乡村产业发展壮大，让农民更多分享产业增值收益”[①]。乡村旅游的发展不但有利于乡村振兴战略的实现，也能够满足我国人民对美好生活日益增长的向往和追求，符合人民的根本利益。

乡村振兴战略实施以来，虽然各地乡村资源禀赋和文化差异显著，但都在持续发力，寻求乡村振兴的突破点。山东作为我国的农业大省、文化大省和旅游大省，是乡村振兴战略实施的主战场和主阵地。2018 年 6 月，习近平总书记考察山东时指出：“农业大省的责任首先是维护国家粮食安全。要把粮食生产抓紧抓好，把农业结构调活调优，把农民增收夯实夯牢，把脱贫攻坚战打好打赢，扎实实施乡村振兴战略，打造乡村振兴的齐鲁样板。”[②]总书记的指示为山东省做好乡村振兴工作，指明了前进方向，提供了根本遵循，注入了强大动力。山乡集团在新型城镇化不断推进的时代背景下、以乡村振兴战略大力实施为契机，在泰山西麓九女峰片区打造了集乡村文旅、康养度假、高效农业于一体的国家级农村产业融合发展示范园，描绘出一幅独具齐鲁特色乡村振兴的生动画卷，成为当前我国乡村振兴一个极具借鉴意义的新样板。

一、公司介绍

山乡集团作为山东文旅集团下属企业，秉承“服务山东大局，服务人民大众”的国企使命，是山东省属企业中率先成立的以乡村振兴为主要业务内容的公司。山乡集团创新探索“667”乡村振兴发展模式，全面参与乡村振兴战略，高质量打造乡村振兴齐鲁样板。以“山乡巨变，面向未来”为愿景，以“乡村振兴引领者、城乡融合服务商”为定位，先后成立了山东省乡村振兴齐鲁样板研究院，乡村振兴院士工作站、产业联盟，设立了省内首个乡村振兴孵化基地和创新金融基地，立体构建乡村振兴平台体系，形成了以乡村文旅、全域土地综合整治、一站式全要素农产品冷链物流产业园为主的业务体系，在省内外落地打造了 10 多个精品项目。

① 习近平：《论“三农”工作》，中央文献出版社 2022 年版，第 49 页。

② 中共中央党史和文献研究院编：《习近平关于国家粮食安全论述摘编》，中央文献出版社 2023 年版，第 121 页。

泰山九女峰项目是山乡集团有限公司建设的第一个乡村振兴项目，位于泰安市岱岳区泰山西麓的道朗镇，计划总投资 20 亿元，项目共涉及 19 个自然村、50 平方千米、1.3 万余人。项目所在区域风光秀丽，景色宜人，地质地貌极富特色，地域文化底蕴深厚，具有十分丰富的乡村旅游资源。项目依照“一村一品、一村一韵”的发展思路，聚焦乡村文旅、康养度假、高效农业三大核心产业，构建“一轴、一带、两心、三组团、多节点”的空间发展格局（见图 1），促进文旅融合发展，助力乡村振兴。目前，项目已经落地建设了山东省乡村振兴齐鲁样板研究院（泰安乡村振兴学院）、“春天里”精品度假酒店、九女峰书房、“故乡的云”高端野奢度假酒店、“野有”院民宿、“故乡的月”沉浸式景区等多元化业态。此外，项目还启动建设了亲子度假项目童话村，与山东团省委共建未来村，与山东省委宣传部共建山东手造非遗文化村，打造泰山名贵中草药产业园等，逐步形成第一、二、三产业融合发展的乡村振兴产业体系。

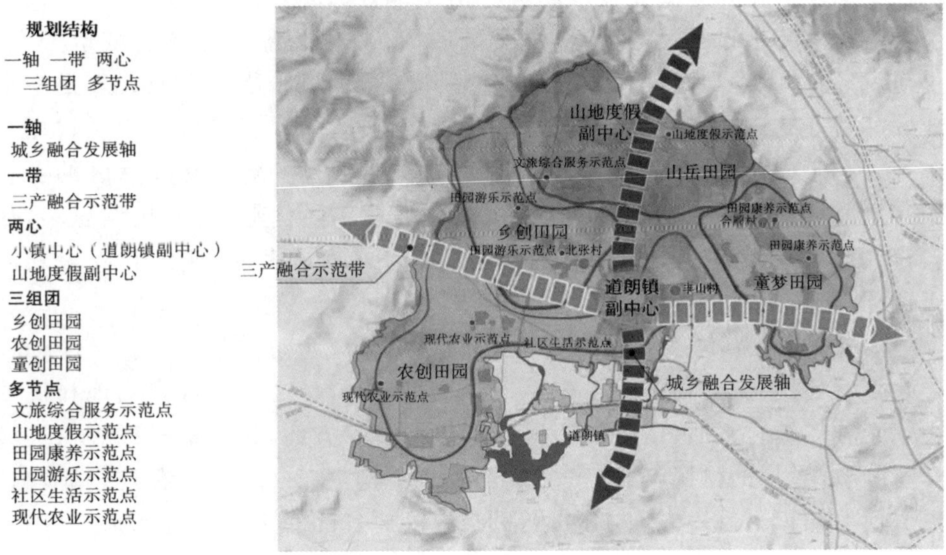

图 1　泰山九女峰项目规划示意①

① 本案例图片均由山乡集团提供。

二、驱动:自上而下的“667”乡村振兴发展模式

山乡集团在开发和运营泰山九女峰项目时,深度践行了山东文旅集团“667”乡村振兴发展模式,即将“教育、康养、智慧零售、精品旅游、职业培训、分布式环保装备”6要素引入到乡村,打造以“能吃、能住、能玩、能购、能让群众富起来、能让村集体有收入”为6大目标的多元化业态,实现“农村变景区、农民变股民、农舍变客舍、劳动变体验、劳力变人才、资源变资本、产品变礼品”的7变发展效果,着力打造“看得见青山,望得见绿水,留得住乡愁,嗅得到炊烟,闻得见鸡鸣”的现代乡村部落。

(一)“引”:为乡村振兴注入“源头活水”

九女峰片区虽然坐拥得天独厚的自然环境,然而在2019年之前,却呈现严重的空心化和老龄化发展趋势。由于地处偏僻,交通不便,当地村民除了务农没有其他的收入渠道和发展机遇,很多村民背井离乡去城市务工。这也就导致九女峰片区各村落的常住人口不断减少,留下来的大多是空巢老人和留守儿童,房屋、田地、果园不断衰败,丧失了生机和活力。乡村振兴的根源在于人,核心则是新的思路和新的机遇。为了给九女峰片区的乡村振兴之路从源头注入活水,山乡集团充分发挥集团优势,充分拓展思路,从教育、服务、产业、平台等多个视角入手,为九女峰片区创造了新的发展机遇。

1.教育进村

乡村要振兴,必须依赖于充足、专业的人力资源。为了提升当地村民的文化素养和综合素质,山乡集团送教育进村。一方面,为当地村民提供进城学习的机会,帮助村民们在开阔眼界的同时,学习乡村发展、农旅产业融合等方面的知识。另一方面,山乡集团充分发挥自己的集团优势,为村民提供专业化职业技能培训,不断挖掘和培养乡村优秀人才。此外,集团联合泰安市委组织部,打造了具有鲜明时代特征和引领意义的乡村振兴学院。学院硬件设施完备,建有高标准的教学楼、影视厅、报告厅、多功能厅、宿舍、餐厅等,集教学、科研、食宿于一体,最多可同时容纳1100人培训。学院还与相关政府部门、各类院校充分合作,提升教育档次和质量,拓宽乡村振兴的研究内容。学院的落成既为当地村民提供高质量且方便友好的培训和教育机

会，也可面向社会承接各类培训，为培养具有先进理念、扎实基础、丰富实践经验的乡村振兴人才贡献力量。

2.康养进村

近年来，随着人们对身心健康和品质生活的追求，"大健康"产业正迎来新的发展机遇。作为将传统旅游产业与"大健康"产业相结合的康养旅游，在我国拥有非常广阔的市场前景。山乡集团也充分意识到了这一点，结合九女峰片区优良的生态和自然环境，策划和布局了养心田园、颐养社区、康养度假村、温泉养生中心、金色港湾商业街、老年大学等适合不同人群的高端康养项目，试图打造具有齐鲁特色的田园康养度假高地。

3.智慧零售进村

随着互联网信息技术、智能移动终端设备等科技的发展，数字产业与人们生活的联系日益紧密，如何让数字产业赋能乡村振兴是山乡集团在打造泰山九女峰项目时的重要考量。为了给当地村民和前来旅游休闲的客人提供更加便捷、及时的服务，山乡集团与山东省商业龙头银座集团充分合作，引入了无人售货机、24 小时便利商店等设施和服务。

4.精品旅游进村

泰安是我国著名旅游城市，泰山更是国内第一名山、五岳之首，每年都吸引数以万计的海内外游客前来爬山、赏景。九女峰片区位于泰安西麓，有着优越的自然环境和秀美的风景，非常适合发展乡村旅游。但是 2019 年之前，该片区却未借得泰山旅游发展的东风。当地村民为补贴家用，大多只能进城务工。九女峰项目启动后，山乡集团在深入了解和普查九女峰片区乡村旅游资源的基础上，依据各村庄的不同特点和资源，设计打造了包括多元化高端住宿接待产品、沉浸式景区、越野体验等不同内容的精品旅游产业板块，实现了"一村一品、一村一韵"的发展格局。精品旅游产业的引入，为九女峰片区铸造了乡村振兴新发展的一把金钥匙，美丽风景变为了美丽经济，助力当地乡村旅游从体验经济到创意经济，从薄弱山村、零散小村到凤凰涅槃、集群振兴发展蝶变。

5.职业培训进村

授人以鱼，不如授人以渔。村民是乡村振兴的核心力量，也是乡村建设和乡村振兴不可或缺的重要主体。然而受限于眼界见识、知识储备、专业素养等因素，村民很难真正融入乡村旅游和乡村振兴的发展中。依托乡村振兴学院和泰山九女峰项目的发展实践，山乡集团充分发挥自己的集团优势，为村民提供专业化职业技能培训，不断挖掘和培养当地的优秀人才，为其提供学习的机遇和施展才能的舞台。

6.分布式环保装备进村

在乡村振兴的过程中,如何保护好乡村宝贵的生态环境和资源是不容忽视的议题。“绿水青山就是金山银山”的发展理念,其实质也是强调了对于乡村环境保护的重视以及乡村振兴应沿袭可持续的道路进行。九女峰片区的原有村落,在生活污水处理等方面的基础建设上仍存在很多问题,既给村民生活造成不便,也影响乡村旅游发展。为解决这些问题,山乡集团特邀中国工程院院士、能源与环境专家陈勇,建立了乡村振兴院士工作站,运用纳米陶瓷生物膜等先进技术,在村落中安装了分布式环保装备,为解决村民特别是偏远地区村民生活污水处理问题提供了方案。

(二)“育”:培育乡村振兴产业链和生态圈

基于乡村旅游发展的基本要素和人民群众对美好生活的向往,山乡集团充分运用新的发展思路,创造新的发展契机,提出了“能吃、能住、能玩、能购、能让群众富起来、能让村集体有收入”的乡村振兴融合发展的产业链模式。

从乡村旅游发展和都市旅游者对乡村休闲旅游需求的视角而言,山乡集团在规划九女峰项目时力图满足人们在旅游过程中最基本的食、宿、游、购等需求,并提供高质量、多元化的解决方案。就“食”来说,九女峰不但希望游客能够吃得饱、吃得好,还非常注重餐饮产品的丰富性,保障食品的绿色与健康。游客既可以在下榻酒店和民宿的附设餐厅就餐,也可以选择在村民开设的农家餐厅品尝地道的农家菜,还可以选择入驻项目的各种高端餐饮品牌。在“宿”方面,九女峰项目已经建成“春天里”精品度假酒店、“故乡的云”高端野奢度假酒店、八楼“野有”院民宿等高端住宿以及房车营地、帐篷营地等不同接待设施,充分满足游客在此休闲度假的个性化、品质化住宿需求。此外,九女峰项目运用当地充足的自然和人文资源,开发了丰富的旅游休闲产品,包括家庭亲子、健康颐养、生态休闲等,开拓更加广阔的目标市场。通过打造乡村会客厅、农副产品集散中心、农产品电商中心等平台,为当地的各类农副产品、旅游文创产品等提供了更加丰富的销售渠道。

从当地村民和村集体的视角而言,山乡集团在开发和运营九女峰项目的过程中,充分强调了“能让群众富起来,能让村集体有收入”。一方面,以共同富裕理念为导向,让村民通过土地流转、宅基地租赁、项目地就业创业、村集体分红等方式,有效增收创收;另一方面,拓展思路,盘活村集体所属的低效、闲置的资源资产，使村集体能以多种方式参与九女峰项目的运营和发展。多元化的举措，让当地村民和村集体充分享受到乡村振兴发展所带来的效益，实现利益共享。

(三)“塑”：实现乡村振兴提档升级和高质量发展

在山乡集团进入后，九女峰片区发生了翻天覆地的变化，也就是“667”乡村振兴发展模式中的“7变”。具体内容包括实现“农村变景区、农民变股民、农舍变客舍、劳动变体验、劳力变人才、资源变资本、产品变礼品”的发展目标。概括而言，这些变化其实是“人”的变化、“物”的变化、“产业”的变化。

1.“人”的变化

当地村民在身份上发生了重要转换。从过去只能靠天吃饭、世代务农或者离乡背井、进城务工的农民，转变为以自家土地、宅基地等资源入股的股民，真正成为九女峰项目乡村振兴的重要主体。此外，山乡集团还通过乡村振兴学院培训或支持村民进城学习等方式，提高村民的文化素质以及对乡村旅游、乡村振兴的认识，掌握相关的服务技能，将村民培养成能够为乡村旅游和乡村振兴事业发展添砖加瓦的有用人才。

2.“物”的变化

九女峰项目开展之前，当地的自然村几乎都面临着由于人口流失而造成的空心化、老龄化趋势，田地、房屋、果园等缺乏维护，逐渐衰败。随着九女峰项目的建设和运营，农民自有的房屋或流转给山乡集团作为住宿接待和餐饮等设施，或由农民自行开发成为农家乐，实现了由“农舍”到“客舍”的转变。此外，发展乡村旅游也为当地原有的核桃、板栗、黄精等特色农副产品销售提供了新的路径，普通的农副产品成为深受游客喜爱的旅游产品、绿色礼品。

3.“产业”的变化

过去，由于地处偏僻，交通不便，九女峰片区虽然有着良好的生态环境，但除了当地最基础的农业以外，很难发展其他产业。山乡集团因地制宜，借助当地优良的生态环境和深厚的民俗文化，打造极具趣味性和体验性的休闲农场、工坊体验基地、山东手造非遗文化村等项目业态。原有的农业生产活动转变成了能为都市旅游者提供务农、手作和民俗体验的休闲旅游业态，实现了产业发展的内在转变。

三、破局:文化、情感、审美共融下的网红效应

住宿接待是旅游业的基本要素,以民宿为代表的乡村住宿接待产品也同样成为乡村旅游发展不可或缺的重要组成部分。乡村民宿除了最基本的住宿接待功能之外,一些网红民宿甚至成为当地标志性的旅游吸引物。随着互联网和信息技术的不断发展,网红民宿与网红村、网红城市、网红景点等共同构成了媒介化社会中典型的旅游景观,是新媒体与旅游深度融合的典型产物。山乡集团在布局乡村旅游住宿接待产品时,将我国传统文化、思乡情感、中式审美融为一体,设计和开发了一系列特色鲜明且审美突出的高端度假酒店和精品民宿。这些极富特色的住宿接待产品与配套的沉浸式景区相得益彰,共同成为九女峰项目传播的有力支点。在九女峰项目景观视野最佳之处置入具有传播力的视觉标志物,通过制造网络传播“爆点”,吸引旅游“流量”,形成了下一步价值外延的基础。

(一)先期打造“故乡的云”野奢酒店,打响知名度

“故乡的云”是目前泰山九女峰项目中最具代表性和影响力的高端野奢度假酒店。山乡集团利用当地村民的闲置、废弃院落打造了这个集25间客房、1间餐厅和1个书店于一体的高端精品民宿项目。建成使用后,“故乡的云”凭借出众的建筑外形和深厚的文化特色迅速成为广受泰安乃至周边城市游客喜爱的“网红”打卡地。营造文化场景,利用新媒体语境造话题、引流量,“故乡的云”开业仅3个月便创造了单月营业额超百万元的纪录。“故乡的云”附设的九女峰书房,是山东省海拔最高的书店,坐拥山林美景,也吸引了大批游客前来体验,单日营业额最高超5万元。“故乡的云”高端野奢度假酒店目前已经成为展现山东乡村住宿魅力的重要窗口,荣获“第三届IAI国际旅游奖”和“中国最具影响力美宿50强”等多个奖项,九女峰书房也入选了“山东省年度最美书店”。

1.命名:悠远宁静的田园情怀和“原天地之美”的生活美学

“远上寒山石径斜,白云深处有人家”“行到水穷处,坐看云起时”“卧看满天云不动,不知云与我俱东”,中国古诗词花费了大量笔墨来描写云。云既是我国人民描绘自然之美、凝练东方美学的重要意象,也承载了人们对田园情怀的向往。因此,山乡集团为高端野奢度假酒店所起的名字——“故乡

的云”,集中体现了一直被我国人民所钟情、向往的悠远宁静的田园情怀。田园情怀不但深植在中国的传统文化和中国人民的精神基因里,也往往与故乡意象紧密联系在一起。“归来吧,天涯的游子,别再四处漂泊,那故乡的云和故乡的风为我抚平创伤”,歌曲《故乡的云》经久传唱,正是表达了千万游子对故乡的思念和渴望归乡的愿望。对于久居都市的现代人而言,城市高强度的生活节奏和工作压力,让大家内心更加思念家乡、怀念童年的快乐,对于悠远、宁静田园生活的向往也开始不断觉醒和回归。乡村旅游为满足都市旅游者的思乡和田园情怀提供了绝佳的出口。此外,中国传统的生活美学思想认为,天地万物与人息息相关。“故乡的云”高端野奢度假酒店在设计和建造时,以青山绿林为案,以隐逸悠远的田园情怀为魂,形成了凝结“原天地之美”的中国传统生活美学色彩的地标,打造了一个回归自然与传统、热爱故乡重逢美好的核心价值与心灵归属,成功链接了城市与乡土、人与乡愁,吸引了渴望归乡的人们的目光。

2.建筑设计:回归自然的诗意栖居和极具感染力的视觉效果

“故乡的云”的建筑极富美感,充满自然意趣和诗情画意。其中九女峰书房(见图2)以一种云朵造型的流体形态出现在厚重山峦之上,给人们带来强烈的视觉冲击,极富感染力。建筑反差性地留出一片空灵的白,建造出“一朵悬停于山间的飘浮云絮”,以“重若泰山,轻如浮云”的姿态来回应泰山云海的波澜壮阔,给人置身山林之巅的感觉。山乡集团在规划九女峰书房时,运用抽象的几何形体和简单的材料,创造出了简单、纯粹的空间,穿透表层的视觉矫饰,形状独特而美观,形成强烈的视觉冲击,从而带来特定的审美体验,出乎意料的视觉效果和空间体验自然而然地构成了整个项目的吸睛点。“故乡的云”的形体结构、空间组合和装饰手法等形成有节奏的抽象形式美来激发人们的审美联想,并通过外在形状以象征方式去暗示特定的意义,使人们对建筑的视觉审美扩展到了更大的范围,满足了游客对自然和乡野的想象,回归自然乡土的本质。建筑完美地承载了游子对故乡的表白以及故乡对游子的呼唤,承载了人、故乡与自然的关系,游客可以利用建筑的载体找到情感的归属和寄托。在众多类似的度假产品中,九女峰书房成为能够使人从日常生活中抽离的、独特的、具有传播力的视觉标志物。

图 2　形似白云的九女峰书房

3.宣传推广:"网红"建筑为支点下的社交网络和新媒体渠道

2020 年,位于泰安一个名不见经传的村庄上,出现了一朵如飘浮的白云一般的建筑。"故乡的云"和九女峰书房瞬间在网络上引起了人们的关注,不到几个月时间便成为远近闻名的网红打卡地。打开小红书 App 或微信搜索"九女峰""故乡的云"等关键词,便有数百篇相关的旅游住宿攻略配合白色标志性建筑物的打卡照涌至眼前。"网红"建筑的网络传播吸引了来自泰安、济南甚至华北地区乃至更大范围内的游客前来打卡。相比其他得益于自然环境、综艺节目或城市地标建筑的"爆款","故乡的云"直面具象的美,具有景观化或者媒介化的特质。这样的景象在网络上传播,具有强大的吸引力。前来参观的游客通过镜头语言将"故乡的云"的风景景观化,书写了九女峰的地方意义。"故乡的云"景观化的风景为拍照而创造,游客也因为拍照而来到这里,甚至拍照的人本身也构成了景观。无处不在的镜头将九女峰项目从旅游目的地转化为一个舞台,游客活动的重点变成了自我展演。"故乡的云"高端野奢度假酒店独特的视觉呈现机制,制造出了一种"奇观化"的场景。媒介积极参与到精品酒店空间意义的生产当中,使其能够从旅游接待服务设施变成风景本身,乃至旅游目的地。九女峰项目在短期内获得巨大关注度,成为自带流量的互联网产物,无数人前去参观拍照,在网络上呈现了数量可观且极具美学价值、传播价值的图片,为九女峰带来了新人群、新面貌、新产业、新可能。

（二）中期配套“故乡的月”沉浸式景区，打造“乡愁 IP”

“故乡的月”是与“故乡的云”相伴而生的一座单体建筑，建筑外形为半圆形，前置水池，建筑本身与水面倒影结合为一轮满月。夜晚来临，灯光点亮后，远远看去仿佛山间一轮永不熄灭的圆月。这幅山间云月相映的画面，以极致的乡愁文化为内核，唤起游客心中对家人的思念。“它存在于原始村落与世界级的壮阔美景之间，用它独有的姿态、纯洁、通透、流动的观感平衡两种空间的气质，放在一片山林中简直美得不可方物”，这是建筑界“奥斯卡”Architizer A＋Awards 组委会给“故乡的月”的颁奖词。“故乡的月”自建成以来先后获得国内外多个重量级建筑大奖，并入选多项权威设计榜单。

1.为“故乡的云”积累流量，为项目盘活新的资源

山乡集团深知，仅靠某一座散点式的单体建筑无法担负起一个乡村振兴项目的成功运营。在“故乡的云”高端野奢度假酒店和九女峰书房落成并得到公众的喜爱和关注后，山乡集团及时开放“故乡的月”“八楼小剧场”等建筑体以及相应配套设施，为“故乡的云”注入了新的活力，也为九女峰乡村振兴项目带来了新的惊喜，得以持续、系统地满足游客的需求。

“故乡的月”（见图 3）位于“故乡的云”东侧、九女峰大峡谷入口处，因建筑外形和建筑室内分别能呈现圆月场景，寄寓了“床前明月光”的浓郁乡愁和“千里共婵娟”的永恒祝愿，一轮“永不落幕的月亮”由此而来。在空间布局上，“故乡的月”开辟了月之心礼堂、咖啡馆、月之谷观景平台等功能空间，克服了形式主义的掣肘，打造了一个可观、可游、可用且兼具精神价值和运营价值的建筑。2022 年下半年，山乡集团坚持“虚实共生、沉浸体验”的新生代文旅产品打造理念，通过高科技、数字化赋能，依托“故乡的月”单体建筑创新打造了集沉浸式演艺、生态化景观、精品化设施等于一体的“故乡的月”沉浸式景区。景区围绕月亮主题，突出山水人文交融、古韵今风辉映，一步一诗、一步一景，点亮九女峰的夜晚，吸引了大量游客参观、游览和拍照，以人工奇观开辟“故乡 IP”的下一篇章，为乡村盘活新的资源。

图3 “故乡的月”

2.营造山间云月文化场景，凸显乡愁文化内核

“故乡的云”高端野奢度假酒店的露台是“故乡的月”的最佳观赏点，亦可以作为人们“逐月”的起点。夜晚来临之时，站在山顶俯瞰，故乡的人造之月与头顶的自然之月形成人造与自然的对话，又与环境相融，不会割裂山谷的完整性。逐级而下、逐步临近，“月”在林木枝丫间时隐时现，在视野中渐渐放大，直至重构人对建筑、对“故乡”的认知。而若身处“月”中，回望“故乡的云”，又反向产生“追云”的需求，两座建筑彼此对视、互为犄角。青山绿水间，“故乡的月”与“故乡的云”遥相呼应，翩然栖于九女峰之上，形成了“云月相伴”的胜景，成为九女峰项目的标志性美景，唤人步月登云。“云月是同，溪山各异”，云和月也是最能勾起国人思乡、怀乡之情的意象。在乡村越来越被向往的当下，九女峰项目通过文化场景的营造，重建城市与乡土、人与乡愁之间的内在关联，寻找被遗忘的价值与被忽视的可能性。一轮永不熄灭的明月和一朵缥缈的山间之云营造的别样乡愁，山乡集团让“乡愁IP”更加深入人心。

(三)后期依托优质运营与服务，赋能长久发展

山乡集团借助媒体时代下网络的传播正能量，将建筑作为激活乡村的触发剂。山间云月独特的建筑和极具视觉冲击力的审美固然吸引了众多游客，但是游客对景观的消费往往是一次性的，后续长久的、内生的发展动力还是需要运营和服务来实现。以“故乡的云”为例，“故乡的云”提供了极其适宜观看与拍摄的视觉空间，完成了匹配核心价值观的空间场景搭建后，进入运营第二阶段：从项目全案规划品牌形象打造，到每间客房的命名、每道佳肴的研发；从事无巨细、专业的日常服务，到个性化定制的服务内容；从团队建设、业态经营、品质把控，到构建社群、艺文体验、在地文化挖掘；从满足客人美好体验，到将更多不可能化为可能。真正的以客人为中心的服务在不断升级，在充满原始意趣的环境中创造专属中高端人群户外生活的极致住宿体验，游客在居住游玩等亲身体验中对“故乡的云”作出了极高的评价。

一位来自临沂的网友在网络上为“故乡的云”进行了点评：

> 这家酒店我之前就多次听说了，最吸引我的就是他们酒店里的那间山东省海拔最高的书店——九女峰书房。这个书店建筑的造型非常有艺术性，真的像是一朵山间的云彩，特别浪漫。但我没想到，“故乡的云”服务也非常专业。出发前一晚，我被拉进了一个微信群聊。这个群聊一共有 20 个人，除了我以外，其他 19 位都是“故乡的云”的专业管家。他们为我提供了详细的路线攻略，还询问了我对于住宿、餐饮的喜好。我真的特别感动，觉得还没出门，衣食住行就不需要自己操心了，真正体会到“顾客就是上帝”的感觉了。

由此可见，九女峰项目在进行运营时，充分诠释了以顾客为中心，顾客至上、服务至上的理念。这里不但景美，服务更美。游客不但能够在此欣赏到美丽的山乡景观，更能体验细致温暖、体贴入微的服务，从而让游客全身心的认同九女峰，提高游客的忠诚度。

四、布局：以乡村景观和品质住宿为支点的协同发展

面对新型城镇化背景，山乡集团以乡村振兴为抓手，以三产融合为内核，立足济南、泰安城市群客源市场，联结以新农人为核心的带动者、以休闲度假客为核心的消费者、以原住居民为核心的受益者三大核心人群，聚焦产、学、养、游四大核心产业，致力于打造集乡村文旅、康养度假、高效农业于一体的国家级农村产业融合发展示范园和乡村振兴齐鲁样板。

(一)串珠成链,构建整体格局

1.统一规划,有序开发

早在10年前,泰山九女峰片区内就有部分村庄开始发展乡村旅游,但几年过后仍不温不火。出现这种旅游发展状况的原因有很多,主要的是缺少对片区乡村旅游发展的整体规划,造成点乱、片散、主题不突出,各村庄自由发展。在区镇党委领导下,最终确定将片区内19个村串珠成链,连片一体打造泰山九女峰乡村度假区,构建"一轴、一带、两心、两区、三组团、多节点"的整体格局。由此一来,各村庄发展乡村旅游从"单兵作战"转向"集团作战",集中发挥资源优势,共建共享,实现旅游集聚化发展。山乡集团秉承"科学规划、注重质量、从容建设"的发展思路,按照尊重自然规律、尊重农民意愿、尊重乡情民俗的规划原则,将整个九女峰片区19个村的"三生空间"进行重塑,分三期完成。目前,已经建设形成北部山区的乡村文旅、东部山区的康养度假以及南部片区的三产融合示范带,片区内实现"一区三连",即主导产业相连、基础设施相连、特色风貌相连,统一规划,统一建设,避免重复建设、同质竞争。

2.以点带面,一村一品、一村一韵

山乡集团立足本地资源,综合考虑区位优势、产业基础、市场条件等因素,积极培育发展比较优势明显的主导产业和主导产品,使一个村(或几个村)拥有一个(或几个)市场潜力大、区域特色明显、附加值高的主导产品和产业。九女峰片区按照各村的特色风貌,打造不同的文化主题,形成了各具特色又相辅相成的特色山村。在里峪村,山东省乡村振兴齐鲁样板研究院与泰山九女峰山地户外运动主题公园落地。在八楼村,山乡集团引进全国知名民宿品牌合作打造了八楼"野有"系列旅居产品,现已成为国家级森林村居。东西门村则更为大众所熟悉,坐落于此的高端野奢度假酒店"故乡的云"是九女峰最早开始运营的代表性项目之一,位于区域至高处的九女峰书房已成为全国"网红"书房。目前,九女峰片区已经逐渐形成了一批主导产业突出、区域特色优势明显、市场前景较好、组织化程度较高、农民增收效果显著的专业村。

(二)融合多元业态,转变生产生活方式

1.乡村旅游向乡村旅居升级转变

传统乡村旅游模式往往体现为单纯为游而游、为乐而乐、为吃而吃、为

行而行、为卖而卖的一日游乡村旅游模式，产生的只是同质化的景点和短暂的一日游。九女峰项目布局一系列各具特色的乡村精品住宿接待产品，能够为追求品质生活和高端体验的客人提供理想居所，并且能够满足团队、家庭等不同形式的客人。此外，九女峰项目的开发和运营也带动了当地村民自发参与到乡村旅游中，很多村民也以自己的闲置房屋开办了乡村民宿。目前，九女峰片区可以同时容纳数百人同时住宿，尤其吸引周边城市的游客在周末前来休闲度假。九女峰项目成功解决了让游客"住下来、如何住"的问题，将居住、生产和旅游融为一体，逐步实现乡村旅游到乡村休闲，再到乡村度假，乃至乡村旅居的转变过程。九女峰项目满足了度假乡居模式的重要特征，实现了乡村旅游升级。

2.全要素融合延展乡村旅游产业链

九女峰项目乡村旅居具有综合性，以品质住宿体验为核心，跳出"游"这一单一要素的窠臼，综合布局能够满足游客"吃、住、行、游、购、娱"等不同需求的业态，不但创造了九女峰乡村旅游的核心吸引力，还进一步发展为要素产业，延伸出能够满足不同旅游者的休闲观光、健康养生、家庭亲子、研学教育等多元化需求的综合性、系统性产业生态，实现了全要素融合。从大山深处的东西门村到山脚下的北张村，游客能够体验到现代书屋、精品住宿、音乐酒吧、咖啡屋、农家乐等不同的设施和产品，真正感受到休闲度假的快乐。九女峰项目针对不同人群的需求，以模块化的改造为策略，打造多样、活力的功能空间，利用旅游度假、休闲体育、徒步幽谷探秘、会议培训、亲子活动、研学教育、健身康养、文化体验等各种方法拓展产学研食游宿娱活养行等多种消费场景，丰富了乡村旅游产品形态，进而提升乡村空间品质，打造全时段、全村域、全季节的文化活动，从而吸引"带娃 5＋2""拼搏 5＋2"等各种人群来此参观消费。

(三)串联"三生空间"布局，满足多方需求

1.生态是基底，满足原住居民和城市访客的双重需求

乡村有别于城市的最基本特征就是良好的自然环境，这是乡村旅游的最基本要求。来自济南的游客张女士说："真的如宣传中所言，这是一个被鸟叫醒的地方，除了随处可见的鸟元素，早晨阳光伴随着鸟鸣从房顶洒进房间，出门远眺，各种鸟叽叽喳喳满天飞，真的有种置身桃源的感觉。"来自临沂的游客说："今天的路线是走东侧山路，这些栗子树都是当年原住村民所种植，在这里被重新开发后，仍很好地保留下来。又恰逢栗子成熟时节，苍

黄色的针绒外衣裹着已经炸开的栗子果实落得遍地都是。”九女峰项目是“看得见山、望得见水、记得住乡愁”的极佳表达，随处可见的乡村元素，不会让游客产生与自然隔阂的感觉，山乡集团生动实践“两山论”，不过度开发，仍然保持着原汁原味的乡村，以绿色发展引领乡村振兴，努力构建百姓富、生态美有机统一的发展模式。

2.生产是动力，满足原住居民和投资者的共同需求

生产是投资者、开发者的第一诉求，同样也是农民的第一需求。山乡集团打造了“能吃、能住、能玩、能购、能让群众富起来、能让村集体有收入”的发展模式，实现了农村变景区、农民变股民、农舍变客舍、劳动变体验、劳力变人才、资源变资本、产品变礼品。里峪村村委会主任说:“按照以往，村民每年至少都有2个月的时间是没有工作的，但因为九女峰项目的建设，村民从去年正月初三就有活干，一直干到腊月二十七，收入大大提升。”

随着九女峰项目的建设和运营，乡村的面貌也在悄然变化。对于原住民来说，利用土地流转、出租入股等多种方式参与利益分配，钱袋子鼓起来了，生活质量和观念也得到了提升转变，与乡民们和谐共处、共建、共融的态度，让项目行得通、走得远，形成良性循环。

3.生活是活力，满足原住居民和游客的共同需求

乡村旅居首先是一种生活方式，然后才是一种旅游方式。九女峰项目生存、生态、生活、生产和生命遗迹的一山一水、一草一木、一砖一瓦都浸润了原住居民活动的足迹。项目开展以来，山乡集团为乡民提供就业机会，吸引青年返乡，鼓励家门口创业，培育了一批新农人，也让以前“空心化”“老龄化”严重的贫困山区如今变成活力满满的新农村。一位原本进城务工，现今已返回九女峰的村落从事乡村旅游经营的村民说:“我家现在开了农家乐，生意不错。而且我们还可以顺便售卖自家的苹果，如果有客人来吃饭，我们就免费送一盘苹果让大家尝尝。都是纯天然生长的，味道很好，所以客人一般在用餐结束后会顺带着买一些回去。”在山乡集团的带动下，村民们以各种方式充分参与到乡村旅游和乡村振兴中来，为游客提供农家菜、农家景、农家情，让游客真正体会到“农家乐”。游客从中得到了良好的乡村旅游体验，乡村也因为旅游业的发展重焕发新气象。

结　语

总体而言，山乡集团打造的泰山九女峰项目是当前乡村振兴战略实施的典型样板，其所具有的鲜明的地域特色、先进的发展理念、多元化发展业态和协同共建的发展模式等均具有良好的示范意义。九女峰项目的建设也生动展现了乡村振兴能够结出的具有共享、共赢特征的累累硕果。

首先，山乡集团通过深度参与九女峰项目的开发、建设和运营，当地村民和村集体有效增收创收，有力推动了乡村共同富裕伟大目标的实现。项目在建设和运营过程中，充分考虑到当地村民的需求和村集体的利益，为村民提供多元化的参与方式，实现村集体闲置资产资源的盘活，切实增加村民和村集体收入，让村民、村集体与企业一起实现利益共享。此外，村民还获得了宝贵的学习、培训以及参与乡村振兴实践的机会，个人思想和文化素养得到极大提高。村民充分体会到作为当地原住民的自豪感，增强了村民的获得感和幸福感。项目落成以来，越来越多的村民不再进城务工，而是选择回归家乡，成为九女峰乡村振兴项目一分子。九女峰片区那些老旧、寂寥的空心村落重焕生机。

其次，山乡集团在开发、建设和运营九女峰项目时，抓住了乡村振兴战略大力实施的有利契机，以三产融合为内核，充分顺应新型城镇化不断推进的时代背景，立足济南、泰安城市群的基本客源市场并进一步辐射北方乃至全国的休闲旅游市场。项目的成功落地充分证实了山乡集团的高瞻远瞩以及强大的执行力，彰显了山乡集团作为国有企业的使命担当。

最后，山乡集团为周边游客提供了休闲旅游的好去处，提升了旅游者的旅游体验和生活质量，有利于满足人民对于美好生活的向往。九女峰项目业态丰富，能够很好满足游客对于高品质乡村休闲度假产品的需求。游客来到九女峰，可以徜徉在林间小径，呼吸新鲜的山乡空气，体验农业和手作活动，感受当地民俗文化，玩累了就可以返回餐厅，品尝原汁原味、绿色新鲜的农家美食，然后观赏远处山间的一轮明月，在月光中悠然入梦。可以说，山乡集团为游客创造了一个舒适、愉悦、追忆乡愁的理想家园。

山乡集团打造泰山九女峰项目的经验做法，被财政部山东监管局总结为山东省乡村振兴齐鲁样板三种典型模式之一，成为山东省首批“乡村振兴齐鲁样板省级示范区”，具有十分突出的研究价值和典范意义。

▶启发思考

1.山乡集团如何利用新媒体缔造“旅游网红品牌”,又如何避免昙花一现,实现长远发展?

2.山乡集团在乡村振兴实践中,如何健全当地村民有效参与的保障机制以及如何保障村民的利益分配?

3.如果你是项目负责人,如何开拓山东省以外的客源市场,如何扩大项目的市场影响力?

“原生态度假＋沉浸式游乐”

——九如山大自然艺文休闲体验火爆“出圈”*

▶案例概览

九如山景区通过了解社交平台对人们消费心理和行为变化的影响，围绕“持续关注顾客需求并确保顾客满意”这一主题，建立了“以开放、包容、共享、互惠的逻辑做平台，追求共赢；以结构化、模块化、系统化的逻辑做产品，追求顾客满意”的企业发展理念。景区及时跟踪消费者需求的变化，以极具前瞻性的思维，实现了单一观光游览型景区的迭代升级，转型为由瀑布群风景区、野奢度假酒店聚落、大自然艺文休闲体验、秘境城堡乐园、浪漫野奢露营地、情境珍馐美食等业态IP共同构成的集观光游览、生活娱乐、休闲度假、聚会轰趴等于一体的多功能休闲旅游度假综合体。

引　言

在这“无沉浸、不旅游”的休闲时代，“沉浸”因自媒体时代的传播受到人们的极力追捧，成为热点话题。但究竟什么是“沉浸”，业内的定义也相当模糊。各种演出、AR、VR的场景应用，甚至刺激恐怖的设施游乐也纷纷被冠以“沉浸”之名。但能否称之为“沉浸”，关键在于游客能否真正地慢下来、停下来，参与其中、享受其中。

为创新发展模式，九如山重新定义旅行，推出了大自然艺文休闲体验、

* 本案例由山东九如山瀑布群自然公园有限公司梁彦涛、王红娟撰写，由山东大学旅游产业研究院/山东省新旧动能转换重大工程旅游产业智库改编收录。

野奢度假酒店聚落等业态模式。30余处艺文体验馆和9家不同主题的野奢度假酒店,依山傍水地散布于峡谷丛林之中,大自然与建筑、人、景观与休闲娱乐融为一体的业态布局,能一改过去旅游的单调,让游客在游山玩水和休憩度假的同时,更能随时参与体验馆内时尚、浪漫、有趣的项目,来一次真正的沉浸式休闲旅游。“沉浸式休闲体验游”凭借提供和打造野奢浪漫、高品质的旅游产品,在众多旅游模式中脱颖而出,也让旅游行业迎来了新的时代。

一、九如山休闲旅游度假区简介

九如山休闲旅游度假区是“国家4A级旅游景区”,2005年建园,2007年正式开园纳客。景区位于泰山北麓,济南泉水源头、南部山区三川之一的锦绣川,占地36平方千米。通过近20年的发展,九如山已从单纯的观光游览型景区迭代升级为集“瀑布群风景区、野奢度假酒店聚落、大自然艺文小镇、秘境城堡乐园、浪漫野奢露营地、情境珍馐美食”六大业态为一体的多功能休闲旅游度假综合体。

2010年以来,九如山创造性地挖掘利用资源,以“中国最浪漫的木屋休闲度假聚落及中国北方山岳地区乡村振兴齐鲁样板”为企业战略目标,以“把日子过成生活,生活是充满浪漫的仪式感”为企业主张,相继推出不二木居、猫窝民宿、红颜容木桶民宿、快乐天体帐篷民宿、阅木山居、豪蒙客栈、梦枕书香民宿、诺漫堡生活情境酒店等10余处高端度假项目。

景区于2021年重磅推出九如山艺文小镇项目,打造了包括花艺、石艺、铁艺、木艺,咖啡研磨、手工烘焙、红酒品鉴,口红DIY、香水DIY、巧克力DIY等30余种沉浸式体验项目。在这里,艺术、文明与大自然完美结合,为知审美、懂艺术、有品位、爱生活的人们,提供了零距离亲近大自然、天人合一的极致度假体验。

在发展过程中,九如山管理层提出了“制造浪漫,创造惊喜”,“美好生活的倡导者,浪漫情境的营造者”,“打造极具浪漫仪式感民宿产品,树立品牌”等一系列企业理念,这些理念是景区面对顾客变化提出的新要求,为赢得市场竞争明确了方向。九如山践行“倡导生态文明,做人与自然和谐发展的先行者”使命,通过企业管理流程创新、景观营造创新、产品和服务创新等一系列经营活动的开展,使产品及品牌形象得到了业内及社会的广泛关注和认同，成为山东文旅行业的名片。与此同时，景区的建设对当地经济发展起到了重要的带动作用，为当地居民提供了就业岗位，让很多人实现了就地就业、就地创业。自开业至今，景区先后获得了“国家森林康养基地”“山东省服务名牌”“山东省著名商标”“山东省服务标准化示范单位”“泉城新八景”等百余项荣誉，在业内和广大游客中树立了良好的形象。

二、生态造林起步（2005～2010），打造纯净自然山水

（一）100%纯净的自然山水

在2005年建园之初，九如山便提出“倡导生态文明，做人与自然和谐发展先行者”的企业使命，确定了“促进生物多样性”的生态造林方针，通过修建塘坝、引水上山、科学选苗、凿山筑穴、带土移栽、分区养护等一系列艰苦但又卓有成效的举措。在完成大面积荒山生态造林的同时，也营造了“春季生机勃勃、夏季郁郁葱葱、秋季色彩斑斓、冬季绿色依然”的景观。

依据产品的顶层概念定位“纯净山水”，九如山还提出了先进的、能够充分体现人类敬畏大自然、融入大自然、独树一帜的“四无”建园原则：无雕梁画栋的楼台和廊阁，无普度众生的庙宇和神灵，无牵强杜撰的传说和故事，无雕刻山体的诗赋和墨迹。在这里，只有100%纯净的自然山水。36平方千米的连绵山群，峰峦叠嶂，峡谷纵横，森林茂密，山泉遍布，溪流交错，瀑布成群，这些令人震撼的景观由十公里实木栈道巧妙连缀在一起，形成了以“八潭”“九瀑”“二十四泉”为核心景观，以山峰、栈道、山泉、溪流、瀑布、深潭为特色的中国北方罕见的大型生态自然景区。

春沐山花烂漫，夏享飞瀑云烟，秋赏漫山红遍，冬临冰瀑奇观，九如山真正树立和践行着“绿水青山就是金山银山”的理念。截至2022年，植被覆盖率超97%，负氧离子含量每立方米7万个以上，居济南之首。与此同时，景区在发展的过程中，也陆续拒绝了玻璃栈道、玻璃桥、宗教、寺庙、佛像等容易破坏自然生态的、高收入的项目，最大限度地保护生态景观，经受住了考验。

（二）首屈一指的十公里实木栈道

为了不破坏山体、不破坏植被，九如山以10公里的实木栈道作为游览

的主游道,既保护了九如山的生态环境,又将游道与大自然完美地结合在一起,体现了九如山的生态建园理念。在全国所有的山岳景区中,九如山的木栈道长度排名第一。在36平方千米的区域内,山、瀑、栈、溪、潭景观(见图1)巧妙地连缀在一起,形成了中国北方罕有的、独具特色的大型自然生态风光。

图1 山、瀑、栈、溪、潭景观①

三、酒店转型升级(2011～2020),打造浪漫野奢聚落

2011年,九如山便提出了从观光旅游向游憩度假过渡转变的战略方针,围绕"制造浪漫,创造惊喜"的企业使命,"美好生活倡导者,浪漫情境营造者"的企业定位,"打造中国最浪漫的木屋休闲度假聚落"的品牌目标,"生活化、情趣化、艺术化"的经营指南逐步推进。依据顶层策划,景区的资源产品和营销模式也在不断进行着迭代和升级。为应对市场变化,满足用户需求,九如山开始打造野奢度假酒店聚落。

① 本案例图片均由山东九如山瀑布群自然公园有限公司提供。

(一)九如山度假酒店聚落介绍

自2016年起,九如山相继推出红颜容木桶酒店、猫窝民宿、阅木山居别墅酒店、梦枕书香度假酒店、诺漫堡生活情境酒店等9家不同主题的度假酒店和民宿。其中,阅木山居在2020年被山东省旅游饭店评定委员会评为“五星级精品民宿”,是济南唯一一家获评酒店。2022年阅木山居获评国家文旅部认定的“全国甲级民宿”。红颜容木桶酒店作为国内首家木桶形状的酒店,其独特的外观设计获得了国家4项发明专利:3项外观设计专利证书、1项实用新型专利证书。

9家度假酒店风格迥异,或生长于群山之中,或散布于丛林湖畔(见图2)。建筑内外,除了观景浴缸、落地大窗、科勒卫具、洗护用品等几乎没有任何工业感、现代感的元素,目光所及,皆是石、木建筑材料和最传统的精工细作,给人以原始的浪漫。更为与众不同的是,这里的森林、峡谷,溪流、瀑布以及众多充满浪漫色彩的休闲主题体验馆,可以让游客不再受奔波于观光、住宿与美食之间的舟车劳顿之苦,一方天地就能实现旅游休闲度假的全部需求。

图2 九如山诺漫堡生活情境酒店

(二)九如山度假酒店聚落——红颜容木桶酒店

红颜容木桶酒店(见图3)是国内首家木桶酒店,名字源于全球顶级红酒酒庄——红颜容酒庄(又称“奥比昂酒庄”),独特外形的创意灵感来自储存红酒用的木桶。数个独特的红酒木桶极具序列感地漂在2000平方米的红颜湖上,个性又不失浪漫。

红颜容木桶酒店的定位是“爱巢”。每当夜幕降临,湖面亮起点点灯光,和爱人品杯红酒,诉说情话,此时此景,红颜容木桶酒店俨然就是爱巢。依据此定位,每间木桶房均配有一方小院,别致的庭院与木桶高度贴合,设计师期望通过木屋与山水森林的有机融合,辅以纯实木打造的木屋和室内的布局、软装,再加上红酒文化服务环节的植入,成为爱人之间浪漫的催化剂。这些具有仪式感的服务流程和场景营造,能够让相爱的人们感受微醺之后的蜜恋与激情。

木桶酒店有单桶、双桶、三桶可供选择,单桶房适合情侣入住,双桶房适合亲子及家庭入住,三桶房适合聚会轰趴,每个房型都是独门独院。房间内有一张别有风情的大床,清晨,游客会伴着阳光与微风醒来,舒适又温馨。

房间内还设有免费无线网络(覆盖房间及公共区域),配置了壁挂空调、博朗吹风机、爱慕睡衣、斯德福布草等,还配有猫王音箱等影音娱乐设备。

图3　红颜容木桶酒店外景

(三)九如山度假酒店聚落——诺漫堡生活情境酒店

诺漫堡生活情境酒店(客房内景见图4)是一家占地面积3万平方米,按照国际高端度假标准打造的,集休闲度假、餐饮娱乐、艺文体验、游泳健身、会议接待多功能为一体的度假综合体。叠嶂的山峦,错落有致的城堡,取自于大自然的原始建筑、装饰材料，三者完美融合，平添了许多舒适自然、温馨浪漫的感觉，让人无限遐想。设计者通过酒店与山林之间的高度融合，将整个酒店置身群山环绕、耳听鸟语蝉鸣之中；推门见山，开窗即景，在植被覆盖率高达98%的森林氧吧里，与自然为邻，满目青翠。

图4　诺漫堡生活情境酒店客房内景

酒店位于九如山风景区海拔500米以上的高地，历时17年依山而建。到2022年，也只是完成了设计构想的40%。因其需要运用传统工艺，施工难度比较大，在建设过程中需要消耗大规模的石材和木材，资金投入也比较多。

酒店主体为石、木结构，房间内设有观景大床、观景浴缸、落地观景大窗、户外观景露台以及欧舒丹洗护用品。有山湖景大床房、双空间野奢大床房，亲子房，山景套房等多种房型可供选择。除客房及大堂外，酒店还设置了室内泳池、儿童戏水池、溶洞汤泉以及口红制作、香水调配等众多沉浸式艺文体验馆。来到诺漫堡，除了可登山赏景，还可在艺文体验馆进行深度体验。“牛烘烘・烘焙制作体验馆”的手工烘焙、“品遍・城堡酒庄红酒体验馆”的美味红酒、“铁木臻・铁、木艺术制作体验馆”的铁木艺术制作，馆馆不同，处处惊艳，深受年轻人群的追捧。

在诺漫堡整个酒店内，公共休闲娱乐服务设施面积超过60%，这是国内任何一家度假酒店都无法比拟的。同时，酒店内还设有多功能厅会议室、西餐酒吧等公共服务空间，可承接公司团建、婚宴、生日宴等各种宴会需求。在现有市场环境下，景区已普遍开设民宿和酒店，但愿意舍弃大部分空间，让艺术与美学长期进驻的十分少见。

城堡与山林独有的沟通，是游客片刻的自我“放逐”。在这里，不会被钢筋水泥禁锢；在这里，只有与大自然的亲密交心。生活中所要的浪漫，在这里都能实现。

四、沉浸体验创新(2021～2022)，打造休闲艺文小镇

(一)设计初衷

沉浸式游乐是当下“Z世代”所追逐的个性化体验，是时代发展的产物。为丰富游客的浪漫体验，让“游”和“住”变得更有趣，九如山结合原生态的旅游资源并充分挖掘和利用冗余的场地资源，根据顾客定位不同、需求不同，打造了30余处艺文体验馆，让游客来这里是“看山”和“感受山”，而非“爬山”，真正做到“深体验、高共鸣”。

围绕“制造浪漫，创造惊喜”的企业使命、“为顾客营造浪漫难忘的生活体验”的企业宗旨、“美好生活的倡导者，浪漫情境的营造者”的企业定位等顶层设计，九如山强化“深体验，高共鸣”的设计理念，在2020年创新推出了“浪漫木屋聚落打卡游”(以下简称“打卡游”)，住客在游园的同时还可参与室内沉浸式的体验项目。2021年，基于组织环境及顾客需求的不断变化，九如山对“打卡游”项目再次进行重塑升级，全新打造了30余处“艺文休闲体验馆”，馆馆不同，处处惊艳。

(二)九如山艺文小镇介绍

九如山艺文小镇中有30余处艺文体验馆，什么叫艺文体验？就是走进美丽的大自然，在游山玩水的过程中，在一座座纯木结构的体验馆里，根据自己的兴趣爱好，亲手制作诸如花艺、石艺、木艺、口红、香水、香囊、烛台、巧克力等手工作品；还可以参与休闲阅读、音乐鉴赏、红酒品鉴、溶洞汤泉、儿童戏水等一系列的沉浸式体验项目，彻底颠覆既往单调的观光和旅游。

艺文小镇中，“研磨时光・咖啡制作全过程体验馆”“女人花・干花与香囊制作体验馆”“寻花问柳・大自然花艺制作体验馆”“这里・巧克力制作体验馆”依山傍水地散布于峡谷丛林之中。这些浪漫的艺文休闲体验馆，将大自然与建筑、人、景观与休闲娱乐融为一体，一改过去旅游的单调，让游客在

游山玩水的同时，还能随时参与体验馆的那些时尚、浪漫、有趣的项目，体验一次真正的沉浸式休闲旅游。

1.艺文体验馆——研磨时光·咖啡制作全过程体验馆

随着社会节奏的加快，坐下来研磨一杯咖啡、了解一杯咖啡的故事似乎成为一种奢望。研磨时光·咖啡全过程体验馆（见图5）旨在为游客创造一个制作咖啡、品味生活的主题场馆。在这里，游客可以了解咖啡植物生长习性，甄别不同品类的咖啡生豆，亲自体验咖啡豆的烘焙、研磨，再到咖啡的萃取、拉花与品鉴过程。为契合咖啡主题，带给游客沉浸式体验，体验馆建筑整体以俄罗斯进口的樟子松为主，使用榫卯工艺拼接而成。软装布置加之浪漫的氛围营造，充满了北欧的浪漫情调。正如其宣传语所说："其实生活更需研磨，无论结果苦与甜。"

图5　研磨时光·咖啡制作全过程体验馆

2.艺文体验馆——梦枕书香·休闲阅读体验馆

梦枕书香·休闲阅读体验馆（见图6）是一个集阅读、观山、度假、体验为一体的综合休闲区，在游客观景疲惫时，可以来这里休憩片刻。体验馆依山而建，是一个隐藏在大山里的书吧。书吧室内分上下两层，总面积超500平方米，现有图书14000余册，为游客提供了一个沉浸式阅读打卡场所。除了具备阅读功能外，书吧还为游客提供蓝山咖啡、英式奶茶、精致糕点等甜品茶歇，为游客提供物质与精神双重食粮，满足游客沉浸式打卡与休憩度假的需求。在这里，能同时感受到大自然里的书香、木香及咖啡香。

图 6　梦枕书香·休闲阅读体验馆

五、发掘浪漫文化,强力助推"夜经济"

自 2017 年起,九如山便开始打造夏季音乐露营活动,强力助推"夜经济",丰富济南"夜生活",结合景区休闲旅游资源,策划了一场又一场浪漫难忘的音乐露营派对。

(一)九如山精致野餐露营

随着居民旅游的需求日益多元化,在本地及周边地区"微度假"成为人们生活方式的一部分。然而,虽为"近游",但游客对舒适度、私密感、幸福感以及品质的要求只增不减。

在时尚人群眼中,露营早已不再是风餐露宿的艰苦旅行,它是山野丛林中家人、挚友间惬意小憩的时尚,或者是星空银河下亲密恋人间风花雪月的浪漫,不能忽视安全与卫生、舒适与温馨。

截至 2022 年,九如山已推出三处不同风格的差异化野奢营地:星空露营地、木屋泳池露营地(见图 7)、森林露营地。大空间野奢帐篷与比利时进口床垫,浪漫桌面布置与北欧风格内饰,既有独立更衣间的浴室与卫生间,又有独立知识产权集煎、烤、炖为一体的多功能野炊炉具,还有超大屏露天电影与实力乐队演绎。这些在九如山已成为野餐露营的标配。在带给游客安全、卫生、温馨、舒适的露营环境的同时，以音乐、美食、露营、星空、泳池、木屋为核心元素的音乐露营季，能够满足游客对精致露营的一切浪漫想象。在这里，可以纵享天地与大山之间的浪漫与疯狂，释放激情与尖叫。

图7 木屋泳池露营地

(二)推出音乐露营季，夜活动丰富多彩

自2017年以来，九如山已连续成功举办五届音乐露营季(见图8)，每年都有近10万人参与夜场活动，且每年持续时间长达4个月，让游客们能够在九如山释放激情，避暑纳凉，尽享一场又一场视觉与听觉的唯美盛宴。

2019年，“华澳大地 · 九如山耳立音乐节联合抖in齐鲁美好生活节”在九如山露营地成功举办，有郑钧、品冠、刺猬乐队等人气歌手和华语乐团，还有李斯丹妮、张阳阳、失忆线条等一批新生代音乐人齐聚九如山，用激情点燃山野，引领人们享受震撼淋漓的视听盛宴。

2020年7～9月，由山东文旅厅主办的“文艺演出走进九如山”活动，在九如山木屋泳池露营地热力举办，60余位艺人，包括明湖兄弟、薛猛、陈丹妮等本地知名音乐人以及MG舞团、街舞之家等热舞乐团，倾情献艺，释放激情与尖叫。除此之外，7月24日，“中国好声音”全国海选济南赛区冲刺赛也在九如山露营地激情开唱，数十位音乐人走进九如山，展现自我风采。

2021年4月25日，浙江卫视热门综艺节目《奔跑吧》以“地球环保，减少碳排放”为主题，在浪漫九如山开跑，其中打卡了九如山豪萌木屋泳池露营地、快乐天体星空露营地、红颜容木桶酒店，在浪漫的九如山，一起尽情奔跑。

2022 年 6 月 17 日，由济南市文化和旅游局发起的“一起趣野‘营’在泉城　2022 年济南露营季”在九如山拉开帷幕，18 家露营地正式亮相，多个主题露营活动相继展开。同时，露营季活动还倡导文明露营理念，发布无痕露营倡议书，带动更多游客践行无痕露营的理念，一同保护好我们的绿水青山，保护好我们的绿色家园。

图 8　音乐露营季活动现场

六、深化野奢体验，推出情境珍馐美食和山野派对

绿水青山就是金山银山。九如山致力于倡导热爱大自然、融入大自然、回归大自然的生活方式，为热衷高品质生活的浪漫人群量身打造了一场“自然”与“品质”相结合的原生态自然山水的沉浸式体验。

珍馐美食方面，各个餐厅结合自身区域优势，推出了不同情境下的特色食物。木屋餐厅可以提供精致小火锅、“一条鱼打天下”烤鱼套餐以及其他时尚创新菜品。豪萌餐厅可以提供野餐烧烤、机器人炒菜以及精酿啤酒。城堡餐厅则可以提供烛光西餐、西式冷餐以及各类烘焙甜点等。

山野派对方面，九如山根据顾客的需求，提供充满仪式感的、兼具良心价格和卫生安全的就餐全过程。无论是在山巅、峡谷、丛林，还是在湖泊、花海、草坪，游客都可以约上三五好友，开展“电影趴”“星空趴”“溪流趴”“泳池趴”“森林趴”等各类派对。

七、创新营销模式，丰富品牌内涵

（一）立足游客需求，推出多样化产品组合

为满足亲子、闺蜜、情侣等不同人群的多样化需求，在打造单一产品的同时，九如山也着重在不同顾客需求的产品组合上下功夫，一方面将现有体验馆做基于不同人群的组合，另一方面也创造性地挖掘和利用景区场地资源，围绕“浪漫、野奢、出片”的产品打造原则，推出“野奢度假”“蜜恋之约”“闺蜜派对”“大自然派对”“浪漫时刻”“亲子互动”“圈层汇”等基于不同人群、不同需求的产品组合，以满足顾客多样化的度假需求，并不断超越其期望。

1.基于景区类旅游客群，推出不同的票种产品

新型冠状病毒感染从根本上改变了人们的旅游方式，单一的门票经济经受不住这样的打击。近年来，旅游景区的降价潮愈演愈烈，九如山却反其道而行之，基于不同客群推出了不同需求的高价值产品。目前常规票种共分为两类，艺文休闲主题乐园沉浸式体验票（198 元/人），艺文体验终身园主票（259 元/人），虽然价格看起来相比之前上浮不少，但价值远超往常，一张票几乎可以解决全年甚至终身的出游度假需求。同时，九如山还专门推出针对 30 周岁以下情侣的专属票种，针对 18～45 周岁女性的专属票种等，获得了大众的一致认可。九如山休闲旅游度假区以独特的大自然生态景观、多业态的综合度假模式和多样化的售票方式，得以“突围”。

2.基于酒店类度假客群，推出不同的住宿套餐

传统的住宿大多是到一个地方去住一晚，但九如山倡导的是不仅要住下来，还要慢下来深度体验，尤其是要解决并避免度假住宿和休闲娱乐之间的舟车劳顿。基于此，结合九如山丰富的业态资源，景区针对度假需求的客人推出了 2～3 晚的连住套餐。2021 年年末，九如山基于“把日子过成生活”的企业主张，推出了“时光宝盒”度假产品，除了包含 365 天的超值度假权益外，还附赠了众多园区内的艺文休闲体验项目。一经推出便获得众多新老顾客的一致好评。

在2022年飞猪App“618”大促和“双11”大促中，九如山的休闲旅游度假产品也崭露头角。“618”活动中，九如山面向江浙沪和京津冀地区推出的两晚及三晚度假类产品，仅开售5小时，便售出度假酒店客房13000间以上，成交总额突破1000万元，创中国北方度假酒店带货新纪录。在“双11”的流量大战中，面对国际、国内一线酒旅类大牌，九如山以绝对实力位居全国商品榜展示位第九，作为山东仅上榜的两家酒店之一，向全网展示了中国北方休闲旅游度假的风采。

(二)把握营销大势，搭建高口碑传播矩阵

九如山紧跟时代的变化，学习传播技术，掌握传播规律，涉足传播平台，结合公司的产品及所对应的目标市场及顾客特征等，开展产品和品牌方面的宣传推广工作，创新运用微信、微博、抖音、小红书等新兴网络媒体作为传播的重要阵地。

基于不同的用户群体和平台特征，九如山分别在抖音、小红书、头条、新浪微博等各类自媒体平台建立了账号。基于不同的兴趣标签和业态特征，还进行了标签属性的划分。有专门分享度假酒店的，有专门分享艺文休闲体验游的，有专门分享山水瀑布观光的，等等。随着用户画像的不断细分，未来还将继续扩充更多的传播战线。

随着景区产品生态的不断升级和营销活动的策划与创新，九如山也数次获得央视新闻频道、央视新闻、《人民日报》、新华网等国家级媒体和省级及地市级媒体的宣传报道。在2022年秋季，仅1个月的时间内，九如山荣获CCTV13央视新闻《新闻直播间》、央视新闻客户端、CCTV2央视财经《第一时间》、CCTV2央视财经《经济信息联播》、央视总台山东总站共5个央视平台的接连报道，获得无数的关注与好评。

(三)紧抓直播“风口”，培育直播经济

新型冠状病毒感染冲击了各行各业，旅游景区更是首当其冲。在被摁下“暂停键”的时间里，人们的生活方式也发生了前所未有的变化，这也成为度假区管理升级的关键。在这段“缓慢期”，九如山紧抓直播“风口”，培育“直播经济”，将直播常态化，并已尝试绿幕直播、现场走播、达人直播等多种方式，建立起了自己的直播营销体系。

九如山利用这段“空窗期”，充分研究市场和顾客需求，学习抖音和小红书等各大平台的脉络机理与流量分发逻辑，并已初步整理成型抖音和小红

书关于账号运营及直播的流程规范。为此，度假区专门成立了直播团队，在注重产品培育的同时，深度研究和探索直播带货逻辑并落地实践。目前，直播已成为日常传播必不可少的主要渠道之一。基于此，九如山也分别在抖音、小红书、视频号等多平台搭建了10余个直播账号，定期开展不同主题的直播活动。除此之外，景区还邀请了部分自媒体达人参与直播，让大自然美景、木屋度假聚落产品特色及服务项目得到更大范围的传播。

经过一年多的尝试与摸索，九如山的努力也得到了很好的见证。2021年12月，景区联合抖音发起的“感恩升级、回馈老客户”大型直播活动，单场成交总额突破200万元，打破山东文旅记录。2022年2月，景区联合抖音发起的“九如山首届浪漫女神节”的直播活动，单场成交总额突破233万元，新的一年再攀巅峰。2022年5月至今，通过抖音平台的自播、短视频及门店销售，产生销售额1000万元以上。九如山在抖音上的热度持续发酵，连续占据“济南市游玩人气榜”“济南市景点榜”“情侣约会游玩”“好友聚会景点”等多个榜单的榜首。

结　语

“让游客来游玩一次并不是最成功的旅游体验，让游客感同身受才是沉浸式旅游的最高评价。”近年来，九如山坚持“无沉浸不旅游”“把日子过成生活，生活是充满浪漫的仪式感”等一系列沉浸式旅游发展理念，在沉浸式旅游打造上下大功夫，历经15年的精心雕琢，通过产品和经营模式的不断创新，成功实现了由传统观光到游憩度假的完美转型。

九如山坚持以生态文明建设为统领、环境保护为前提，践行乡村振兴战略，发展森林康养和休闲旅游度假产业，陆续获得“全国森林康养基地试点建设单位”“山东知名品牌”“好客山东·乡村好时节——年度网红打卡地”“山东省精品旅游新旧动能转化优秀案例”“山东省精品旅游年度品牌”等荣誉。九如山景区在纯净的山野间倾心打造的休闲旅游度假聚落，已经成为“知审美、懂艺术、有品位、爱生活”人群的胜地和山东文旅行业一面鲜明的旗帜。

▶启发思考

1.进入21世纪后,沉浸式旅游出现由“产品经济+服务经济”转向“体验经济”的全新业态,沉浸式体验是交互的,而核心又需要内容的赋能,如何将“沉浸式”与旅游进行完美结合,来迎合“Z世代”消费者对于情感需求的增长?

2.休闲度假正在成为美好生活的新内涵,旅游的目的地是生活环境的总和,城市是重要的旅游中转地和集散地,商业环境是旅游度假区取得成功的关键因素。作为旅游度假区,该如何与城市融合发展,培育新的经济增长点?

3.由观光型向休闲度假转型后,景区将面临更大的挑战。如何基于不同顾客日益增长的需求,持续打造多元化、个性化的旅游产品?

千里山海，自在威海

——威海文旅集团以融合理念推动文旅产业转型升级*

▶案例概览

随着党的二十大精神落地生根，“一带一路”倡议的持续推进，文化和旅游融合发展迎来新机遇，成为展示国家形象、讲好中国故事的重要载体。在文旅融合的新时代背景下，威海文旅发展集团从理念和思维上树立融合发展的意识，以资源融合为抓手，以产业融合为核心，以科技融合为助推器，推动景观全域整合、服务全域配套、产业全域联动，推动文旅产业转型升级、持续高质量发展，创靓“千里山海　自在威海”全域旅游品牌，不断擦亮“精致城市·幸福威海”的靓丽底色，增强和彰显中华文化自强。

引　言

随着新消费需求的不断涌现以及旅游供给侧改革的推进，文化旅游迎来了一个黄金时代。旅游业作为威海的支柱产业，在这个飞速发展的时代，要想继续发挥它带动经济发展的作用，就离不开创新，尤其是思路创新、文旅产品创新和联合营销创新，这样才能赢得新的发展空间，并以其关联带动强、市场潜力大、涉及领域广、辐射能力强的综合性，带动全域旅游，促进城市的经济发展。威海市人文历史资源丰富，文旅融合下的业态创新成为地区旅游转型升级的有力武器，加快推动文旅融合成为培育旅游经济新增长

* 本案例由威海文旅发展集团有限公司秦奕和赵爱娣撰写，由山东大学旅游产业研究院/山东省新旧动能转换重大工程精品旅游产业智库改编收录。

点的重要途径。

三年前，一个全新的集团公司——威海文旅发展集团有限公司组建成立。这是威海市委、市政府为深入推进国资国企改革，培育壮大市场主体，发挥龙头带动作用，加速全市全域旅游发展组建的一家文旅产业发展集团。集团业务涵盖刘公岛景区、酒店餐饮、教育研学、体育赛事、节庆会展五大版块，下辖十三家子公司、一家分公司，其中的子公司威海文旅集团文化传播有限公司，按照集团的发展战略，经过几轮改革整合，现与威海文旅发展集团有限公司威海国企党建培训基地、威海文旅集团国际旅行社合署办公，一个机构三块牌子，负责市场开发、新媒体宣传、电商运营、教育研学、景区讲解等业务，在推进文化旅游深度融合，加快文旅产业协同发展方面承担着重要职责。

一、观念的创新

文化是旅游的基本内涵和核心价值。把理念观念融合放在首位，从思想深处打牢文旅融合发展的基础，坚持宜融则融，能融尽融原则，找准文旅融合发展的切入点，坚持特色创新、质量发展原则，依托充满地域特色的历史文化资源，将文化内涵贯穿到旅游全过程，实现旅游形式和文化内容统一，用独特的文化品格和文化魅力诠释旅游，凸显威海旅游产品特色，提升竞争力和吸引力，加快威海旅游业转型升级，实现可持续发展。

坚持统筹协调、互补共赢原则，统筹推进文化事业、文化产业和旅游业融合发展，积极寻找文旅产业链条各环节的对接点，加强旅游全要素资源的整合融合，形成优势互补、资源共享、文旅相融的新格局。实施“文化＋”“旅游＋”“互联网＋”战略，注重培育红色旅游、康养旅游、乡村旅游、海洋旅游、工业旅游、房车自驾等新业态，以新业态产品的独特个性和风采制造更多的亮点、引爆点，带动旅游产业发展链条，激发旅游产业活力，推动文旅及相关产业相互促进、互补协调、共同提升和可持续发展。

二、产品业态的创新

(一)自驾旅游公路引领产业创新发展

1.开发海岸线资源,打造旅游产品

旅游是一种高消费商品,人们希望在享受服务、欣赏美景的同时愉悦心情。随着旅游热度的持续升温,旅游方式不断追新求异,从观光游到目的地休闲度假游等,由旅行社安排食、住、行、游的传统方式逐渐淡出人们的视野,而自由行、自驾游占比不断提升。近几年,来威海旅游的游客团队比例已由原来的60%下降到30%～40%,而散客游、自驾游比例则上升到60%～70%。

威海三面环海,海岸线长986千米,旅游资源得天独厚,拥有168处岛屿、80多处景区景点、100多家四星级以上酒店、200多家旅行社和多个中外驰名商标产品。为充分挖掘和有效整合旅游资源,迎合自驾游时代游客需求,服务加快构筑国内大循环为主体,国内国际双循环相互促进的新发展格局,2019年3月,威海文旅发展集团有限公司负责一体化运营由威海市委、市政府高标准创意规划设计的“千里山海自驾旅游公路”项目,历时3年,总投资61.2亿元,于2021年5月1日正式全线贯通。

自驾旅游公路是以全域旅游、精致城市发展理念为引领,是对全域优质文旅资源的整合和聚合。这条蜿蜒于青山与大海间的自驾公路(见图1),全长1001千米,主线长501千米,支线长500千米,串联起全市90%以上的核心旅游资源,将威海变成一个没有边界的大景区。沿线布局4个滑雪场、9处天然温泉、15个国家级海洋牧场、49家“国家A级旅游景区”以及80个乡村振兴样板区、194处精品民宿。自驾旅游公路还充分挖掘沿线红色文化、海权文化、民俗文化、乡村文化、海洋文化,串联66处公共文化服务设施、8个非遗旅游体验基地、474处红色印记,以路为媒,衔接起了产业发展、全域旅游、美丽乡村、生态保护和历史传承,将各色旅游项目业态连贯成为一个整体,自驾旅游公路成为名副其实的威海旅游的载体和最佳代言。

图 1　威海市“千里山海”自驾旅游公路[①]

2.科学合理运营,构建最美自驾公路

威海文旅发展集团有限公司聚焦创新,不断延伸文旅产业和历史文化横纵两个“坐标”,经过反复调研思考、综合多方意见,决定以“标准化管理、平台化运营、市场化推广”的总体思路推进“千里山海”自驾旅游公路项目运营。

在标准化打造方面,贯彻一个目标、一套标准、一个品牌的“三个一”工程,对标国际化水平,打造全国首条非高速公路运营模式。一个目标即以构建国内最美自驾旅游目的地为目标,利用现有设施基础,建设完善高标准、智慧化的自驾旅游服务体系,将威海市“千里山海”自驾旅游公路建设成享誉海内外的知名旅游公路,从而推动威海市城市国际化战略实施,树立国际滨海休闲度假旅游目的地品牌形象;一套标准即以《威海市旅游公路设计规范》为参考依据,对“千里山海”自驾公路相关基础设施的投资和建设进行全面标准化管理,用实际案例推动威海地方标准升级为省级标准乃至国家标准;一个品牌即策划推出“爱在威海”四季文旅品牌产品(“春游·初心”“夏游·热恋”“秋游·重逢”“冬游·表白”),量身定制广告语“千里山海·自在威海”、设计 LOGO、创作组歌、拍摄宣传片《驾游四海·畅享山海》、制作自驾旅游“护照”。“三个一”工程全方位、多层次、多维度构建“千里山海”自驾

① 本案例图片均由威海市文旅局、刘公岛景区提供。

旅游公路品牌形象。

平台化运营，即构建文旅同业共建的新生态。2022 年，威海市把“千里山海”自驾旅游公路改造提升列入为民办实事重点工作，按照“一站一文化、一站一特色、一站一内涵”的标准，通过共建、加盟等方式，自驾旅游公路每隔 30～40 千米布局一处高品质自驾主题驿站，提供自驾、商超购物、信息导览、文化体验等服务，自驾旅游公路设施建设得到全面加强，旅游服务功能不断完善，为来威游客提供更加舒适的旅游体验。特色驿站发挥以点带线、以线带面、攥指成拳的引擎作用，将威海旅游资源进行二次串联，截至 2022 年，已打造完成 23 处主题驿站、66 处观景平台和 12 处特色创意路段，完成 565 千米道路标线施划和标识设置，吸收本市 376 家景区、酒店、美食等商家入驻合作平台，促进生态伙伴间流量共享。

所谓市场化推广，就是“造声势”，提高“千里山海”自驾旅游公路的市场热度。在济南火车站、烟台机场、刘公岛客运中心等地布设自驾公路、重点驿站、海鲜美食啤酒节等系列事件营销活动，邀请传统媒体、网络新媒体共同参与项目宣传，传播渠道从央视、新华社等主流媒体，到抖音达人、微博博主。市民游客积极参与体验自驾旅游公路，路况条件、沿线风光、网红气质、旅游服务等优质内容的供给，使得众多游客从“路人”变为“粉丝”，自发传播“千里山海”自驾旅游公路品牌信息，社交媒体平台口碑逐渐发酵，形成矩阵化、裂变式传播效应。

3.高居全国热榜，形成品牌效应

威海“千里山海”自驾旅游公路成功获得“第五届山东省文化创新最高奖”。获评“全国首条市场化运营高速旅游公路”、首条“标准化自驾旅游公路”、首条“全域旅游创建示范路”、首条“全要素集聚融合发展示范公路”。在千里山海自驾路品牌效应带动下，威海市旅游目的地品牌和市场热度迅速提升，2022 年中秋小长假，威海旅游再上热搜，携程、途牛、驴妈妈等多家机构发布大数据报告，“千里山海”自驾旅游公路登上全国魅力值热榜。自驾游更是成为威海暑期旅游的主要形式，刘公岛、西霞口等多个景区自驾游客占八成，比 2019 年增加近三成，携程发布的《2022 年暑期租车自驾报告》显示，威海是 10 个暑期租车自驾热门城市中唯一的东部城市，威海在马蜂窝长线旅游目的地瞬时访问量热度涨幅惊人，位列全国 TOP10，自驾公路成为本地和外地游客在威海旅游的热门线路，目的地热度上涨 492%。“千里山海”自驾旅游公路荣获“山东省政府文化创新奖”，入选文化和旅游部“地方交流”典型案例，“2021 年山东省旅游宣传推广十大优秀案例”并获第一名。6次登上央视《新闻联播》等品牌栏目,人民网、新华网、央视网、中国旅游报等全国200余家权威媒体进行了深度报道。

“千里山海”自驾旅游公路可以使游客的足迹遍布威海各地,拉长了游览时间。以往威海的游客以“一日游”和“过路游”为主,现在越来越多的人选择“深度游”“慢旅游”,威海目的地效应显著提升,实现单日自驾客流量突破40万人次,来威自驾游客占比达70%以上。定制游、高端游等复合型度假产品有效拉动景区收入倍速增长。2～3天“深度体验游”占比提升80%。2022年夏,“听见山海·云创音乐荟”“千里山海”海鲜美食节庆活动,在“千里山海”自驾旅游公路沿线举办,威海市“夜经济”持续升温。

(二)千里山海实现双线联动

为实现海陆双线联动,威海文旅发展集团在开发运营自驾旅游公路的基础上,开发了海上旅游线路(见图2)。“千里海岸线,一条创新链”,按照“跳出刘公岛3.15平方公里,面向威海5799平方公里”的发展思路,坚持以创新为导向,以开放为引领,集聚各类创新资源,确定了“自在威海”旅游品牌,构建“千里山海·双线联动”全域发展格局,以协同创新带动产业互补发展,努力实现由景点旅游向全域旅游模式转变。按照海上旅游线路“环游威海湾”“海上看威海”“海上看山东”三步走战略,迎合年轻群体新奇体验需求,在传统海岛游基础上,2022年7月19日,“海上看威海”刘公岛至鸡鸣岛“跳岛游”航线开通,这条海上航线以文化为脉络,以海岛为节点,串联起威海北部海域海上观光游览线,让两大海岛“梦幻联动”,实现“一日两岛三体验”,游客在一天时间里,前往刘公岛、鸡鸣岛两处岛屿观光游览,体验红色文化、自然景观和人文风光。不仅为游客提供了一个游览新选择,更为威海经略海洋、产业兴海提供了新思路,在不断拓展的向海蓝图中,引领海上文旅新风潮。继“跳岛游”之后,它的“姊妹篇”——“自在威海旅游直通车”东部环海线于2022年9月10日开通,沿“海景巴士”路上看威海,将“千里山海”自驾旅游公路东部路段的知名景点和“网红”打卡点串联,让游客一站式尽览自驾公路与千里海岸线风光。自此,岛岸联动、陆海呼应,叫响“自在威海”的品牌,助力全市“国际滨海休闲度假旅游目的地城市”建设。

图 2　跳岛游、直通车，海陆双线联动

（三）文旅融合构建产品体系

1.以“红色+”带动区域协同发展

2021 年底，中国旅游研究院等发布的《中国红色旅游消费大数据报告（2021）》显示，2021 年，41.7％的游客参加红色旅游的次数达到 3 次以上，其中 7.1％的游客红色旅游次数超过 5 次。2021 年，红色旅游搜索热度较上年同期增长 176％。结合国家“十四五”文旅产业发展思路、革命文物保护利用工程、中国共产党建党 100 周年及党的二十大召开等背景，威海的红色旅游体系日臻完善。2018 年 6 月 12 日，习近平总书记视察刘公岛时语重心长地说：“我一直想来这里看一看，受受教育。要警钟长鸣，铭记历史教训，13 亿多中国人要发愤图强，把我们的国家建设得更好更强大。”[①]习近平总书记的指示为刘公岛的发展指明了方向、提供了根本遵循。

刘公岛景区自 1985 年对外开放以来，高扬爱国主义教育旗帜，警示后人以史为鉴、勿忘国耻，从之前封闭的军事管理区逐步发展成为全国著名的爱国主义教育基地（见图 3）。近年来，刘公岛依托厚重的文化底蕴，深度挖掘红色资源，传承红色基因，唱响红色主旋律，高点定位、创塑特色，立足打造“中华民族警醒之岛”的目标定位，充分挖掘海岛潜能，努力构建全新发展格局。

---

① 《习近平在山东考察时强调：切实把新发展理念落到实处　不断增强经济社会发展创新力》，《人民日报》2018 年 6 月 15 日。

图3　刘公岛

2.保护利用红色资源,加快基地建设

坚持发掘保护、开发利用、传承弘扬并举,加强红色资源的保护修缮、红色教育基地建设提升。秉承精益求精、千锤百炼的工匠精神,刘公岛景区先后对58处文物建筑实施严格保护,累计修复开放面积10万多平方米,对外开放了10馆、3园、4炮台,实现中、东、西全覆盖。其中,海军公所是国内唯一现存清代海军衙门,威海水师学堂是国内唯一有迹可循的近代水师学堂,甲午战争陈列馆是全国唯一全面展示甲午战争历史过程及影响的综合展馆。利用北洋海军机械局和屯煤所筹建开放的历史选择展馆,是胶东(威海)党性教育基地的重要主题展馆。利用东泓炮台坑道和兵舍建设的东泓炮台展馆,在习近平总书记视察一周年之际正式开放,现已成为红色旅游新热点。

作为胶东(威海)党性教育基地专题版块,刘公岛教学区设有海军公所、甲午战争陈列馆、历史选择展馆、东泓炮台等教学点,以民族复兴为主题,全面讲述中华民族"梦碎、梦醒、筑梦、追梦"的复兴故事,让人们在宏大的历史背景中深刻领悟只有中国共产党才能救中国,只有中国特色社会主义才能发展中国,只有在习近平新时代中国特色社会主义思想的引领下,才能实现中华民族的伟大复兴。

刘公岛醒廉教育基地,是威海"清廉之路"的起点,2020年,景区深度挖掘廉政教育元素,串联东泓炮台、甲午战争陈列馆、海军公所、北洋海军屯煤所、西摩尔街等教学点，通过探寻甲午战争失败的根源，进一步认识腐败对国家和民族带来的惨痛教训，从而筑牢拒腐防变的思想防线，成为国人心中牢筑忧患意识的警醒之地。

2020 年 4 月，国内首个总体国家安全观教育培训基地（见图 4）落户刘公岛，基地以总体国家安全观为主题，以增强忧患意识、居安思危为基调，利用刘公岛北洋海军机器局、工程局、鱼雷修理厂等房屋设施改造，建设国家安全观教育展馆，挖掘“国帜三易”历史事件，打造国帜主题公园，建成开放公所后炮台体验馆，从国家安全的角度将教育功能与党性教育、红色胶东教育等融为一体，打造互动式国家安全科普教育基地。至此，刘公岛的红色文化板块，又多了一个强有力的支撑体。党的二十大报告中提出“必须坚定不移贯彻总体国家安全观，把维护国家安全贯穿党和国家工作各方面全过程，确保国家安全和社会稳定”[①]，将国家安全融入历史文化脉络，让民族复兴的主题内容更加丰富厚重，成为具有时代鲜明特色的中华民族警醒之岛，更让“红色胶东”成为威海旅游的响亮名片。截至 2022 年，刘公岛景区累计接待各类教育培训班次 3000 多批 12 万人次，实现党政军民学和全国 34 个行政区划全覆盖，年均接待上百万人来此进行爱国主义教育。

图 4 总体国家安全观刘公岛教育培训基地

3.发挥教育功能，激活红色文化时代生命力

将红色文化与时代精神结合。按照文旅集团“岛陆联动、业态融合”的思路，以“旅游＋”为载体，不断放大教育功能，深度研发特色产品。在爱国

① 习近平：《高举中国特色社会主义伟大旗帜 为全面建设社会主义现代化国家而团结奋斗——在中国共产党第二十次全国代表大会上的报告》，人民出版社 2022 年版，第 52 页。

主义教育、国防教育的基础上，设计开发了党性教育、清廉之路教育、总体国家安全观教育三大红色培训产品，形成现场教学、课堂教学、影视教学相结合的教学体系；针对青少年群体整合推出研学产品，包含爱国励志、海权海防、海洋航海、建筑美学、动植物科普、帆船航海运动等8个研学主题，激励广大青少年的爱国情怀和使命担当；其中，打造了刘公岛小海军夏令营、圆梦定远等红色研学旅游品牌，组织“小小讲解员”系列活动，取得良好的社会效益。刘公岛景区成功入选“行走齐鲁”学生校外实践教育基地，获得全国第二批“港澳青少年游学基地”、“山东省港澳青少年爱国主义教育基地”、“山东省红色研学基地”等称号，刘公岛爱国主义教育产品先后荣获山东省第一届、第二届研学旅行创新线路设计大赛三等奖、第三届研学旅行创新线路设计大赛二等奖。近3年累计接待青少年研学、夏令营3万余人次。

在做好景区红色教育的同时，刘公岛景区讲解员、导学员充分发挥自身专业优势，通过“请进来”“走出去”等形式履行社会职责，分别参加了在北京、济南等地举办的2018年“伟大的变革——庆祝改革开放40周年大型展览”，2019年“伟大历程　辉煌成就——庆祝中华人民共和国成立70周年大型成就展”，2021年“庆祝中国共产党成立100周年中国共产党历史展览馆”、山东省百人红色宣讲团，2022年“奋进新时代”主题成就展、“走在前，做表率——新时代山东省省直机关党的建设成果展”等大型主题展览讲解活动。讲解员、导学员们还分赴威海廉政警示教育馆、初心使命馆、威海市城市书房等地担任驻馆讲解工作；面向哈尔滨工业大学(威海)、山东大学(威海)等驻威海院校，以现场教学、宣誓、旅游调研等形式，做好在校大学生的红色研学培训。在建党百年之际，刘公岛景区讲解员和导学员还到学校、机关、企事业团体开展义务宣讲活动，策划情景剧、红歌、朗诵等教学节目，累计开展“强国复兴有我”“传承红色基因　点燃爱国热情”“育家国情怀　做时代新人”“喜迎二十大　百年正青春”“共担使命　同向未来”等系列主题宣讲近百场，并通过多个平台线上直播，线上线下同步推进，引导人们厚植家国情怀，勇担历史使命，累计受众群体达10万人次。

用文化提升旅游，用旅游传播文化，用历史文脉解读国家和民族记忆。依托刘公岛厚重的历史文化底蕴，进一步完善爱国主义教育、党性教育、总体国家安全观教育、国防教育、廉政教育“五位一体”的教育新格局，彰显刘公岛历史的教科书、清醒剂价值，筑牢忧患意识，引导人们以史为鉴、开创未来，推进文旅高质量融合发展。

4.整合全域资源，打造多业态产品

跨越山和大海，遇见最美威海。依托“千里山海”自驾旅游公路，充分发挥刘公岛的龙头带动作用，辐射周边的旅游资源，积极打造以红色文化旅游为主体，以蓝色海洋旅游为呼应，以绿色生态旅游为延伸，从传统观光向新型休闲度假胜地转型的旅游发展新模式。

一是拓宽旅游要素的“外延”，将“商、养、学、闲、情、奇”作为新的旅游要素，积极推进新要素与原“吃、住、行、游、购、娱”要素的跨界融合，打造融合型旅游新产品。重点围绕红色游、亲子游、团康养、研学游、露营野奢等领域培育新业态，延伸产业链，先后推出“爱在威海”“知行威海”“印象威海”等系列主题游产品。依托渔具、家访、食品、3D打印等工业优势产业，推出一批工业旅游线路；依托海洋产业，大力发展海洋牧场、海上体育休闲游、海上休闲度假游等旅游新型业态，助力传统渔业企业转型；依托80个乡村振兴示范片区，带动采摘游、休闲农业观光游，打造精品农家院、精品民宿等。150多项近郊游、户外游、周末游等微度假产品，充分实现了各要素产品的有机整合和良性互动，带动了域内田园综合体、休闲采摘园、农家乐、渔家乐以及乡村振兴、产业基地等的发展，提升了威海休闲旅游的体验感和获得感。

二是围绕“四季全时、淡季不淡”理念，针对自驾公路推出一张“山海畅游”电子会员卡、刘公岛“四季畅游”无限次年卡，在四季的转换中，带领游客度过一段有温度的时光。围绕文创产品，开发“精致城市观光大使”系列，陆续推出“鹿K”“鲸神小伙”“加油鸥”3个IP形象以及10多类系列衍生品。进入冬季，美丽的威海沉静而浪漫，观天鹅、泡温泉、赏雪景、品海鲜、住渔家，处处散发着人与自然和谐温暖的城市气质。结合威海的秋冬元素，策划推出“我与天鹅有个约会”冬游威海活动，以信的形式欢迎天鹅回家，让威海的冬天因天鹅的到来而热闹起来。同时，把客源市场的重点聚焦在研学旅行、老年旅游、亲子游三个黄金潜力市场，寻求工作日旅游最佳解决方案的突破点，不断探索夜间旅游的吸引力，以期突破并改善旅游季节性的限制，使得淡季不淡、旺季更旺。

三、智慧旅游的创新

(一)打造省内首个文旅产业互联网平台

为适应数字化文旅时代的需求,刘公岛景区按照省市各级主管部门要求,首批实现"限量、预约、错峰",建立门票分时预约系统,为游客提供了便捷高效的预约渠道。威海文旅集团投资5000万元搭建威海文旅产业互联网平台,按照"上云、用数、赋智"的思路,设置"智慧大脑+N朵云"的基本架构,上线景区云、会展云、营销云、视频云,将各项业务数据进行整合,构建分析体系,提升数据价值,推动业务升级。同时,推出"自在威海智慧旅游"小程序,为威海的文旅企业免费开放使用,并与携程深度打通,构建威海旅游资源一体化展示窗口,为来威游客提供一站式定制游。规划了公路导航功能,接入高德地图导航架构,国内首创针对自驾旅游公路开发封闭式智慧导航系统。实现了以产业互联网大数据指导精准营销,以智慧旅游小程序供给威海特色旅游产品,全方位智慧化的旅游服务,让游客一部手机游威海。进入威海的第一条欢迎短信会告诉每一位来威游客,了解威海、玩转威海,从关注"自在威海智慧旅游平台"开始。无论是"套餐"还是"点菜",20万条信息汇集"旅游全搜索",自在威海智慧旅游平台满足您一站式旅游需求。

眼下,自在威海智慧旅游平台正在改版,面向C端客户、赋能B端企业、助力G端政府,努力构建根植于威海本地的全链条旅游服务。截至2022年,整合各类旅游资源上线供应商597家,上线旅游线路、特产商品560个,总访问量达2093万人次,活跃用户数超24万人次。

(二)科技赋能历史,数字引领文旅新体验

VR、AR等新技术的应用,使旅游打破了空间和时间的限制,从内容展现形式、游客体验方式和目的地营销方式上优化了传统旅游。将科技与文旅深度结合,助力以数字化技术打造场馆建设,推进景区数字化建设。刘公岛公所后炮台体验馆就是修复利用公所后炮台兵舍、弹药库、炮位等历史文物建筑设施,利用历史展陈与数字交互技术应用融合,打造的军事体验项目。体验馆充分利用数字交互、数字投影等技术,通过数字演艺的方式,再现刘公岛保卫战场景。数字技术的赋能,让历史活起来、动起来。在这里,

游客通过观看数字交互投影和动态炮之间的互动，感受炮弹在耳边炸响、大地在震颤的战争场景，甚至可以亲自上阵操作火炮，学习如何瞄准与发射。通过炮台、坑道、弹药库的环境体验和武器体验，游客可以真实感受当年战斗的激烈、战争的惨烈，警示游客牢记历史，激发强烈的爱国心、报国志。新科技的出现，让深厚历史的纵深感变得触手可及，"虚拟现实＋沉浸式"交互，重现其昔日历史风貌，让"沉默"的文化"动"起来，让"睡着"的文化"醒"过来，让爱国主义教育这一课体验感和沉浸感更真实和深刻。

智慧旅游的创新是产业和企业发展的重要力量，也是全域旅游新业态出现的刺激因素。威海文旅产业互联网平台的引入，引发了威海旅游战略、运营方式和产业格局的变革，催生了与之相关联的一批新兴业态的出现，推动威海全域旅游的发展，打破文旅行业单打独斗、各自为战的状态，形成抱团发展的格局，提升了消费者的体验度和满意度，增强了文旅产业综合竞争力。

四、品牌宣传的创新

（一）以活动促品牌形象，推动产业融合发展

围绕建设文旅产业合作平台，坚持市场化思路、产业化方向、专业化运营、市民化参与、国际化标准，推进品牌活动与文旅融合发展，拉伸赛事链条，吸引游客通过观赛游览威海，带动威海旅游业发展。协助有关部门承办好威海铁人三项世界杯赛暨威海超级铁人三项系列赛，被评为"国家体育产业示范项目"。承办国际帆船赛、横渡刘公岛公开水域等精品赛事，成为提升威海城市国际知名度的重要平台。成功承办仙境海岸半岛城市帆船拉力赛，推动陆海统筹的全域旅游发展。通过发挥威海的文化体育事业，形成旅游、交通、体育赛事等多行业于一体的新型发展态势，创新形成系统的产业链条，有效提升了文旅产业优势，增强了产业生命力。

（二）积极探索融媒体时代宣传路径，提升品牌影响力

在信息爆炸、热点频发的融媒体时代，如何把握这场技术与力量的变革，从传统媒体到新媒体，再到融媒体做好转型宣传，对文旅业发展至关重要。刘公岛景区通过自运营，努力探索、主动谋划，深度发掘，由单点宣传向

矩阵发展,形成了由8个平台组成的自媒体矩阵和由近20个平台组成的外宣矩阵,传播方式也由中老年人喜欢的传统渠道,主动向青年人喜闻乐见的方式靠拢,用新媒体短视频、直播等形式营造舆论气场,讲好时代故事,增强传播效果。“文旅直播间”带领大家“云游威海”,并以直播带货实现文旅惠民。截至2022年,景区官方微信公众号发文近200篇、阅读量近20万,抖音首播涨粉8500多人,人气点赞突破90万;同时,在《新闻联播》《晚间新闻》《新闻直播间》等央视媒体先后多次播出传递红色文化、讲好精致城市等热点新闻,有效提升了景区及威海的知名度和影响力。

结　语

旅游业态的发展是一个动态的、不断创新的过程。随着文旅产业向纵深发展,产业内各要素处于不断裂变升级中,形成衍生分化的新业态。在政策驱动以及旅游业不断转型升级的背景下,未来,威海文旅集团将笃行不怠、奋发进取,铺展开文旅人奋楫扬帆、赓续拼搏的奋斗进程,不断探索文旅融合发展新路径,创新文旅发展新模式,拓展出更新、更多的旅游发展要素,打造新时代山东文旅新名片,掀起“驾游威海”“畅游山东”的新热潮,满足广大群众不断增长的对美好文旅生活的新需求,为促进经济社会快速健康发展作出新的贡献。

▶启发思考

1.威海市打造的自驾旅游公路给游客带来了怎样的体验?对当地产生了怎样的影响?

2.当今旅游市场呈现多元化发展,对文旅融合发展有什么借鉴意义?

3.假如你是一名文旅负责人,在旅游业转型发展中,应该怎样开展战略性企业社会责任行为?

乡村振兴的“竹泉实践”

——竹泉村旅游区产品创新发展*

▶案例概览

竹泉村旅游区依托良好的乡村生态环境和独特的沂蒙民俗文化，创新开发乡村文化旅游休闲产品。秉承“绿水青山就是金山银山”的发展理念，竹泉村旅游区在保持原有风貌的基础上，创新发展乡村休闲、特色民宿、乡村养生等中高端旅游产品，紧跟消费需求变化，融合现代休闲理念，让游客深度体验沂蒙乡村生活，开创了“竹泉模式”。通过近年的发展经验，证明了“竹泉模式”下打造的旅游产品具有创新性，符合“坚持以文塑旅、以旅彰文，推进文化和旅游深度融合发展”的发展要求。其经验成果带动了当地农民实现脱贫致富，助力了竹泉村实现产业升级，助推了地方经济社会发展，将竹泉村打造成为乡村振兴的齐鲁样板，具有较强的指导性和借鉴性。

引　言

2007年之前的竹泉村，由于交通不便、土地贫瘠，村里没有任何产业，村民要想有些收入，只能外出打工。古村就像一块蒙着厚厚尘土的璞玉，村民们则守着美景过着穷日子。村内垃圾遍地，泉水带给村民的除吃水方便外，更多的是不便：每到雨季村里泥泞不堪，逢大雨时更是沟满河平。到2007年，村里已经有近半数的村民搬离了老村，此时的竹泉村已经成为一个

* 本案例由山东龙腾竹泉旅游发展集团有限公司赵军和夏文晶撰写，由山东大学旅游产业研究院/山东省新旧动能转换重大工程精品旅游产业智库改编收录。

远近闻名的贫困村和濒临消亡的“空心村”(见图 1)。

2007 年,山东龙腾竹泉旅游发展有限公司确定对竹泉村进行旅游投资开发,并委托山东省旅游规划设计研究院进行整体规划。在“政府主导、市场运作、村民参与、多方共赢”的开发模式下,实现了乡村振兴与乡村旅游融合发展的一体化新局面,切实解决了开发前的竹泉村交通不便、土地贫瘠,村里没有任何产业,村民收入全靠外出打工,且生活条件简陋等发展难题,竹泉村的发展模式已经成为国内乡村旅游的一个典范。

图 1　开发建设前的竹泉村①

一、统筹协调,开创乡村旅游发展新模式

(一)资源优势下的发展动力

竹泉村原是一个人口不足 500 的小山村,虽地处偏远,但因村内有翠绿的竹林和一眼古泉(见图 2)而在当地小有名气。据说村子已有 400 多年的历史,原名泉上庄,而竹泉本名为龙泉,明末兵部右侍郎高明衡就出自本村。乾隆皇帝下江南时,曾因泉水甘美而微服造访,为古泉改名并亲笔题写了

① 本案例图片均由山东龙腾竹泉旅游发展集团有限公司提供。

“竹泉”,泉上庄也改为竹泉村。百年来,勤劳、勇敢、淳朴、智慧的沂南人民在这块土地上繁衍生息,创造了灿烂的民间文化,成为规划发展乡村旅游的重要文脉依托。曾经村里家家摇青竿、户户临清流,村民绕泉而居,砌石为房,居者乐而寿、田园瓜果香,是北方难得的桃花源式的生活环境。泉、石、竹、龙文化构成了竹泉旅游区独特的景观要素和文化要素。

图 2 竹泉村古泉

2007 年的沂南,旅游发展刚刚起步,孟良崮森林公园、汉画像石博物馆、诸葛亮公园是沂南旅游的全部景点,产品吸引力低,几乎没有外来游客。而那时周边县区的旅游发展已是如火如荼,蒙山、溶洞等项目异常火爆,“沂水现象”更是成为县域旅游的标杆。竹泉村作为山东省第一个系统开发的古村落景区,其开发之路才刚刚开始。

(二)政府主导下的运作模式

竹泉村的开发模式是“政府主导、市场运作、村民参与、多方共赢”。景区开发建设,拉开了沂南旅游大发展的序幕。沂南县委、县政府高度重视项目的开发,在政府指导、市场运作与村民自主有机结合的模式下,从立项之初,遵循市场主导的首要原则,开发、经营和管理均采取市场化运作,县、镇两级政府分别成立旅游开发建设指挥部,专门成立了重点项目建设指挥部,选派专人专岗,统筹协调,出台扶持政策,帮助企业推进项目,协调处理关系,解决制约因素。这样的村庄发展模式,达到了经济效益和社会效益的共赢。一是促进了开发企业的转型升级。由于竹泉村旅游区的发展,山东龙腾竹泉旅游发展有限公司又投资开发了红石寨和桃花峪溶洞(在建),其中红石寨景区2010年被评为“国家4A级旅游景区”。2016年2月,山东龙腾竹泉旅游发展集团有限公司正式成立,成为一家集景区开发运营、旅游商品开发经营、餐饮、住宿经营、商贸服务等于一体的综合性企业集团。二是为当地提供了大量的就业、创业机会。景区员工近300人,其中80%为当地村民,旅游旺季时需要增加季节工、临时工200多人。村民依靠旅游业,家庭收入大幅增加,地方综合收入年均增长达18%以上,极大地带动了当地经济社会发展。

公司二期规划由山东省旅游规划设计研究院承担,规划投资4.56亿元(其中竹泉村1.56亿元,红石寨、桃花峪溶洞3亿元)。多年来,公司坚持以市场为导向,以游客需求为目标,不断加大投入对景区进行完善提升,至2019年资产总额近6亿元,景区年销售收入过亿元,年上缴税金600万元左右,带动周边区域实现旅游收入近5亿元。

项目自2008年5月正式开始改造,至2009年7月,一期工程基本完成并投入运营,历时1年零2个月,创造了“竹泉速度”。竹泉村的成功开发,引爆了沂南旅游业的发展,之后发展起一批旅游项目,至2023年,全县已有“国家4A级旅游景区”6家,形成了旅游发展的“沂南模式”。①

(三)和谐发展下的开发原则

古村的打造以保护性开发为原则,将竹泉村分为“一新一旧”两个区域。旧村区在最大限度保留古村原貌的基础上,加入旅游的元素,充分利用竹林、泉水、古村落的资源优势,率先发展乡村旅游,创新产品模式,以古村生态和沂蒙民俗为文化特色,构建了“龙凤呈祥”的地理空间格局,塑造了“天人合一”的古村骨架空间,完善了“泉上古村”的村落景观,百年老屋、传统手艺都在这里得以保留,保存了老区人民原生态的生活环境,开发了凤凰迎宾、梅竹幽境、田园闹市、泉上兰亭、东篱菊社、三分乐土六个功能分区,大力开发乡村休闲旅游业态,打造具有显著沂蒙特色、泉乡个性、竹乡景观、农家风情,融观光、度假、休闲于一体的综合性乡村旅游目的地。

在新村区为村民盖起新房供村民居住,新村按照现代新生活标准,为村民提供宽敞舒适的居住环境。对生活用电、自来水、路灯架设、路面硬化、水冲厕所、沼气等设施进行统一的配套建设,并栽植绿化树木,形成规划整齐、

① 参见陈国忠、刘淑秀:《沂南模式——县域旅游发展的理论与实践》,中国旅游出版社2013年版,第38页。

环境整洁、配套完善的生态宜居村落。村民利用宅院，发挥专长，围绕“古村”开展旅游生意。两村和谐发展，村民安居乐业。这种超前的服务规划理念、新颖的服务产品设计、多赢的开发方式，得到了中央、省、市有关领导的肯定，称赞景区是“社会主义新农村建设与旅游景区的完美结合”和“推动农民就地城镇化转变的典范”，并将这一发展模式誉为“竹泉模式”。自此，“竹泉模式”不仅成为景区品牌战略创新发展的特色，更成为强化环境、产业、文化和公共服务四位一体，突出政府主导与社会资本引入并重，全力推进乡村振兴，并以“四好农村路”、村落风貌、特色农业为骨架的串珠成链，最终实现乡村“颜值”与“质量”双提升的创新模板。

二、产品升级，突破初期发展瓶颈

2007年，临沂乃至山东省内旅游产品结构呈现“初级化”特征，以观光产品为主，休闲、度假产品的开发滞后，产品结构不均衡。乡村旅游概念尚不明晰，乡村休闲度假产品基本没有。作为山东省第一个系统开发的古村落项目，竹泉村首先将现有产品进行开发升级，将传统景区单一的观光游转变为融观光、休闲和度假功能于一体的休闲体验旅游区。

（一）依托资源优势，打造“北方小江南”观光旅游产品

竹泉村东、北两面环山，寨子河自西向南绕村而过，整个村子处在山环水绕之中。村中部有千年巨石似龙头昂首，巨石西侧有一泉眼，泉水清洌，四季不涸。村西北部有百年银杏参天，村内处处翠竹丛生，泉水潺潺。整个村庄依泉而建，村民们绕泉而居，块石房屋，片石院墙，茅草盖顶，板石铺檐，一座座农家院落给人以古朴厚实之感，丰富的水资源，使家家户户翠竹满院。在保护性开发下，历经数年，竹泉村已逐渐被打造成为具有显著沂蒙特色、泉乡个性、竹乡景观、农家风情，融观光、度假、休闲等功能于一体的北方综合性旅游目的地，开创了休闲旅游的全新模式。景区自投入运营即受到市场的热捧，知名度和市场占有率连年保持高速增长。

（二）创新发展模式，打造特色休闲度假旅游产品

在充分分析旅游市场发展前景和需求下，重点开发了能够组织游客开展体能训练以及滑草、垂钓、射击、赛马等活动，建设了休闲娱乐园、体能训

练营的山乡休闲项目;竹林菊舍,回归自然,在山上建设度假村、搭建帐篷、窝棚,让游客体验山间度假的乐趣;围绕享受自然,结合农业和农村风俗开展集体验和参与为一体的农村休闲度假的农家乐休闲度假;以村内的泉水水系为基础,开发滨水休闲度假旅游产品,品泉、赏泉,建设泉上兰亭的滨水休闲项目。同时,完善各项配套服务设施,使其在旅游产品生命周期中延长成熟期,达到繁荣期,获得更大的旅游经济效益。

(三)挖掘民俗文化,打造地方文化旅游特色产品

围绕"竹林"资源核心,打造建设了观竹王、望竹海、赏竹艺、听竹乐、玩竹戏、享竹疗、看竹业、购竹品、食竹宴、住竹居竹文化之旅项目。同时,以沂蒙民俗文化为核心,结合沂蒙石砌建筑,建设了赏奇石、走石路、过石桥、居石屋、推石磨、品石宴的石文化之旅项目,让游客入住"沂蒙人家"石屋。在水上商业区,游客能够走进沂蒙作坊,参观品尝沂蒙美食,体验沂蒙手工艺品及日常生活用品的制作工艺。在节假日,游客能够体验沂蒙节令习俗和沂蒙民俗文化,欣赏独具特色的沂蒙山区地方戏曲和舞蹈以及在旅游旺季或节日期间打造的特色表演(龙灯、扛阁、扑蝴蝶、耍马灯、山东梆子、琴书、太平调、柳琴戏、踩高跷、扭秧歌)等。

组织沂蒙红嫂文化、诸葛亮文化等专题研讨会;与临沂各企事业单位、社会团体合作,发展商务会议旅游的会务会议旅游产品;深入挖掘竹子的药膳作用和银杏的医疗保健功效,开发康体养生产品的康体养生旅游产品;创新农作物的识别与种植,竹子的种类、特点、分布,药膳作用的了解,泉水成因的认识等科普教育旅游产品;举办竹风泉韵消夏避暑节、泉上古村采风节等节庆活动,形成特色节庆旅游产品。

竹泉村的开发模式,得到了社会各界的一致好评,也得到市场的高度认可。改造后的竹泉村于2009年7月投入运营,当年接待游客就达到10万人次。时任山东省省长莅临调研,评价竹泉村的开发是"社会主义新农村建设和景区开发的完美结合"。山东省旅游局主要领导曾多次到景区调研,评价竹泉村是山东旅游业三大板块(历史文化游、山海游、逍遥游)中逍遥游的典范,在景区开业时正式颁发了"山东省逍遥游(唯一)示范点"牌匾。

三、多业态融合，实现产品高端化

竹泉村的发展目标首先是要成为沂南的龙头性旅游项目，进而成为临沂品牌性旅游项目、山东省精品旅游项目。高起点的定位必须要有高品质的旅游产品作为支撑。因此，在开业初期旅游产品规划的基础上，竹泉村依托当地自然资源和民俗文化，结合市场反馈、游客需求，不断完善提升景区的产品结构，进一步打造七大乡村旅游主题产品。此次建设围绕文化体验游、研学游、美食游等主题，深入挖掘当地旅游资源，开发中高端旅游产品和线路。颠覆了以往乡村游的概念，开创了以古村生态和民俗文化为资源优势，融旅游观光、休闲度假、研学会务于一体的乡村旅游模式。

（一）发展乡村文化体验游，打造特色体验活动业态

1.特色文化体验活动

竹泉村在充分挖掘和保护古村落民居、古树名木和民俗文化等的基础上，美化村庄人居环境，将历史文化底蕴转变为具备生活体验内容的特色文化村。挖掘沂蒙传统农耕文化、山水文化、人居文化中的生态思想，融合村庄文化，打造为弘扬农村生态文化的重要基地。重点打造了沂蒙民俗婚嫁文化传承、村文化展馆——驸马府、竹文化展馆、沂蒙民俗文化展馆、酒文化展馆等，同时，将竹文化、泉文化、古村文化渗透到各类产品中，制作出文化产品。

2.特色农业生产体验活动

竹泉村气候为典型的温带季风气候，冬冷夏热，夏季多雨，宜发展观光农业。竹泉村内种植了大量的金银花、杏、山楂等地方特色农产品，根据农产品的时令可进行采摘体验活动。如早春可采摘大棚草莓，春夏交接之时可采摘樱桃、甜杏，秋天则可采摘山楂、梨和苹果等。同时，依托原有古村结构打造的生态居住院落内建有院落田，游客可根据自己的喜好种植瓜果蔬菜，体验居住、种植、生产等一体化的特色活动。

3.非物质文化遗产体验项目

村庄注重非物质文化遗产的保护与传承，设置了牛皮弓、黑陶、黄家粉皮、酒坊、手指画、烙画、粮食酒、面塑等非物质文化遗产展馆，展馆内不仅展示非物质文化遗产的作品，更设立了体验活动区，可以为游客提供现场的学

习和体验,更好地实现了非物质文化遗产的传承和保护;景区先后争取相关部门的支持,设立了县级非物质文化遗产博物馆、乡村记忆博物馆,为这些项目的传承和发展提供了保障,近年来,弦子戏、沂蒙婚俗先后被评为省级非遗项目和市、县级非遗项目。

4.地方手工技艺体验项目

竹泉村现存很多“身怀绝技”的老人。村庄深入挖掘地方文化和沂蒙文化,向村里的老人请教学习手工技艺,设立了竹编、草编、鞋垫、纺线等特色的民俗文化展馆,在展馆内不仅可以找寻儿时的回忆,还可以跟着民间手艺人学习、参观、体验各类民俗作品的制作,沉浸式的打卡活动带给游客乡野间的恬静和舒适,更好地将地方文化传承下去。

(二)发展研学游,打造特色研学业态

在全国推行研学教育游的背景下,竹泉村面向游客尤其是青少年和儿童群体开展种类多样的科普研学教育、夏令营活动和亲子教育活动,在景区内建设专业教室、DIY工坊以及非遗小院和众多的室外教学点,针对暑期、冬季假期和日常课外实践的不同特点,结合古村四季景观和民俗特色,以休闲农业科普、农耕文化研学、民俗文化研学、拓展活动、亲子游乐、乡村振兴等为主要内容,开发了近10套研学课程,成为中小学生研学特色项目。2020年,打造了“新农村建设”展馆,培育了主客共享的美好旅游形式新空间。截至2022年,景区每年可接待研学旅行游客1万余人次。2014年,竹泉村被沂南县教育局确认为“中小学生课外实践基地”;2020年,入选临沂市研学旅行路线图;2021年,研学课程被评为“山东省中小学生优秀研学课程”。已被批准设立“爱国主义教育基地”“大学生教育写生基地”“沂南县中小学生民俗文化教育基地”“沂南县青少年校外活动中心实践基地”等。

(三)发展乡村美宿游,打造“乡情”住宿业态

以开业初期农家乐为基础,将住宿设施升级改造,增加休闲空间,包装装饰主题文化,丰富住宿形式和内容,提升服务水平。竹泉村就地取材,将旧村民居改造成农家乐、生态酒店和民宿。改造初期,以旧民居打造的农家乐、生态小院为基础。2012年之后,随着民宿的兴起,景区住宿产品逐步升级为生态酒店和民宿,由于民宿可以保留村庄原有的民居特色,很多村民自发改建农院,因此村里的住宿产品以民宿为主。古村区现有民

宿30套(民宿内景见图3),共计200个床位,根据改造时间、装修及主题文化特点划分,现已经发展到第五代。为保证游客安全和服务质量,目前只有第三代至第五代可以运营,其中,第五代民宿更是达到了五星级酒店标准,游客好评如潮,旅游旺季入住率几乎保持在100%,成为景区的标志性产品。

图3 民宿内景

(四)发展特色美食游,打造特色餐饮业态

美食是体验乡村风情、了解乡村生活的一个重要途径,竹泉村集聚沂蒙地方名吃,引进品牌餐饮、开发时尚饮品,构建竹泉独特美食。餐饮位置主要集中在景区的丽水街(见图4),以本地特色餐饮、小吃(沂蒙炒鸡、羊汤、沂蒙煎饼卷大葱、熟梨、农家特色八大碗、蒸包、米线等)为主,选择性引进部分时尚饮品、小吃,现有近30家店铺。经营中始终坚持"一店一品、明码标价、安全卫生、质量稳定"的标准,在业内拥有良好的口碑,成为游客喜爱的"网红打卡点",也是景区夜间消费季的主打内容。

图 4　竹泉丽水街

(五)发展乡村购物游,打造地方性购物业态

竹泉村内和周边分散设立多个购物点,游客可以购买乡村土特产品、文创商品、DIY 手工产品、非遗产品等,还可以线上购物。景区内丽水街有商铺、作坊 30 余家,按照“一店一品”的原则设置。村内经营的产品需相对高端、有特色,审核通过后可进入景区线上平台统一销售。在景区出口至停车场区域,景区与镇、村共同设置了一条购物街——“知水街”,供周边村民销售自产的农产品、土特产品以及各类小吃,作为景区购物的延伸和补充。“知水街”为村民销售自家剩余农产品提供了便利,极大地增加了他们的收入,旺季时有超过 100 多户经营业户。

(六)发展乡艺大观游,打造乡村演艺文化业态

景区的演艺灵活多样,充分利用戏台、民俗小院、街巷等空间,表演民间艺术、歌舞、杂耍等节目。春节、元宵等节日有冲旱船、舞龙狮、踩高跷等,日常有非遗小院内的沉浸式演出、广场舞、婚嫁表演、花轿、旗袍秀、巡街快闪等。传统与现代相结合、动感与静谧相结合、演绎与生活相结合,深受游客喜爱。下一步,景区将植根于竹泉村特色文化,持续挖掘并开发出种类多样、风格各异的演艺曲目,弘扬当地优秀传统文化。

（七）发展乡村夜市游，打造乡村旅游夜经济业态

竹泉村依托游客消费需求，调整消费结构，营造旅游区夜间灯光，以民俗民间活动、特色小吃为中心，打造旅游区夜市，丰富旅游内容，延长游客的停留时间，增加旅游区经济收入。景区的乡村夜色旅游季从每年的6月开始，至9月结束，十一黄金周、春节等节假日均正常开启，其间举办的嗨玩节、吃货节、啤酒节等在业内有很高的知名度，带动了周边的夜间经济，2021年被省文化和旅游厅评为首批“省级夜间消费集聚区”。

四、建设提升，围绕特色二次开发

为进一步提升景区品质，提高景区的承载能力，2011年起，二次规划正式推行。以竹泉村为核心，山东龙腾竹泉旅游发展有限公司（以下简称“公司”）投资开发了红石寨旅游区（见图5）。2013年7月，红石寨旅游区投入运营。红石寨旅游区依托香山湖（寨子水库）较为丰富的水体资源和部分岸边荒山而建，其中所占用的水库南岸为荒山，因岩石中含硅可做玻璃、陶瓷原料，多年来常有私自盗采、盗挖，形成了大量的矿坑，植被遭到破坏，生态受到严重影响，地方政府和主管部门一直高度重视。景区开发建成后，公司又投入了大量资金，在这些荒山和矿坑上建成了山东省规模最大、业态最全的自驾车营地，既找回了绿水青山，又带来了金山银山。

图5　红石寨旅游区鸟瞰图

2014 年 11 月,红石寨旅游区获评“国家 4A 级旅游景区”。近年来,景区继续重点打造与汽车自驾有关的运动休闲项目,承办全民健身运动及各类赛事活动,形成了“旅游+体育+休闲”模式。2017 年被国家体育总局汽摩联汽车露营分会评为“四星级汽车自驾运动营地”,2018 年被山东省体育局授予“体育产业示范单位”称号。

五、创新经营管理,拓宽经营收入渠道

自投入运营以来,景区客流量保持连年增长的态势,2019 年共接待游客近 150 万人次。然而 2020 年,受新型冠状病毒感染影响,客流量、营业收入大幅下滑,经营面临巨大压力。在这种困难下,公司仍然坚持投入,闭园期间景区不等不靠,一方面采取措施举办员工服务技能培训班,借机提升服务水平,另一方面采取措施拓展线上营销,同时继续投资,对景区内的水景观、夜景观、商业街区进行了改造提升,在旅游设施、旅游服务中增加当地文化元素,诠释文化内涵,坚持提高服务品质和改善文化体验并重。

竹泉村民宿迭代更新、提档升级,开发第五代民宿;红石寨旅游区新建观光小火车,更新改造了萌宠乐园等,先后新增玻璃栈道、玻璃滑道漂流(见图 6)、步步惊心、七彩滑道、威亚、崖壁秋千等项目,引来附近不少游客,让景区在行业低迷的情况下还能有较高的客流量,品牌知名度不降反升。

图 6 玻璃滑道漂流

复工复产后，景区率先推出了夜游模式，重启后焕然一新的水景观在灯光亮化的映衬下格外出彩，琳琅满目的各色商品、风味小吃吸引了众多游客的到来，夜间经济复苏效果显著，成为省内恢复得最早、效果最好的景区之一，引领了周边夜间消费市场的发展。2021年，竹泉村被省文旅厅授予首批“省级夜间消费集聚区”。

六、发展成效初显，带动村民共同富裕

旅游开发让竹泉村由原来的贫困村发展成为有名的富裕村，村民的生产生活方式也发生了颠覆性的变化，由过去农忙时面朝黄土背朝天、农闲时外出打工转变为投身旅游服务业致富。“土地变资金、村民变老板、老村变景区、新村变乐园”，竹泉村实现了城镇化转变，村容村貌和周边环境发生了天翻地覆的变化。旅游既为当地找回了绿水青山，也给百姓带来了金山银山。十几年的发展，让这个曾经濒临消亡的空心村成为国内知名的美丽乡村，“全国乡村旅游重点村”，“国家4A级旅游景区”，乡村振兴的齐鲁样板。

景区开发产生了良好的经济效益和社会效益，有效地带动了当地农民依靠旅游脱贫致富。竹泉村村民人均年收入由2007年的不足4000元增长到2019年的3万余元，全村超过80%的村民家庭主要收入源自景区。周边近20个村的村集体和村民也都先后围绕景区做起了文章，很多农民就地转身成为老板，开起了农家乐，办起了民宿，经营起农产品加工、采摘、家庭农场等。2022年，景区内外有各类商户200多家，旅游高峰时超过3000人从事经营。因为景区带动创业和就业效果显著，2019年景区被山东省总工会授予“省级工友创业园”称号。姜大明、郭树清、龚正等领导都曾到景区考察调研，评价竹泉村的开发“是社会主义新农村建设和景区开发的完美结合”“让农民依靠旅游服务业实现了城镇化转变”，并被誉为“竹泉模式”。2009年被山东省旅游局授予山东省（唯一）“逍遥游”示范点。2010年，被国家旅游局评为“国家4A级旅游景区”。2011年以来，竹泉村先后被农业农村部、水利部、住房和城乡建设部授予“全国休闲农业与乡村旅游示范点”“国家水利风景区”“中国人居环境范例奖”等称号，2014年荣膺“CCTV中国十大最美乡村”。2015年4月，被国家旅游局授予首批“中国乡村旅游模范村”称号。2019年，被文化和旅游部评为首批“全国乡村旅游重点村”。同年，竹泉村被山东省精品旅游促进会授予“改革开放40周年山东省精品旅游景区”，

公司董事长韩建军被授予"改革开放40周年山东精品旅游功勋人物"。2021年,国家乡村振兴局成立并推出了一批乡村振兴案例,竹泉村位列其中,成为乡村振兴的齐鲁样板。2021年,在水利部举办的水利风景区评选活动中,经过网络投票、现场考察、专家评审等环节,竹泉村获评"2021年度国家水利风景区高质量发展标杆景区"(首批10个,山东省唯一)。

结　语

竹泉村旅游区自2009年7月开业以来,历经二次产品创新。第一次是旅游区投入运营,即乡村旅游的第一次开发,开创了山东省以古村生态和民俗文化为特色的乡村旅游模式。第二次是2019～2020年旅游区的二次提升,以民宿、商业业态、研学旅行、露营产品提升为主要内容的完善升级,使产品功能性更强,休闲度假特色更加鲜明。

经过不懈的努力,景区围绕创新发展的核心理念,以沂蒙文化为基石,坚持特色性、独特性道路,面向市场需求,构建游客喜爱、传承文化、引领时尚、走在旅游前列的旅游产品。以旅游产品的生产和乡村生态环境改善优化为基础,改变了村民原有的落后、粗放、低质量的生活方式,改善了不断恶化的乡村生态环境,实现了共建共享,探索了当代旅游业,特别是景区开发转型提升的最新方向。

▶启发思考

1.如何从乡村旅游资源中汲取乡村旅游产品的策划要素?

2.如何运用乡村文化策划乡村旅游产品?

3.如何保护乡村文化遗产?

Ⅱ

管理模式创新案例

管理创新成就高质量发展

——泰山客运公司以品质服务提升品牌形象*

▶案例概览

山东省泰安市泰山景区客运有限公司依据景区交通客运运营特点，以安全交通运营零事故、文明服务零责任投诉为目标，构建科学管理服务创新发展体系。该体系以全面提高人的素质为核心，以具体的形式、制度、实体和工作流程为表现载体，对企业安全运营系统进行全方位、立体式协调管理，确保安全运营零事故、文明服务零责任投诉，保障企业效益最大化，最终实现提高员工队伍整体素质、提升企业社会影响力和增强公司核心竞争力的综合管理目标。

引　言

泰山是首例世界自然文化双遗产、“国家5A级旅游景区”，素有“国山”“神山”“圣山”之称，每年慕名而来的游客高达500万人次。泰山盘山公路（见图1）蜿蜒穿梭于峡谷峻岭、云端雾间，昂首天外，每年由此通过的游客高达600万人次，占进山总人数的120%。山东省泰安市泰山景区客运有限公司（以下简称“泰山客运”）就是在这里承载着游人们的期许，迎送着来自五湖四海的宾朋，锻造了“泰山客运——平安客运、担当客运、品牌客运”的金字招牌。然而，在2014年之前，这里的客运却不成体系，管理杂乱无序、人

* 本案例由泰安市泰山景区客运有限公司党委书记、董事长宋其涛撰写，由山东大学旅游产业研究院/山东省新旧动能转换重大工程精品旅游产业智库改编收录。

心涣散、服务态度生硬,导致游客投诉不断。无论是管理机制还是服务质量,泰山客运都亟须来一场"自我革命"。

图 1　蜿蜒曲折的泰山盘山公路[①]

一、泰山客运背景概述

(一)泰山客运运营管理背景

泰山风景区的旅游客运起步于 1979 年,先后有 11 家国有、集体、个人所属混合型车辆在天外村路、桃花峪路运营,属松散型旅游客运,既不成体系,也无法形成合力。2007 年,泰安市人民政府进行整合管理,成立了泰安市泰山景区客运有限公司。泰山客运主要承担三个部分的工作:一是泰山天外村、桃花峪两条封闭式旅游交通线路,二是高铁泰安站、泰山景区游客换乘中心直达泰山中天门景区旅游客运专线的所有旅游客运车辆运营管理与客运旅游服务,三是泰安市全域旅游包车和 VIP 旅游接待讲解服务。截至 2022 年,公司拥有员工 298 名,运营车辆 276 台,平均年安全运送游客近 600 万人次,年经营收入 2.1 亿元左右,上缴各项税费 1.14 亿元。

作为股份制公司,应有规范的管理制度和强烈的发展欲望。然而,

① 本案例图片均由泰山景区客运有限公司提供。

2014 年10 月以前的泰山客运，虽然通过资源整合实现了统一管理，但仍然是一个被社会称为“三有三无”的企业，即有公司却无领导班子（仅有 1 名总经理）、有 42 名党员却无党组织、有运营车辆却无维修服务基地。公司客运经营初期一直采取“绩效挂钩考核”运营模式，这在一定历史时期和一定程度上确实调动了职工的积极性。但是，随着形势、任务、要求、标准等各方面条件的变化，潜在的隐患和弊端渐渐暴露。疲劳驾驶、超速行车、职工思想压力大、司机间无序竞争等问题对交通安全构成了严重威胁。公司曾以重奖重罚的方式降低运营风险，但仍难以彻底扭转根深蒂固的“多拉快跑”的思想，超速违章现象和交通事故仍时有发生，安全问题始终让管理层惴惴不安，服务质量更无法得到保障。

（二）泰山旅游客运交通特点

和中国大部分景区一样，泰山旅游景区受旅游淡旺季的影响显著。因泰山核心旅游区域集中、旅游面积狭窄、旅游容量小，旅游旺季高峰时段客流集中、客流量大、持续时间长，加上景区内旅游公路急弯多、坡度陡、道路窄、海拔落差大、小气候特征明显和客运运距以及时间短等特点，在旅游高峰时段，客流运载量大、车辆运行时间长、游客上下车频繁，景区内驾驶员工作强度极高。泰山作为国家级文明旅游景区，对服务标准、服务质量的要求较高，交通客运运营管理必须兼顾高效和安全，高质量管理服务成为泰山客运的首要任务。

二、文化先行，打造敢于担当的品牌客运

文化是企业的灵魂，是制度约束和物质刺激难以实现的目标，更是企业可持续发展的不竭动力。抓企业就是抓管理，抓管理就是抓人心，抓人心就是抓文化。基于这一思路，泰山客运奉行文化引领战略，主动运用企业管理哲学、企业精神、企业理念来增强企业员工的归属感和获得感，激发企业员工的积极性和创造性。因此，泰山客运确立了“党建统领、文化引领、科技护航、制度保障”的发展战略。在此战略指导下，构建了以“用品行把握方向，让平安惠及万家”为核心价值理念的一整套独具泰山客运特色的企业文化发展体系。

(一)文化建设“三部曲”

企业文化的产生在于认知、感悟和体验,企业文化的落地需要与规章制度深度融合,与岗位职责有机互动,与言行举止融会贯通。实现企业科学发展的首要课题和关键举措在于使企业文化入人心、接地气,将公司发展目标任务与员工个人希望需求融为一体,物化天成,使之同心同向,形成合力。为此,泰山客运顺势而为,实施了文化理念宣传、企业素质提升、企业行为养成“三步走”战略。

1.文化理念宣传

安全是最大的政治,安全是最大的效益,安全是最大的稳定,安全是最大的幸福。为了将这一理念系统倡导并渗透到安全运营管理的全过程、全要素之中,使之与员工的所思所想所盼产生共鸣,泰山客运重点抓住理念引领的三个环节。

一是准确诠释理念。用生动、深刻、简洁的语言诠释理念内涵和其中的规律,便于员工认知、掌握。

二是广泛宣贯理念。利用班前会、安全会、调度会、现场会、培训会等各种会议进行理念传播,通过公司微信公众号平台、泰山客运“智慧工会”网络平台、安全警示教育、安全文化墙等阵地,将理念以图文并茂的形式,多方位、立体式地对员工进行安全教育,最终使“安全责任重于泰山,安全是天字号生命线工程”“科学发展、高质量发展是做大做强企业的必由之路”的价值观内化于员工心灵深处,成为员工的最高行为准则,并且生成强烈的目标感和实现欲。

三是深化理念内涵。发动员工从工作实践出发,总结提炼具有行业特色和岗位特点的岗位名言、警句、打油诗、顺口溜等,形成上下贯通的理念体系,使安全理念渗透到每个工作岗位、每名员工心中。

2.企业素质提升

员工规范文明的行为是实现企业发展的基础环节,也是始终贯穿企业文化建设的一条主线。公司职能部门按照岗位工作流程进行步骤分解,制定详细具体的岗位操作程序和标准,通过科学规范的养成训练,很快地扭转了员工在特殊环境中形成的不良行为习惯。

一是系统培训。采取集中办班、系统讲解、专题辅导等形式,组织员工对规范标准进行系统的学习培训和考试,使员工熟记安全理念,明确行为禁忌和行为准则,掌握操作规范和标准。

二是示范引领。通过开展“筑梦泰山人”和优秀驾驶员、先进工作者等评选活动，推出了82名获得国家、省市级荣誉的优秀员工作为先进典型，进行了隆重表彰，并充分发挥公司微信公众号平台和“智慧工会”网络平台进行广泛宣传。开辟了员工“建言献策”板块，鼓励员工表达心声，发表意见，提出建议，实施“手把手，传帮带”。并且一年一个主题，在全公司开展“比学赶帮超”安全竞赛活动，以此鼓励先进，鞭策后进，实现整体推进。

三是行为纠偏。以规范标准为参照，以员工自查与互查、视频监控与检查、路上随机抽查等形式，查纠明显违章违纪行为、不规范操作行为和管理行为，培养员工良好的行为养成。

3.企业行为养成

行为养成对于企业文化的形成、落地、收到实效至关重要。泰山客运着力从以下六个层面入手，开展了行为养成和素养提升行动。一是“齐心”，即提升企业凝聚力，讲究合力，认识同心讲团结，目标同向讲作风，行动同步讲关爱，把员工的思想引导到公司核心发展理念上来；二是“精心”，即提升企业竞争力，讲究使命，琐事精细，凡事精准，新事精创，把员工心思引导到公司创新发展上来；三是“尽心”，即提升企业执行力，讲究实效，集中精力于工作之上，发挥本领于岗位之上，贡献力量于事业之上，把员工行为统一到公司谋求发展上来；四是“忠心”，即提升企业影响力，讲究奉献，放宽胸怀、拓宽视野，常怀忧业之心，恪尽为业之责，多办利业之事，把员工作为提升到公司整体形象的高度；五是“孝心”，即提升企业亲和力，讲究和谐，增进企业员工感情，促进家庭和睦团结，强化归属感，把员工情感融入公司大家庭中；六是“修心”，即提升企业向心力，讲究规矩，做到政令畅通、令行禁止，确保全员凝心聚力、共谋发展，目的是把员工的寄托与公司的发展目标任务相统一。

（二）党建文化阵地建设

企业文化产生的效益使公司走上了规范化发展道路，也使企业组织架构发生了质的变化。公司不仅健全了领导班子，还成立了党支部，继而升格为党委。为了将党建服务品牌化为企业高质量发展的强大动力，公司党委按照“高标准、高质量、高效能”原则和“引领性、示范性、功能性”标准要求，注重内涵建设和作用发挥，建设了泰山客运党员教育活动基地。

1.搭建学习共融平台

在建设大型党旗雕塑、党员教育活动室的基础上，树立起“为人民服务”

和“初心辉映党旗红，持续发展泰山青”的标语口号，增设党建品牌形象墙、共产党员承诺墙、企业文化展示墙、家国情怀园区等。党建阵地“活”了起来、党建品牌“亮”了起来、党建文化“美”了起来，被泰安市委组织部列为“党史学习教育红色体悟示范点”，成为净化党员心灵、增强党员信心、激发党员活力和鞭策党员不断前进的重要教育基地。

2.设立特色党建制度

党委把党的建设视为企业发展的“定盘星”，以党建活动平台为抓手，建立了以“不忘初心、牢记使命”为主题的全员每日上岗前集体宣誓制度，全体员工每日上岗前分别在天外村游客中心、桃花峪游客中心、公司驻地巨型党旗下，举行以“不忘初心、牢记使命”为主旨的每日岗前宣誓，以此提振员工精神，增强服务游客的自信心，强化“干就负责，做就到位”行为意识，塑造企业社会形象。

3.成立劳模工作室

为大力弘扬劳模精神、劳动精神、工匠精神，党委建设了以“旗帜领航、匠心为安”为主题的劳模创新工作室。工作室从 10 个方面，运用现代技术手段，图文并茂地系统展示了在公司发展过程中涌现出的先进典型和先进事迹，反映了公司跨越式发展的奋斗历程，搭建起了公司上下、内外创新交流的平台，营造了公司文明向上、乐于奉献、担当作为的良好人文生态环境。创作饱含员工深情的客运之歌《情怀》，进一步激发了员工爱岗敬业的激情、热情和斗志。

4.发挥先锋模范作用

党委创立了以“坚持以人为本理念，护航员工身心健康”为主题的泰山客运健康养生保健中心，包括推拿、按摩、针灸、理疗、健康教育等。建立了以“救援救助救护”为中心任务的志愿者服务突击队，创新应急救援机制，肩负起“泰山卫士”的职责。

5.组织丰富活动

组织开展以埋头苦干、创新实干为主题的“擦亮党建品牌，勇做新时代泰山‘挑山工’”教育竞赛活动和“登高望远安如泰山，提质增效奋力争先”百日行动，以争创红旗车队、先进班组、生产标兵、能工巧匠为主要内容的“筑梦泰山，建功客运”岗位练兵、技能竞赛大比武活动，以“平安客运，从心开始”为主题的安全警示、文明服务教育大培训、“履职尽责我承诺，身边隐患我排除，安全措施我来提”活动，以“弘扬泰山文化，争做泰山文明使者”为主题的泰山 VIP 讲解员演讲竞赛活动，以弘扬社会主义核心价值观为主题的

“善行义举四德榜”建设活动以及包括个人品德、职业道德、社会公德、家庭美德四个方面和精品阅读、道德讲堂、家风家训建设活动、亲子活动等。系列化的组合行动有效提振了员工精神，增强了公司的凝聚力和向心力，提升了全体员工的大局意识、团队意识、进取意识和服务意识，强化了“干就负责，做就到位”行为意识，激发了员工昂扬向上、奋发作为的锐气和“挑担不畏难，登山不畏险，坦途不歇脚，重压不歇肩”的勇气，打造出了一支作风过硬、训练有素的“铁军”。

三、安全为本，打造值得信赖的平安客运

泰山雄伟壮丽、层峦叠嶂，泰山公路蜿蜒崎岖、路窄坡陡。安全生产对于泰山客运来说至关重要。因此，泰山客运人将客运安全视为立身之本、发展之要、强大之基，列为生命线工程。围绕向安全要发展、要效益、要形象，自定标准、自立规矩、自我约束，从制度抓起，向机制开刀，靠科技支撑，走品牌兴企之路，结合实际，构筑了一套独具泰山客运特色的12条“安如泰山”安全生产科学预防措施，走出了一条属于泰山客运人自己的科学发展路径。

（一）统筹规划，用先进理念决定安全发展的目标

理念决定格局。为了保证安全运营的前瞻性、科学性和可持续性，公司依据景区道路交通发展和旅游秩序控制规划，制定了《泰山景区交通客运安全运营中长期发展规划》《安全运营质量管理方针、目标》《安全运营工作实施计划》，明确了安全运营的目标、工作重点和管理思路，使公司安全运营管理工作呈现出了常态化、递进型、绷紧式发展趋势，并对安全运营形成了强有力指导。

（二）明确责任，用岗位“问政”确保安全运营

责任与担当相辅相成，只有履行了职责，才能担当起重任。为了将安全运营与岗位责任有机联结起来，形成正向效应，公司推出了全员一岗双责和待遇提升、职位晋升一票否决制，即将《落实全面从严治党主体责任责任书》《“一岗双责”承诺书》和《安全运营责任书》捆绑实施，联动问效，将任务分解量化，将责任层层压实，并采取“三同步”措施，同步部署、同步落实、同步考核，以此发挥党建统领作用和责任“施政”效应，让党员在每个岗位上闪光，

让每个岗位都成为“用武之地”,使岗位与安全挂钩,人人与安全捆绑,形成“人人抓安全,安全人人抓”的良好局面,从机制上全面筑牢了党风党纪和安全运营的第一道防线。

责任“问政”,产生了良好效应。领导班子成员带头自查自纠,带头改进作风,带头真抓实干,带头深入运营一线对各岗位运行情况进行现场督导、明察暗访。公司各中心、部室与车队责任捆绑,当运营线路出现险情时,第一时间主动赶赴现场,及时排查各类安全隐患,确保道路安全畅通。与此同时,责任制也激发了驾驶员的积极性和主动性,安全驾驶、文明行车蔚然成风。

(三)深化认识,用企业文化引领公司科学和谐发展

文化是企业的灵魂,公司按照“短期靠治理,长效看机制,最终靠文化”的安全发展、科学发展和可持续发展工作思路,围绕“激发公司活力,催生员工动力”的主题,构筑企业灵魂,创建了泰山客运党建文化和企业文化科学发展体系。文化体系的建立,统一合力于公司科学发展战略,形成了强大的核心竞争力,使公司的各项规章制度和员工行为规范得到自觉贯彻落实,将员工的思想统一到科学发展、干事创业上来,凝聚到岗位职责和目标任务上来,将党的思想路线方针和作风建设渗透到公司各项工作的每一个环节,公司的凝聚力、向心力显著增强,团队精神风貌和整体形象实现同步提升。

(四)创新管理,用制度和流程保障文明服务目标实现

管理创新,需要文化的引领,需要与规章制度深度融合,与岗位职责有机互动,与言行举止融会贯通。为此,按照现代化企业运作模式和“用制度管人,按流程做事”标准,公司制定了一系列规范、规章、规定、规程和流程,并创造性地运用适用于各系统、各岗位、各环节的“一天一调度、一周一总结、一月一会议、一季一培训”的“四个一”科学管理机制,使各个系统实现迅速高效运转,达到了事半功倍的效果。

1.“一天一调度”(见图2)

每天出车前由班长召开班前会议,对驾驶员的仪容仪表、精神状态,运营车辆的安全性能,车辆卫生环境等进行全面检查,结合天气和客流量情况进行安全提醒,督促驾驶员填写《行车日志》后上线运行。运营结束后进入日检流程,检测合格后停放在指定的停车场。

图 2 “一天一调度”

2.“一周一总结”

由车队长针对一周的安全生产工作进行梳理总结，对车辆性能、安全配置、车容车貌、运营线路及停车场所进行全面检查，对潜在的安全隐患进行彻底消除，对下周工作进行全面安排。

3.“一月一会议”（见图 3）

由安全生产办公室主任带队分别到 6 个车队召开安全生产工作会议，进行安全生产教育培训及考核，与驾驶员就如何做到安全行车进行交流互动，以此吸取合理化建议，形成下月培训计划。

图 3 “一月一会议”：每月召开安全生产工作会议

4."一季一培训"(见图4)

公司每个季度组织开展安全生产、文明服务、健康管理全员教育培训和岗位技能竞赛,邀请交通、交警、法律、医疗、礼仪服务等方面的专家,开展安全行车知识、事故案例分析、季节行车特点、旅游服务提升、旅游服务礼仪、健康知识讲座和岗位练兵竞赛,以此增强驾驶员的法律意识、责任意识、安全服务意识和安全驾驶技能,实现安全生产无事故。同时,总经理立足企业文化,结合运营实际,对公司季度安全生产工作进行系统总结和安排部署。

图4 "一季一培训":每季度组织全员开展安全生产、文明服务培训

为加强党风廉政和法制环境建设,公司有针对性地出台了系列规定制度,以净化公司环境,确保队伍的纯洁性。一是按照"严格自律、统筹兼顾、堵塞漏洞、应收尽收"的管理原则,出台《关于严禁超员运营管理规定》《关于加强运营载客监察稽查管理规定》《关于进一步做好行车数据统计工作的通知》等制度,采取路查、稽查、监控核查、社会举报和微信平台曝光等管理措施,确保运营数据的真实性和时效性,有效杜绝了驾驶员在运营过程中私拉游客谋利的违纪行为。二是严格遵守党的六大纪律,认真执行中央八项规定,完善《公车使用管理办法》《节能降耗管理办法》《员工行为规范》《物资采购工作流程》《财务报销制度及流程》等制度,从各项工作的环节细节入手,从源头上遏制和防止腐败行为的发生。三是实行《安全风险抵押金管理制度》,利用政治和经济手段,让优秀驾驶员在政治上得到更大荣誉、经济上得到更大实惠,从而进一步激发激活员工安全运营的积极性。四是推出《安全

生产约谈制度》,以各类安全生产隐患、管理漏洞为重点,对在思想作风、工作落实、廉洁自律等方面存在苗头性、倾向性问题的人、事,总经理对责任人及相关负责人进行逐级约谈,以此帮助员工查摆问题、找出差距、研究对策、改进工作,持之以恒加强和改进党的作风建设和队伍能力建设。制度和工作流程,产生了约束力,形成了战斗力,提高了工作效率、效益和效能。

(五)强化教育,用培训考核增强员工文明服务意识

为有效提升公司竞争力,增强公司凝聚力,提高全员战斗力,确保员工具备本职工作所必需的正确思维认知、岗位知识和技能,公司将员工教育培训工作列为安全运营工作的重要内容和关键环节,并使之常态化、长效化。一是严格落实全员安全培训制度,逐年制定安全教育培训计划,建立安全教育培训档案。二是公司主要负责人和安全管理人员共 60 余人,定期参加市安监局组织的安全生产知识和管理能力培训考核,考取安全管理资格证。三是通过"走出去"、"请进来"、现场教学、现场观摩、现身说法、典型引导、专题讲座等方式方法,对全体员工进行安全常识、安全技能、安全交通、安全警示、应急处置演练、法律法规、旅游服务、泰山文化、党建文化、廉政文化、健康文化、孝道文化、社会主义核心价值观等教育,以此形成全方位、全覆盖、高标准、高质量、常态化系统教育培训。并且要求每次教育培训不得少于 2 小时,参培率、考试合格率必须达到 100%。入脑式教育培训,净化了心灵,陶冶了情操,提升了境界,强化了"只要车轮转动,安全牢记心中"的责任意识和服务意识。

(六)科学辨识,用风险分级提升安全运营管控能力

泰山景区交通道路具有典型的山区道路特点,不仅路窄坡陡弯急,而且山区地理自然环境恶劣,对安全运营构成了严重威胁。因此,对各种危险源、风险点进行辨识,对山区道路交通驾驶技巧进行专业训练并实行有效管控意义重大。为此,公司在风险分级管控体系建设方面实行了风险管控挂账销号清零管理。按照"全员、全过程、全方位"的原则,结合行业特点,组织各岗位人员从驾驶作业、运营调度管理作业、安全运营管理作业、运营车辆设施设备保养保障、交通地形地貌运行环境等方面进行了危险源辨识和风险评估,从中确定了 28 个风险点,形成了风险分级控制清单,并逐一制定了针对性管控标准和措施,明确了各岗位安全管控的对象和重点,融入公司"四个一"安全管理机制中,实行常态化管理,确保管控到岗到位。通过危险

源的有效辨识、管控,实现了安全生产的超前科学预防,使安全管理由经验管理提升为风险管理,使公司牢牢把握住了安全运营的主动权。

(七)综合施治,用挂账销号将事故隐患消除在萌芽状态

隐患排查治理是落实风险管控的具体措施,是确保安全运营的重点关键环节。公司按照安全管理无死角、无障碍、无隐患、无事故和“关口前移,重心下移”的要求,一是梳理明确了现场管理类和基础管理类隐患排查清单,建立了综合检查、专项检查、季节性检查、节假日检查、日常检查督查和随机突击抽查相结合的事故隐患排查长效机制,明确了隐患治理措施。二是完善车辆日检查、月审查、季维护、年审验、节日特检制度,确保合格率100%。三是强化安检员上路、上车随机检查机制,落实安全生产大检查、《行车日志》制度,及时排除治理各项隐患。四是对各运营区域、工作环节、部室车队、设施设备等进行全方位动态监督监管监控,并逐项排查排除,逐项销号治理,保证将事故隐患消除在萌芽状态。譬如,根据运营线路的交通和地理特点,公司在两条运营线路上分别设置了 11 个安全岗,实行节假日、恶劣天气后勤管理人员上路定点定位执勤导引车辆安全运行制度,当遇有大风、大雨、大雪、大雾等恶劣天气和节假日运营高峰期,公司管理人员会佩戴醒目标志,自动补位到 11 个安全岗,与驾驶员进行全程持续互动,以此保证车辆平稳运行、安全畅通、有序运营。创新性地推出驾驶员上岗前手机专人集中管理制度,确保驾驶员专心驾车、安全运行。科学精准的安全风险辨识和安全隐患排查治理措施有效提升了安全运营的预判力和管控力,确保了安全运行无障碍、零风险、无事故。

(八)科技支撑,用智慧交通护航泰山客运交通

在信息化智能时代,科技发挥着无可替代的作用。泰山公路盘旋于崇山峻岭,穿梭于云雾之间,仅靠人力、人治很难实现全天候、全过程、全方位、全覆盖监督监管,特别是遇有突发情况,更难及时发现、迅速处置,而车辆的性能直接关系着人民生命财产的安全。鉴于此,2015 年初,新一届领导班子一致认为,科技是第一生产力,创新是发展永恒的主题,要让智慧科技在泰山客运安全运营中发挥关键作用,投资建设了泰山客运智慧交通信息管理平台、全自动车辆检测线和车辆保障服务中心(见图 5)。通过数字化控制、系统化联动、高效化运行、规范化操作和即时预警提示服务,实现了客运交通和文明服务的全天候、全过程、全覆盖监控、监管、监督和跟进式服务保

障，达到了客运交通安全运营高效管控、服务行为即时纠正、车内环境整洁如初的目的。

图5 借助科技手段，以智慧交通信息管理平台护航安全运营

（九）应急联动，用快速响应机制提高紧急救援能力

结合泰山客运的特殊环境和条件，居安思危、预防为主一直是安全管理工作的重点之一。近年来，泰山客运结合泰山客源、交通路况复杂实际，一是完善了应急管理组织体系，设立了应急管理办公室并作为常设机构，与安全生产监督监管检查组合署办公。遇有突发情况时，应急管理办公室代表总经理对辖内区域人、车、路实施综合应急管控，以确保高效精准处置。二是不断修订完善《综合应急救援预案》《交通事故现场处置方案》《消防疏散应急预案》，实现了应急准备和应急管理的有章可循、有据可依。三是成立了突击救援队，配足配齐了消防设施及安检人员，并结合安全生产月，组织开展应急救援模拟演练，有效提高了处置突发事件的快速反应能力，充分体现了“预防为主”的安全运营指导思想。

（十）全力以赴，用实干精神确保假日运营安全有序

节假日既是客流最大而集中的时段，也是反映和考验公司应变力和战斗力的关键时期。做好节假日的保障和运营工作对于维护景区秩序、提升景区形象、提高游客满意度具有至关重要的作用。针对节假日客流量大、工作强度大、标准要求高等特点，泰山客运设立假日工作领导小组，全面负责假日各项工作。节前，组织召开动员会，对假日形势进行全面分析评估，对全员进行安全培训，对所有运营车辆进行全面安检保养，对运营道路及道路两侧山体沟壑进行全面隐患排查治理，对后勤保障进行充分准备，对节前各项准备工作进行再检查、再动员、再部署、再落实。节假日期间，公司按照节假日工作方案和应急预案，由总经理带头启动全员上岗、全天候运行、全方位保障、全部下沉一线工作模式，定岗、定人、定责，以此确保“安全、运营、服务、管理和保障”的到岗到位。与此同时，在公司党委的号召下，按照“工作再忙服务标准不降，工作再累服务热情不减，工作再急服务形象不失”的“三不”原则，各党支部、各车队成立党员突击队和志愿者服务队，展开“比学赶帮超”劳动竞赛，确保道路畅通、运行有序、运转高效和安全无事故目标的实现。节后，对运营车辆进行全面检修，召开节日总结会议，总结经验，找出问题，吸取教训，以利再战。节假日的大客流和高强度工作，进一步检验了公司队伍是一支敢打胜仗、能打胜仗、经得起考验的有生力量。

(十一)立体防范，用全方位“巡视”构筑监督“天网”

监督监管是公司安全运营管理的重要环节，是弥补工作短板，堵塞、补救工作漏洞和填补工作空白的有效手段。公司创新监管方式，一是建立了各层级交通安全管理的大安全监管机制，由车队抓交通安全运行，安全生产办公室抓交通安全管理，监督检查组督查督导。二是成立安全生产监督监管检查组，组长由总经理兼任，不设副组长，专门安排 5 名事业心强、责任心强、工作能力强，敢抓敢管的同志代表公司对副总经理、公司各层级安全管理人员、安全运营人员和后勤保障人员履行职责情况和安全运营责任制度贯彻落实情况，进行全面监管监督以及综合考核，对责任落实不到位的，代表总经理严肃问责，以此推动安全运营工作无死角、无障碍、无隐患、无事故。三是设立总经理信箱，畅通监管渠道，欢迎和鼓励社会各界、公司所有员工对公司各项工作，通过书信、网络、电话、信息等形式进行有效监督。四是建立公开服务承诺监督机制，在运营车辆车首挡风玻璃上方张贴公开服务承诺和公开监督电话，主动接受游客和全社会的监督。五是运用车载监控系统，对服务人员言行举止实施全过程监督和预警提醒。有效的监管方式形成了有力的问责机制，强化了全员的自律意识，收到了事半功倍的效果。

(十二)严明奖惩,用综合绩效激发员工最大动能

严肃纪律、严格考核、严明奖惩是实现“党要管党”和建立现代化企业经营管理制度的重要措施之一。为此,泰山客运出台了《员工综合考核及奖惩管理制度》,明确了考核尺度和标准;改革考核管理机制,制定“基础工资+安全行驶里程+文明优质服务+综合绩效考核”考核管理办法,进一步强化了统一调度、指令发车、限速行驶、有序运行的安全运营管理职能,突出了安全责任主体,实现了党的建设和企业建设的同步提升。

以上12条“安如泰山”安全生产科学预防措施,环环相扣,密不可分,牢固地构筑了安全运营防火墙,有力地支撑了运营系统的高效安全运转,截至2022年,公司已连续9年保持了安全运营零事故的良好记录。

四、服务升级,打造游客满意的文明客运

服务是体现公司高质量发展的基础工程。实现服务理念和服务品质的创新,进而全面提升游客满意度和泰山美誉度,是泰山客运坚持的基本遵循。基于这一出发点,为了将“视游客为亲人和决不让游客在泰山客运受委屈”的服务理念变为游客的温馨感受,公司创新性提出了“五个想一想”换位服务新理念。

想一想游客旅游目的,看一看我们服务素质,给游客提供一个宾至如归的感觉。

想一想游客旅游心情,看一看我们服务态度,给游客提供一个似曾回家的感受。

想一想游客旅游需求,看一看我们服务思想,给游客提供一个如同上帝的体验。

想一想游客旅游难处,看一看我们服务作风,给游客提供一个似同亲人的印象。

想一想游客旅游期盼,看一看我们服务质量,给游客提供一个视如泰山的形象。

公司以此要求每位员工换位思考,将心比心,尽最大可能为游客提供最可心服务,从而实现服务品质升级。

为了将“五个想一想”服务理念真正体现在游客的感受中,公司深化服务内涵,还创建了以标志化规范礼仪服务、亲情化温馨提示服务、精准化帮扶志愿服务、超值化应急救援服务等人性化、亲情化、规范化服务为主要内容的“平安客运,从心开始”泰山客运服务品牌。

所谓“标志化规范礼仪服务”,即所有员工要佩戴醒目统一服务标志上岗,包括姓名、工号、服装、服务袖标。在车首醒目位置,张贴服务承诺、公开投诉电话,接受游客和社会全过程监督。落实首问责任制,全面推行文明用语和普通话服务,以此给游客一种安全感和愉悦感。

所谓“亲情化温馨提示服务”,包括车门前站立迎接、开车前安全服务告知、下车时温馨服务提示,以此给游客一种责任感和仪式感。譬如,发车前,驾驶员会对游客进行“安全告知”,告知内容包括乘车注意事项、系好安全带、应急出口和安全锤位置、应急避险方法以及疫情防控知识等。同时,对游客系安全带情况逐一进行检查和帮助,确保游客安全乘车。针对游客旅途劳顿容易发生将物品遗失在车上的实际情况,公司推行“一趟一清理”岗位服务模式,即每次游客下车后,驾驶员都要第一时间对车辆卫生进行清理保洁,一方面随时为游客提供干净整洁的乘车环境,另一方面查询车上有没有游客遗忘的物品,发现后要及时上交公司或与游客取得联系,以免在忙碌的运营工作中发生二次丢失。

所谓“精准化帮扶志愿服务”,包括主动扶老携幼助残,有问必答,有难必帮,帮必有果,并且要求所有公司一线工作人员要身兼数职,既是安全员、救护员,又是志愿者、监护人,当游客需要帮助时,要第一时间帮扶到位,以此给游客一种亲切感和获得感。

所谓“超值化应急救援服务”,包括提供药品、针线、充电、轮椅等应急延伸服务,以此给游客一种归属感和亲情感。

暖心的服务,贴心的帮扶,特别像拾金不昧、助人为乐、答疑解惑等爱心善举已不胜枚举,充分彰显了泰山客运人视游客为亲人的担当情怀。正如享受到客运服务的著名国学大师、养生专家朱鹤亭老先生在感谢信中充满感慨所说的:“情,真挚;意,亲切;心,实诚;神,自然而切实。是在传播文化,是在阐述历史,是在散发深切的民族性的情、意、心、神。”也正因为如此,公司在年接待游客近 600 万人次的前提下,已连续 9 年保持了文明服务零责任投诉的记录,被业内称为奇迹,并被连续评为“山东省旅游服务名牌”。

为了适应旅游需求多元化、个性化发展趋势,公司围绕转型升级提质增效,按照“向内要服务品质,走出去拓宽服务领域,向市场要发展要效益”的战略，提出了“立足泰山、面向全市、服务全省，建立大泰山旅游交通服务体系和大泰山旅游文化传播服务团队，带动泰安全域旅游发展”的战略构想，并通过对旅游发展趋势的研判与分析，着力在高端旅游讲解服务和高端旅游接待服务方面做文章、求突破，重点是组建了“泰山 VIP 接待服务中心”（以下简称“中心”），并按照“人人会讲泰山故事，个个争做泰山使者”要求，秉承“守诚禀信，重品尚行”文化理念，注重“崇文仪礼”优秀品质，致力“城市形象大使、泰山文化名片”定位，参照“航空化”服务模式、“迎宾式”接待礼仪、“学者型”讲解标准，直面市场，主动作为，创新开发了融旅游接待、旅游讲解、票务服务、专线运营于一体的一个窗口对外、零距离接待、“零换乘”经营、一站式直达、一条龙旅游服务模式和市内无障碍全域旅游服务“终端”，兑现了“游客一句话，剩下的事全部由我们来办”的服务承诺。根据景观特点和游客兴趣，精心设计了多条游览线路，譬如泰山平安文化游、泰山帝王文化游、泰山地质奇观游、泰山研学游、泰山山水徜徉游、泰安红色教育游、泰安民俗风情游，以及泰山成人礼等 15 条定制型旅游线路，满足了游客多样化需求。与时俱进，将泰山、泰安的历史文化、风景名胜制作成抖音短视频，让不能亲临泰山的人们足不出户就能免费领略到泰山雄伟壮丽的自然风光，领悟到泰山博大精深的历史文化。特别是响应援疆号召，参与文化润疆行动，连续三年组织开展了“泰岳云端心连心”文化润疆云直播泰山活动，有效地激发了新疆岳普湖县全体师生向往、敬仰、热爱泰山的热情。

充满温馨亲情的服务品质，赢得了游客的高度信赖和社会的广泛赞誉，中心讲解员被游客称赞为“美丽天使、文化学者、城市代言人”。中心在泰山、泰安高端旅游市场服务的占有率、客户满意率均已达到了 100%，经济社会效益与日俱增。

与此同时，按照“让标准成为习惯，让习惯符合标准”的企业标准化服务规则和“用制度管人，按流程做事”企业管理原则，公司提出了创建国家级、省级服务业标准化试点单位目标，并按照 GB/T 24421 系列国家标准和“简化、统一、协调、优化”要求，在原有管理制度基础上，进行梳理提升完善，建立了泰山旅游客运服务四大标准体系，包括通用基础标准体系、服务保障标准体系、服务提供标准体系、岗位标准体系。体系共收集整理和编制标准 194 项，其中采用国家标准 41 项，行业标准 7 项，地方标准 5 项，创新性编制具有旅游客运特色的企业标准 141 项，涵盖了公司运营管理、旅游服务、后勤保障等服务提供和保障的全过程。2019 年 12 月，通过了省级服务业标准化试点单位验收，2021 年 5 月，入选国家标准委 2021 年度国家级服务业标准化试点项目。目前,各项工作已按照"横到边,纵到底"要求,实现了标准化管理的全过程、全覆盖、全方位、全天候。其中 141 项自编标准还被国家标准委确认,填补了国内山岳类景区旅游客运服务行业标准空白。

通过搭建组织结构,积极营造创建氛围,建立旅游客运服务标准化规范等一系列措施,强力推动了标准化发展战略的有效实施,强力提升了旅游客运的服务品质。

五、以人为本,激发员工幸福的内生动力

有效激发员工的内生动力,让员工"快乐工作,幸福生活",就是挖掘发展企业的生产力。为此,公司党委多管齐下、多措并举,于 2015 年创建了高标准、多功能泰山客运"职工之家"。包括员工健康养生中心、职工书屋、健身房、棋牌室、谈心室、妈妈小屋、亲子乐园、多功能厅、羽毛球场、文化长廊、员工营养餐厅等功能服务区。服务区不仅向员工开放,而且还向员工家人开放,员工和家属或孩子工作之余可随时到职工之家学习、健身、休闲、娱乐、就餐,职工之家为此延长了开放时间,并且安排专人轮流值班为员工及家人服务。依山傍水的优越环境,科学前卫的设计理念,先进齐全的软硬件设施,处处体现工会元素,彰显人文关怀,真正成为公司员工及家人凝心励志、生活学习、娱乐健身、谈心交流的活动基地,公司企业文化建设的阵地,工会工作的重要活动平台。

(一)生活关心,激发员工工作热情

公司从解决员工工作用餐入手,着手建立了设施完善、条件优越的高标准营养餐厅,组织员工开展了"我为同事献厨艺,舌尖上的客运情"活动,由员工自荐菜名,在食堂轮值为员工制作"拿手菜"。针对客运户外作业的实际,推出了夏天为员工熬冰糖绿豆汤解暑送清凉、冬天为驾驶员煮红糖姜汤驱寒送温暖活动,深得员工赞赏。为了体现公司对员工的关怀,凡员工及直系亲属因病住院,公司领导都要慰问到床前。凡员工生日,公司都要制作生日礼物送至家中,并给予带薪休一天假待遇。与此同时,公司还创新性推出了"独生子女陪护老人假""孝老暖亲假",每个员工每年都享有带薪休假 14～20 天的假期,用于陪伴老人和孩子,共享天伦之乐。此外,公司进一步健全完善了"妈妈小屋"功能,有效地保障了女性员工权益,特别为孕期、产期、

哺乳期女性员工提供了宽松的生活工作环境。建立了登门入户交流机制，即要求车队长进户入门了解驾驶员生活习惯、个人情绪、家庭生活环境，一旦发现问题立即就地解决，尽量消除"带病上岗"的隐患。对于犯了错误的员工或绩效考核排名最后的员工，会先由工会主席，后由总经理约请其到"职工之家"茶室喝茶谈心聊天，找出症结所在，解开思想疙瘩，鼓励其奋起直追、砥砺前行。如果在工作中发现该同志的丝微亮点，就要通过宣传放大，鼓励其斗志、激发其热情、催生其正能量，让他们看到生活的希望，感受到组织的温暖。

(二)生命关怀，确保员工健康上岗

公司关心员工健康，一是每年为员工进行一次全面系统健康查体，并建立起员工健康档案，特别邀请医疗专家，开设了健康管理课，有针对性地讲解普及健康医疗知识，分析解答职工存在的健康问题。二是本着"坚持以人为本理念，护航员工身心健康"文化理念，创建了员工健康养生中心，聘请医学营养专家和专业健康技师，制定一对一健康养生方案，提高职工身体免疫力和健康幸福生活指数，被员工誉为"健康生活加油站"。三是在实行最高档职工保险标准的基础上，继续为员工购买了大病商业保险、家庭财产保险、意外伤害保险等，进一步解除了员工因病致贫、因故返贫的后顾之忧。同时，公司还为困难员工每月发放600元的补助扶持，鼓励他们以积极的心态努力面对生活。

(三)权益维护，保障员工既得利益

实行政务、财务公开，敞开大门办企业，发挥工会民主监督作用，一直是公司党委勤政务实、廉洁自律的重要举措。公司党委规定，凡是公司重大决策和重要工作，特别是关系员工切身利益的所有决定，都要吸收工会参加，并认真听取和吸纳工会及会员的合理化建议，接受监督。开门纳谏、广征贤言，加快公司民主化管理进程，取得成效。一是开通了总经理信箱，员工及社会各界人士均可通过平面媒体、融媒体或邮投方式，直接向总经理反映意见或建议，总经理均会认真对待，每件必复，每件必办。建立党委书记与员工面对面无障碍对话机制，每月由党委书记与基层员工座谈，倾听基层员工心声，解答员工关心关注的实际问题。二是搭建互动平台，邀请员工家人来公司参观交流，体验员工在公司的生活，同时，倾听家人对公司的意见和建议，合谋共商公司发展大计，凝心聚力共创公司美好未来。三是树立鲜明导向,设立了公司劳模奖。通过量化标准和民主评议,评选公司劳动模范,使之享受泰安市劳动模范同等待遇,以此弘扬劳模工匠精神,激发职工干事创业热情。四是开展技能人才自主评价工作,构建了初、中、高级技能人才梯次发展的职业技能人才高地。

(四)文体跟进,丰富员工精神生活

坚持“温馨、亲情、关爱”原则,充分利用职工之家广泛开展文体活动,比较有代表性的有感恩日、读书日、家人联谊、文体竞赛、亲子阅读公开课、母亲节感恩、妇女节亲子活动、职工运动会、建军节、建党节、国庆节等节庆日,既活跃了员工的精神生活,又凝聚了力量。

快乐工作、幸福生活,使员工与公司的关系更加融洽,使公司的活力和能量得到充分释放,使自觉服务于游客的意识更加深厚,使“平安客运,从心开始”服务品牌更加靓丽。公司职工之家先后被评为“山东省模范职工之家”“泰安市模范职工之家”“泰山景区新时代职工之家”等。

六、泰山客运创新体系建设成效

“数风流人物,还看今朝。”如今的泰山客运,党旗红,品牌亮,队伍上下一心,士气高涨;运营安全高效,秩序井然,俨然一道风景;服务让游客满意,社会认可,品牌被公认;管理井然有序,领先一步,成为国内同行业标杆企业;基地建设布局合理,错落有致,变化翻天覆地;员工凝心聚力,开心自豪,实现了“快乐工作,幸福生活”;企业效益显著,核心竞争力明显增强,被社会誉为“传播文明的使者、领航旅游客运发展的新路标”。

公司亦因此相继被评为2020年“中国科技创新先进单位”“中国商业模式创新先进单位”,2021年“中国行业十大领先品牌”“中国最具社会责任感单位”以及“全国工人先锋号”“全国五四红旗团总支”“全国巾帼文明岗”“山东省旅游服务名牌”“山东省消费者满意单位”“泰安市文明单位”“泰安市安全文化建设示范企业”“泰安市新时代泰山‘挑山工’先进集体”“泰安市全员创新企业”。党委书记、董事长宋其涛当选山东省第十四届人民代表大会代表,荣获2020年“中国商业模式创新人物”,2021年“中国引领行业发展十大创新企业家”,2022年“中国品牌强国新锐人物”以及“中国科技创新先进个人”“山东省劳动模范”“山东省新时代实干兴业创新榜样人物”“山东省精品

旅游产业优秀企业家”，同时他还是“振兴泰安劳动奖章”获得者、“泰安市新时代泰山‘挑山工’先进个人”、“泰山企业家”、“泰安市旅游行业年度十大影响力人物”。截至2022年，公司共有1名员工获评“全国优秀共青团员”，3名员工获得省部级“劳动模范”称号，5名员工获省级先进荣誉，56名员工获市级先进荣誉，34名员工获泰山景区先进荣誉，获奖人数占比高达33%。

结　语

从杂乱无序到有序经营，泰山客运公司完成了一场管理服务的“自我革命”。通过党建文化引领、平安客运先行、管理服务提升、人文关怀增强等系列举措，打造了高质量旅游客运管理与客运服务品牌，并落地生效，使公司各岗位员工的服务行为得到了有效规范，服务品质和服务效能得到了大幅度提升，泰山文明服务形象再升级，游客满意度稳步提高，企业品牌价值、品牌效应得到了社会广泛认可和有效推广，其管理效应已引发国内同行共振，国内知名景区不断前来考察学习。同时，作为行业模范标兵企业，公司相关经验还在2020年第六届中国山岳类景区客运企业年会和2022年中国旅游出行大会上得到推广，赢得了来自全国各地众多同行、专家的普遍认同。

进入新的历史发展阶段，泰山客运将在不断总结经验的基础上，以动能转换、提质增效为抓手，以打造中国旅游客运行业标准化知名品牌为目标，以品质服务游客、价值认同员工、责任回报社会为企业使命担当，进一步丰富泰山客运党建服务品牌和旅游服务品牌内涵，进一步提升企业文化软实力和核心竞争力。与此同时，立足泰山，面向全省，致力推动中华优秀传统文化创造性转化、创新性发展，力争在服务泰山大旅游和山东全域旅游交通建设和文化传播方面实现新的突破。

▶启发思考

1.企业文化不仅在进行员工管理、激发员工积极性方面能发挥重要作用，同时还在树立企业自身形象、建设企业品牌方面有不可替代的重要性。如何根据实际建立符合发展的企业文化体系，并将无形的力量转化为有形的发展成果?

2.安全生产是企业发展的基石,如何全方位、常态化地抓好安全生产工作,以高质量安全推动企业的高质量发展?

3.旅游行业应如何丰富完善旅游资源和旅游服务,更好地吸引消费者,让消费者获得更好的旅游体验,不断满足人民日益增长的美好生活需要?

打造“两创”新标杆

——提振“孔子文旅”品牌　赋彩文旅融合新活力*

▶案例概览

党的十八大以来，习近平总书记以高瞻远瞩的战略眼光、深沉坚定的文化自信，就推动中华优秀传统文化创造性转化、创新性发展提出一系列新思想新观点新论断。本案例描述了济宁孔子文旅集团为推进“山东手造·济宁好礼”品牌建设作出一系列创新性战略举措。本案例内容涉及济宁孔子文旅集团践行“山东手造·济宁好礼”品牌建设的规划，包括搭建济宁首家“山东手造·济宁好礼”文创商品研发中心和建设济宁好礼手造产品景区展销中心等项目的建设运营。如何优化方式方法，打造平台载体，让传统文化真正与日常生活相融合，是集团目前面临的新挑战。

引　言

习近平总书记指出：“中华文化延续着我们国家和民族的精神血脉，既需要薪火相传、代代守护，也需要与时俱进、推陈出新。”①“推进文化自信自

* 本案例由济宁孔子文化旅游集团杨凤东、李海明、杨坤、吴颢天、丁家兴共同撰写，由山东大学旅游产业研究院/山东省新旧动能转换重大工程精品旅游产业智库改编收录。

① 习近平：《在中国文联十大、中国作协九大开幕式上的讲话》，人民出版社 2016 年版，第 15 页。

强、铸就社会主义文化新辉煌。”[①]“坚持以文塑旅、以旅彰文,推进文化和旅游深度融合发展。”[②]近年来,匠心与创新的助力,让越来越多展现中华优秀传统文化的尝试不断涌现,对传统文化故事魅力的挖掘也充满无限可能。

济宁孔子文化旅游集团深入贯彻习近平总书记关于“推动优秀传统文化创造性转化、创新性发展”[③]的重要指示精神,以“新手造、新生活、新产业”为理念,以品牌化、产业化和品质化为重要标准,充分发挥济宁文化资源的禀赋优势,深度挖掘济宁丰厚文化资源。通过“山东手造”、创意设计、数智文旅、文化会展、绿色印刷、研学文旅等重点领域,着力打造“孔子文旅”品牌。在景区以及文创街区开设“山东手造·济宁好礼”文创体验店,打造富含济宁文化元素、具有国际视野和时尚气息的文创设计大赛。设计研发具有历史性、艺术性、知识性、实用性、趣味性且富含济宁文化特色的创意设计与非遗手造产品,打造具有鲜明特色的“济宁好礼”,为中华优秀传统文化注入新活力。

一、服务大局,助推文旅融合发展

济宁孔子文旅集团在济宁市委、市政府的坚强领导下,深化文旅融合,助推文化“两创”,完善经营机制,提升效益指标,综合实力不断提升,发展势头日益强劲,实现了“一年打基础,两年上台阶,三年求突破”的目标,展现了孔子文旅人自信自强的良好风貌。“资源整合、布局优化、品牌塑造、产品开发”加速推进,“文旅+”“+文旅”激发动能,“头雁效应”“拳头效应”持续发挥效能。为推进“山东手造·济宁好礼”品牌建设,济宁孔子文旅集团从以下几个方面进行创新:

利用“故事+文创”,转化商品新形态。从特定的地域文化资源中提取

---

① 习近平:《高举中国特色社会主义伟大旗帜　为全面建设社会主义现代化国家而团结奋斗——在中国共产党第二十次全国代表大会上的报告》,人民出版社2022年版,第42页。

② 习近平:《高举中国特色社会主义伟大旗帜　为全面建设社会主义现代化国家而团结奋斗——在中国共产党第二十次全国代表大会上的报告》,人民出版社2022年版,第45页。

③ 习近平:《论把握新发展阶段、贯彻新发展理念、构建新发展格局》,中央文献出版社2021年版,第443页。

出核心元素，精心打造孔子“为人之道”、孟子“民贵之道”、鲁班“精工之道”和水浒“大义之道”等一批具有济宁文化特色的文创产品，通过将独具地方特色和感召力的文化内涵与民俗风情创意转换，使其实物化、生活化，由抽象的概念、流传的故事、独特的风俗等逐渐转化为商品形态，研发兼具观赏、收藏、实用价值的文创商品。

利用“非遗＋文创”，打造国潮新时尚。文创的真理，在于吸引受众去体验，而吸引受众需要打动人心的力量。通过深入挖掘优秀传统文化资源，与现代设计巧妙结合，拉近文化和公众的距离，让传承千百年的文化遗产逐渐“活起来”“火起来”，创作具有历史性、艺术性、知识性、实用性、趣味性的非遗文创。

利用“市场＋文创”，推动文化产业新发展。在全球发展的视野下，充分挖掘济宁市优秀历史文化，从而为文创产品开发设计提供更多思路，此过程也是对文化传播的过程，能形成一条新的文化研究、文创产品研发生产和销售一个完整的产业体系，在很大程度上能推动济宁市文化产业的升级发展。

目前，济宁孔子文旅集团正以“实施文旅提质赋能计划”为总抓手，加快集团高质量发展，向着全力打造“省内一流、全国知名”的文旅集团，助力建设全国一流文化名市、世界文化旅游名城，打造中华优秀传统文化“两创”先行示范区的目标加速前进。

二、继往开来，实施战略性举措

(一)搭建济宁首家“山东手造·济宁好礼”文创商品研发中心

济宁文化底蕴深厚，是中华文化的重要发祥地，亦是儒家文化和水浒文化的发源地，文化资源丰富多样。依托得天独厚的文化产业优势，济宁孔子文旅集团打造了济宁市首个集研学、创作、展示、体验为一体的“山东手造·济宁好礼”文创商品研发中心，搭建起为企业提供品牌推广、产业交流、产品交易、展览展示等多元化服务于一体的文化产业服务平台。

1.组织文创商品对外交流

文创商品研发中心主要分为济宁各地市文创商品展示区、创意大赛获奖作品展示区和研学体验区。展示区定位于多功能艺术空间，集艺术品展示展览、分享、交易，举办会展，承办发布会、创意活动等功用于一体。在研学体验区,广大中小学生能够通过夏令营、亲子游等形式开展综合实践活动,体验投壶、拓片(见图1)、书画、篆刻等,了解中华优秀传统文化的魅力。在加强青少年动手能力的同时,将中华民族优秀传统文化内化于他们的心智,外化为他们的行为,全面提升青少年的文化修养,强化思想道德教育。

图1　中小学拓片研学课程①

为加强对外交流,济宁孔子文旅集团先后给十余位书画家颁发文化顾问颁发聘书,举办"魏晋逸风"——宁青楷书法作品展、尹芾书法作品展等一系列交流活动,通过对书画的研究、创作、推广,展现汉字书法、绘画带来的历史文明成果和中华民族的千古智慧,深度挖掘济宁优秀传统文化,延续历史文脉,发掘具有新时代价值的文化故事与文化内涵,共同打造具有济宁市书画文化内涵的文旅品牌产品,为济宁市文旅融合高质量发展注入源源不断的活力,助力集团在文旅融合、文化"两创"上展现新担当新作为。

文创商品研发中心的建设,有利于促进各大企业、高校、科研单位以及广大青年爱好者的互动交流,鼓励业内团体以科技创新活动为载体,开发具有济宁民俗特色的衍生文创作品,汇集创意设计资源,提升创意设计水平,促进创意成果转化,推动文化、创意、互联网与信息科技等产业的融合发展。

① 本案例图片由济宁孔子文旅集团提供。

2.推进文创商品研发工作

济宁孔子文旅集团文创商品研发中心与北京故宫观唐、中青旅、上海恒润数字科技等业内顶尖团队全面深度合作，致力于孵化优质文创品牌，开发优质文旅商品，联合打造文创研发基地，成立文创产业联盟，将上下游产业相融合，形成文创优质产业链条，建立文创产业生态圈。以弘扬中华优秀传统文化为宗旨，结合济宁特色文化元素，研发市场热度高的精美文创产品，并以此为承载讲好中国故事、山东故事、济宁故事，助力文化“两创”深入开展。研发中心联合外部团队先后研发了“诗礼传家”系列产品、孔府拓片盲盒、孔子IP形象、仁礼折扇等百余款精美文创商品，实现优秀传统文化“圈粉”又“树人”。同时，注重对历史文物、古籍的二次创作，紧密贴合“数字化”“潮流化”“年轻化”“市场化”等多种时代流行特征，创新研发《三孔·古建系列》《水浒108之“青面兽·杨志”》《水浒108之“黑风口”》《孔子圣迹图》《孟庙——继往圣》以及《孟庙——开来学》等一系列数字文化藏品，提高文化“新消费”。

3.拓宽文创商品营销路径

为传播手造产品，文创商品研发中心还与中国电信、思谷品牌文化（北京）、灵动传媒、豆神动漫等企业构建战略协议，通过对标行业一流团队，拓展集团新媒体、自媒体、直播间、短视频平台等传播渠道，在集团三孔、梁山、微山等景区，开通“云游”景区官方账号，扩大文旅宣传印记，激发文旅营收活力。让更多人知晓研发中心的文创产品，了解济宁优秀的历史文化。

（二）建设济宁好礼手造产品景区展销中心

为全力推进“山东手造·济宁好礼”工程实施，进一步丰富文化旅游产品的供给，扩宽消费渠道，多维度打造新产品、新思路、新渠道，提高文化“新消费”。济宁孔子文旅集团精心打造“山东手造·济宁好礼”济宁民政职业能力培训中心、孔府、孟府、水泊梁山等展销中心，加强旅游商品销售体系建设，构建形式多样、特色鲜明、富有创意的文创产品营销体系，建设济宁文化旅游特色商品旗舰店。

1.济宁民政职业能力培训中心文创手造体验展区

以“山东手造·济宁好礼”为主题，集团在济宁民政职业能力培训中心布设了文创手造体验展销专区（见图2）。展销专区内布设富含当地文化特色、非遗特色的手造产品和文创商品，通过展陈造景创造展销氛围，让人们从内心深处予以认同接纳，使之成为民政职业能力培训中心的最热打卡点。

文创商品进驻民政职业能力培训中心，不仅为民政职业能力培训中心增添了文化内涵，还为前来培训的人员带来了丰富的文化生活体验，享受更加人性化、更加便捷的产品和服务，进一步提升了培训中心吸引力和竞争力，让文创商品更好地融入生活。

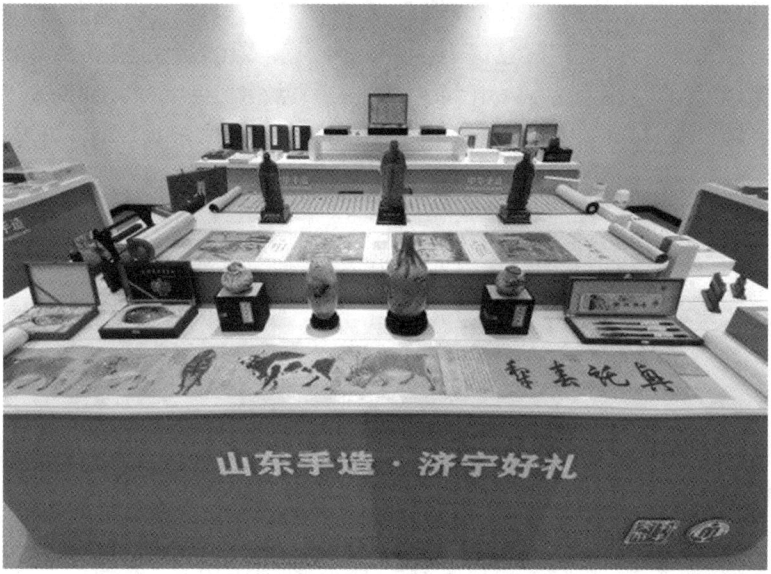

图 2　济宁民政职业能力培训中心布设文创手造体验展销专区

2.文脉·孔子书房展区

济宁孔子文化旅游集团通过文创促"双创"文创"拓市场"的新路径，紧扣市场需求，以文创产品提升"济宁文旅"整体品牌，与青岛朴宿文旅集团共同打造了文脉·孔子书房(见图 3)。书房位于曲阜三孔景区核心区域——"孔府"后花园内，是游客游览孔府景区的必经之路。书房整体以挖掘、整理、传承儒家文化为主线，囊括三孔景区文化、曲阜人文历史、文脉风物缜密等书籍共计千余册，为市民与游客提供了一个了解儒学经典与曲阜文脉的重要窗口。现有地方文化特色的文创产品百余种，进一步丰富了三孔景区的高端文创商品，以融合创新三孔景区文化旅游产业为主旨，完善了景区公共服务设施。在 2022 年山东省旅游发展大会公布的"2022 山东文旅新锐榜"中，三孔景区文脉·孔子书房获评"十佳网红书店"。

图 3　文脉·孔子书房

3.水泊梁山文创旗舰店

济宁孔子文旅集团以梁山泊水浒文化为主线，以“重走水浒路”为设计理念，以融合创新水泊梁山风景区文化旅游产业为主旨，打造水泊梁山文创旗舰店（见图 4）。店内包含《水浒传》《水浒英雄论赞》《水浒一百零八将解读》等水浒经典文化丛书以及面具、拼图、水浒人物场景手办、水浒英雄纪念册、时尚帆布手提袋等符合新时代文化需求的“国潮”文创产品，在追求时尚潮流的同时，彰显厚重的中华优秀传统文化。更有各类水浒酒，供游客体验梁山好汉“大口喝酒，大口吃肉”的侠义豪情。水泊梁山风景区文创店成为继水浒大剧场之后，又一游客必到的热门场所。

图 4　水泊梁山文创展区

4.“济宁好礼　邹鲁尚品”直营商店

孟庙孟府景区打造推出的“济宁好礼　邹鲁尚品”直营商店，是山东省首个“山东手造”直营商店，目前，共有来自济宁各县市区重点手造企业的300余件“手造优品”在展销售，整合儒家文化优势资源，精心打造以孟子“民贵之道”“母教文化”“廉政文化”为主题，具有济宁文化特色的文创产品，让精品文创活起来、新起来、兴起来，新奇好玩的文创产品更是吸引了不少景区游客驻足参观和购买。

下一步，济宁孔子文旅集团将进一步梳理济宁文化资源，做好济宁民政职业能力培训中心文创手造体验展区、文脉·孔子书房展区、水泊梁山文创旗舰店、“济宁好礼　邹鲁尚品”直营商店的提升运营工作，拓展传统文旅宣传渠道，深度挖掘文旅消费潜力，激发文旅营收活力，促进区域经济发展，打响“山东手造·济宁好礼”品牌，讲好景区故事，做亮景区名片，加快文旅融合步伐，推动文化旅游业高质量发展，树立独具济宁文化特色的国潮先锋地和先行展示区，打造济宁手造拳头产品。

(三)入驻“山东手造”(济南)展示体验中心

为创新山东手造产业的市场化运营模式，助推“山东手造·济宁好礼”产业链的提升发展，济宁孔子文旅集团在山东手造展示体验中心主会场打造了沉浸式、体验式、数字化的文创店铺，全方位、多维度的展现济宁特色文化底蕴，打造永不落幕的手造博览会。

“山东手造”(济南)展示体验中心济宁展区(见图5)以儒家文化、运河文化等济宁优秀传统文化元素为主体，将特色文化与匠心手造进行有机结合，涵盖楷木雕、尼山石、柘陶、砭石制品等200余款文创产品，为观众呈现了一场传统文化的视觉盛宴。与此同时，还融入济宁方言文化，增加展销中心的体验性与互动性。聚焦手造创新动能，搭建集手造展示、非遗展演、文化体验、研学互动、休闲娱乐、主题购物于一体的多功能场馆，打造“山东手造”济宁区“网红”打卡地、国潮先锋地和先行展示区，推动“山东手造”的新传承、新消费、新引领，助力文旅融合发展的“手造”盛会。让济南市民和省内外游客认识手造、了解手造、购买手造、爱上手造，领略济宁传统文化之美。

图 5 “山东手造”(济南)展示体验中心济宁展区

(四)打造泗水龙湾湖山东手造文创街

济宁孔子文旅集团依托龙湾湖文创街,进一步发挥传统文化赋能作用,深入挖掘非遗蕴含的文化精髓和时代价值,把优秀传统文化与乡村文化振兴有机融合,将“山东手造”和“非遗项目”融入创意工坊,在延续历史文化根脉、传承民间工匠精神的同时,引领产业的创新发展,为传统产业注入活力,塑造兼具历史记忆、文化脉络和地域符号的文化街区。在原有的基础上,还增设手造创意展厅(见图 6),以砭石、柘陶、柳编等泗水县优势主导特色产业为基础,延伸产业链条,壮大“山东手造 · 济宁好礼”特色品牌,推进“老字号”的传承和创新,布局体验式、互动式新业态。集团聚焦“作示范、勇争先”的目标,秉承市场运作、因地制宜、特色定位、差异发展的原则,坚持文化赋能、旅游兴业、环境宜人、商贸旺市,持续促进文旅商融合,优化产业空间布局,推进特色文化资源转化和产业集聚,大力提升龙湾湖片区整体水平和形象,使特色文化街区成为传承历史文脉、振兴手造技艺、体验幸福生活的乡村文化新载体。此次打造文化创意街,增强了文创街的休闲娱乐功能,更好地满足了大众个性化、多元化的消费需求,使街区兼具文化展示、体验、游览、购物、餐饮与休闲娱乐等多种功能,增强市民游客的体验感、互动感、参与感,感受泗水美丽乡村的独特风光,沉浸式体验优秀传统文化魅力,带动了龙湾湖文创街的文化品位提升,实现了特色文化街区的可持续发展。

图 6　泗水龙湾湖山东手造文创街手造创意展厅

(五)举办“中华手造·山东手造”展示展销活动

济宁孔子文旅集团联合济宁市委宣传部,在山东曲阜尼山圣境携手打造“中华手造·山东手造”展示展销场馆(见图 7)。此次展览以“文化自信引领传统工艺振兴”为主题,借助尼山世界文明论坛为平台,贯彻落实“两创”重要精神,发挥山东传统手工艺与文化资源丰厚的优势,重在呈现“山东手造”在推动全省文化创意产业高质量发展,打造文化“两创”新标杆中发挥的重要作用,打造“山东手造”传统手工艺区域公共品牌,培育手造产业发展,以展促销、以展兴业,立足“山东手造”,展示“中华手造”,面向“国际手造”,向与会嘉宾推介“好品山东”品牌,讲好山东故事,彰显“山东手造”风采。

图 7　“中华手造·山东手造”展示展销场馆

本次精品展设立在尼山圣境大学堂内，总面积为963平方米，展区分设“山东手造”“中华手造”“国际手造”三个展区和“精匠绝造”手造体验区。通过各类精美的手造实物，展现不同国家、民族、区域在不同文化背景浸润下，“万物并育而不相害，道并行而不相悖”的造物智慧与生活方式，体现“世界各国人民对美好生活向往”的共同愿景。展览作品610余件，其中“山东手造”展品260余件、“中华手造”展品220余件、“国际手造”展品130余件。“山东手造”展区（见图8）设计分为“先师好礼”“诗礼传家”“陶琉之光”“鲁墨之功”“雅乐正声”“齐鲁纹裳”“抱素怀真”“臻致生活”“青春首造”9个板块组成。“中华手造”展区，遴选北京、上海、广州、深圳、江苏、贵州等地的代表性手造产品，展示出“中华手造”的整体样貌。例如，来自深圳的“开物成务”，便将湘绣、漆雕等传统工艺，与现代电子产品结合，使批量化、标准化的工业产品呈现出“手造”温度。“国际手造”展区，精选“一带一路”沿线国家，欧洲主要国家，日韩等东亚国家代表性手造产品，使与会嘉宾了解“国际手造”的发展样貌。“精匠绝造”手造体验展区。木版年画、葫芦烙画、面塑、核雕、贝雕、风筝、剪纸、鲁绣、布艺、草柳编、鲁锦织造等传统手工艺绝活，向与会嘉宾展示山东“绝造”，欢迎大家一起体验手工艺的独特魅力。

图8 “山东手造”展区

本届“中华手造·山东手造”精品展，全面展示了山东、全国各地及海外优秀手造企业和产品，力促文旅招商、文化消费和文化传播，推动中华优秀传统文化创造性转化、创新性发展的同时，助力书写文旅融合发展“山东故事”的崭新篇章。

(六)举办第七届“创意济宁”文化产品设计大赛暨首届“孔子文旅杯”手造大赛

济宁孔子文旅集团与济宁市宣传部联合举办“创意济宁”文化产品设计大赛暨“孔子文旅杯”游客最喜爱的文旅商品评选。集团认真落实文化“两创”方针和省、市关于深入推进“山东手造”工作的重要部署,以“创意手造·精致生活”为主题,旨在深入阐释和挖掘济宁文化旅游资源的思想内涵、时代价值和独特魅力,弘扬优秀手造技艺,发掘培育本土优秀手工艺企业,为打造“山东手造”品牌贡献济宁力量。

大赛面向国内外征集富含济宁文化元素、具有国际视野和时尚气息的文化创意产品。活动自 2022 年 3 月中旬启动后,得到了众多非遗传承人、手工艺人、文创产品制作人、文创企业以及广大自由设计爱好者的积极响应和广泛参与。大赛累计征集国内外作品共 1460 余件。经过评审,最终选出 51 件作品入围各类奖项。脱颖而出的文化创意设计产品采用新创意、新表达、新意境,将设计创作理念融入集团优质景区之中,使作品既有传统文化特色底蕴,又贴近大众文化消费需求,深受市场欢迎和业界好评。通过历届大赛,“孔子印”“尼山石”(见图 9)“孟子工坊面塑”等一系列文创商品脱颖而出,全面架接起了产品与市场、作者与企业、研发者与消费者之间的桥梁,全力打通了产品到产业的最后 1000 米,加快推动了济宁特色手造商品的创新研发,极大提升了集团文创旅游产品的综合实力和竞争力。同时,大赛也成为集团传播优秀传统文化、汇聚创意设计智慧、加快文创产品迭代升级的重要品牌活动,为广大文创机构和精英提供了同场竞技与合作交流的重要平台。

图 9　首届“孔子文旅杯”手造大赛金奖——尼山石系列

手造是艺，最具烟火气，手造是情，款款动人心。济宁孔子文旅集团通过引领手造创新创意，将优秀传统文化融入手造产业、融入民众生活，为广大文创爱好者搭建起了汇聚创意设计资源、增进交流协作的平台。赛后，将优质产品推向景区、宾馆、游客服务中心等济宁全域，推动了文创旅游商品从无形到有形、从车间到市场、从线下到线上，实现商品研发销售从杂货铺式分散经营，向专业化综合联营迈进，助推济宁文旅产品的提升，促进文化创意产业的高质量发展。

（七）举办全球首届"孔子文化"创意设计大赛

以孔子为代表的儒家文化是中华优秀传统文化的核心，为深入贯彻"两个结合"重要思想，践行"两创"方针，深度挖掘儒家思想在新时代的独特价值和新表达，济宁孔子文化旅游集团和孔子博物馆于 2022 年 9 月共同承办全球首届"孔子文化"创意设计大赛。本次大赛面向海内外广泛征集和评选富含儒家优秀传统文化元素的创意设计作品，以"文化至道，生活之美"为主题，以孔子文化为核心，以培育孵化济宁市文创商品自主品牌为目标，立足全球视野，联动国际设计团队，汇集全球文化创意设计人才，进一步挖掘和利用孔子文化、儒家文化资源，提升全市文化创意水平，丰富旅游产品，展示文旅发展新面貌，不断提升知名度，倾力打造中西方"文化交流"金名片。大赛划分孔子文化 IP 设计、海报设计、创意产品、数字融合、创意绘画五大类别，共征集作品 11851 件，通过评审，《孔子见老子》漆画、拓印盲盒、曲阜二宝等百余款优秀作品脱颖而出。

下一步，济宁孔子文旅集团将聚焦产品落地转化，利用媒体和新媒体资源、国内外专业机构及行业资源优势，激发孔子文化创新活力，助力实现以孔子文化为代表的中华优秀传统文化的创造性转化和创新性发展，深度挖掘儒家思想在新时代的独特价值。让孔子文化在新时代"流动"起来、"传承"下去、发扬光大。用文化创意赋能回应时代呼唤，努力奔赴社会主义文化新辉煌的星辰大海。

三、齐力同心,打造文创标杆

(一)文创商品荣获多项国家、省、市文创大奖

济宁孔子文旅集团联合业内高端文创企业,以“新手造、新生活、新产业”为理念,以品牌化、产业化和品质化为重要标准,深入推动“山东手造·济宁好礼”工程实施,在持续提升我市文旅品牌的同时,不断助推文旅产业转型升级,实现创新突破发展。孔子文旅集团及权属三孔景区的提报产品在“山东手造·优选100”网络遴选活动中均进入前10名,并进入首批“山东手造·优选100”名录;《漆豆》荣获第四届“泰山设计杯”山东手造创新设计大赛优秀奖;《五圣人中国印》《尼山石系列》《根雕孔子》等作品荣获多项国家、省、市文创大奖,逐步打造以“孔子文旅”文创品牌为引领的优势文创品牌集群。

(二)赛事推动济宁文创商品的研发和更新迭代

济宁孔子文旅集团着力打造品牌赛事,以赛事活动赋能文创产品提质升级,连续四年与济宁市委宣传部联合主办“创意济宁”文化产品设计大赛暨“孔子文旅杯”游客最喜爱的文化旅游商品评选活动及首届“孔子文旅杯”手造大赛。历届大赛共征集作品7000余件,评选出200余件优秀获奖作品,发放奖金80余万元。商品评选累计投票人数达60万人次,有效地推动了济宁文创商品的研发和更新迭代速度。部分获奖作品已陆续在集团各权属企业景区销售。

(三)特色文化产业助力乡村振兴

济宁孔子文旅集团依托文化创新为抓手,打造泗水龙湾湖山东手造文创街区,走出了一条文化与艺术相融合、文旅产业与乡村振兴协同发展的特色之路。集团依托“济宁好礼”品牌,以农村经济高质量发展为重点,先后与孔府印阁、周广胜木梳、大善堂文化传媒等多家济宁市优秀民营企业构建战略协作,发挥地缘优势,推动非遗产业化,致力于把文化优势转化为发展优势,激发乡村的潜在动力,将传统文化与新时代精神融合,在这里开出致富之花,带动乡村振兴、村民致富。

以“乡村+旅游”的模式，发展乡村新兴产业；以增加村民收入为目标，优化培育乡村营销新体系，助力乡村经济发展。通过市场化运作、规模化输出、品牌化推广、产业化发展等方式，依托泗水龙湾湖“山东手造·济宁好礼”展示展销中心，全面推进与当地村民、手工艺从业者、非遗传承人的深度协作，打造“前店后厂”的产业链布局，带动乡村产业的深度融合，多种形式拓宽农村就业新渠道、农民增收新路径，大力提升龙湾湖片区整体水平和形象，使特色文化街区成为传承历史文脉、振兴手造技艺、体验幸福生活的乡村文化新载体。

结　语

孔孟桑梓地，千年运河都。中华优秀传统文化源远流长、博大精深，是中华文明的智慧结晶。挖掘文化资源的丰富内涵和当代价值，寻找文化资源融入现代生产生活的契合点，是推动中华优秀传统文化“活起来”的关键。正是创造性地将丰富的文旅资源相结合，让济宁形成了“东文西武，南水北佛，中古运河”的特色旅游架构。济宁孔子文旅集团通过打造具有文化历史底蕴而又独具特色的文创产品，坚持文创产品的创新理念，瞄准“两创”最前沿，满足个性化、潮流化、多元化消费需求，真正意义上做到了社会效益与经济效益相统一。

下一步，济宁孔子文化旅游集团将严格落实省市委决策部署与工作安排，充分发挥山东省旅游发展大会和尼山论坛影响力，勇扛文化“两创”大旗、勇担重任历史使命，在尊重文化、传承其本的基础上，紧扣市场需求，加大文创商品创新研发力度，不断丰富“诗礼传家”系列文创产品；做好“山东手造·济宁好礼”文创商品展示馆、济宁好礼手造产品景区展销中心、“山东手造”（济南）展示营销窗口、泗水龙湾湖山东手造文创街提升运营工作；加大线上、线下联动，通过“云端”消费、文旅线上推介会、文旅好物推介官、景区慢直播、虚拟直播等多种表现形式，拓展传统文旅宣传渠道，深度挖掘文旅消费潜力，激发文旅营收活力；开发具有济宁特色的儒家文化元宇宙、梁山忠义文化元宇宙及相关的数字藏品，强化权属景区的 MR 虚拟游览建设，推动文旅与科技结合、传统与创新结合、济宁文旅 IP 与产业结合，打造文化艺术和历史价值浓厚的文化 IP，赋予其新的科技使命和艺术内涵，提升 IP 的品牌价值和影响力，着力打造“国际范儿”“中国风”的文旅全产业链条,进一步助力济宁市文化“两创”工作的深入开展,向建设世界文化旅游名城的目标迈进。

▶启发思考

1.非遗手造让“老手艺”成为时代“金名片”,如何更好地实现新时代创新发展,让“山东手造”焕发新活力?

2.“数字手造”“数字文创”“数字博物馆”等词汇频频映入眼帘,如何呈现出独具中国特色的“博物馆奇妙夜”,让中华优秀传统文化在数字科技领域中大放异彩?

3.“中国风”“国潮风”越发受年轻人追捧,传统文化如何在守正创新的同时更好地融入新时代文化潮流?

全方位升级创新

——红叶柿岩转出新高度*

▶案例概览

本案例从红叶柿岩服务升级与服务创新、沉浸式场景体验营造、打造全媒体营销矩阵、建设智慧旅游平台四个方面论述了山东文旅·红叶柿岩旅游区(以下简称"红叶柿岩")的产品和服务升级内容。基于红叶柿岩的经营管理经验,着眼于探讨服务创新视角下旅游景区沉浸式体验的发展方向,以期为传统景区转型升级、新文旅项目入市提供借鉴参照。

引　言

随着旅游体验经济的快速发展,旅游景区市场竞争日益激烈,传统的产品和服务已不能满足游客消费结构与需求层次的不断变化,旅游景区从"以资源开发为中心"逐渐转化为"以顾客体验为中心",游客是景区的体验者与创造者,参与景区产品的研发、设计、生产及消费的全过程,景区要实现可持续发展,必须坚持以游客为中心,不断优化服务,提升顾客体验,推动全方位转型升级。

2021年,文化和旅游部发布《"十四五"文化和旅游发展规划》,提出鼓励定制、体验、智能、互动等消费新模式发展,打造沉浸式旅游体验新场景,为

---

* 本案例由山东青年政治学院肖树青、陈新泉和山东文旅·红叶柿岩景区李鹏、曲晨荣撰写,由山东大学旅游产业研究院/山东省新旧动能转换重大工程精品旅游产业智库改编收录。

沉浸式旅游发展提供了政策支撑。伴随着沉浸式体验的热度愈发高涨,智慧化建设成为增强景区竞争优势的重要手段。各地纷纷运用高科技手段和表演元素,进行以沉浸式旅游体验项目为主的新型旅游景区打造,从视觉、听觉、触觉等方面激发人们的感官体验和认知体验。[①] 红叶柿岩也不例外,从沉浸式体验场景打造、服务升级、智慧化建设、全媒体营销等多方面持续发力,助力景区转型,以期为传统景区服务升级、新文旅项目入市提供借鉴参照。

一、文旅赋能:沉浸式场景体验营造

红叶柿岩位于山东省淄博市博山区滨莱高速出口西侧,地理位置优越,旅游区总投资9亿元,占地面积约4000亩,电视剧《绿水青山带笑颜》便在此地取景拍摄,红叶柿岩作为山东省新旧动能转换重点项目,始终秉承提高服务体验价值理念,为游客打造沉浸式体验新环境。自2020年10月运营以来,红叶柿岩共接待游客超过140万人次,为区域经济的高质量发展以及淄博文旅产业注入了新活力,现已成为淄博城市的名片之一。景区不断深耕文旅沃土,有效领跑乡村振兴,依托山体特色,打造"玻璃水滑道""飞跃柿岩""山地滑车""七彩滑道""爱堡开心农场"等明星游乐项目,凭借观光旅游、文化娱乐、住宿餐饮、休闲时尚等多重经济业态,聚力打造山岳类主题度假乐园。

(一)坚持文化立场,推动融合发展

景区秉承"千载柿岩、万彩生活"的文化定位,依托山岳景观特色,充分挖掘齐长城文化、陶琉文化、饮食文化等地域特色,将景区按照季节划分为"踏青游""夜经济""红叶季""冰雪游"四个主题,成功打造出春有百花夏夜游、秋赏红叶冬戏雪的特色景区。

1.打造齐长城文化长廊

红叶柿岩旅游区深度挖掘齐文化,打造了齐长城文化长廊(见图1)。将齐长城虎头段进行1∶1复刻,以最大限度再现原貌。齐长城是我国乃至世

---

① 参见徐祖莺:《沉浸式旅游演艺游客体验研究武汉》,华中师范大学硕士学位论文,2020年。

界上现存最古老的长城，也是保存段落、遗迹较多的古长城之一。其脚下古村落便就是"活着"的长城，是中华文化传承的鲜活载体。古村落依山傍水、幽静秀美，留存着独特的民俗风情，承载了长城的精神，具备着无可替代的文化价值。

图1 齐长城文化长廊①

2.传承陶琉文化底蕴

淄博之韵，陶琉双美。博山陶琉文化源远流长，陶瓷和琉璃分别有5000年和3000年以上的生产历史，已成为淄博城市形象的代表。无尽的陶瓷之海、琉璃之山让人们穿越古今中外，沉浸陶风琉韵，感悟时代脉搏。红叶柿岩深挖陶琉文化内涵，延续千年历史文化传承，精心打造了博山陶瓷琉璃艺术中心。艺术中心包括人立琉璃艺术博物馆、博山艺术展览馆、博山陶瓷博物馆等。走进艺术中心，各个展馆内精美的艺术品令人大开眼界，集中展现了博山陶瓷琉璃源远流长的历史文化和深厚的人文积淀。

3.建设颜神里复古文化街

"待要好吃饭，围着博山转"是博山地区民间广泛流传的谚语，博山菜是鲁菜四大派系之一，被中国饮食文化研究会认定为中国鲁菜发源地，在这里可以品尝到地道的博山美食。红叶柿岩以年代元素为核心，打造了颜神里复古文化街（见图2），仿造20世纪80～90年代的建筑风格，打造电器维修、百货商店等经典场景，生动展现着老博山时代的风情。同时，以情景式剧场

① 本案例图片由山东文旅·红叶柿岩旅游区提供。

为依托,打造原创故事,并为游客提供优质的特色美食小吃服务。

图 2　颜神里复古文化街

作为齐长城脚下(和尚房村,也称柿岩古村)的新生旅游业态,红叶柿岩秉持“千载柿岩,万彩生活”的文化定位,依托万亩原生红叶林,逐步发展成为集旅游观光、养生度假、高端民宿、项目体验、研学科普为一体的乡村振兴示范区。金秋承载丰收,在文化和旅游部发布的 8 条长城主题国家级旅游线路和 62 条长城主题精品线路中,和尚房村入选长城主题国家级旅游线路——长城古村名镇寻访之旅。

(二)组织节事活动,打造特色品牌

柿岩深秋,红叶正盛。红叶柿岩依托景区内具有特色的红叶、非遗文化等资源优势,结合区域内发展旅游的成熟经验,以市场需求为导向,通过组织节事活动进行对外推广。2022 年 10 月 15 日,景区举办了以“长城脚下红叶浓”为主题的红叶柿岩第三届万亩红叶季(开幕式盛况见图 3),通过展现齐长城脚下村落红叶秋浓的盛景,以红叶为引,让齐文化与古村镇在文旅融合发展中焕发新的生机与活力。开幕式当天邀请了包括相关领域专家、网络红人和相关领导在内的数百位嘉宾及媒体,共同见证红叶柿岩 2022 年第三届万亩红叶季开幕。红叶节充分挖掘和利用了资源特色优势,打造了秋季旅游文化的新亮点,提升和丰富了景区的文化内涵。

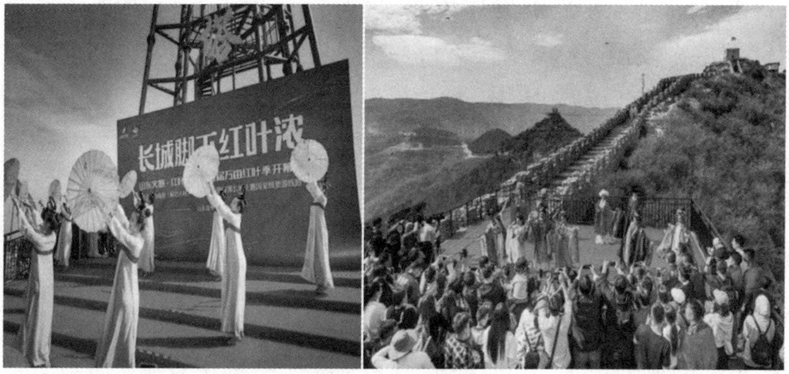

图 3　第三届万亩红叶季开幕式

活动现场,"红叶华彩舞霓裳"国风秀展现唐、宋、明三代服饰亮点,以国风华服走秀与国风韵味舞蹈花式吸睛。百面红旗迎风飘扬在斑斓秋色之中,中国红、柿岩红相映相融,呈现了一场视觉文化饕餮盛宴。长城脚下红叶浓,千载柿岩蕴新生。本次柿岩红叶节以"长城脚下红叶浓"为主题,通过展现齐长城脚下村落红叶秋浓的盛景,以红叶为引,让齐文化与古村镇在文旅融合发展中焕发新的生机与活力。

在红叶柿岩,春有百花夏夜游,秋看红叶冬戏雪,不同的季节带来不一样美的享受。四季之中当属秋天的红叶最为震撼,万亩原生红叶林竞相展艳,正是游山、观景、赏红的最佳阶段。值红叶正盛、柿岩古村入选长城主题国家级旅游线路的欢庆之际,红叶柿岩继续深度挖掘景区资源、擦亮齐文化名片,打造长城 IP,不断丰富产品业态和游客体验,进而向打造乡村振兴齐鲁样板、建设全国首家山岳类主题度假乐园的目标迈进。

(三)打造夜间旅游业态,强化旅游体验

作为文化旅游的重要组成部分,挖掘景区夜间经济潜力能够进一步盘活存量游客、吸引潜在游客,借助独有的文化资源赋能当地夜间经济的发展。根据中国旅游研究院《2020 中国夜间经济发展报告》,2020 年,我国旅游产业的夜间消费总体减弱,但市场需求仍然强烈,城市夜生活成为游客目的地首选。国务院办公厅发布的《关于进一步激发文化和旅游消费潜力的意见》(国办发〔2019〕41 号)中指出要大力发展夜间文旅经济,积极建设夜间文旅消费聚集区,助力社会经济的恢复和振兴。目前国内夜间旅游主要聚焦于城市地区,基于此,红叶柿岩将夜经济延伸至乡村振兴示范区,不仅丰富了游客在景区的体

验,使景区各方面呈现出新的发展格局,同时也促进了乡村环境和居民生活的改善,为区域旅游发展注入新的活力,是推动乡村振兴的重要途径。

红叶柿岩紧跟市场需求,构建多元夜间生活,精心打造省内首家山岳型主题度假乐园,推动"夜游红叶柿岩"成为山东文旅新的"引爆点"和"增长点"。红叶柿岩旅游区的自然和人文旅游资源为夜间旅游发展奠定了良好的资源基础,夜间旅游项目的开发一方面丰富了旅游区的产品形态,另一方面将会形成一定的辐射效应,带动周边的消费市场,从而形成了发展休闲经济的新突破口。

经过充分的调研和合理的规划,红叶柿岩以"鲁中夜游"为设计思路,充分利用山水人文体的资源禀赋,以旅游休闲、文化休闲、商业休闲为重点,构建柿岩古村、漂流、齐长城为中心的"三位一体"的夜间旅游形态,全力塑造红叶柿岩旅游区的品牌形象。为深化游客夜游体验,2022 年,红叶柿岩推出夜游 2.0 版本"青春如你所愿"夜游季,星光夜漂、齐长城"靓"化、摇滚音乐会、古村市集等特色体验项目。摇滚音乐会上音符交织的摇滚狂欢让游客尽情感受极致、浓烈、澎湃的能量;全程共计 2020 米的星光漂流,设五层托马斯大回旋,与省内最长、回转角度最大的玻璃水滑道(见图 4)一起,让游客体验重力加速的刺激和快感;古村集市与颜神里复古文化商业区,让游客体验复古风潮、亲子互动等"光影之旅";光影技术和视觉技术"点"亮齐长城,让游客感受视觉冲击。此外,红叶柿岩根据景区特点,结合剧本杀、跑团游戏、竞技社交类游戏的玩法,形成一套全新的有氧剧本体验项目——剧梦里。

图 4　玻璃水滑道

通过筹划丰富多彩的夜游活动，切实提升了红叶柿岩品牌形象，形成了一批具有一定辐射带动功能的特色夜游消费区，打造了景区新的消费增长极，有利于形成规模和塑造品牌。据景区统计数据显示，2022 年 6 月 3～12 日，夜游正式开放期间，在传统经营淡季的 10 天内，红叶柿岩旅游区综合接待游客4 万人次，总计收入 200 万元，与往年同期相比，无论是参观人数还是收入都得到了显著提高。旅游区内招商合作商户 30 余家，单日营收平均数千元甚至万元。旅游区周边餐饮、娱乐、住宿等行业客流量都明显提升。旅游区直接带动就业 300 余人，周边行业带动就业数百人。从客源结构来看，近 70％的游客来自淄博市以及周边地区。

此外，红叶柿岩打破边界，不断创新景区产品和服务价值。聚焦青年游客、亲子家庭等群体，对夜游票种进行简化升级，以夜游门票和夜漂套票为根本，夜游季期间推出了“门票＋食住行游购娱”的组合产品，节假日期间推出阶段性夜游门票优惠政策，一票囊括项目夜娱、夜游、夜食等多个夜游要素，将附加消费、烦琐购票流程一网打尽，有效降低游客出行顾虑，切实提升了游客便捷度和满意度。

二、以人为本：精细化服务升级与创新

随着旅游业进入大众旅游时代并逐步转向高质量发展阶段，新时代的游客对美好生活的需要在旅游中体现为高品质、体验式、分享式、休闲化、智能化。如何提高顾客体验、抢抓生存机遇成为景区服务与管理亟待解决的问题之一。为此，红叶柿岩创新传统服务理念，发展会员经济，提高产品附加值，创建了 VIP 服务模式。为提升服务品质，扩大服务张力，红叶柿岩旅游区以先游后付、专人专车、快速通道、专享资源等一系列尊贵礼遇，打造出独具特色的柿岩 VIP 游览模式，致力于让每一位 VIP 客户在游览全过程都能享受到更轻松、更贴心的个性化定制服务，尽享品位生活。

（一）红叶柿岩 VIP 接待中心服务理念

1.以人为本

“以人为本”是打造 VIP 服务的出发点和落脚点。在体验经济时代，景区的 VIP 服务理念不仅是产品与服务的附加值，而是主客共创共享的体验过程。只有使游客享受到优质服务，才能进一步激发游客的重游欲望。景

区以人为本的接待理念首先体现在细节设计上。为方便游客之间交流，景区 VIP 等候室座椅分组围绕桌子摆放，增加游客间的互动交流，缓解游客因等待时间过长而产生的焦躁。为保证服务流畅，红叶柿岩每周进行全线复盘，更新项目内容和路线，形成下一周工作预案，做到上岗先踩点，人人都是“活地图”，确保每一位 VIP 客户都能享受安全舒心的游览体验。

2.以诚为本

服务源于真诚，只有不断地增强服务意识，强化服务措施，学会站在游客的角度思考问题，注重每一个细节，想游客之所想、急游客之所急，热心、耐心、诚心地为游客提供服务，时刻心存提供优质服务的意识，才能帮助游客解决问题，创造服务价值。秉承“贴心服务，满意 100”的服务理念，红叶柿岩培养了多名精干人才，组建专业化团队，在此基础上成立的景区 VIP 接待部，以一流的专业技能、优质的服务水平赢得了景区与客户的双重认可。

3.以恒为本

服务是景区创造价值的重要组成部分，旅游产品根据其不同客源市场与产品组合，每个阶段具有自身的生命周期，但服务创造的价值使旅游产品的生命周期继续延伸。因此，景区的可持续性发展离不开服务创新，“人”“诚”“恒”三要素已经成为红叶柿岩隐性服务理念，服务的重点在于“诚”：“人”因有“诚”而让服务具有情感；“恒”因有“诚”而让服务产生内驱力。

(二)红叶柿岩 VIP 服务内容

在会员经济盛行和消费升级的当下，如何利用会员体系衍生的运营手段，增强与游客的互动，提升营销效率，提高消费黏性、培养品牌忠诚度，是景区精细化运营和高质量发展的重要方向，更是红叶柿岩建立 VIP 产品的初衷。红叶柿岩从游客体验的角度，为游客提供了专人专车、快速通道、先游后付、专享资源等专属 VIP 服务(服务流程见图 5)，从而解决线下排队购票时间长，排队体验项目时间长、时间成本高等问题，让每一位 VIP 客户在游览全过程都能享受到更轻松、更贴心的个性化定制服务，尽享品位生活。同时，给予游客独特的身份感，设计了 VIP 身份标识，成为游客在旅游、购物时的特殊身份象征。

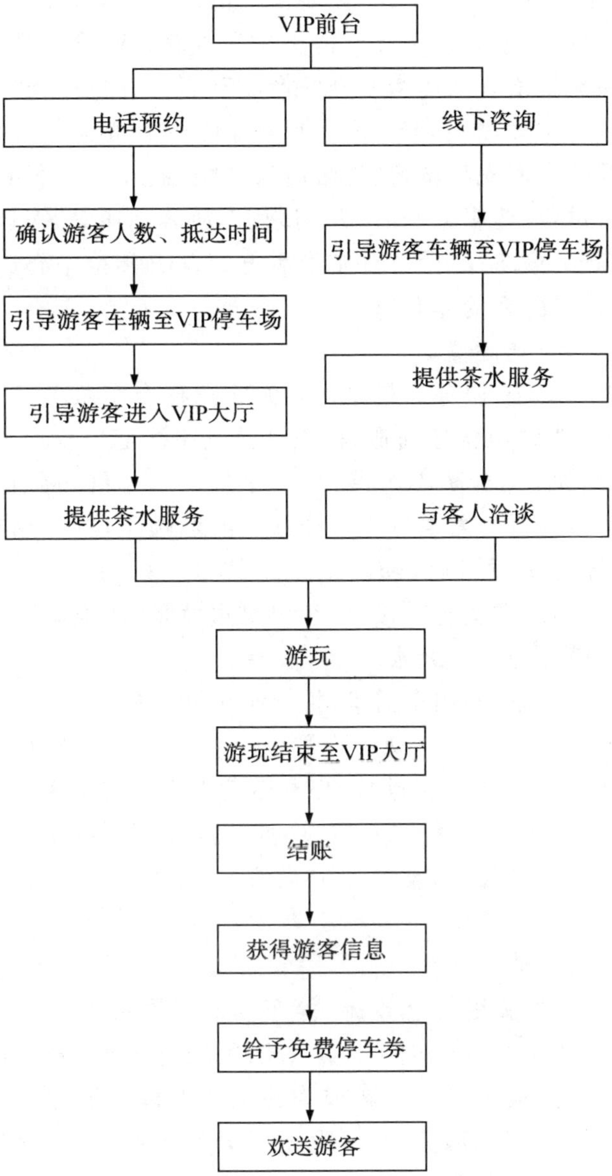

图5　红叶柿岩 VIP 服务流程

1.先游后付,0 元试用

国务院办公厅颁布的《国务院办公厅关于加快推进社会信用体系建设构建以信用为基础的新型监管机制的指导意见》(国办发〔2019〕35 号)以及文化和旅游部颁布的《"十四五"文化和旅游发展规划》等,都倡导组织开展信用建设和信用监测的试点工作,拓展信用的应用场景,探索开展信用经济发展试点工作。相关政策鼓励和支持文化和旅游企业整合公共、行业、市场等多方信息,探索推出以信用为基础的产品和服务,向信用状况良好的消费者提供"先用后付""先游后付"、减免押金等便捷消费服务。基于上述相关文件精神,红叶柿岩率先尝试将"先游后付"制度融入 VIP 服务中,即先游览体验,满意后再付费,让服务开启"0 元试用",游客到达景区只需和接待中心服务人员协商好游览路线,待游览结束后再到 VIP 接待中心进行费用结算,此模式显著提升了游客的体验感。

2.专人专车,快速通道

专车的价格、安全、服务质量是影响游客选择专车服务的主要因素。整个 VIP 游览行程为绿色快速通道,比正常游览路线至少节省 2 个小时,全程专人专车陪同游览,免排队不等待(周一至周四 5 号线,周五至周日专属 6 号线)。客户可根据自身需求自主选择项目游览顺序,享受点对点一站式服务。全程专业导游实时讲解,随时随地了解景区内特色项目、历史人文故事。旅行中的各类需求实时对接,让客户身边就是"活地图""活攻略",畅享精彩纷呈,趣味横生的舒心之旅。

针对不同客户群体的用车需求,推出了个性化的专车产品与服务,包括商务车、中型巴士、观光车等车型,游客在购票结束后到 VIP 服务大厅选择专车服务。红叶柿岩 VIP 接待中心根据运营以来接待游客的总人数和各娱乐项目接待游客的人数,依据二八定律的原则,对 20%的游客建立游客信息档案,对游客实施精准服务,设置 VIP 游客专人通道,极大节约了游客的时间成本。

3.私享车位,免费停车

作为旅游场所的关键配套设施,停车场的建设很大程度上影响了一个景区的人文景观和游客的吸引力。随着国民经济水平的提高,"自驾游"成为众多游客的首选,景区停车问题成为关键。为解决旅游旺季"车满为患"的问题,凸显 VIP 的极致服务,景区设立 VIP 专属停车场,所有 VIP 客户免费停车,享受专人泊车服务。在节假日、红叶节等客流量较大的时段,VIP 游客依然可以轻松入园,再无停车烦恼。

4.增值服务,广受好评

针对带小孩的游客,红叶柿岩景区 VIP 服务为游客提供托管服务,安排专职的 VIP 接待人员为游客看护小孩,游客可以尽情享受旅游项目。优质的托管照看服务一经推出,便饱受好评。"交给你们,我放心!"来自济南的一家四口体验景区 VIP 游览服务时，因家中萌娃只有 6 个月无法乘坐漂流，便将孩子交托给 VIP 接待人员李鹏飞，由工作人员抱着孩子在漂流下客站等待。漂流结束，孩子已经熟睡，家人纷纷竖起大拇指："好样的！这趟真是来值了，玩得好还不累，服务 100 分！"

5.流程优化，信息存档

红叶柿岩的 VIP 服务流程主要分为电话预约和线下咨询。电话预约确认游客的人数和抵达时间，游客抵达景区后，由 VIP 接待人员引领至 VIP 停车场，然后带领游客进入 VIP 服务大厅，并为游客提供茶水服务，完成登记后，游客正式游览景区。与电话预约不同的是，线下 VIP 服务可直接到 VIP 服务大厅或者在景区内与服务人员联系，即体验 VIP 服务。游客结束游玩后，景区将申请获取游客信息，与游客建立长期联系，方便后期会员管理与服务回访。

红叶柿岩经过两年多的运营，结合景区运营中的实际问题，建立了景区运营管理和服务质量标准化制度，形成了一整套山地旅游景区运营与管理体系。与此同时，景区努力提升优质服务，将工作重点聚焦于对客服务质量。据运营数据显示，游客满意度为 95％，网络平台评分达 4.6 分。只有不断地增强服务意识，强化服务措施，学会站在游客的角度思考问题，注重每一个细节，时刻心存提供优质服务的意识，才能真诚地帮助游客解决问题，创造服务价值。

三、互动传播：打造全媒体营销矩阵

全媒体营销矩阵的特点是用最短的时间和路径抵达最多的目标客户，借助网红的影响力，流量呈指数级增长。红叶柿岩运用全媒体宣传、多渠道拓展，打造"三微一端"的营销矩阵。

"三微"即微信、微博、微视频。微博拥有广泛的用户群体，红叶柿岩利用微博实时公开发布景区内容，并对其他用户发布的内容进行点赞、评论和转发，在互动中增强用户间的联系，从而更好地为景区做宣传。微信公众号是开放的运营平台，红叶柿岩以内容和用户为宗旨，通过公众号传播景区的文化与服务。微视频营销的重点放在了抖音平台。红叶柿岩抖音平台创意短视频的点击量高达 5000 多万，成为"全国抖音旅行榜""华东地区抖音旅行榜""淄博市风景名胜热门榜"第一名。红叶柿岩借助短视频平台，提高了品牌知名度,一方面邀请10位抖音旅游达人、航拍达人,从历史文化、风景美食等全方位的介绍红叶柿岩旅游区,另一方面带动各行各业的喜爱红叶柿岩的抖音用户共同参与创作短视频。

"一端"即新闻客户端。红叶柿岩利用今日头条的智能化搜索引擎,根据每位用户的基本信息和兴趣爱好对其进行多维度的精准推荐,平台会将用户的浏览行为以数据的形式进行整合和统计,为搜索红叶柿岩的用户贴上一个专属"标签",然后通过关键词筛选等方法,将平台内符合该标签的信息推送给用户,力图提升对用户推荐的每一条信息的价值。景区还联合《人民日报》《山东商报》《济南日报》《中国日报》以及新华网、网易新闻等100余家主流媒体、新闻网站进行跟踪报道,自试运营以来,全网累计曝光已突破55亿次。全媒体营销平台覆盖了信息发布、游客互动、智慧服务、舆情监控等功能。通过运用大数据分析手段指导策划、精准营销。

据运营数据显示,年龄在"85后"至"00后"游客占比64%,女性游客占60%;景区重游率达12%以上,二次消费收入占比为70%。通过对游客年龄结构、重游率等数据进行分析,能够及时掌握旅游消费信息,提高旅游市场占有率和游客忠诚度。

四、服务升级:建设智慧旅游平台

文化和旅游部、国家发展改革委等10部门联合印发《关于深化"互联网+旅游"推动旅游业高质量发展的意见》,提出优化"互联网+旅游"营商环境,以数字赋能推进旅游业高质量发展。红叶柿岩将数字文旅作为谋划新经济、打造新赛道的切入点和突破口,深入实施"数字+文化+旅游"发展战略,全面加快数字经济与文化旅游的深度融合,将红叶柿岩打造成沉浸式体验的山岳型主题度假乐园。红叶柿岩以互联网、物联网、无线技术等新一代信息技术对旅游新业态各要素进行整合,构建景区与游客互动感知的服务体系,为游客提供全方位、个性化、一站式的旅游体验。红叶柿岩整合相关的智能、智慧资源建设智慧管理中心,通过技术系统对旅游区实施运营与维护。

(一)建设智慧消防安全系统

森林作为红叶柿岩景区的依托资源,对景区发展起到至关重要的作用。

因此,保护景区森林资源是建设智慧景区的第一要务。为保护原生态景观,提高消防安全意识,红叶柿岩基于5G、无线等通信技术,建立了火灾自动报警系统、灭火控制系统、避难诱导系统、消防安全提示系统。借助高科技手段,提升景区安全防护能力和应急响应能力,为景区消防安全再添一道重要保障和重要防线。

(二)建设数字广播系统

景区是人员密集场所,完善公共广播系统有利于传递实施信息或重要信息,对提升景区安全管理及优化环境发挥着重要作用。红叶柿岩数字广播系统融入了自主知识产权的数字音频技术,广播系统可控制200多个终端同时广播,而且具备点播功能,实现了每天定时播报、实时采播、自由点播、紧急广播等。

(三)建设智慧旅游厕所

红叶柿岩通过无线采集设备、无线连接、控制设备搭载,如显示屏、摄像头、湿度传感器、气体传感器、意见告警等数据传至服务器或云平台,实现对旅游厕所的智慧管理,提高游客的舒适感,不断提升环境卫生服务水平和景区文明程度,全面提升了旅游厕所的管理水平,从而建立了长效管理机制。

(四)建设智慧服务系统

与山东文旅云智能科技有限公司就智慧景区建设相关问题展开深入探讨,共同建设景区智慧化服务系统。智慧旅游服务综合平台包括移动终端服务,如导览、导购、导游、导航等;公共信息服务,如综合信息服务、游客引导服务、互动信息屏服务、在线咨询服务等;旅游信息推送;在线预订服务,如餐饮、民宿、酒店、门票预订。景区门票售票和检票系统实现电子化,游客通过移动客户端可提前预订门票,到达景区后自动识别检票。智慧旅游服务综合平台可操作性强,通过大数据便于获得游客的潜在旅游需求,从而更好地服务游客和对红叶柿岩旅游区的发展做出相应的决策。红叶柿岩景区的建设成果有目共睹,是名副其实的明星景区,在景区智慧化改造、二次消费产品的开发方面,做出了诸多有益尝试,取得了良好的示范效果和经济效益。下一步,红叶柿岩将继续深化与文旅云公司的产业合作,在大数据、沉浸式体验、VR、AR等文旅实景互动项目等方面探索更多可能性。

(五)建设无人驾驶观光车

2022 年 6 月 30 日,在国际大学创新联盟(IUIA)的推动下,红叶柿岩与成都云行智控科技有限公司、奥邦智联(珠海横琴)自动驾驶科技有限公司成功签约,无人驾驶观光车项目正式落地。项目首期落地两台奥邦云科“熊猫”系列无人驾驶观光车,预计 2023 年 7 月中下旬投入运行。观光车可在景区东游客中心和南游客中心之间往返行驶,为广大游客提供无人驾驶观光的全新体验。无人驾驶观光车项目正式落地景区,在焕新游客体验,提升游客参与感的同时,为景区提供了新的发展动能,推动景区管理、服务效率的整体提升。乘智慧旅游东风,相信多方携手打造并呈现的柿岩旅游“升级版”,将持续助推淄博文旅高质量发展,为后旅游体验时代产业复苏注入强劲动力。

结　语

红叶柿岩认真谋划景点改造升级、产品更新换代、员工服务提升等,不断壮大软硬实力,推动旅游标识标牌、旅游厕所、停车场、游客服务中心、智慧旅游系统、充电桩等基础设施和旅游餐饮、购物等配套设施提档升级。打造“人人都是服务员、安全员、形象员、宣传员、保洁员,人人都有执行力、创造力、竞争力、贡献力”的服务团队。

基于服务的生产与消费的同一性特征以及旅游过程的体验性,游客在“享受”旅游服务的过程中,需要与工作人员甚至其他游客一起共同完成整个体验过程。因此,红叶柿岩确立了以体验项目推动景区发展的理念,不断创新体验项目,自 2022 年起,先后推出了 25 个重点文旅体验项目,其中新开发的项目 5 个,续建项目 20 个,总投资约 9 亿元。此外,还推出了民宿以及其他数字化项目,积极引进影视项目,努力将景区打造成为多元化、数字化的景区。

▶启发思考

1.当面临游客数量多需要排队的问题时,如何保证旅游景区的服务质量,提高顾客满意度?

2.你认为游客会对不同的景区持有相同的期望吗?

3.红叶柿岩的服务体验可以持久给游客带来愉悦感吗?

4.从服务创新视角,你认为旅游景区如何设计与组织沉浸式体验活动?

“创新+融合”

——解锁日照东方太阳城高质量运营密码*

▶案例概览

日照东方太阳城景区运营管理有限公司在山东海洋文化旅游发展集团有限公司领导下，立足当地独特的文化资源，高起点规划建设精品旅游景区、高标准打造日照市文化旅游新地标。公司坚持贯彻新发展理念，实施东方太阳城重大项目牵引行动、产业拓展行动、载体能级提升行动和环境设施提升行动，提内涵、升业态、扩项目、研新品、促融合，突破消费升级、科技赋能、产品供给和品牌塑造，打造完整产业体系，建设日照文旅消费先行区，构建全域旅游新发展格局，不断实现创新、融合和高质量发展。

引　言

从昔日杂草丛生的荒滩到今天的“国家4A级旅游景区”刘家湾赶海园，从昔日满目疮痍的荒山到今天的文化名山、度假胜地天台山旅游区，从一个景区发展到六大景区构成的景区集群，再到世界级太阳文化旅游目的地——日照太阳文化旅游度假区，十年磨一剑，日照市属重点国有企业山东海洋文化旅游发展集团有限公司在鱼米之乡、人文渊薮之地东港区涛雒镇，打造了日照东方太阳城，让这里发生沧桑巨变、实现精彩蝶变，为日照市文旅行业再添荣耀。

---

* 本案例由日照东方太阳城景区运营管理有限公司宋广玲、王延杰撰写，由山东大学旅游产业研究院/山东省新旧动能转换重大工程精品旅游产业智库改编收录。

日照东方太阳城景区运营管理有限公司成立于2017年，隶属于山东海洋文旅集团，主要开展文化旅游、酒店管理、景区运营、产品研发、跨境电商、演艺策划等业务。公司成立之初便筑牢文化之基、特色之魂、环境之根、品质之本，依托“大项目”“大景区”，构建“精品带动、多点支撑、产业融合”的太阳文化全域旅游新格局，大力发展全景式旅游、全季节旅游、品牌式旅游和融合式旅游，五年累计接待游客超400万人次，实现旅游收入1.2亿元，在取得重大运营突破的同时，还获得“中华优秀传统文化教育基地”“山东省共识教育现场教学点”等百余项称号。

一、扎根红色沃土，党建引领景区运营

东方太阳城景区所在的涛雒镇红色资源十分丰富，公司党支部立足红色文化阵地，厚植红色文化底蕴，创建“红心向党　拥抱太阳”党支部品牌，建设“初心映日”党建基地，打造党建引领经营旗舰店，持续开展党建品牌培育提升工程，推动景区运营提档升级。坚持各项工作始终走在全市同行业前列，奋力取得国企改革“三年攻坚行动”重大胜利，获评2022年度日照市国资国企系统“优秀党建品牌”，成为日照市文旅系统唯一获此殊荣的党支部。公司党支部书记、经理被日照市委组织部、市国资委党委联合推荐为2022年度“发现榜样”，还被授予日照市“劳动模范”称号。作为日照市东港区人大代表，公司负责人履职尽责，建言献策，报送的《关于打造“网红＋电商”模式，推动经济创新发展的建议》《聚焦“山东手造”加快我市文创产品研发推广》等提案引起市、区两级政府重视，已批转相关单位办理。

公司依托太阳文化主题馆和丁肇中祖居，分别打造“修身之路”“齐家之路”红色游线，融入日照市委宣传部、纪委监委“一路清风”廉洁教育线路体系，累计接待各类党性、廉政考察团队300多批10000余人次。由党支部提议并联合周边村居共同打造的“东方太阳城太阳文化主题馆＋下元一村村史党史馆＋东风爱国主义教育基地”环天台山党建游线，对探索党建引领村企融合新模式、加快形成日照市廉政与党性教育的“新地标”具有积极意义。多阵地、多平台、多元融合的党建游线，既是东方太阳城“党建＋运营”实践的重要内容，又是引领东方太阳城高质量运营的新引擎，《丰富景区党建游线，打造东方太阳城廉政教育新高地》《以“党建＋”引领景区高质量运营》等创新做法多次被学习强国报道。党的二十大胜利闭幕后，景区迎来党性教

育活动的新一轮热潮,“红心向党　拥抱太阳”党建品牌必将更加熠熠生辉。

二、树立高标准,建设留世精品文旅项目

作为中国优秀旅游城市,日照市虽一直享有“蓝天、碧海、金沙滩”的美誉,但多年来叫得出名字的、让人眼前一亮的精品文旅项目稀缺,大项目、好项目、龙头带动项目屈指可数是不争的事实。特别是随着科技日新月异和带薪休假制度的逐步完善,旅游业的“打法”和“玩法”都发生了较大变化,游客对美好旅游生活向往的需求日趋多样化。因此,实施重大旅游新旧动能转换工程、加快文旅项目更新和业态升级、丰富优质产品供给刻不容缓。公司顺应旅游行业发展趋势、回应游客文旅消费需求热点关切,精心打造了日照东方太阳城这一精品项目,包括一座圣山——日照天台山,一个标志——太阳文化中心,一个小镇——涛雒风情小镇,一条文化休闲带——星光海岸带,是近年来日照市投资最大、一次性建成景区最多的头号文旅项目,被列入“2018 年度山东省十大旅游新旧动能转换工程”,2020 年 12 月被评为日照市“党建引领国企攻坚行动”优秀项目。目前天台山旅游区一期(一期“国家 3A 级旅游景区”)、刘家湾赶海园(“国家 4A 级旅游景区”)、太阳风情小镇、丁肇中祖居、金沙岛等景区均已建成运营。

(一)天台山旅游区

天台山旅游区是以太阳文化和世界五大太阳文明体验为核心打造的世界级太阳文化旅游目的地,2017 年 4 月开工建设,一期于 2021 年 10 月 1 日对外营业,建有观日台、太阳街市、太阳客栈、扶木宫、天台书院、尔雅阁等景点。太阳文化中心是东方太阳城标志性建筑,地下 2 层,地上 6 层,高 48 米,重点打造一个核心剧场,布设四大殿堂,承载舞剧演绎、艺术展览、会议会展、科技体验、文化展示五大功能。太阳客栈是日照市首个以太阳文化为核心、以十二星次和二十四节气为主题打造的高端精品度假酒店。

(二)刘家湾赶海园

刘家湾赶海园是集赶海体验、亲子休闲、研学、滨海度假于一体的“国家 4A 级旅游景区”,于 2008 年对外开放。2016 年 9 月划归山东海洋文旅集团后进行提升改造,新建扩建七彩旋律、赶海奇趣乐园、海神广场、太阳海岸木

屋民宿、潜水自助餐厅、牧海时刻会议室、赶海艺术中心、行知研学馆等旅游设施，实现从传统单一赶海体验景区到综合度假区的精彩蝶变。近年来，赶海园被评为“全国科普教育基地”，获得“山东省十佳旅游景区”等几十项称号。

(三)太阳风情小镇

太阳风情小镇以河为轴、两翼展开，是以南店河为亲水空间、以现状农田为生态景观背景打造的集休闲度假、特色美食、康养旅拍于一体的国内一流特色旅游生活小镇，配套婚纱摄影基地、健康管理中心、度假公寓、中式合院、配套停车场及地下车库等设施。

(四)丁肇中祖居

丁肇中祖居是山东省重点文物保护单位，为日照籍世界著名物理学家、诺贝尔物理学奖获得者丁肇中祖宅，始建于清光绪二十四年(1898 年)，是清代北方比较有代表性的一组建筑群落。原占地 14000 多平方米，有各种功能房 140 多间，修复后占地面积 4300 平方米，建筑面积 1345 平方米。现已发展成为日照市以中华优秀传统文化弘扬、名人望族文化传承和研学旅行文化涵养为主题的人文景区，先后荣获“中国侨联爱国主义教育基地”“山东省中华文化传承基地”“日照市青少年科普教育基地”等称号。

(五)金沙岛景区

金沙岛海滨浴场位于日照市东港区涛雒镇沿海路、刘家湾赶海园南侧，是东方太阳城星光海岸休闲度假带重要组成部分，海岸线长约 1.3 千米，三面环海，松林绿树，水清浪稳，自然天成，是以休闲度假、沙滩运动、婚拍露营、高尔夫体验为特色的景区。

太阳文化中心、天台书院、扶木宫等核心吸引物的相继建成运营，填补了日照市重大文旅项目空白，提升了日照市旅游形象、旅游品位、旅游格局，一个全新的太阳文化旅游带正在日照南部加速形成。

三、立足高起点，打造精品旅游产业体系

日照以海、山、古、林、泉、茶著称，自然资源与人文资源兼备，气候宜人，

曾荣获联合国人居奖和“全国文明城市”“中国优秀旅游城市”“国家级海洋生态文明建设示范区”“国家可持续发展先进示范区”“全国绿化模范城市”等称号。日照市提出，到2035年全面建成现代化国际港口名城、现代化国际滨海旅游度假名城、现代化海滨体育名城、现代化生态宜居名城。公司积极响应政府号召，利用日照市丰富的自然资源，聚焦产业链条化、服务标准化、经营规范化和管理精细化“四化”目标，积极探索文旅融合体制机制创新和文旅产品开发模式，以一流资源、产品、形象、服务，初步搭建起了接山连海、山海联动、全域发展的综合旅游产业体系。

(一)文化体系

文化是旅游的灵魂，旅游是文化的载体。项目所在地涛雒镇为全国文明镇，自古就是鱼米之乡、渔盐重镇，物华天宝、人杰地灵、名人辈出，区内太阳、海洋、红色、名人望族、非遗、渔盐等文化绚烂多彩。公司坚持以文促旅，以旅彰文，用脚丈量、用文字记录东方太阳城的文化元素、文化符号、文化印记，理清日照市独具特色的太阳文化体系脉络，形成以天台山旅游区太阳文化、刘家湾赶海园海洋文化和渔盐文化、丁肇中祖居名人望族和科技文化、太阳文化主题馆和丁肇中祖居红色与廉政文化为代表的综合文化体系，并以其文化独占性、丰富性特色为景区运营培元固本。

(二)运营体系

在景区运营中逐步完善“食住行游购娱”等旅游要素，串联文化游、康养游、山岳游、海洋游、小镇游等线路产品，形成较为完备的景区、酒店、旅游产品运营体系，构成东方太阳城运营闭环。其中太阳文化深度体验游入选“2022年度山东省优秀旅游产品”。下一步，景区还将深挖各类资源潜力，发展文化遗产游和邮轮游艇游等新兴业态。

(三)线路体系

立足景区资源，对内开发“赶海之旅”“文化之旅”“研学之旅”“登山之旅”“康养之旅”“美食之旅”等特色旅游线路，对外联合打造“一山(泰山)、一水(黄河)、一圣人(孔子)、一太阳”世界级文化旅游线路，融入山东半岛仙境海岸线路体系和山东十大文化品牌旅游目的地体系，助力构建全省“一圈”“两带”“六区”“八大风景廊道”大旅游格局，从而带动景区文化体验游、乡村民宿游、休闲度假游、生态和谐游、研学知识游、红色教育游、康养体育游、自驾房车游齐头并进、协同发展。

（四）市场体系

景区面市之初，公司就结合“好客山东”品牌下的山东全域旅游发展新趋势，统筹日照市海滨旅游的季节性特征和客源地因素，参考中国地形二三级阶梯划分和地理“胡焕庸线”，次第开发了省内、周边重点省份、全国旅游大市场，取得了较好的经济效益和品牌效益。东方太阳城各景区陆续建成开放，为景区营销、宣传活动开展提供了更加丰富的载体，独具特色、自成一体的市场体系、营销体系和宣传体系也更趋完善。

（五）保障体系

为完善景区公共服务设施，公司加强旅游集散、旅游咨询、旅游交通、旅游绿道等公共服务体系建设，基本建成结构合理、功能完善、特色突出的旅游服务体系，营造主客共享的旅游环境，铸造“太阳般温暖的服务”品牌，并获评 2022 年度日照市“首届公共文旅服务品牌”。持续推进质量标准化建设，完善公司内控制度，制定实施经营绩效积分制考核办法，压实经营责任，确保公司运行制度化、规范化、标准化。严格按照各级部门的统一部署，筑牢运营安全防线，一体化推进新型冠状病毒感染防控和安全生产，保持防控和安全生产事故零纪录，聚力实现安全发展目标。

四、面向大市场，实现营销宣传新突破

“酒香也怕巷子深”，特别是在全域旅游高速发展的时代，各景区纷纷使出浑身解数吸引游客眼球、争相留住游客，景区之间的竞争更加激烈。近年来，公司始终高度重视营销宣传工作，坚持全员营销、全域营销、全程营销、全时营销和全龄营销，推动实现线上线下一体、内外市场同步、旅行社渠道与其他渠道全面融合，促进景区运营效益和品牌价值全面提升，持续打响“太阳从这里升起”的城市文化品牌。

（一）构建大营销格局

在长期营销实践中搭建起全员参与、全景联动、全域开发、全业覆盖、全渠道融合的大营销体系，确立了“一带（丝绸之路经济带）”“二线（青日连城

际铁路沿线、鲁南高铁沿线)”“三群(以京津为中心的环渤海城市群、以沪杭为中心的长三角城市群、以广深为中心的珠三角城市群)”“四片(以沈阳、长春、哈尔滨为核心的东三省,以武汉为核心的华中,以成都、重庆为核心的西南,以西安、兰州、太原、呼和浩特为核心的西部、西北市场)”的大市场开发格局;融入“阳光海岸、活力日照”城市品牌,实施“六合一”“一拖五”大营销战略,将景区营销与日照城市形象宣传推广、日照通航城市与高铁沿线城市发布会等结合,随市政府“阳光海岸、活力日照”城市推介团赴京津冀、江苏、山西、河南等地推介上百次,实现市场细分化、营销精准化和客源全域化;2018年刘家湾赶海园重装开业前夕,公司先后邀请驴妈妈、江淮旅游联盟、河南中原旅游联盟等各地上千家旅行社同业来景区踩线,接待市内外研学机构、户外联盟、旅拍机构、公益组织等景区考察团300余批次,并达成全面合作,游客遍及全国34个省级行政区,景区朋友圈持续扩容;旅游专列、包机、自驾等大团队接踵而至,一次性接待超过1000人的大团队超过60个,成功接待临沂、济南等地万人超级大团,极大提升了景区的市场竞争力和市场占有率。

(二)深化营销合作机制

他山之石,可以攻玉。公司主动对接青烟蓬威、台儿庄等知名景区,推出“仙境海岸游”“山水圣人游”等精品旅游线路产品,积极融入“山海圣人”和“山东半岛仙境海岸”旅游联盟,建立起资源共享、品牌共创、市场共拓的省内区域合作机制,共筑区域营销品牌。酒店运营中心深耕济南、青岛、潍坊、临沂等市场,太阳客栈和太阳海岸木屋民宿全年入住率高达45%,远高于日照同类酒店民宿。通过与保险金融、教育辅导、旅游房产、4S店、婚拍旅拍、医疗器械等行业达成异业联盟,联合开展跨界营销,实现优势互补、资源共享、互利共赢,形成务实高效的营销共同体,做实“营销+”的文章,带动景区团建、会务、会展等业务持续走高。

(三)拓展新媒体营销渠道

为深入拓宽媒体宣传渠道,发挥OTA营销优势,公司完善与同程、携程、驴妈妈等大型景区运营商的合作,推动景区全面触网。2018年,刘家湾赶海园重装开业,由于宣传到位,当年就获得OTA全省第5名的好成绩。公司抽调专业力量组建景区“网红”小组,常态化开展短视频直播宣传引流活动,在自营账号上架景区及卡丁车门票等,持续做大美团、抖音等平台经济，每年通过美团、携程、抖音带来的收益高达300万元，成功培育出天台书院、太阳客栈、卡丁车等多个“网红打卡点”，天台山旅游区、刘家湾赶海园分别蝉联“日照市游玩榜景点第一名”和“日照市好友聚会景点第一名”。目前正在筹备成立全国“网红之家”，以此打造全国知名网红孵化基地。

（四）聚力活动品牌建设

公司高度重视活动开展，近年来先后成功举办或承办“刘家湾赶海园五一试营业”“5·12感恩母亲节暨江苏万人游日照刘家湾赶海园”启动仪式、“5·17世界旅游日”“5·20表白日”“六一儿童节暨景区研学游”启动仪式、“6·16景区盛大开业暨端午节”“日照渔民节”“中国日照太阳文化节”“七夕赶海音乐节”“暑期烧烤美食嘉年华暨巴比伦演艺”“金沙岛烧烤狂欢节”“摸鱼节”“日照首届中国农民丰收节（主会场）暨中秋赏月”“中国刘家湾赶海旅游节暨蛏王大赛”等系列活动，初步实现“周周有亮点、月月有活动、全年不断线”。特别是近年来举办的“游刘家湾赶海园MINI汽车开回家”活动、“全民健身、喜迎省运、五彩飞扬”骑行、“芳华日照、梦幻天台山”端午诗歌会等，都极大提升了公司品牌形象。品牌建设同样成绩斐然，五年来，先后获得“山东省第一批中小学生研学实践教育基地”“山东省科普教育示范基地”“日照市关心下一代教育基地”“山东省诚信旅游放心消费示范单位”等称号，入选“好客山东、乡村好时节”年度优秀案例。2022年，公司又获得山东省文旅新锐榜“智慧景区”“网红景区”“网红书院”“山东省华侨国际文化交流基地”“山东省少儿生态道德教育实践基地”等30多项称号，一系列沉甸甸的荣誉，擦亮了东方太阳城品牌。

（五）塑造景区演艺新名片

组建由公司员工组成的演艺团队，自编自导自演《旸谷·观日颂》《尚书·尧典》等系列天台山大型实景演艺作品，每逢重大节假日和周末持续上演，吸引各地游客纷至沓来，场场爆满，成为展示东方太阳城景区形象的又一张亮丽名片。此外，通过举办元旦迎日祈福大典、新春庙会等活动，聚集人气引爆市场，以活动增卖点，让冷资源迸发热效益。2022年9月，成立山东海洋文旅集团演艺公司，公司依托景区服务景区常态化开展内部演艺和节庆活动的同时，还积极开发外部市场承揽外部演艺活动，创造外部演艺收入，既做活了淡季，又做足了旺季，助力实现由赶海游向综合体验游的转变、日间游向夜间游的突破、从“门票经济”向综合营收的转变。“景区＋演艺”

让景区故事、景区太阳文化故事、日照文旅故事更精彩难忘。下一步,公司将积极打造东方太阳城影视旅游基地,培育日照市文旅消费先行示范区。

(六)突破淡季营销

旺季人头攒动,淡季门可罗雀,旺季淡季游客量天壤之别,运营冰火两重天。气候、季节等因素已经成为包括日照在内的北方沿海旅游城市全季运营的制约因素。为改变这一现状,景区公司积极实施突破淡季战略,深度融合置业公司、渔业公司、盐业公司各类资源,联合打造特色旅游线路产品体系,共同开展大营销活动,继续为置业看房团和业主提供"家门口"产品服务,打通服务游客的"最后 1000 米"。加大短视频直播力度,将直播间开在渔港码头、天台山茶园、加工车间,以时间换空间,不断发展壮大新经济。抢抓第 25 届山东省运动会、中国煤炭交易博览会等活动在日照市举办的重大机遇,开展"体育营销""会展营销",集中推介景区旅游、酒店、文旅产品等一揽子产品。此外,还积极参加各类订货会、展销会,举办与景区旅游、庙会相结合的"年货大集",开辟"旅游+购物"专项旅游通道,带动乡镇旅游市场开发,公司连续两年入选山东省"好客山东乡村好时节"优秀案例。新型冠状病毒感染发生以来,公司开展全员营销活动,短短 6 个月时间为公司新增收入100 余万元,极大调动了全体员工参与经营的积极性。

五年来,得益于景区成功的市场开发和运营实践,景区营销也通过资源整合实现重大突破和飞速跨越,先后完成了由产品为中心到消费者为中心的营销突破,由旅游产品营销到旅游品牌营销的突破,由单一景区营销到目的地整体营销的突破,由粗放式营销到精细化营销的突破,由传统营销到网络营销的突破,由目的地营销到客源地建设的突破,由单兵作战向整合联动营销的突破等。东方太阳城构筑的多层次、宽领域、立体化营销体系,必将推动景区内部旅游要素持续整合、深度融合。

五、坚持创新融合,推动景区高质量发展

当前,主客共享的美好生活已成为旅游消费新动能。公司积极实施重大旅游新旧动能转换工程,持续推行景区供给侧结构性改革,开启"景区+""+景区"模式,加强景区运营与教育、体育、农业、渔业、中医药健康等资源全面整合、深度融合,不断开启运营新篇章。

(一)发展绿色旅游

结合旅游业本地游、近郊游、微度假、定制化趋势,公司以多元化业态打造复合型景区,结合冰雪乐园、萌宠乐园、卡丁车、山地滑车、全地形山地车等项目,开展生态游、绿色游项目,突破传统"门票经济"发展模式。开展常态化露营活动,打造日照市南部露营基地连片区,积极构建生态旅游、康养旅游、体育旅游发展新优势,成为全市唯一的山东省文旅康养融合发展试点单位,入选2022年山东省生态旅游区创建名单(全市仅2家)。贯彻"绿水青山就是金山银山"的"两山论",按照"五位一体"总体布局,持续打造山清水秀、鸟语花香、宜居宜游的绿色景区,开展海岸带修复、浒苔清理、环境秩序综合整治,实现绿色旅游低碳发展、可持续发展,描绘了"生产美、生活美、生态美"的"三生三美"画卷。与国内著名婚拍旅拍、医疗康养机构合作,打造国内知名拍摄基地,逐步构筑起健康与美丽产业运营体系。2020年7月,天台山旅游区被评为"日照市中医药健康旅游示范基地"。

(二)壮大向海经济

抢抓"一带一路"国家战略、黄河流域生态保护与高质量发展和"海洋强省"战略等机遇,借力海洋提高效益,构筑海上旅游、海上运动、海上平台、游艇邮轮旅游、海上婚礼、海产品加工、海洋文化传承利用、海外贸易(跨境电商)综合发展新优势,汇聚向海经济高质量发展的澎湃动能。立足资源原真性、原生性、原乡性,开发海洋文化、太阳文化系列产品,注册"日初礼遇"品牌及电子商标,研发"东方太阳城"雪糕、海蜇脑子、黑陶茶壶、蛋雕、葫芦烙花、太阳神鸟水晶摆件、三足金乌黄铜印章等文创产品40余件,2021年实现文创收入501.7万元,同比增长183.93%。独具特色的旅游商品成功打入山东省第25届省运会,公司因此成为省运会"特许产品生产商"和"指定农副产品供应商";具有海洋元素的文创与非遗产品入选"山东手造"名单,成功亮相第三届中国国际文化旅游产业博览会和首届中华传统工艺大会,备受消费者青睐。经过多年研发,景区公司旅游商品和文创产品正加速从生产导向、商品导向、推销导向、消费者导向阶段逐步转向生态学市场导向和社会市场导向阶段。

(三)开展景区夜游

夜游已逐渐成为景区未来发展的蓝海,景区在建设与运营中,不断完善食、住、行、游、购、娱六要素和商、学、养、休、情、奇新六要素,实现要素聚集、功能聚集、品牌聚集、需求聚集,促进重点资源和要素向夜游、夜娱、夜休闲聚集,打造了天台山旅游区和刘家湾赶海园多元开发、场景融合的"不夜城"景区,丰富夜游产品供给,持续营造良好夜游氛围,推出文旅惠民券提振游客消费信心,景区夜游持续火爆,夜游收入占景区全年收入的比重达20%以上,夜旅游经济聚集效应逐步显现。

(四)做"景区+"的文章

1."景区+研学"

景区太阳、海洋等文化荟萃特色明显,开展研学旅行活动的条件得天独厚。近年来,公司深挖太阳文化等内涵,开发拓印、抄经、诵读、沙瓶画制作、海盐研磨、盐钓竹蛏、物理科技小实验等特色研学产品项目,精心设计太阳文化、海洋文化、红色文化、名人望族文化等研学旅行线路,构筑起独具东方太阳城特色的研学课程体系、线路体系、活动体系和运营体系;坚持"走出去"与"请进来",创新开展形式多样的研学活动,通过抖音发布"把大海带回家""把太阳带回家"等系列科普讲座、走进全市各中小学校开展上百场"太阳文化进课堂",推动文化传承与立德树人实践深度融合;与市内外150余家研学机构达成战略合作,累计接待研学团队30万人次,以体系化、特色化、创新化的研学活动打造了日照市研学旅行新高地。

在取得可观经济效益的同时,各项荣誉接踵而至。公司成为"山东人游山东"研学旅行目的地,日照市第一批中小学生研学实践教育基地,荣获2020年首届山东省研学旅行创新线路设计大赛二等奖,"港湾建设杯"日照市研学旅行课程(线路)设计大赛一等奖、山东省第三批省级中小学生研学基地、日照市研学旅游先进单位等。2022年5月,东方太阳城天台山旅游区、刘家湾赶海园和丁肇中祖居三个景区同时被评为"2022年度日照市少先队员校外实践教育基地"。公司报送的"经山历海寻文明,万物生光耀东方"研学路线,获得2022年第三届山东省研学旅行创新旅游线路设计大赛第三名,这标志着景区研学旅行工作已跻身全省第一方阵。

2."景区+民宿"

五年来,太阳海岸木屋、天台山太阳客栈、尔雅阁、太阳风情小镇民宿从无到有、从小到大、从单体民宿到品牌民宿再到民宿集聚区,现已发展成为日照市最大的民宿集群。在经营中坚持酒店IP化、跨界合作化、场景多元化,跟着客人的感觉来打造景区场景,让酒店既呈现橱窗风景和旅居场景,又呈现目的地风景，带给游客边旅行边工作深层次的体验；立足酒店景区化、景区度假化开发复合型酒店产品，发展“民宿＋互联网”“民宿＋康养”“民宿＋网红”“民宿＋产业 IP”，实现客源多元化，提升盈利能力。2019 年 11 月，太阳海岸木屋民宿荣获“山东省精品民宿（客栈）”称号；天台山旅游区尔雅阁被评为“日照市级精品民宿”和“山东省五星级精品民宿”，获得市级扶持资金 100 万元，并在 2022 年山东省文旅新锐榜评选中脱颖而出，获得“网红民宿”称号，聚力打造了精品民宿高质量运营的日照样板。

山东海洋文旅集团酒店公司成立以来，酒店平台化、精品化、集团化、专业化建设不断增强，公司积极落实日照市《关于支持青年人才集聚发展的九条措施》《关于建设青年发展友好型城市》等举措，托管运营市级人才公寓，优化青年人才集聚发展生态，通过对外输出服务品牌与管理经验，做大做强酒店优势产业。

3.“景区＋乡村振兴”

东方太阳城项目集中布局在涛雒镇，景区点多面广，与周边村居紧密相连，为乡村振兴和乡村旅游发展提供了广阔舞台。景区公司坚持全域景区化、产业融合化，探索“现代农业＋全域旅游＋脱贫攻坚＋乡村振兴”模式，与周边村居联合举办乡村后备厢旅游节等活动，不断激发乡村振兴新动能，带动下元一村、东石梁头、东风村、刘家湾村等 10 多个村居走向发展乡村旅游的致富路，实现共同富裕。2020 年以来民俗旅游和民宿经营业主户均增收 5 万元以上，培育形成涛雒旅游特色镇、刘家湾村和下元一村等特色民俗旅游村和农村电商淘宝村，村旅融合渐入佳境，乡村旅游的蓬勃发展，又为景区运营增添了新的动能。景区公司与周边村居社区联合打造特色鲜明、宜居宜业、惠及各方的田园综合体，致力于建设生态优良的山水田园、欢乐畅享的醉美游园、人民安居乐业的幸福家园，促进日照市近郊型乡村旅游蓬勃发展，为周边村民蹚出一条生态文旅产业助力乡村振兴的日照路径，一条全新的旅游经济隆起带正在加速构建、蓄势待发。

4.“景区＋体育”

日照市是国家体育总局确定的“中国体育旅游十佳目的地”“国家体育消费试点城市”，体育已成为日照旅游实现换道超越的强劲引擎。2022 年，日照市秉承“办赛精彩、参赛出彩、发展增彩”理念，成功举办第 25 届山东省运动会。省运会虽已闭幕，但景区公司发展体育旅游的信心和行动永不落幕。近年来，公司以环山、环海、环水、环林、环场馆构建景区“体育生态圈”，以山地为赛道，以景区为运动场，把体育元素作为旅游产品推向市场，开发山海联动体育旅游线路和“赛前适应＋赛中竞技＋赛后旅游”的多日体育旅游产品，形成“一日比赛、多日停留，一人参赛、多人旅游，单人竞赛、多人消费”的体育旅游新消费模式，先后承办山东省自行车邀请赛、日照市社会体育组织党建“五彩行动”骑行比赛、日照市国资系统卡丁车赛等30多项重大体育旅游赛事，6000多名运动员和体育爱好者参与其中“摘金夺银”，间接引流20000多人次，带动景区增收60多万元，以体旅融合展现景区之美，培育体育旅游精品景区。公司接下来将重点打造以天台山为核心的体育旅游小镇，使之成为户外运动的集散地、山地训练理想地、体验文化展示地、体育装备用品研发地、体育旅游休闲必经地。

5.“景区＋电商”

景区还积极培育跨境电商等新业态，通过发展电子商务经济，托管运营日照市级人才公寓和“山东手造”(济南)日照馆，公司区域影响力和业务外向度不断提升，跨境电商运营第一年就实现收入600余万元，日益成为公司新的经济增长点。

此外，景区还开展拓市场、稳预期、强运营、优服务、筑品牌等工作，各项经营指标和质量效益同步提升，初步实现从粗放式经营向精细化高质量发展转变、从单一景区建设和管理向多元化多业态统筹发展转变、从旅游自循环向开放共融的“旅游＋”“＋旅游”转变这“三个转变”。其间，公司以优异成绩交出日照市国企改革“三年攻坚行动”高质量答卷，《多措并举跑出景区运营加速度》等系列创新做法，纷纷被日照市国资委、日照日报等推广报道。

六、面向新时代，开启运营新篇章

党的二十大吹响了向新的更高目标奋进的号角，公司将坚持平台化、智能化、精品化、生态化、国际化发展战略，不断开启景区运营新篇章。

(一)建强产业集群

“十四五”期间，公司将以大项目集群开发为支撑，加强区域统筹和协同联动，强龙头、补链条、聚集群，全面建成东方太阳城文旅产业带、特色文旅产业集群、百亿级文旅产业链；依托大项目发展大产业，不断完善产品复合化、体验主题化、运营专业化、盈利多元化的全域旅游目的地运营体系。

(二)增强机遇意识

以日照职业技术学院新校区落户涛雒为契机，加大校企合作力度，通过与日照职业技术学院、曲阜师范大学等高校联合成立旅游管理学院为公司订单式培养紧缺专业人才，围绕太阳文化联合开展文化研究、学术交流、产品研发、成果转化，构筑更深层次的合作，互学互鉴；倡导“生活即旅游”“城市即旅游”的全域旅游理念，打造市民游客化、旅游生活化的宜居宜游宜业文旅体验新场景，在招才引智、招商引资方面率先发力、率先作为，加快涛雒片区城市化进程，助力涛雒片区精彩蝶变。抢抓“一带一路”、《区域全面经济伙伴关系协定》(RCEP)签署等重大机遇，适时开展“跨国营销”，通过“请进来”和“走出去”，加快东方太阳城世界级太阳文化旅游目的地建设步伐。

(三)坚持创新驱动

狠抓体制机制创新，成立供应链公司，持续建链、补链、强链，壮大链条经济；推进智慧景区建设，提升景区服务管理智慧化水平和科技含量，增强景区核心竞争力；开展旅游创客行动，建设景区创客示范基地。把握行业发展趋势，跳出景区，做无界运营，推动资源优势向产业优势、品牌优势和市场竞争优势转化，大力发展以沉浸式体验型文化和旅游消费内容为主的数字文创产业，建设数字景区。

(四)推进国企改革

巩固国企改革三年行动成果，深化公司内部改革，按照《全省国有景区体制机制改革方案》要求，建立现代企业法人治理结构，健全现代企业制度，激发市场主体活力；鼓励景区以优势资源和资产引进战略合作者参与景区开发建设和经营管理，不断提升公司治理能力和治理体系现代化建设水平。

结　语

唯创新者进、唯创新者强、唯创新者胜。过去五年，公司全面贯彻落实日照市委、市政府关于文旅产业绿色低碳高质量发展决策部署，立足游客多样化、多层次、多方面文旅消费需求，持续丰富文旅新业态、新项目、新场景，激活消费主引擎，把新项目建设作为增收的“硬支撑”，提升景区可持续运营承载力;把新业态新活动作为产业升级“助推器”,拓展康养、露营、旅拍等新业态,丰富优质文旅产品供给,增强游客沉浸式体验;把营销宣传作为运营“强引擎”,推出景区消费券、套票、联票等惠民措施,邀请各地网红达人、知名博主通过短视频“种草”景区,助燃烟火气,让流量变“留量”,让客流变“客留”。多措并举,持续发力,取得了景区运营的非凡成就,展现了东方太阳城创新与融合之美。

接下来,公司将加快实现景区形象、塑造品牌、配置资源、串联线路、运营模式、业态布局、配套完善的部署,架构搭建“八个统一”,以大景区思维构建全域旅游新格局,以全产业模式开辟大众旅游新场景,以高质量供给丰富品质旅游新体验,凝心聚力做好山海联动、全景覆盖、全业融合、全季经营、全面增收“五篇文章”,积极对外开展品牌输出和资源整合,加快公司集团化运营步伐,全面跻身全省文旅行业第一方阵;持续开展太阳文化“两创”,打响“太阳从这里升起”的城市文化品牌;努力把日照东方太阳城打造成“近悦远来”的太阳之城、活力之城、幸福之城和世界级太阳文化旅游度假区,用执着续写山海传奇、用奋斗讲好日照太阳文化故事,为山东精品旅游高质量发展不断贡献更大的力量。

▶启发思考

1.全国各地太阳文化遗存众多,为何日照能够脱颖而出率先打响太阳文化品牌?当下,此类文化旅游项目应注意规避哪些风险?

2.如何找到景区运营与太阳文化“两创”的契合点、切入点?

3.如何看待“全域旅游”和“精品旅游”二者之间的辩证关系?

4.如何理解“旅游生活化”和“产业旅游化”?

找准赛道，精准发力

——山东新铧文旅发展集团的研学探索路*

▶案例概览

山东新铧文旅集团(以下简称“新铧文旅”)作为国有文化企业投资管理的新兴文旅企业，选取研学旅行服务作为市场的切入点，前期成立以组团业务为主的旅行社，充分利用政策优势、品牌优势、管理优势深耕这一细分市场，将研学业务作为集团多元化发展重要抓手。当具备一定市场份额与话语权后，为锁定行业的优质资源，增强企业核心竞争力，新铧文旅开始了构建研学产业链的战略布局，先后开展研学营地建设运营、研学产品衍生品开发等工作。新铧文旅秉承精准布局、科学谋划原则在全省各市规划建设研学营地，并选取山东省研学旅行市场热门目的地山东曲阜建设集团核心研学营地，力争提供高品质研学旅行产品，占领研学旅行市场高地。本案例通过介绍山东新铧文旅的发展历程，旨在分享国有文旅企业战略管理、市场营销等经营管理实践经验。

引　言

2016 年，教育部等 11 部门正式发布《关于推进中小学生研学旅行的意见》，各地教育、旅游、文化企业纷纷进入研学市场，研学旅行行业成为炙手可热的细分市场。山东出版集团结合企业战略发展需要，敏锐洞察市场动

---

* 本案例由山东新铧文旅发展集团有限公司肖申、张秦和蒲宏博撰写，由山东大学旅游产业研究院/山东省新旧动能转换重大工程精品旅游产业智库改编收录。

向,择机进入。2018年,由山东出版集团下属子公司山东新华书店集团有限公司全额投资成立山东省书香研学旅行社,正式涉足中小学研学旅行服务,然而市场动态千变万化,企业面临一系列发展问题。如何从图书销售商转向完全陌生的研学旅行服务行业,如何在陌生的行业快速开展工作并占领一定市场份额,这些关于企业生存的问题一直萦绕在集团管理者的心头。

一、企业介绍

(一)山东出版集团

山东出版集团(以下简称"山东出版")是一个具有70多年历史,集编辑、印刷、发行、物资供应、对外贸易完整产业链于一体的全流程、整环节、新业态大型综合性文化企业,并先后投资文化地产、文化金融、艺术品经营等产业新领域,是山东省经济规模最大的国有文化产业集团。

集团旗下拥有山东出版投资公司、山东出版实业公司、山东出版文化置业公司、山东出版资产管理公司4家全资子公司和山东出版传媒股份有限公司1家控股上市公司,在职员工1.1万人。集团出版主业由山东出版传媒股份有限公司负责运营,拥有包括11家出版单位、1家期刊社、山东新华印务有限公司、山东新华书店集团、山东省印刷物资公司、山东省出版对外贸易公司、山东数字出版公司、东方教育科技公司、山东出版数字融合产业研究院等在内的18家全资子公司和山东出版新锌教育公司1家控股子公司。2017年11月22日,山东出版传媒股份有限公司成功登陆A股市场,正式在上海证券交易所挂牌交易,成为山东首家IPO上市的国有文化企业。

(二)山东新华书店集团

山东新华书店集团有限公司(以下简称"山东新华")隶属于山东出版传媒股份有限公司,位于济南市英雄山路189号,注册资金6亿元,前身为山东省新华书店,1944年7月6日成立于临沂莒南县后净埠子村,是全国最早成立的省级新华书店之一。2008年6月,经省文改办批准,山东省新华书店整体改造为山东新华书店集团有限公司。

经过70余年的发展,目前山东新华已成为山东省规模最大、实力最强、服务最专业的图书音像发行商和文化渠道运营商。山东新华目前共下设直属部门(公司)12 个、分公司 122 家、三级子公司 6 家、四级子公司 3 家,拥有职工近 7000 名,营业网点 681 家,门店总营业面积达到 30 万平方米,已形成以总部为龙头、大中城市书城为骨干、县(市、区)中心门市为依托、乡镇网点为延伸、农村流动供应和农家书屋为补充、遍布全省的省、市、县、乡、村五级发行网络,综合实力稳居全国省级新华书店前列。

(三)山东新铧文旅发展集团

山东新华书店集团在扎实推进主营业务的基础上,不断加快经营结构调整,大力推动文旅融合发展。2020 年 5 月,山东新华书店集团注资 1.44 亿元组建成立山东新铧文旅发展集团。目前,新铧文旅下辖山东省书香研学旅行社、山东新铧教育投资有限公司、山东新铧优品创意科技有限公司 3 家子公司,分别负责研学旅游服务、营地建设运营、文创产品供应三大板块,依托各市新华书店成立 16 家市级分公司,并在省内各区县设立营业部,集团三大板块互为支撑、融合一体,营销网络扎根深入、全面覆盖形成了“产业链+营销网”的全域文旅研学产业新格局。新铧文旅发展历程见表 1 所列。

“十四五”期间,新铧文旅依托出版、发行集团自有的文化优势,以“立足山东特色,提供一流服务,打造文旅品牌”为经营理念,以“以文塑旅、以旅彰文”为发展方向,始终坚持以市场为导向,以文旅实体经济为中心,以品牌建设为龙头,以创新驱动为动力,以持续增加全域旅游的有效供给、全力推动文化旅游的高质量发展。

表 1　山东新铧文旅发展集团有限公司发展历程

时间	集团事件
2018 年	成立山东省书香研学旅行社有限公司
2019 年	成立山东新铧优品创意科技有限公司
2020 年	成立山东新铧教育投资有限公司
2020 年	组建山东新铧文旅发展集团有限公司

二、进军研学，高瞻远瞩准定位(2018～2019)

“读万卷书，行万里路”古来有之，随着社会经济的发展以及综合素质教育政策的大力推广，作为综合实践课程的中小学研学旅行逐步从走入大众视野，并逐步赢得广大教育、文化资本的青睐。[①] 据《中国研学旅行发展报告2017》数据表明，2016 年国内研学旅行市场规模估计在 200 亿元以上，学校渗透率仅为 5%左右，充分彰显了研学旅行市场的发展潜力。山东出版、山东新华长期服务于山东省教育发展事业，深入贯彻国家相关政策要求，在集团深入转型的关键时刻，开启了进军研学的道路。

(一)紧跟政策导向，抢抓发展机遇

2016 年 11 月，教育部等 11 部门正式发布《关于推进中小学生研学旅行的意见》，提出各地要把研学旅行摆在更加重要的位置，推动研学旅行健康快速发展。《意见》从教育部门视角出发给出了研学旅行的定义：中小学生研学旅行是由教育部门和学校有计划地组织安排，通过集体旅行、集中食宿方式开展的研究性学习和旅行体验相结合的校外教育活动，是学校教育和校外教育衔接的创新形式，是教育教学的重要内容，是综合实践育人的有效途径。

2017 年 7 月，山东省教育厅等 12 部门印发的《山东省推进中小学生研学旅行工作实施方案》明确规定学校每学年安排集体研学旅行不少于2 次。2017 年 11 月，教育部发布《第一批“全国中小学生研学实践教育基地或营地”公示名单》，大致明确了中小学生研学实践基地和营地应具备的基本条件，对研学旅行及营地教育从业者给出了示范参考。

伴随着社会教育观念的转变，研学旅行成为推进教育改革、促进下一代素质提升和成长的创新形式和有效途径。教育部门的教育工作不再以满足于紧抓学业成绩，素质教育相关要求写入了各地教育部门的工作计划，学校也将包括研学旅行在内的综合实践活动写入学校的教学计划当中。家长对于研学旅行产品的接受程度明显提高，研学旅行在中小学校和中小学生群体中的渗透率快速增加，市场广阔。国内生产总值的不断提升带动城乡居

① 参见彭其斌：《研学旅行课程概论》，山东教育出版社 2019 年版，第 1 页。

民收入持续快速增长,引领居民消费持续升级,国民人均可支配收入的增长和家庭教育支出比例的增加成为开展研学旅行的有力保障。

(二)明确转型之需,精准谋划布局

中小学教材业务和一般图书营销是山东新华的两大传统业务,这两项业务稳定增长的同时面临着一定的挑战:随着中小学人数不断减少、5G技术的运用,教材市场份额逐渐减弱;人们阅读习惯的改变(从纸质书阅读到电子书阅读,再到终端阅读),使实体书店的人流量及购买力持续下降,山东新华面临着可持续长远发展的迫切需求。因此,2016年起,山东新华开始布局,加速转型升级,推动书店业务从单一图书销售向多元化业务发展,研学旅行是集团顺应时势,开拓多元化发展的重要业务板块。

山东新华凭借多年的图书经销与服务,有着深厚的文化底蕴和科学的运营管理体系,逐步构建起省市县三级营销网络,共有分公司122家、营业网点681家,是山东省最大的发行集团。多年的教育图书销售经验为集团积累了一定的优质客户资源,具有独特的教育渠道优势,为开展研学旅行服务打下良好的销售基础。基于此,山东新华将目光瞄准研学蓝海,借助多年来深耕文化领域积淀的教育资源,正式进军研学市场。2018年6月,新华集团注入资金2000万元,在济南市成立山东省书香研学旅行社有限公司(以下简称"书香研学"),以"为全省中小学生提供安全、规范的高品质研学服务"为目标,在新的起点重新出发,全速奔跑。

(三)完善组织架构,助推快速发展

1.组建人才队伍,壮大发展力量

书香研学在山东新华的支持下,通过内部员工转化和人才引进等方式,逐步形成了近400余人的研学专职人员团队。工作团队有以下两个方面特点:一方面,总部员工大多为本科以上毕业生通过校园招聘等渠道进入公司,具有教育或文化旅游相关教育背景,高层管理人员具有多年旅游行业从业经验;另一方面,业务人员多为山东新华分公司人员兼职担任,业务能力强,对本地市场行情具有一定把控能力。随着业务量的开展总部与各营业部多次组织社会招聘,吸纳了一部分来自教育、旅游行业的社会人才进入企业,为业务开展提供了大量便利,为企业长远发积累了一定的储备人才。

2.重视产品研发,提升竞争优势

"产品是最大的底气。"作为省内头部图书发行商的新华人明白,作为涉

足研学工作的新华人也明白，只有研发出好的研学产品，才能在研学市场立足。面对全新的市场领域、全新的行业动态，全体人员开启了探索研学课程的路径。首先，由山东新华牵头聘请国内教育、旅游行业专家组建“研学旅行专家委员会”，在研学课程设计、企业发展规划等方面给予专业指导，为企业研学课程质量提供坚实的学术支撑。其次，集团领导亲自带队前往国内研学企业、书店集团交流考察，学习先进的企业管理经验、课程研发经验，并结合自身企业现状设计符合自身特色的课程研发路径。最后，集团多次在系统内部举办课程大赛，通过赛事活动，增强全体员工课程研发水平，促进课程研发经验交流。

书香研学课程建设遵循边研发边实践的原则，在深耕多年研学实践中听取多方意见，不断对课程迭代升级。自研学旅行社成立以来，结合山东省内研学资源，按照科学的课程设计理念推出八大课程体系，形成红色教育、传统文化、自然生态、海洋科普、高校科技、劳动教育的课程版块，并着重打造具有企业文化特色的“新华爱书客”课程体系。书香研学依托山东新华自身文化属性及专业特色，以新华印务、新华物流、山东书城为研学基地，设计研发了爱书客特色课程“一本书的诞生”，打造了具有科技教育、职业体验、企业认知等多重属性的工业研学课程。该课程报送参加山东省首届精品课程设计大赛并荣获一等奖。

3.明确职责分工，整合优质资源

前期为了保证团队操作效率与研学服务质量，业务开展主体为书香研学成员，书店销售人员担任负责业务洽谈、客户团队服务。书香研学计调部门主要负责供应商资源考察、研学团队操作、客户服务、资源协调等工作，课程部负责研学课程研发、文稿撰写等工作，宣传部负责品牌建设、新闻报道、宣传物料统筹等工作，综合部负责财务管理、合同管理等工作。业务开展初期，书香研学总部以计调部为中心，对接营业部销售、供应商，协调出团活动，一名计调人员负责多个营业部计调工作，所有计调工作、财务工作均采取营业员报备、审核制度，一个团队需要经过三次审核，保证团队操作符合业务规范与财务规范。

书香研学根据自身优势，选取旅行社组团业务作为自己的主要发力点，构建起覆盖全省的研学销售网络，并精心筛选国内外优质供应商做好研学产品服务。通过实地走访考察国内优质供应商，并建立严格的供应商筛选标准，评估企业的综合实力、业界口碑、保险投保情况等，形成了科学的供应商筛选方案。随着业务的开展，业务量逐步增多，各地市营业部也可以了解相关优质供应商，并在总部考核后纳入企业的供应商目录。经过多年的供应商筛选，企业最终与口碑好、服务优、管理规范的基地(景区)签署战略合作协议，整合优质研学资源；与各地市客运龙头企业展开合作，保障用车规范；与省内知名保险公司签订战略合作协议，守护学生人身安全。

两年的努力让新铧文旅在研学市场上崭露头角。2018 年，集团营业收入 2204 万元，毛利润 190 万元，发团 524 次，出行人数 46497 人；2019 年营业收入近 1.2 亿元，毛利润 1062 万元，发团 1548 次，出行人数 285099 人。近两年的研学旅行服务实现零事故零投诉，在业界累积了良好口碑。可以说，作为研学新人，新铧文旅是成功的。然而，新铧文旅的脚步并不止于此，市场飞速变化的同时，新铧文旅也在整理行装，向更高的目标攀登。

三、深耕文旅，开创工作新局面(2019～2021)

(一)聚焦研学主业，推动集团化发展

随着市场竞争加剧，集团化发展是大势所趋。同时，2021 年 6 月，文化和旅游部发布《"十四五"文化和旅游发展规划》，将推进文化和旅游融合发展作为重点任务之一，提出坚持以文塑旅、以旅彰文，推动文化和旅游深度融合、创新发展，不断巩固优势叠加、双生共赢的良好局面。2021 年，国家发展改革委等部门联合印发了《"十四五"公共服务规划》，指出要推动文旅融合发展，坚持以文塑旅、以旅彰文，打造独具魅力的中华文化旅游体验。作为山东省内最大的国有文化企业，为顺应发展之需，积极响应党和国家的号召，依托自身文化资源与产业资源，2020 年 5 月在原有书香研学旅行社的基础上组建山东新铧文旅集团，书香研学正式迈入集团化发展之路，开启研学发展新篇章。

新铧文旅下设山东省书香研学旅行社有限公司、山东新铧教育投资有限公司、山东新铧文化创意有限公司 3 家子公司和 16 家分公司。其中山东新铧教育投资有限公司由山东新华出资 1 亿元成立，以满足中小学生综合实践活动需求，为研学服务提供平台，在全省范围内投资开发并运营综合实践教育及研学营地。新铧文化创意公司则秉承以"策划设计"为先导，以"文化创意"为内核的经营理念，主营多元产品、文创产品和研学衍生产品的研发推广，整合优质资源，打造自有品牌。新铧文旅在 16 地市成立分公司，在

总部的统一指导下,结合当地市场情况,负责研学、培训、旅游等各类业务经营。在未来的工作规划中,新铧文旅明确一个总的奋斗目标:将山东新铧文旅集团打造成为独具特色、位居全省前列的文旅集团,将研学旅行打造成山东的第一品牌;聚焦三个主攻方向:中小学生研学实践、特色教育培训、中高端旅游。

(二)洞察市场变化,寻求新发展入口

自2016年12月教育部等11个部门颁布《关于推进中小学生研学旅行的意见》以来,多方资本进入研学旅行领域,市场参与者数量急速增加,研学旅行产品更趋多元化。在一些西方国家,营地教育是社会教育的重要部分,但在我国,营地教育却刚起步。正因如此,营地教育受到了社会各方面资本的青睐。对于研学旅行行业而言,产品的根本属于资源方的博弈,拥有独家的研学资源将成为赢得产品的关键。为了尽快锁定研学旅行产业链上游,形成研学旅行行业壁垒、强化研学品牌建设,山东出版和山东新华开启了在山东省内研学营地布局的道路。

通过多次大型集团会议,强调了研学营地工作对于企业转型的重要意义。依托山东新华对本县市教育市场的信息渠道,开启了现场调研、市场分析、科学布局的营地选址工作,最终选取省级研学营地日照1971研学营地作为首家运营合作营地,该次合作为后期营地建设运营积累了宝贵的经验。与此同时,分别在山东省传统文化研学目的地曲阜、红色文化研学沂南全资打造研学营地,形成了"一大两小"的营地布局。曲阜"中华传统文化国际研学实践教育营地"计划总投资约3.5亿元,占地面积150亩,总建筑面积约30400平方米,一期容纳规模为1500人次,二期建成后整体容纳规模为3000人次;沂蒙红色教育研学综合实践教育营地投资7000多万元,占地面积210亩,已经建设完成投入使用。日照营地按省级研学实践教育营地标准建设,占地面积140余亩,建筑面积16000平方米,可同时容纳700人住宿、餐饮以及开展其他各类活动。

(三)强化人才培养,打造强素质团队

自书香研学成立以来,全省各营业部以该研学产品研发、实操落地为契机,公司通过内部员工转化和人才引进,不断扩大团队规模,逐步组建了近400余人的研学专职人员团队,形成了总部负责业务指导供应商资源对接、营业部担任业务销售与客户服务的分工格局。然而,原有的人才队伍仍然

不能满足市场的变化：总部的人员多为应届毕业生直接入职，缺少足够的旅游行业实践经验；各营业部由书店员工转化的企业人员，容易受原有销售工作思维的影响，不利于客户服务工作开展。

为弥补业务队伍知识与技能欠缺的情况，新华文旅自上而下地组织了多次培训，进一步完善了研学工作团队。一方面，聘请行业专家组织相关培训主要包括政策解读、舆情处理、研学课程的设计、研学项目的讲标和竞标流程以及营销技巧、线路勘察与规划、安全防控、实操模拟等实用技能。另一方面，在总部的统一指导下，各分公司员工完成了计调操作、ERP 系统操作、合同管理、服务标准、安全管理等企业内部服务要求。同时，各地营业部之间多次举行内部经验交流，分享彼此工作动态，了解行业信息，总结研学团队操作经验，共同促进团队工作效率。

（四）优化研学产品，推动高质量发展

新华文旅研学产品设计紧紧围绕教育性、体验性、安全性三个方面展开。教育性是第一宗旨，研学旅行的课程理念应当全面落实立德树人的根本任务。[①] 这表明了的研学产品不是简单的出校旅游活动，而是教育教学活动，这是客户（学校、家委会）更为关注的一点。以东营黄河研学课程为例，研学目标不仅仅是了解黄河的自然风貌、演变过程，还要告诉学生黄河对中国的意义、黄河口生态的重要性，提升思想修养、国家认同、民族认同，这些教学目标是课堂教学难以达到的。

体验性是效果保障。研学课程与课堂教学不同，对于旅行社产品而言，应当在做好知识传授的基础上，侧重于开发研学活动，使学生能够做到趣味参与、学有所获。[②] 然而，与旅游产品相似，旅行社产品往往具有难创新、易复制的特点。基于此，新华文旅一方面注重提高员工创新思维，保证产品时时刻刻处于市场领先地位，另一方面提高知识产权意识，时刻注意保护自己的产品不被抄袭。

安全性是第一原则。安全无小事，安全问题不但是企业关心的问题，也是家长、教育部门十分关心的问题。[③] 为全力保障研学安全红线，新华文旅

---

① 参见段玉山、袁书琪、郭锋涛等：《研学旅行课程标准（一）——前言、课程性质与定位、课程基本理念、课程目标》，《地理教学》2019 年第 5 期。

② 参见黄传骅：《“课程化研学”的开发与思考》，《中国旅游报》2014 年 6 月 23 日。

③ 参见谢朝武、杨钦钦：《研学旅行须强化安全管理》，《中国旅游报》2017 年 1 月 9 日。

要求各分公司严格选取符合要求的研学旅行供应商与服务商,在操作中按照统一流程:前期购买保险、做好出团说明,中期保持安全意识、加强提醒,后期复盘整理出团经验,不断磨砺团队水平。新铧文旅一直以严格的标准来对待研学旅行工作,以慎重的姿态来组织和管理,全面保障研学旅行组织过程中的旅游要素安全和活动组织安全。

2021年,新铧文旅在原有书香研学课程体系的基础上,凝练齐鲁大地特色文化,推出8个省内主题精品研学课程:“齐鲁文脉”“诗礼传家”“黄河入海”“鲁风运河”“非遗流芳”“红色之路”“蓝海寻梦”“水浒探秘”。课程注重理论和实践相结合,通过实地考察、体验交流、合作探究等形式培养学生对齐鲁大地的理解与认识,增强青少年对祖国大好河山的热爱,强化学生建设家乡故土的深切情感。“沧海桑田寻文明足迹,日光普照悦古国新生”课程荣获第二届研学旅行路线比赛一等奖。该课程围绕日照1971新华爱书客研学营地,凸显日照当地海洋文化、太阳文化、东夷文化等多种文化认知。该课程可以让学生充分领略海洋文化的风采,可以满足学生对海洋生物、海洋科学的好奇心,让学生在探究和追寻科学知识的过程中,进一步思考,全面提高学生的综合素养。

(五)注重营销宣传,提升品牌影响力

山东新华设计研发出新华爱书客品牌IP——“研研”,通过互联网、门店宣传等逐步宣传该品牌IP,并且制作全省门店形象宣传方案《新华爱书客品牌视觉识别系统手册》,推出包括学习工具、生活日用、服装配饰在内的研学衍生产品,逐步形成全省使用统一的VI形象。

新铧文旅在山东新华的统一安排下积极参加首届中国文旅博览会和山东省教育装备博览会等国内展会,借助展会品牌的宣传和推广来提高市场知名度和行业影响力。在山东新华发起下成立山东省旅游行业协会研学分会,由书香研学作为秘书长单位,进一步取得研学行业市场话语权、争取了一定的行业地位。

两年来,国内国际政治经济形式瞬息万变,文旅市场行情风云变化,全体新铧人坚定信心、锐意进取,紧紧抓住文旅研学这一朝阳产业,扎实推进各项工作的开展。2021年,新铧文旅实现了全年营业收入3.33亿元的傲人成绩。其中,书香研学营业收入1.28亿元,毛利润1748.59万元;新铧优品创意科技有限公司全年销售总额达2亿元;新铧教育投资有限公司“日照1971营地”,实现营收507万元,利润为97万元。新铧人一直铭记“辉煌属

于过去,未来始终可期”,面对新的工作目标,新锌人整理好思路,明确好方法,划分好任务,朝着坚定的目标继续向前。

四、守正创新,锚定目标谱新篇

新型冠状病毒感染给研学旅行行业带来了一定的打击,但是也催生了行业发展的新趋势和新特征。首先,就出行团队规模来看,在一定程度上,大规模研学团队出行受到限制,小团队、社会化成团成为主要出行方式。其次,除中小学生外,对知识性旅行和教育性旅行有需求的其他年龄阶层也可以成为研学旅行的受众对象。再次,“只游不学”的低质量研学已不符合需求,研学的教育性突出,有体验感、参与度的特色研学课程更受欢迎。最后,许多地区的政策要求使研学旅行呈现本土化的特点。2023 年,在困难的市场环境中浴火重生的文旅企业,将文旅研学行业推到了一个新的高潮,未来研学行业的竞争将愈演愈烈,新锌文旅集团也在重新思考,及时调整下一步发展思路。

(一)多细分领域发力

1.周边游与城市漫游

2022 年下半年以来,长距离旅游基本停滞。但长期居住城市的居民不可能只满足于城市室内休闲,户外休闲、周边旅游、自驾与民宿结合的“微度假”成为可能的休闲活动。这给文旅集团未来工作思路带来一定的启发——近郊游可能是企业未来考虑的一个工作方向。企业端也给出了一定的指向:众信旅游将城市周边游作为企业转型的重要发力方向之一,携程 已经完成对度假综合体运营商日光旅文的投资入股。“城市漫游”最近几年开始在国内流行,并迅速与旅游体验深度融合,旅游视角延伸到熟悉的城市街道、名胜古迹、文创商圈,让参与者了解城市的变迁、历史与文化,时尚与创新,成为一种人文旅游化的城市生活新方式。①

新锌文旅依托自身文化资源,进行了城市漫游的初次探索——打造城市慢旅行产品“济南文学地图”。该产品以山东出版集团自有图书《济南文

① 参见许义:《新旅游:重新理解未来 10 年的中国旅游》,中国旅游出版社 2021 年版,第 83 页。

学地图》为主题,以成人休闲漫步为主要形式,以山东新铧文旅自有导游担任服务导游保证服务质量,邀请图书作者担任主讲嘉宾,探索济南各位文学家与济南的交集,透过文人独特的视角,了解老济南城的前世今生。在活动的末尾,参与者将集合至新华书店拍照打卡,获得服务人员精心准备的时令特色茶饮。如果愿意,还可以继续在书店品茗读书、邀请作家签名,给自己来一次心灵与知识的沉浸式旅程。

近郊游、综合测评、店内活动、云上研学等属于低价引流产品,短期内可能存在一定的复购率,却不一定获得高额营收。但这类产品往往是积累用户资源的好方式。未来可以将这些用户资源积累起来,逐步转化成为各种团队旅游、定制游、精品散客旅游的客户。

2.定制游

随着国内旅游行业逐步恢复,定制游市场逐渐火热。各旅游平台数据显示,定制游迎来爆发式增长。据携程的数据统计,2022年定制旅游的年增长将高达400%。随着国内游快速复苏,旅行线路逐步深度化、主题化,旅游形式将逐步个性化、私密化。定制游会进一步得到消费者的认可,成为中高端家庭的首选。

新铧文旅自成立以来,接触的散客主要有B端裂变以及入(书)店转化两类,这两类人群更容易成为定制游的潜在客户。前者有一定的社会地位和经济能力,具有参加定制游的潜质。后者选择新华书店作为购书、消费渠道,往往对生活有着一定的品位与追求,他们对旅游产品有着更高的追求,因此会选择新铧文旅这类的品质旅游服务商。

3.银发旅游、康养旅游

我国60岁及以上的老年人已经超过2.5亿,占总人口的比重超过18%。数据显示,2016～2022年,我国中老年游客旅游消费年均增速达23%。与其他消费群体不同的是,老年人的出游时间相对自由,普遍有经济实力。近年来,随着人们对健康生活的重视,"大健康"产业快速迈入新一轮的增长。作为把旅游业和"大健康"产业结合的康养旅游拥有着良好的市场环境,是发展空间巨大的蓝海市场。

按照统一部署,目前新铧文旅已经收购一家具有出境资质的企业(山东红叶旅行社),既可以弥补原有书香研学旅行社没有国际社资质的不足,也可以专心致志地开展好老年人旅游服务。未来,新铧文旅将跟各地老年大学、摄影家协会合作,了解老年人旅游需求,选取专业导游领队,精心筛选适合老年人的旅游产品,打造独具特色的旅游产品,提供专门的老年旅游服务。

4.“出版＋研学”

为增强山东出版各公司业务融合发展，增强企业可持续发展能力，新铧文旅实行“四方融合”战略。“四方融合”是利用好山东出版策划、出版、发行、分销和零售各产业链优势资源，结合现有产业板块创新融合发展的战略思维。新铧文旅作为新兴的业务板块，一直加强与各出版单位的深度融合，强化资源整合能力，提升研学产品文化内涵，打造更多特色鲜明的项目和产品。而且，研学旅行本身具有教育属性，适合与具有文化属性的资源结合，设计更具有文化属性、企业特色的品牌课程。未来新铧文旅研学业务将依托山东出版独有的文化资源，将文化资源与地域资源相结合，努力打造“出版＋研学”特色研学课程。一方面积极对接出版社等资源方，争取获得更多优质资源，推出更具竞争力的研学课程；另一方面与各地分公司一起根据掌握资源积极对接研学课程可以实施的学校，了解学校需求，定制化设计特色研学课程，争取实现研学业务开展的经济效益与“学校＋企业”的社会效益。

5.“营地＋研学”

如今的研学旅行是“营地为王”的时代，拥有营地才能抢占市场先机，赢得话语权。营地研学的本质在于培养学生的社会和情感发展，为他们寻求高质量、个性化和改变生活的经历，能做到“知行合一”。现在新铧文旅营地布局正在形成，未来将继续在全省每个市建立一所研学营地，通过直接投资、混合经营等模式来进行。

未来研学产品将围绕营地来开展。将学员的食宿安排在营地，既能让学员体验集体食宿的集体教育，又能规避社会餐厅与酒店以及社会环境对学生的不利影响，保证学员的安全。研学课程将围绕本地的社会、经济、自然资源来开发，综合考虑周边旅游、教育资源，规避周边相似研学竞争品，打造具有本地特色、企业文化的特色研学产品。

6.“互联网＋研学”

科技发展日新月异，改变了企业的市场经营方式。新铧文旅积极开拓C端客户，通过“互联网＋研学”思路，围绕教育这一主线，打造“互联网＋研学”产品。山东新华凭借多年的经营积累了一定的学生家长客户，且新华书店的企业形象一直与学生教育关系紧密相连，包括研究性学习、社会服务、志愿填报之类高中生综合素质测评等服务将会更加易于工作开展。

(二)顾客关系重构

获取一名新的忠诚顾客成本远远高于维系忠诚顾客的成本，忠诚顾客带来的收益要比陌生客户带来的收益多,因此顾客关系管理一直是企业个人用户管理的工作重点。对旅游企业而言,需要建立起顾客与企业之间的信任,使一个陌生的顾客逐步转变为忠诚用户,实现将公域流量转变为私域流量。新锌文旅顾客关系管理主要包含获客、服务、沟通、裂变四步。

在获客方面,主要是通过线下与线上相结合的方式。线下利用好各地新华书店门店,通过周边游、室内游等低价格高质量文旅产品吸引客户添加企业微信,让顾客了解新锌文旅与新华书店之间的关系,增强客户对企业的信任。线上跟紧后续营销,在书店社群运营的基础上,将社群用户转化为文旅用户。在与客户接触时,要及时为顾客答疑,为当下每一名客户做好服务,才可以为集团长远发展积累好客户基础。因此,每一名新锌人应当以细心、耐心、爱心、责任心为服务标准为客户提供优质且专业的服务。

在服务与沟通方面,沟通与服务分不开,但是应当选择恰当的时机沟通恰当的内容。就研学服务而言,研学旅行服务全面涉及食宿行、游学娱全要素,连接教育、文化、旅游全环节,贯穿研学旅行前中后全过程。团前沟通,唤醒研学期待,提升安全意识、降低服务投诉;团中及时沟通,了解顾客需求,将不满意的问题在团队中解决;团后保持沟通,比如定期的电话回访可以勾起客户美好的回忆,并且可将新的产品告知给顾客。

在裂变方面,如今人人都是自媒体,人人都是“种草机”。良好的服务、有效的沟通能够在建立企业信任的同时,为企业积累一定的口碑。好的口碑可以让用户更加忠诚,甚至可能推荐周围的亲朋好友前来体验,实现客户的裂变。此外,产品设计时需要留给客户一定的推荐的时机,比如产品设计中加强仪式感塑造,留给消费者一定的拍照机会,利用好消费者的社交圈来进行营销。对于B端C端客户都着手的新锌文旅而言,在做好B端客户的基础上,存在一定比例C端客户的裂变的可能。

(三)全渠道营销布局

新锌文旅尚处于成长期,顾客还未形成清晰的品牌认知,不利于顾客忠诚度的建立。未来的品牌思路主要以企业经营为中心,构建起面向B端与C端客户的研学旅行新IP。[①] 面对B端客户,在做好客户关系维护的基础上,体现国有文化企业的形象,积极参加各方组织的活动,如博览会、品牌推介会、文旅局相关会议。面向C端客户可以体现与书店的联系,强化客户品

① 参见洪清华:《旅游,得IP者得天下》,中国旅游出版社2018年版,第5页。

牌认知，在体验产品后转变为认可，最终转变为用户忠诚。

在微信公众号营销方面，专人负责微信公众号更新与互动。加强更新频率，结合阅读互动情况，总结出每日每周的最适合更新时段，争取做到每周3次以上更新。进一步优化微信推文排版，以增强公众号的文章的点击率与阅读率；增加研学小课堂、公司新闻、研学动态、学生采访等相关内容。在研学活动前宣传产品实力，研学中宣传课堂规范专业、研学后宣传学生收获。

在新媒体营销方面，将重点放在短视频。当下抖音、快手等短视频App成为人们日常生活的一部分，未来将充分利用短视频与微信视频号相结合的方式，以不定期发布视频的方式展示新铧文旅风貌。

结　语

凡是过往，皆为序章。新铧文旅在发展过程中科学应变、主动求变，牢牢把握重大发展机遇，深耕文旅研学领域工作，从默默无闻的旅行社逐步壮大成实力雄厚的文旅企业。2023年，随着文旅市场的逐步火热，研学工作也如火如荼地开展。2022年，集团单月发团人数多达万余人，营地运营工作也即将步入正轨。新铧文旅人有理由相信，随着文旅市场的复兴，文旅研学的未来一片光明。

▶启发思考

1.请结合案例企业的战略规划以及产品定位设计合适的品牌策略。

2.请搜集其他省市研学旅行企业案例，思考研学旅行企业的核心竞争力在哪些方面？

3.新铧文旅是一个逐步成长的企业，你对未来企业发展有哪些合理化建议？

党建引领，文旅融合

——印象济南·泉世界景区高质量发展之路*

▶案例概览

本案例基于印象济南·泉世界景区多年经营管理的成功经验，借鉴专家学者理论成果，着眼于探讨党建引领下旅游景区文旅融合高质量发展的新方向，分别从党建扎根景区建设运营、推动文旅融合高质量发展、"聚力新青年"矩阵营销扩大传播影响三个层面进行分析和论证，以期对传统景区转型升级、新文旅项目入市提供有益借鉴。

引　言

在党的二十大报告中，"文化"一词出现 30 多次，成为高频热词。报告提出，文化产业要"推进文化自信自强，铸就社会主义文化新辉煌"①；要"坚持以文塑旅、以旅彰文，推进文化和旅游深度融合发展"②。2020 年以来，学

* 本案例由济南万融产业发展集团有限公司党委书记、董事长宋光华和济南泉世界商业管理有限公司副总经理叶歆撰写，由山东大学旅游产业研究院/山东省新旧动能转换重大工程精品旅游产业智库改编收录。

① 习近平：《高举中国特色社会主义伟大旗帜　为全面建设社会主义现代化国家而团结奋斗——在中国共产党第二十次全国代表大会上的报告》，人民出版社 2022 年版，第 42 页。

② 习近平：《高举中国特色社会主义伟大旗帜　为全面建设社会主义现代化国家而团结奋斗——在中国共产党第二十次全国代表大会上的报告》，人民出版社 2022 年版，第 45 页。

术界也在积极探讨文旅融合发展问题，共有 40 项国家社会科学基金项目立项，分别从开发和应用两个领域开展文旅融合相关研究与实践，形成了丰富的阶段性成果。范建华、李林江以广西北海涠洲岛景区个案为研究对象，探讨如何通过文旅融合推动旅游产业高质量发展。① 戴斌认为，只有坚持发展旅游与提升本地居民休闲生活相结合，坚持培育新型旅游市场主体，坚持文化与旅游融合发展，才能以高质量发展重振旅游业。② 王雄青、胡长生从完善体制机制、发挥产业聚合效应、强化品牌宣传作用、培养文旅融合人才、建立大数据产业集群等方面进行深入探讨③。冯学钢、唐培则从管理体制机制完善、文化旅游企业培育、文旅产业数字化转型、文化旅游人才供给 4 个方面提出了政策建议。④ 从实践发展来看，虽然大部分景区或旅游目的地都在深入探索文旅融合发展的方向，但如何更好地挖掘文化内涵、深入开展文旅融合仍是当前文旅项目开发时面临的主要问题。在城市日新月异的发展浪潮下，如何做到"共享新时代发展机遇，共谱高质量发展篇章"成为各景区、文旅项目关注的首要问题。

《济南市 2022 年政府工作报告》中提出，今后 5 年要高水平建成全国文明典范城市，城市文化品牌传播力明显增强，打造成为黄河历史文化标志性城市、国际知名文化旅游目的地。当前，文旅行业已经成为体现"国民幸福"程度的风向标，文旅行业在"增加民生福祉、提高人民生活品质"上可以发挥更大作用。未来，旅游业的发展势必要更加重视区域特色文化的挖掘和融入，以文化引领旅游发展，用旅游促进文化繁荣。

在中国共产党的坚强领导下，我国文旅行业发展建设始终坚持人民至上，以中国特色社会主义文化引领全国人民开展一次又一次的经济发展探索之路。推动景区高质量发展，必须坚持和加强党的全面领导，以党建引领景区建设运营。本案例基于印象济南·泉世界景区多年经营管理成功经验，借鉴文旅融合相关理论成果，着眼于探讨党建引领下旅游景区文旅融合高质量发展的新方向，对传统景区转型升级、新文旅项目入市具有一定参考借鉴意义。

---

① 参见范建华、李林江：《文旅融合趋势下的旅游产业高质量发展思考——以广西北海涠洲岛为例》，《南宁师范大学学报》（哲学社会科学版）2020 年第 1 期。

② 参见戴斌：《高质量发展是旅游业振兴的主基调》，《人民论坛》2020 年第 22 期。

③ 参见王雄青、胡长生：《江西"三色文化"文旅融合的价值意蕴和发展之路》，《文化月刊》2020 年第 10 期。

④ 参见冯学钢、唐培：《市场主体建设下文旅融合高质量发展的基本逻辑与政策建议》，《中国名城》2023 年第 2 期。

一、党建扎根景区建设运营

党的二十大报告提出，要“发展社会主义先进文化，弘扬革命文化，传承中华优秀传统文化，满足人民日益增长的精神文化需求，巩固全党全国各族人民团结奋斗的共同思想基础，不断提升国家文化软实力和中华文化影响力”①。山东省第十二次党代会报告提出，要“坚持以文塑旅、以旅彰文，大力发展乡村游、康养游、研学游，提升智慧文旅水平，做强‘好客山东’品牌，打造国际著名文化旅游目的地”②。高质量党建工作可以有效提升商管公司、景区商户的思想政治觉悟，提升凝聚力，形成共商区域发展、共建美好景区的愿景。充分发挥党组织的战斗堡垒作用，可以为景区发展提供有效保障。印象济南·泉世界景区大力落实以党建促发展，推进产业提质增效、赋能升级，全方位推动精品旅游高质量发展，实现商圈经济发展蝶变升级，为助力强省会建设贡献“印象济南·泉世界”力量。

(一)“创新基层党建，凝聚发展合力”党建引领景区协同发展

2020年，济南泉世界商业管理有限公司联合兴福街道党工委成立印象济南商圈党委，负责联络济南泉世界商业管理有限公司党支部、印象济南企业联合党支部、三千茶农公司党支部、山东街舞协会党支部、锦绣城社区党总支、龙湖水晶郦城社区居委会党支部、恒大御峰社区居委会党支部等八个基层党组织，实现商圈基层党支部协同发展。

“两新”组织是基层组织体系建设中的关键点和薄弱点，也是推动基层党建工作高质量发展的立足点和发力点。印象济南商圈党委从“两新”组织的党建工作抓起，将“两新”组织党建工作的落脚点定位在为经济社会发展提供强大的推动力上，注重打好“党的建设、经济发展”这套“组合拳”，发挥好“党建品牌”的联动效应和党建工作的“渗透、促进、辐射”功能，立足于推

---

① 习近平:《高举中国特色社会主义伟大旗帜　为全面建设社会主义现代化国家而团结奋斗——在中国共产党第二十次全国代表大会上的报告》，人民出版社2022年版，第43页。

② 李干杰:《牢记嘱托走在前　勇担使命开新局　为建设新时代社会主义现代化强省而努力奋斗——在中国共产党山东省第十二次代表大会上的报告》(2022年5月28日)，《大众日报》2022年6月10日。

动商圈科学健康发展的需求、立足于商户和管理层政治参与的需求、立足于党员和职工成长发展需求，让党建工作全面贯穿在“两新”组织发展的各个环节，进而实现党建工作与商圈发展的同频共振。

印象济南商圈党委首先将关注点落在商圈最突出的由景区内娱乐、餐饮、住宿、文化、旅游等各类商家入驻引起的非公企业党组织自身建设难、流动党员管理难、党组织作用发挥难这三大问题上。为完善基层党组织建设，印象济南商圈党委加强“红色阵地”服务平台建设，不仅依托商圈党群服务中心、游客服务中心等载体，打造了党群服务阵地，还形成了“商圈联合党委—企业（商管公司、社区）党支部—网格党小组—党员商户—党员”五级工作体系，党建与产业双向孵化，形成以党员商户为中心，带动流动党员商户，辐射全体商户的向心力。

作为党建特色服务之一，依据商户分布区域和发展需求，将商圈划分为4个“红色网格”，配备“商圈红小二”，为落地商户提供人才、税收等20类政策大礼包以及党建、招商、装修、运营、营销、便民等一站式服务，并定期召开“商圈红盟一家亲”要事联席会，研讨商圈重大事项，协商解决党员、商户、消费者的问题诉求。“商圈红小二”的存在增强了商圈党建工作内生动力，调动了党员、商户和企业积极性，不仅让大家“抱团”走得更远，还为商圈发展带来了澎湃的“红色动能”。

为充分发挥基层党组织的战斗堡垒作用，印象济南商圈党委自成立后，便提出“跟党一起创业、奋斗、圆梦”的口号，推动“商管一家亲”关系改革，引领印象济南商圈进一步发展壮大。两年多来，党委坚持贯彻“有青年才有未来”的发展理念，着力打造“青年友好街区”示范点，加大对创业青年的引导、帮扶力度，并积极对接大众点评、小红书等线上平台，线上线下的协同发力，让“网红”成为“长红”，让印象济南·泉世界真正成为“引领消费新风尚、聚集文旅新人才”的创业福地。35岁的陈飞在印象济南·泉世界景区创业4年，他的店铺已开到了第三家，在这里不仅收获了创业创富的成功，他还感受到党组织的温暖，成为印象济南企业联合党支部的一名入党积极分子；戴军是“戴记手绣”非遗传承人，也是第一批入驻的商户。2020～2021年，小店生意经营惨淡，印象济南商圈党委充分发挥职能，联合婚庆、住宿等关联商户资源共享，帮其走出了困境。

正是印象济南商圈党委的一系列“惠人才”举措，让泉世界成为众多首店、首秀、首创品牌西部落地第一站，吸引着越来越多的青年前来创业创富。如今，印象济南·泉世界景区已跻身10亿级消费商圈，从最初的49家商户发展到现在的290家，从单一业态到“文住食娱购礼”六大业态，客流量从日均千人次到万人次左右，成为济南的“闪耀名片”。不仅如此，印象济南商圈党委也用短短两年的时间成长为优秀的党组织，2022年被授予“济南市‘攻坚克难’好团队”称号(见图1)，充分彰显着党组织的凝聚力和战斗力。

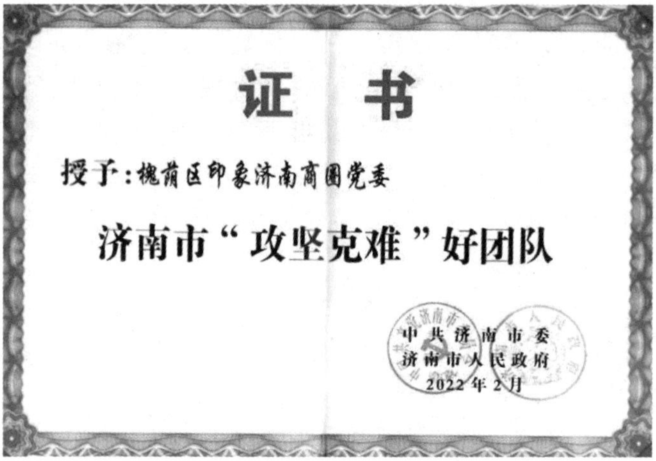

图1　济南市“攻坚克难”好团队证书①

(二)“高屋建瓴，跨越发展”党建引领景区高质量发展

坚持高质量党建引领，是推动高质量发展的“动力源”。近年来，济南泉世界商业管理有限公司党支部抓住生产经营的主要矛盾，融入中心，搭桥强基，同向用力，不断推动党建与生产经营互融互促。2020年年初，在现任济南万融产业发展集团有限公司党委书记、董事长宋光华的带领下，济南泉世界商业管理有限公司党支部积极研究景区现状，深入挖掘运营需求，经过多番论证，确立了公司“三区联创”“两个保障”“一个团队建设”以及“售租清零”的“1＋3210”的总体工作目标，力争在3～5年内将印象济南·泉世界景区打造成具有“济南味”“中国风”“国际范儿”、文旅商高度融合、济南地域特色鲜明的全国知名街区，成为京沪会客厅上的一颗璀璨明珠，现代版的“清明上河图”。

2021年年初，印象济南·泉世界景区制定了“1＋43211”工作体系，确立“一年打基础、两年做提升、三年打品牌”的工作思路，助推“强省会”战略，走

① 本案例图片由印象济南·泉世界景区提供。

差异化发展道路，打造四大高地——济南文化演艺高地、特色美食高地、文创产品高地及服务创新高地。

在夜经济浪潮下，印象济南商圈党委积极布局，让夜间经济更有“戏”。融合了“文、住、食、娱、购、礼”六大主题业态的印象济南·泉世界景区，按照“选商、引商”的原则，不断丰富景区经营项目，引进星河不夜城、圣豪超市、帷幕开啦蜡像馆、老济南四合院、老胖串店等数十个知名品牌商家；大力扶持本地文化企业，对接开心麻花团队与江湖艺社等知名文化品牌，提升“曲山艺海”博物馆，市民和游客在这里不仅能欣赏到老济南的传统曲艺文化、民间绝技绝活，还能品尝到正宗的泉水泡茶和济南特色小吃。景区积极推动传统文化与新业态结合，通过“文化活态”推动传统文化的保护和传承，为景区“七十二工坊”文化商户提供策划、宣传等提升服务，建设“人民供销社”博物馆。景区还打造了印象济南“二安”文化园，以“城市文人 IP”李清照、辛弃疾为核心，集合了“二安”主题演出、“二安”非遗体验、“二安”穿越剧场、“网红”诗词长廊、“二安”诗词剪影等内容。景区精心谋划文旅业态提升，既满足了广大游客和市民的精神生活，又丰富了各大主题业态。

当前，印象济南·泉世界景区涵盖娱乐、餐饮、住宿、文化、旅游、婚礼、剧院演艺、文教培训、酒肆茶坊等业态形式；拥有七十二工坊、展馆聚落、主题客栈、星河不夜城、电影公园、老城寻踪、东夷密码等特色景观。景区入驻商户超过 280 家，招商率达 97.6%，形成了集文化、商业、旅游为一体的综合休闲区域定位，助力精品旅游产业实现高质量发展。

（三）“压实责任，勇于担当”党建引领景区勇挑重担促发展

“党建引领强堡垒，同心战疫显担当。”现任济南万融产业发展集团有限公司，时任济南泉世界商业管理有限公司党支部书记党委书记、董事长宋光华，在新型冠状病毒感染疫情突袭期间，火速成立公司党支部。在党支部强有力的领导下，公司迅速成立疫情处置工作领导小组，加强对商家运营及物业防控的疫情监管工作，并带领全体党员干部和员工积极抗疫，展现国企的责任与担当。公司全体党员干部率先示范，主动要求下沉到一线做好疫情防控的各项工作。

为扶持商家发展，降低商户运营压力，景区全面复工复产后，泉世界党支部在做好景区疫情防控工作的同时，积极推动减租政策落实，减免景区商户租金共计 2700 多万元，成为商户眼里的“定盘星”。

2021 年，河南遭遇洪灾，急需驰援，印象商圈组织景区捐款 16 万元，一

车车物资连夜发往河南，留下了一幕幕令人难忘的温暖瞬间。开展消费惠农、直播助农、文化下乡等活动，为特殊群体捐款捐物……印象济南商圈党委始终践行着党员的使命与担当，积极履行社会责任，让红色精神扎根在印象济南·泉世界景区的各个角落。

二、以文塑旅，以旅彰文，推动文旅融合高质量发展

党的二十大报告明确提出："全面建设社会主义现代化国家，必须坚持中国特色社会主义文化发展道路，增强文化自信，围绕举旗帜、聚民心、育新人、兴文化、展形象建设社会主义文化强国，发展面向现代化、面向世界、面向未来的，民族的科学的大众的社会主义文化，激发全民族文化创新创造活力，增强实现中华民族伟大复兴的精神力量。"①"文化丰富旅游资源，旅游促进文化消费"，推动文旅融合发展，可以更好地传播中华优秀传统文化，提升旅游发展品质，满足人民群众对美好生活的向往。印象济南·泉世界景区一直深度聚焦文旅产业发展，立足济南传统文化的深度挖掘，通过激活文化资源存量价值，积极探索"文化＋""旅游＋""休闲＋"的文旅休闲融合新模式，在文化和旅游的融合上进行了大胆创新。

(一)打造博物馆聚落，丰富文化体验

印象济南·泉世界景区打造的"七十二工坊"，集合了鲁绣、泥塑、斫琴、瓷艺、彩绘等传统手工艺人，让市民、游客可以近距离体验传统文化的魅力，让最具济南特色的传统文化活起来。景区还引入了"二安"文化园，是全国首个以"城市文人 IP"为创意原点呈现的体验式文化园，集合了"二安"主题演出、"二安"非遗体验、"二安"穿越剧场、"网红"诗词长廊、"二安"诗词剪影、"二安"美食等多种业态，意在打造多层次、成体系的济南城市文化会客厅和济南新晋网红打卡点。景区还邀请中国文联副主席潘鲁生设立"潘鲁生民艺博物馆(中国民艺博物馆)"分馆，以民俗文化为主题，展出传统农耕时期农业、手工业生产用具、服装饰品、餐饮厨炊用具、起居陈设用具、交通工具、游艺娱玩用品等 40 多个品类器物。通过收藏、展览、研究、教育等方

---

① 习近平：《高举中国特色社会主义伟大旗帜　为全面建设社会主义现代化国家而团结奋斗——在中国共产党第二十次全国代表大会上的报告》，人民出版社 2022 年版，第 42～43 页。

式传播山东优秀传统文化，丰富景区旅游资源。在发扬济南曲艺文化方面，设立“曲山艺海博物馆”，展示济南曲艺发展历史，彰显各个时期济南曲艺文化的成就，能让大家欣赏到济南的传统曲艺文化、民间绝技绝活，品尝到正宗的泉水泡茶，形成集文化展览、互动于一体的平台，弘扬曲艺文化，丰富景区旅游资源。

印象济南·泉世界景区结合备受年轻客群喜欢的蜡像艺术，打造了帷幕开啦(济南)蜡像馆(见图2)，以“文化自信”为主题，以蜡像为载体，以齐鲁文化礼仪为契机，选取山东历史上各个领域的杰出人物作为蜡像原型，旨在打造宣扬山东文化、传承中华文明礼仪的地方特色品牌。蜡像馆占地面积5000平方米，馆内设有16个主题展区，共展出100余尊栩栩如生的名人蜡像，汇聚了古今中外各领域杰出人士，游客可以与名人明星蜡像留下亲密合影，身临其境感受名人明星的魅力风采，还可以参与多元化场景互动，体验蜡像的奇妙之旅。景区还打造了人民供销社博物馆，作为济南首个复古版人民供销社，展示近千种20世纪70～80年代生产销售商品，小件商品有针头线包、烟酒糖茶、服装鞋帽，大件商品有自行车、缝纫机、酱油缸、老式磅秤、黑白电视机，一个个老物件瞬间把人们拉回到曾经的供销社年代。

图2 帷幕开啦(济南)蜡像馆

(二)打造文化节庆活动，掀起趣玩热潮

自开业以来，印象济南·泉世界景区持续开展节庆活动创新工作，以

“弘扬传统，用心追梦”为主线，集合节庆的传统文化与现代时尚元素，创意打造贯穿全年传统节日的系列活动。

1.打造民俗文化活动，营造节日氛围

(1)中秋拜月大典

景区每年农历八月十五都会举办中秋节拜月典礼，中华拜月之风流传千年，中秋节本质上是“华夏拜月之节”。“拜月大典”以拜月为主题，彰显先人们天地人和的哲思及生生不息的信仰，活动极具传统仪式感，并与现代声光电进行融合，为游客送上一场精彩的视觉盛宴。即让人们重视传统文化节日，又有效带动了景区客流量增长。据统计，2022 年第五届中秋拜月大典吸引客流超过 10 万人次。

(2)春节、元宵主题活动

每年农历春节期间举办春节主题系列活动，包含春节和元宵节两大传统节庆活动。活动以“辞旧迎新”为主题，以传统文化、民俗演艺为载体，以游客喜闻乐见的节目为主体，融合现代艺术表演形式，每年开展 30 余场民俗演出，吸引市民、游客过年期间来到景区体验传统民俗文化。同时，景区还会组织泉城最美花灯会活动，以国潮风韵为主题，以震撼的彩灯艺术、精湛的传统工艺、唯美的艺术体验，让广大市民、游客感受济南传统文化魅力。

2.挖掘休闲文化，满足游客多样化需要

景区不断聚集旅游休闲产品和服务，打造品牌休闲文化活动，延伸休闲消费链条，在消费升级中发挥好龙头和示范作用。

(1)夜休闲文化旅游活动

景区以塑造城市夜文化，拉动城市夜经济发展为目的，于每年的 7～8 月，组织 15 场以上夜经济专题活动，活动内容动感现代，多以舞台演艺(主题音乐节)、娱乐互动(娱乐设施、泼水节)为主，增添城市夜间活力。

(2)街头乐队活动

景区与 20 余名文化艺术表演机构的文艺爱好者签订合作协议，每晚组织“街头艺人”在泉印广场网红墙、南门进行现场驻唱，丰富市民游客夜游体验，打造夜经济主题品牌，满足游客多样化的文化休闲娱乐需要，打造最美城市夜游打卡地。该活动已成为当地最接地气的街头乐队活动之一。

3.挖掘新式潮流文化，引爆景区热度

(1)沉浸演艺活动

印象济南・泉世界景区结合当下最受关注的“沉浸式”演出形式，引入开心麻花团队打造了济南首部沉浸式喜剧《敖门笑宴》。剧本以老济南开埠时期文化元素为蓝本，突出本土文化特色，定制济南打造优秀舞台剧作品。2020 年 11 月 27 日晚，《敖门笑宴》在景区罗芙威宫宴会酒店进行了首演，现场观众热情洋溢。此后每年演出 150 场，叫好又叫座，成为整个济南甚至山东旅游演艺行业的标杆性产品。

(2)曲艺演艺活动

重视发掘济南传统文化底蕴，传承优秀传统文化。2020 年引入济南传统曲艺表演团队江湖艺社，打造了曲艺欢乐剧《梦回老济南》，重现老济南“曲山艺海”的文化魅力，每晚在演艺厅上演。景区打造“曲山艺海”博物馆，用现代化数字技术阐释济南曲艺历史的渊源脉络，展示各个时期济南曲艺文化的成就，并且每天都有评书、山东快书等多种曲艺演出。

结合近年来游客喜爱的夜间文旅消费特点，在景区腊山河畔的星光大舞台打造“荷花仙子”不倒翁国潮文化演出以及免费书场、京剧演出、红歌会等演艺活动，并在景区泉印广场、卿云广场等处组织乐队演出，受到广大游客喜爱。

(三)发展旅游配套，延长服务链条

在扶持文化产业发展的同时，景区不断丰富餐饮、娱乐、住宿、婚庆、零售等旅游支撑产业，实现旅游服务配套同步发展。景区引入了圣豪超市、京东便利店、统一银座、橙子便利店、满库生活馆、跨境电商保税商品体验中心等知名购物品牌商家，总面积达 20000 余平方米。其中，跨境电商体验中心是槐荫区首家立足“1210”监管模式下的 O2O 跨境电商新零售项目，力求打造全球跨境商品展示平台。体验中心线下上架了包括美妆、保健品、母婴和日用品在内的 900 余款进口商品，满足消费者“足不出户、购遍全球”的跨境网购需求，让山东各地消费者不出国门就能快速买到质优、价廉、可溯源的进口商品。截至 2022 年，圣豪超市印象济南店是济南西城开设规模最大的新一代超大卖场，总面积 12000 平方米，超市服务于门店周围 5000 米内的 30 万人口，经营包括鲜果美蔬、生肉熟食、酒水饮料、休闲食品、家居清洁和各类生活单品在内的八大品类 20000 余种商品。

在餐饮美食方面，打造特色主题文化餐厅，景区现有 130 家各具特色的餐厅，6 家主题音乐酒吧，11 家文化特色酒店，10 家 24 小时营业门店，总面积超过 30000 平方米。景区现有休闲娱乐类商户 18 家，比较有代表性的是星河不夜城，包括 300 余个摊位的特色夜市，以特色美食小吃、儿童娱乐、民俗文化、时尚、清新、消暑文创产品为内容主体，增强了游客休闲娱乐体验。

景区现有运动体育类商户4家,总建筑面积超过5500平方米,比较有代表性的是运动训练中心、来历台球等。景区拥有4000余平方米爱乐健身运动馆,馆内设施齐全,含有5泳道泳池。

在酒店住宿方面,景区现有6家"泉城人家"星级民宿,其中3星级民宿客房11个,2星级民宿客房64个,总建筑面积超过27000平方米。另有亚朵轻居酒店、雨荷酒店、如家商旅酒店(金标)、欧尚怡景酒店、柏曼酒店、印象澜亭休闲酒店等9家特色酒店,共计600余间商务客房近千个床位。

(四)发展夜经济,刺激旅游新消费

随着游客对于休闲旅游的消费需求日益提升,打造"夜经济",实现多业态融合已是大势所趋。印象济南·泉世界景区重点突出"夜休闲""夜旅游",积极营造消费新场景,布局时尚餐饮、特色酒吧、网红墙等大型娱乐场所;组织"文化夜市",集合众多街头文化及民间艺人在景区进行现场演唱;提升夜间灯光亮化,在北门入口处设立20米高的精神堡垒,形成夜间地标性建筑;打造清泉石上流3D投影互动、创建"720°VR云街区"。此外,景区依托腊山河畔打造了200余个摊位,汇聚成"星河不夜城",为市民游客打造一个干净、温馨、舒适的夜间文化旅游休闲地。

通过"多项业态聚焦夜经济",印象济南·泉世界成为济南市唯一融合"夜游、夜娱、夜食、夜宿、夜购"五大夜间文旅休闲元素的景区。印象济南·泉世界景区注重灯光与建筑、灯光与空间、灯光与游客的关系,根据不同建筑造型、空间结构进行合理设计施工,打造城市夜间风景线,通过声、光、电等技术赋予商业空间更多层次和色彩,烘托景区休闲氛围,更好地推动市民、游客夜间休闲、娱乐消费,进一步带动景区发展。未来,景区将持续进行大胆创新和丰富实践,深挖夜间消费潜力,为游客提供更为多元化的消费服务和体验。

三、聚力新青年,矩阵营销扩大传播影响

青年是祖国的未来,是城市活力的重要源泉、社会发展的中坚力量。作为当下的消费主体,新青年更加重视社交,他们擅长将社交深度融入生活,通过分享实现消费的种草与被种草,形成营销传播链,反馈到消费终端。因此,要赢得新青年的关注,需要结合新青年特点,创新宣传方式,建立针对新

青年群体的营销模式。

印象济南·泉世界景区在策划定位之初就结合济南这所城市独一无二的“天下第一泉”和“自开商埠”历史中提炼济南“泉”与“城”的文化元素，打造“印象济南·泉世界”品牌IP，通过跨区域旅游推介、自创抖音大V、智慧云导览、建立多平台矩阵等形式，开发印象济南·泉世界“聚力新青年”矩阵营销模式，最大程度上激发青年客群参与传播互动的积极性，利用青年客群网络主动传播的特质，在提升营销效果的同时，节省了营销成本，更好地扩大了城市和景区的知名度与影响力。

印象济南·泉世界景区先后前往东北三省四市、沿黄三省四市、广东三市、江苏两市、内蒙古参加旅游推介活动，增加网络媒体曝光率。泉世界商管公司参加第一届、第二届中国文旅博览会主会场展示并组织分会场活动，吸引省内外媒体、游客关注；公司作为参加第十七届中国（深圳）国际文化产业博览交易会山东展台代表，用年轻手工艺人的非遗作品、年轻人喜爱的网红不倒翁、创意IP“不鸣蛙”“路人蜡像”等互动展示活动，宣传景区品牌，展示景区“聚力新青年”的形象。此外，景区还打造了抖音粉丝量30余万的“是王子啊”网红IP，持续为景区引流；制作《印象济南》主题曲，声情并茂共唱城市和景区形象；建立“不鸣蛙青年志愿者服务队”，树立新时代青年主流群体形象，增加圈层营销传播力，营造青年聚力打卡的气氛。

2021年，印象济南·泉世界景区结合中国共产主义青年团建团99周年，创意策划了“新青年节”活动品牌。为献礼建党百年，展现泉城青年活力新风貌，由共青团山东省委、山东省旅游推广中心为指导单位，共青团济南市委、济南市文化和旅游局、济南市槐荫区人民政府、济南广播电视台主办，印象济南·泉世界冠名支持，联动驻济高校共同开展了“2021济南新青年节”（见图3）系列活动。创建印象济南·泉世界“青年友好街区”，通过发布“树榜样”“乐动听”“舞青春”“燃热血”“展风采”五大主题活动，凝聚青春力量，彰显城市活力。

“2021济南新青年节”活动期间，每周五、周六晚，分项活动“YOUNG济南·乐动听”，凝聚济南各大高校力量，运用时下最具吸引力的“乐队”形式，网罗年轻音乐人参与其中。经过选拔，12支青年乐队团体，汇聚印象济南·泉世界潮流地标打卡地“网红告白墙”前，展开12场风格化专场音乐会表演，打造济南青年“人气乐队厂牌”，让泉城青年，歌唱济南，致敬青春。分项活动“YOUNG济南·燃热血”则面向社会、高校篮球运动爱好者招募征集18支参赛队伍，开启充满热血的3V3铁笼篮球赛。经过抽签分组后进行小组赛、晋级赛、半决赛、决赛共计20余场比赛,决出冠军球队,最后组织“明星表演赛”,展开高校、社会青年两大联盟精彩对决,为热爱篮球运动的青年们奉上一场视觉盛宴。

图3　2021济南新青年节活动现场

结　语

“使命重在担当,实干铸就未来”。从2019年接待游客500万人次到2022年接待游客超1700万人次,印象济南·泉世界景区始终坚持“提高政治站位、抓实抓细党建工作”,坚持“高站位统筹、高起点谋划、高标准推动”,坚持“文旅深度融合,宜融则融,能融则融”,坚持广大职工、商户以及各级政府单位、媒体的共同参与。

未来,景区将围绕党的二十大精神继续发挥党建引领的战斗堡垒作用,坚持党建工作与景区创建同谋划、互促进,强化以高质量党建引领景区高质量发展,着力打造党建特色品牌;将党员先锋模范作用切实发挥在景区服务和管理第一线,全力推进景区建设和项目落地,为景区持续健康发展提供坚强有力的组织保障;进一步推进全方位、立体化、深层次研究“聚力新青年”矩阵营销模式,发挥青年一代的主力军和突击队作用;探索融合性矩阵营销协作机制,创新“营销互动、经验互鉴”的跨区域跨行业联动营销工作模式,针对营销工作中发现的疑难问题线索，共同分析研判，做到互学互鉴、优势互补，确保处置精准、核查到位。向文化特色更加凸显、文化资源深入挖掘利用、文化景观（场所）种类丰富、非遗文化展示多样，业态布局更加优化、休闲产品丰富、文化旅游休闲功能突出、本土文化业态比重显著提升，管理服务更加规范、公共服务设施齐全完善、综合服务能力显著提升、管理运营规范安全等多个目标努力前进。

▶启发思考

1.“必须坚持人民至上”是党的二十大报告提出的“六个必须坚持”之一。在旅游景区的经营管理中，如何把它落到实处？

2.文旅融合是一篇大文章，旅游景区的文旅融合可以从哪些方面着手？

3.旅游景区的高质量发展如何与区域经济社会发展相适应？

酒店服务的提档升级

——济南鲁能希尔顿的清洁无忧住项目*

▶案例概览

济南鲁能希尔顿酒店及公寓将保护客人和员工个人健康和安全作为重中之重，积极落实国家相关要求，贯彻执行集团的全新清洁卫生标准与措施，实现酒店清洁安全服务提档升级。济南鲁能希尔顿酒店致力于响应消费者对住宿清洁的期望和需求，通过实施“希尔顿清洁无忧住”和“希尔顿清洁无忧·安心会”项目，重新定义酒店清洁安全服务的7项新标准，提供在线预定、大堂和公共区域、客房、餐饮、会议与活动5个关键服务接触环节的清洁安全服务流程、措施和技术，以“宾客需求调研”“服务措施调整”“项目设计与测试”“宣贯与培训”“服务标准变革”“质量与审计管理”等措施破解发展困局，延续希尔顿百年创新基因，探索领导行业清洁卫生标准，为寒冬之中的行业复苏提供了可供学习操作的服务创新案例。

引　言

2020～2022年，我国旅游经济进入了持续两年的衰退期。尽管国家在各个方面都作出了诸多努力，但受到多种原因影响，旅游业客流量呈断崖式下降，酒店业也遭遇了前所未有的冲击和挑战。据国家文化和旅游部数据

---

* 本案例由山东青年政治学院李丽、梁曦、刘媛、何鑫撰写，由山东鲁能亘富开发有限公司济南希尔顿酒店分公司提供相关素材，由山东大学旅游产业研究院/山东省新旧动能转换重大工程精品旅游产业智库改编收录。

显示,2019年第四季度到2021年第二季度,全国四星级酒店和五星级酒店共减少了540家,2020年第一季度,星级酒店营业收入同上一季度相比减少了314.82亿元,2022年酒店行业营业总收入仅为2019年的61.73%;据全球酒店行业市场分析机构(STR)数据显示,2020年国内酒店平均入住率从1月初的69%跌至1月26日的17%。

2020年6月以来,希尔顿、洲际、香格里拉、首旅如家等国内外多家酒店集团升级了酒店清洁操作程序和卫生标准。例如,洲际酒店集团发布"洲全"清洁承诺、香格里拉集团宣布提升"安心守护承诺",从细节入手,用专业的手段进一步提升酒店的卫生安全标准。本案例以济南鲁能希尔顿酒店及公寓为案例研究对象,重点剖析希尔顿集团推出的"希尔顿清洁无忧住"(Hilton CleanStay)和"希尔顿清洁无忧·安心会"(Hilton EventReady with CleanStay)[①]两个项目在特殊的环境下为宾客提供的最佳清洁安全体验过程,通过升级酒店清洁产品,提高酒店卫生标准,完善酒店清洁程序,优化酒店服务流程,让希尔顿宾客从登记入住到退房离店,全程享有更洁净更安全的住宿体验,进而实现酒店服务的提档升级。

一、迎难而上,推动无忧住项目落地

(一)公司介绍

希尔顿酒店集团公司(Hilton Worldwide Holdings Inc.)作为全球领先的酒店管理公司,拥有19个世界级品牌组合,管理7215家酒店,拥有超过158万间客房,旗下酒店分布遍布122个国家和地区。希尔顿致力于成为全球服务最周到的酒店集团,在其100多年的历史中接待了超过30亿名宾客,并在2020年全球最佳职场榜单中名列前茅,被道琼斯可持续发展指数

① "希尔顿清洁无忧住"(Hilton CleanStay)围绕"卫生"这一核心需求,通过升级酒店清洁产品,提高酒店卫生标准,完善酒店清洁程序,优化酒店服务流程。在客人整个入住期间,从客房、餐厅、健身房到其他酒店公共区域都可以随时随地清晰地感受"清洁卫生"的印记,让入住宾客消除顾虑,获得安心无忧的入住体验。针对宾客在会议及活动方面的升级需求,希尔顿清洁无忧住的升级卫生标准还被推广应用到会议中的每个环节,继而推出希尔顿"清洁无忧·安心会"(Hilton EventReady with CleanStay),以提高会议及活动的安全性以及会议组织者和参会宾客的活动体验。

评选为“2020 年全球行业领导者”。

济南鲁能希尔顿酒店及公寓作为希尔顿大中华区首家全服务的公寓式酒店于 2016 年 9 月 20 日正式开业，目前拥有 420 间客房，包含 316 间酒店客房与 104 套公寓住房，曾是希尔顿集团大中华及蒙古地区营业收入最领先的酒店之一。2020 年，在新型冠状病毒感染的冲击下，济南市五星级酒店的平均房价降至 667 元，平均出租率降到近十年的最低点 52.8%。同比显著下降 21.4%，客房总收入(RevPAR)为近十年最低点 352 元，同比大幅下滑 26.1%。在困境中，济南鲁能希尔顿酒店及公寓在集团的指导下积极思考并全面实施“希尔顿清洁无忧住”和“希尔顿清洁无忧 · 安心会”项目。围绕这两个服务项目，希尔顿集团开展了一系列业界领先的宾客创新举措，创新了可选择房间的非接触式入住手续办理、数字钥匙和互联房间等会员体验，为全球酒店树立了行业领先的清洁和消毒标准。

(二)“希尔顿清洁无忧住”项目推进历程

1.坚持不懈，积极寻找突破口

2020 年 1 月 30 日，国务院印发《近期防控新型冠状病毒感染的肺炎工作方案》，要求最大程度减少人员流动。与往年过年期间的热闹相比，2020 年 1 月开始，济南鲁能希尔顿酒店及公寓变得冷冷清清。防控要求给依赖人口流动的酒店业按下了暂停键，酒店年夜饭、全家出公寓住宿等业务退订，业务停摆、员工分批次休假、业绩低迷。对于济南鲁能希尔顿酒店及公寓市场部胡经理来说，这是个“难忘”的春节：“2020 年年初，订单几乎都无责取消了，这是非常无奈的事。”2020 年第一季度酒店的平均入住率仅为 22.83%，甚至达不到往年同期入住率的一半，这正是无数个在困境中挣扎的酒店缩影，酒店业开始走入了不得不面对的一个寒冬。一边是营业收入的缩水，而另一边是运营成本的增加。2020 年春节假期期间，酒店用于购买消毒、防控用具等的增加支出为每天 2000 元左右。

在 2020 年 1～2 月这最艰难的两个月里，济南市有 73%的酒店选择了“冬眠”止损，平均停业天数高达 27.6 天，而剩下的 27%的酒店则“咬牙坚持”。济南鲁能希尔顿酒店及公寓是济南所有五星级酒店里仅剩的三个坚持营业的酒店之一。在胡经理眼里，当时的酒店是靠着“节流”撑下来的：“一方面是减少人力资源，员工基本先休假，每周轮班一至两次，另一方面是通过集中安排客房来减少水电支出。”只有继续营业，才能了解当下市场现状，针对行业新变化做出策略调整，希尔顿全体上下在等待一个复苏的时机。

2.开展自救,持续调整服务策略

2020 年 2～4 月,酒店开始积极采取调研措施了解宾客入住需求。需求调研中显示,宾客对酒店清洁卫生安全服务最担忧。宾客高关注的清洁区域首先是大堂、餐厅、电梯等公共区域,其次是客房等长时间停留区域,最后是健身房等康体区域;对客房中的床上用品、洗浴设备、地毯、门把手、开关等宾客高接触设施设备的清洁要求不断提升。调研表明,消费者高度关注旅行时的卫生状况,建立高标准的无接触清洁卫生服务对酒店业乃至旅游业的复苏至关重要。

酒店管理层积极调整服务策略。一是坚持对公共区域实行 24 小时不间断消毒,关停中央空调系统,为客人房间额外配备加热器;二是为住店客人打包早餐,无接触送到客房门外;三是在客人离店 24 小时之后再进入房间进行彻底的清洁消毒,确保客人和团队成员的安全;四是针对隔离要求改造出清洁区、污染区和半污染区三个区域,并设置供工作人员和集中医学观察人员使用的两种通道;五是对酒店里的电梯、地毯重新包装,盖上便于消毒的薄垫。

3.寻找外援,共创领先的行业清洁和消毒服务标准

就在各家酒店积极自救的同时,希尔顿集团认识到宾客与员工的个人卫生和安全比平时变得更为重要,为宾客提供出行所必需的安心和放心是第一承诺。因此,希尔顿集团第一时间就与利洁时集团(Reckitt Benckiser)和美国顶尖医疗机构妙佑医疗国际(Mayo Clinic)展开合作,以引领和推广行业领先的清洁和消毒标准为目标,开发了升级版酒店卫生消毒运营工作流程、并筹备进行团队成员培训。

2020 年 4 月,酒店协助集团并参与完成了服务系统、过程系统、营销项目、人员培训、市场测试等五个领域的设计及测试、开展了服务测试和小规模试验等一系列前期准备工作。

2020 年 5 月中下旬,酒店组织从总经理到运营管理人员的会议,认真研读系列实施内容、指导与要求,积极推动各部门进行相关宣传物料的购买及接收等准备工作。

由于服务行业的特殊性,酒店从业人员是持续值班时间最长、复工最早的工种之一。当时,大多数酒店员工既缺乏应对相关情况的知识和经验,也缺乏有效的个人消毒防护物资。与此同时,员工们还面对着高强度、高压力的工作环境,对于未来发展的不确定性使酒店员工焦虑疲惫。随着集团宣布开启“希尔顿清洁无忧住”项目,济南鲁能希尔顿酒店一方面紧锣密鼓地

开展面向管理层、员工的清洁安全服务意识、服务标准、服务技术等专业知识培训,针对医疗防护、核酸检测、体温监测、无接触服务环境消杀、保洁垃圾处理开展专项培训,另一方面组织员工感谢和员工身心疗愈活动。经过与业主的协调,酒店也为项目推进争取到充足的运营经费。这些措施为提升清洁安全方面的整体服务意识、凝聚团队人心、顺利推动"希尔顿清洁无忧住"项目提供了全面的保证。

4.瞄准难题,创造更洁净的住宿及会议体验

防控期间,各地酒店的会议会展业务都受到了巨大的冲击,原本的年会旺季变为淡季。济南市对50人以上的公共场所人员聚集实施报备及限制管理。济南鲁能希尔顿酒店及公寓原本以商务宾客为主要客源、以会议服务为主要产品,未来2～3年如何调整服务措施、保障经营策略和目标的实现变得尤为重要。希尔顿集团"希尔顿清洁无忧·安心会"便是一个专门针对会议及活动方面升级需求而开发的清洁和服务项目。

2020年7月,济南鲁能希尔顿酒店及公寓按照集团运营要求,积极践行行业领先的"希尔顿清洁无忧住"与"希尔顿清洁无忧·安心会"服务标准,帮助顾客从登记入住到退房离店全程无忧,刷新了业界的住宿清洁和消毒标准,树立了新的会议活动清洁与客户服务标杆。

5.内部监督,实施全面质量管理

为确保项目的落地实施符合集团标准,鲁能希尔顿酒店将各部门以照片、视频及培训记录的方式将准备工作上传到指定网络平台,并于2020年12月31日顺利通过希尔顿质量专项检查审计(QA Virtual Audit),通过视频通话带领检察官查验酒店各个区域,并咨询改善建议,完成对两个项目落地实施的闭环管理。

二、别具一格,全方位服务提档升级

服务的本质是追求宾客满意,为宾客创造价值的一系列活动构成了服务的全过程。人们的出行方式、社交形式和卫生习惯发生改变,其消费需求和感知价值取向随之改变。因此,酒店行业需要面对这一改变所带来的压力,必须对服务流程和管理过程进行优化再造,以完成满足宾客需求、为宾客创造价值的目标。服务的无形性、异质性、生产消费的同步性等特征,决定了服务流程创新具备不同于技术创新的独特性质。因此,服务创新应聚

焦于服务流程和管理过程中的每一个环节，贯穿于为客人服务过程的始终。

(一)优化服务管理过程，提供充分的清洁安全感

为满足顾客极致苛刻的环境卫生要求，济南鲁能希尔顿酒店及公寓将一系列逻辑相关的顾客接待业务活动进行了重新拆解和排序，围绕新服务交付、新顾客界面、新服务传达等维度，打造了具有明显“宾客需求导向”的“希尔顿清洁无忧住”项目。

按照传统的工作分配原则，作为服务组织职能单位，酒店业务部门根据各自分工将业务流程分割成不同的环节，酒店及其服务人员则关注单个任务或工作的完成情况。而在“希尔顿清洁无忧住”项目中，济南鲁能希尔顿酒店及公寓对接待服务流程进行根本性反省和彻底再设计，强调满足顾客高标准环境清洁需求的服务如何进行，而非服务工作是什么，重新梳理了服务流程和管理过程中各个环节之间的逻辑关系并将其进行了有序组合，如图1所示。

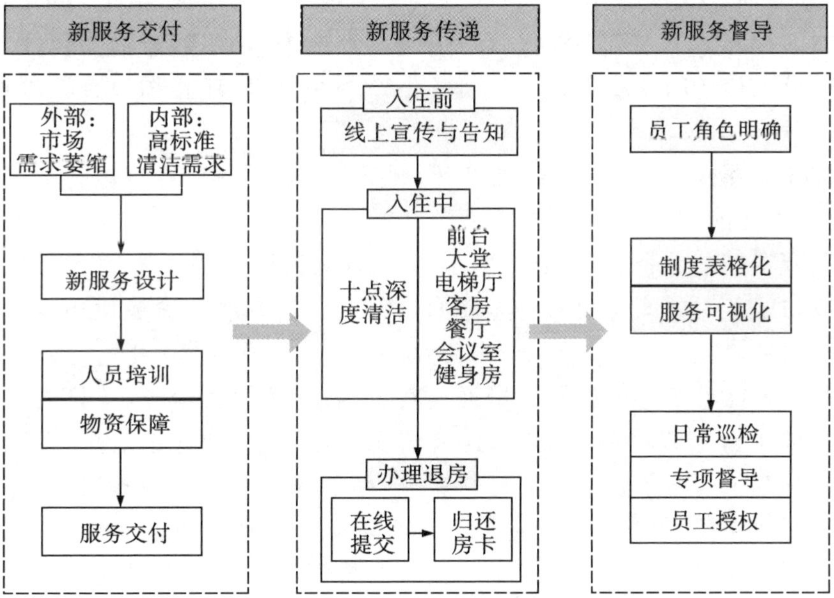

图1　基于市场环境和顾客需求导向的清洁无忧住服务管理过程①

① 本案例图片均由济南鲁能希尔顿酒店及公寓提供。

1.新服务交付:让每位团队成员都认可的统一规范和标准

希尔顿集团的人才战略中明确指出,团队成员的健康是一切的基础,更是希尔顿一切工作的出发点。新服务交付系统的重点是来自员工的认可。济南鲁能希尔顿酒店及公寓上下明确了以人为本的基本准则,始终强调团队成员与宾客的健康安全同等重要。保证团队成员的健康和安全成为新环境下酒店人力资源工作的管理理念。不仅如此,酒店也特别关注团队成员的心理健康和精神发展。人力资源团队从"鼓励(Encourage)""参与(Engage)""赋能(Empower)"三个方面,设计了培训、心理辅导、身心疗愈运动、员工感谢周等活动,更好地提高团队成员的士气,促进对"希尔顿清洁无忧住"项目的认可,为高标准统一执行奠定了坚实的基础。

集团一方面邀请妙佑医疗国际向希尔顿所有酒店提供培训方法、清洁规范和质量保证方面的指导建议;另一方面向提供前台、客房、会议室等各场景开展清洁无忧住的作业标准、培训方法和保障物资。济南鲁能希尔顿酒店及公寓则根据集团统一的标准和方法,按照保持安全社交距离、个人防护、症状管理、穿戴防护用品、手部卫生等主题对员工培训,以促进员工能力与技能的提升。集中培训和每日班前会培训成为"希尔顿清洁无忧住"项目向一线员工传递的主要方式。项目的生产和交付,环环相扣,构成了新服务的交付系统。

2.新服务传递:从入住到退房的"无忧"体验

(1)入住前:关心已悄然开启

新顾客界面是企业与顾客之间的互动通道,包括提供给服务对象的新方式或与服务对象间交流、合作,即通过什么样的方法和途径让顾客接受本企业的服务。[①]

济南鲁能希尔顿酒店及公寓通过官方网站、微信公众号、预订通道以及各大媒体平台全方位推送"希尔顿清洁无忧住"项目的详细信息,帮助顾客和潜在顾客了解希尔顿清洁无忧住服务,增加他们对于新服务的认知度,宾客在出行前不仅可以了解到自己入住期间可以得到的清洁无忧住服务,还可以看到已实施的全新清洁规范和流程。将清洁无忧住项目通过互联网宣传提前与顾客产生交互,让宾客无后顾之忧。

① 参见蔺雷、吴贵生:《服务创新》,清华大学出版社2007年版,第145页。

(2)入住中:服务流程优化与卫生标准升级

针对宾客对健康与清洁的需求变化,济南鲁能希尔顿酒店及公寓对宾客接触最频繁的电灯开关、门把手、电视遥控器和恒温器等处精准实施“10点深度清洁”,并通过在清洁后的镜面、客房门上贴上安心客房封鉴,将以往看不到的清洁卫生服务可视化,让宾客真正做到“无忧入住”。

在履行客房清洁的新程序时,济南鲁能希尔顿酒店及公寓的客房清洁团队谨遵以下三步。

第一步:将具体的消毒区域的消毒任务转化成执行表格,消毒任务的执行进度、执行频率和执行责任人都必须在执行表格中体现。

第二步:将所有用过的用品(例如寝具和毛巾)拿出客房,全面打扫客房和浴室,包括地毯吸尘和拖地,并用医院级清洁产品擦净所有的表面。

第三步:使用来沙尔(Lysol)或滴露(Dettol)清洁产品,着重消毒客房内接触最频繁的区域。

在对大堂吧、健身房等公共区域进行清洁时,济南鲁能希尔顿酒店及公寓的清洁团队提高了公共区域与设施的保洁频率,并通过调整家具、设施设备的位置人为地扩大人与人之间的安全社交距离,通过优化服务流程减少宾客与人、物的直接接触。

在健身中心,清洁团队除增加每日常规保洁次数外,还适当调整器材摆放位置以便宾客保持安全社交距离,并在必要时间限制健身中心内的宾客人数。

在人员密集的出入口、电梯间区域,清洁团队每小时对电梯等频繁接触区域进行一次清洁,使用经过批准的商用级产品清洁各个区域,最后使用来沙尔或滴露产品进一步消毒;在酒店主入口和关键高客流区提供除菌洗手液和消毒纸巾和口罩。

在会议室,济南鲁能希尔顿酒店及公寓对会议服务内容和流程进行了优化升级,简化小型会议的协议条款;推出《希尔顿清洁无忧·安心会指南》(*Hilton Event Ready with Clean Stay*),通过专业指导和专属资源,为各种会议需求提供解决方案,如无缝融合现场与远程参会者的混合会议、会场布置和创意联络。

在餐厅,济南鲁能希尔顿酒店及公寓清洁团队通过合理摆放桌椅,增加了宾客之间的社交距离,并按需提供一次性餐具、用具。在早餐期间,餐厅向宾客提供包括外带、预制包装食品、零点和辅助服务等在内的多项选择。在提供客房送餐服务时,酒店特意为有需要的宾客设计了无接触送餐服务,餐食和一次性服务用具将被放置在客房门外。

(3)退房:无接触,更安心

济南鲁能希尔顿酒店及公寓实施了全新退房流程,顾客在使用自助服务终端或移动设备提交退房后把房卡交还到指定位置,即办理完成退房业务,全程无须接触他人。一定程度上减轻了宾客的心理负担,减少人与人之间的接触机会,为顾客安全提供保障。

3.新服务督导:守好服务质量的责任田

服务创新的最终目的是提供高质量、高效率的服务,为顾客创造新价值,形成服务企业竞争优势的活动。要实现这个目的,必须使员工了解、认可在新服务实施过程中扮演的角色,监督、指导员工在新服务传递过程中的每一个动作。

为了巩固酒店的日常执行效果,济南鲁能希尔顿酒店及公寓在每一封宾客满意度调查问卷中都增设了“希尔顿清洁无忧住”相关的提问内容,如您入住过程中是否对酒店的清洁消毒工作感到满意、是否被告知关于希尔顿清洁无忧住我们为您所作的准备工作等,使该项目的落地实施结果与效果呈现在每位客人的监督之下。直到服务结束,客人仍然能够对“希尔顿清洁无忧住”项目进行质量意见反馈。

济南鲁能希尔顿酒店及公寓充分重视员工角色和作用,在集团质量审计通报的指导框架之下,管理人员利用检查表格、标签、标语等方式将员工无形的清洁服务有形化、可视化,并以日常巡检、专项督导、员工授权相结合的方式确保清洁无忧计划高质量落地。

(二)升级服务标准,引领行业清洁卫生基准线

服务标准作为服务企业各个环节完成服务活动的准则和依据,有着举足轻重的作用,为确保企业服务一致性、增强核心竞争力、满足宾客需求提供了支撑和保障。聚焦宾客核心需求、抬高行业普适性的基本服务标准是服务企业消除宾客顾虑、践行服务承诺、为宾客提供安心入住体验的直接手段,更是服务企业赢得竞争优势,是彰显品牌档次的有效措施。“希尔顿清洁无忧住”项目优化了清洁、消毒流程,梳理了与项目匹配的管理过程,重新编写清洁规范;把医院卫生标准应用于酒店客房的卫生操作规范,采用医院级清洁产品,增加消毒频次;改变服务方式,强化清洁提示,升级了操作规范,重新定义了酒店业清洁卫生基础服务的基准线。

1."希尔顿清洁无忧住":行业清洁卫生标准领头羊

(1)精选合作伙伴

"希尔顿清洁无忧住"项目由希尔顿集团与利洁时集团及美国妙佑医疗国际合作开发。希尔顿集团在两家专业机构的指导下,将这一升级版的清洁和消毒新标准逐步引入希尔顿清洁无忧·安心会。

利洁时集团,诞生于1823年,是一家专注于健康、卫生和家居护理产品的全球制造商。该集团旗下拥有诸多深受消费者信赖的产品,如家庭消毒除菌知名品牌——滴露。在"希尔顿清洁无忧住"项目中,利洁时集团除了提供医用级别的清洁产品,还引入卫生和消毒领域的关键人才专家,充分利用130余年的科研成果支持健康卫生意识的培养、相关人员的培训和教育,并开发了产品交付系统。

除此之外,"希尔顿清洁无忧住"项目还依托于妙佑医疗国际的经验和专长,优化清洁、消毒流程,改写清洁规范,将医院卫生标准的最佳实践引入酒店客房,包括团队成员培训计划和质量保障条款,完成了"希尔顿清洁无忧住"项目从设计、实施、评估、改进的闭环管理。

(2)采用医用级清洁用品

希尔顿集团为服务团队制定了信息图,济南鲁能希尔顿酒店及公寓客房清洁团队按照信息图的指引,使用利洁时集团为希尔顿集团定制来沙尔或滴露清洁产品,加强消毒重点区域及其重点区域内的宾客高频次使用物品,例如客房内的所有的灯具开关和电器控制器等。希尔顿集团在此基础上进一步创新的消毒技术,使用静电喷雾器——喷射带静电的消毒喷雾及紫外灯,对表面和物体进行消毒。

(3)确定重点区域

为减少病毒和细菌的潜在传播,体现对整个酒店清洁的承诺,济南鲁能希尔顿酒店及公寓解构宾客在酒店消费及活动场所,确定了与酒店的接触关键区域以及关键区域内的高频次接触关键点,作为深度清洁、重点消毒的对象。客房、餐厅、健身房等区域被列为"希尔顿清洁无忧住"项目的重点区域。以客房为例,深度清洁、重点消毒关键点包括:各类灯具和电器的开关和电子控制面板,门、窗、窗帘拉手以及壁橱、抽屉等各类家具的手柄和旋钮,马桶冲水按键、马桶坐垫、淋浴喷头、浴室门把手、水槽水龙头及开关、皂液盒、纸巾盒、个人卫生备品、易耗品和吹风机等浴室器具的表面,遥控器、闹钟、电话、服务指南的表面,被套、枕头套、床单等床上用品,桌子、柜子、床头柜等家具硬表面,电熨斗、保险箱手柄和键盘等壁橱内物品,迷你吧(部分地区暂停使用)、冰箱、咖啡机等客房内的食品饮料容器。

济南鲁能希尔顿酒店及公寓要求客房服务团队在原有清洁步骤的基础上增加一个额外的步骤,以擦拭或喷洒作为清洁设施设备、物品的最后一步,并在完成此项步骤后,套上一个封套,向顾客表明可以放心使用。

(4)增加消毒频次

济南鲁能希尔顿酒店及公寓在集团和专业机构的指导下,增加了关键区域的消毒频次。服务人员完成清洁任务后需做标记,要求清洁检查表上的每一项必须标记完成。以酒店大堂为例,见表1所列。

表1　公共区域清洁检查

一般大堂清洁	最低频率
扶手:清洁和消毒	每2～4小时
饮水器:擦拭区域,抛光和消毒旋钮	
行李扫描仪(如使用)	
入口/出口门:清洁和消毒旋钮和把手	每小时
家具/桌面:清洁和消毒	每2～4小时
墙壁/壁灯/相框:现场清洁/除尘	每班次1次或根据需要
硬木/瓷砖/大理石地板/地毯:清洁/吸尘	每班次1次或根据需要
家具/灯罩/坐垫:摆正	每班次1次或根据需要
烟灰缸/烟灰盒:清洁	根据需求
垃圾散落:捡起	根据需求
垃圾箱:清空/更换内层	根据需求
玻璃/窗户区域	每班次1次或根据需要
户外座位	每班次1次或根据需要

(5)转变服务方式

服务接触尤其是员工与宾客之间的人际接触,是高品质服务的基本形式。然而,频繁的人员接触对于消费者来说是最大的安全担忧。于是,"无接触服务"变成宾客入住期间的服务常态。济南鲁能希尔顿酒店及公寓针为希望获得无接触抵达体验的宾客提供了数字钥匙,宾客可利用其移动设备在酒店办理入住、选择房间、使用数字钥匙进入房间以及退房。下一步,希尔顿将把数字钥匙功能拓展至整个酒店的公共门和入口处。

“无接触服务”在一定程度上与希尔顿“热情好客”的服务理念背道而驰。基于此,希尔顿不断思考并转变服务方式,力图在阻断病毒传播的同时彰显服务理念。济南鲁能希尔顿酒店及公寓提供了“灵活的保洁服务选择”项目,宾客可以根据自己的需要灵活选择客房清洁服务,获得更舒适的住宿体验。若希望安排客房清洁服务,可致电前台。酒店应宾客的要求提供寝具和洗漱用品等额外用品,并将其装在保护套中,放在客房门外。客房清洁时提供以下选择:铺床、擦拭浴室表面、替换棉织品、补给客房内的提供的咖啡包和茶包、补充洗浴用品、吸尘地毯或拖地(如使用)、清空垃圾桶、清洁和消毒等。如果客人在酒店入住至少 3 天并且没有得到任何清洁服务,则为其更换洗过的床上用品,补充消毒湿巾,清洁和消毒浴室。

(6)强化健康安全提示

酒店作为人员密集场所,人员流动量大,尽管按照集团的要求增加了清洁和消毒的频率,仍存在潜在病毒传播风险。因此,除了严格执行山东省及济南市政府的要求(例如体温扫描,要求宾客佩戴口罩等)外,酒店在公共区域的人员密集地区设置了消毒设施及安全提示,以提醒宾客提高自我防护意识,积极采取自我防护措施。

2.从无忧“住”到安心“会”:一场商务宾客消费心理战

会议和活动是希尔顿全球业务的一个核心组成部分。即使是在应保持安全社交距离的情况下,这些活动对于机构、公司和人员的沟通联系仍至关重要。为满足客户希望开展业务并建立联系的需要,希尔顿集团在执行“希尔顿清洁无忧住”项目的基础上,将清洁标准推广至会务服务中,制定了“希尔顿清洁无忧·安心会”计划,以满足其需求。

“希尔顿清洁无忧·安心会”是专门针对会议及活动方面升级需求而开发的清洁和服务项目,旨在提高会议及活动的安全性,进一步提升客户体验。希尔顿践行热情好客之道,全面提高宾客的会议及活动质量,为活动组织者和参会方全程提供超越期待的服务。“希尔顿清洁无忧·安心会”的服务标准主要内容如下。

(1)清洁规范

将“希尔顿清洁无忧住”中的升级卫生标准推广应用于会议中的每个环节,包括客房和会议室封签、在公共区域与会议空间内放置清洁站以及“希尔顿清洁无忧·安心会”会议室卫生检查单等。

(2)灵活的预订结算流程

希尔顿充分理解流程灵活度的重要性,实施灵活的定价、会议空间选择及合同条款策略。快速响应,满足宾客需求,如简化小型会议的协议条款。推出《希尔顿清洁无忧·安心会指南》,通过专业指导和专属资源,为各种会议需求提供解决方案,如无缝连接现场与远程参会者的混合会议、会场布置和创意联络。

(3)安全且对社会负责的会议解决方案

为顺利举办会议和活动,希尔顿团队成员与客户合作,在实现会议目标的同时减少卫生及环境方面的顾虑,包括提供富有创意且保持安全社交距离的会场布置和餐饮服务、开发富有灵感的餐饮菜单等。

(三)强化有形服务展示,刺激宾客体验感知

服务具有无形性的天然属性,宾客受到认知风险的驱动会无意识地寻求有形线索印证无形服务,将无形服务进行有形化展示有利于体现服务内涵,促进宾客感知服务质量。

济南鲁能希尔顿酒店及公寓依托"希尔顿清洁无忧住"和"希尔顿清洁无忧·安心会"两个项目,在清洁卫生服务流程、服务标准的实施方面付出了诸多努力。酒店不断将无形的清洁服务转化为宾客能看到、听到、闻到、品尝到、触摸到的有形印记。这些服务的有形印记不仅是酒店服务提档升级的形式体现,也强化了顾客对"安全感"的现实感知,是希尔顿对宾客做出的服务承诺和接受宾客监督的主动选择。

1.服务有形性设计方法与过程

服务有形展示的设计基于客户行为、前台员工行为、后台员工行为和支持行为的解构。面对宾客对住宿清洁安全的高需求,集团从客户消费行为和员工服务行为分析出发,分析贯穿前台员工行为和后台员工行为和支持行为,完成了服务有形展示的设计(见表 2)。

首先,解构客户行为。希尔顿集团列出客户与酒店的接触关键点,包括线上浏览购买、大堂入住登记与离店、客房入住、餐厅用餐、参加会议等。其次,对应前台服务行为。包括网页呈现、大堂接待服务、客房清洁服务、餐厅服务和会议服务等。再次,对应后台服务行为。包括网页设计服务、单店层面的人员培训、物料购买等。最后,对应酒店管理层以及集团层面的支持行为。包括集团层面对总经理的项目培训、品牌标准、酒店启动资源、可供访问的希尔顿供应链、销售与营销信息、团队成员培训等,还包括集团层面统一发放的包含"希尔顿清洁无忧住"客房封签的项目启动物料包和营销物料模板等。

在对服务过程进行解构后，希尔顿将服务有形展示内容分为嗅觉、听觉、视觉和嗅觉四大版块，向顾客全方位展示酒店清洁工作和安全卫生服务标准。

表 2 “希尔顿清洁无忧住”服务过程解构

行为分析	服务过程分析
客户行为	线上浏览购买、大堂入住登记与离店、客房入住、餐厅用餐、参加会议
前台服务行为	网页呈现、大堂接待服务、客房清洁服务、餐厅服务和会议服务
后台服务行为	网页设计服务、单店层面的人员培训、物料购买等
服务支持行为	总经理的项目培训、品牌标准、酒店启动资源、可供访问的希尔顿供应链、销售与营销信息、团队成员培训；集团层面统一发放的包含“希尔顿清洁无忧住”客房封签的项目启动物料包和营销物料模板等
有形服务展示	视觉形式：第三方预定平台的“希尔顿清洁无忧住”的宣介；在客房清洁后在房门贴有形的封签；在遥控器、镜子、马桶贴“已消毒的”标签；在会议室标注十大频繁接触区域并标注“已清洁”标签等；餐厅的传菜过程中的食物防尘罩；所有服务人员佩戴口罩、穿戴防尘衣等防疫物品；健康提示张贴，并利用各种显示屏宣传新型冠状病毒感染防控知识；公共用品用具严格执行一客一换一消毒；静电喷雾机和紫外线灯对物体表面进行消毒； 听觉形式：线上线下各区域的宣介短视频；员工的口头安全提醒；增加服务告知环节； 嗅觉形式.定时进行环境安全消杀； 触觉形式：设置消毒站，方便宾客以擦拭方式进行消毒

2.服务有形性展示区域分布设计

《希尔顿清洁无忧住：致业主伙伴的一封信》中指出，宾客将在旅程的各个环节体验到“希尔顿清洁无忧住”带来的安心与舒适，包括在线有形展示、客房有形展示、大堂和公共区域有形展示、餐饮有形展示、会议与活动有形展示等。

(1)在线有形展示

旅行开始前，宾客就通过官网和第三方预订平台了解“希尔顿清洁无忧住”的相关细节，从预订到离店获得全程闭合的无忧入住体验。希尔顿集团还通过官方社交媒体渠道让更多消费者了解项目，并积极通过媒体传播其对清洁安全的承诺。

(2)客房有形展示(见图 2)

宾客在客房的“希尔顿清洁无忧住”体验从安心客房封签开始,表明客房在经过彻底清洁后无人进入,为宾客提供额外安心保障。在继续严格执行原有清洁卫生高标准的同时,推出“10 点深度清洁”措施。客房中 10 个高频接触点是即是宾客最关注的区域,也是酒店重点深度消毒的区域,包括电灯开关、门把手、电视遥控器和恒温控制器等。

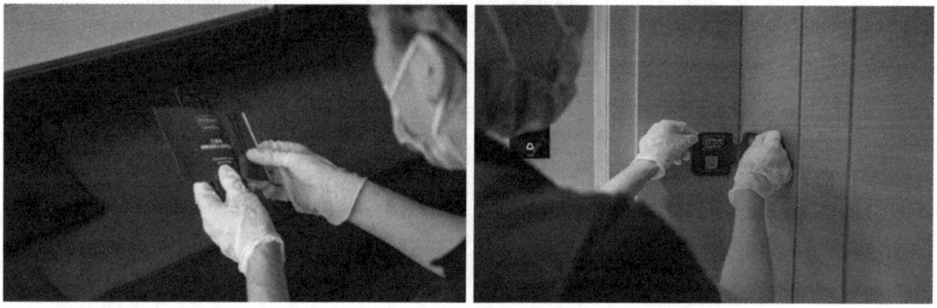

图 2　客房有形展示

(3)公共区域和餐饮区域有形展示(见图 3)

确保酒店公共区域清洁消毒流程在宾客入住期间清晰可见,改变夜晚进行保洁工作的标准,鼓励酒店用日间保洁代替夜间保洁,让宾客对保洁过程一目了然。此外,餐饮团队深入研发了一系列对客操作有形展示标准,为酒店餐饮运营提供支持,包括员工口罩佩戴、消杀展示、客房送餐服务、家具布置、服务餐具、自助餐和餐饮外带选项等。

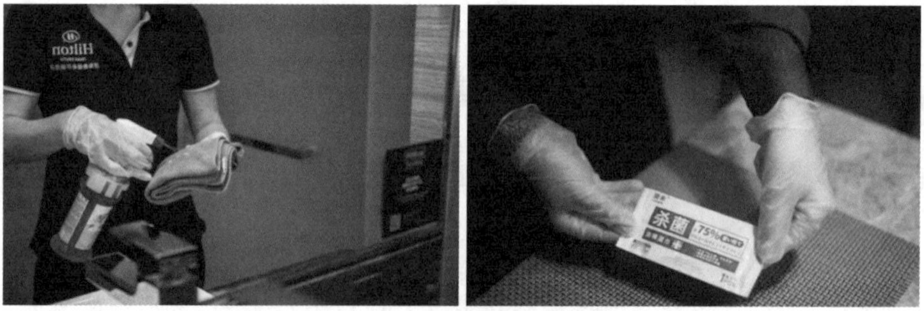

图 3　公共区域和餐饮区域有形展示

(4)会议活动有形展示

会场及活动现场同样采用标语及指示牌作为提示,活动现场设置工作人员维持秩序，提醒宾客保持1米安全距离；在消毒过的位置张贴蓝色标语告知宾客安心开会。为会议与活动提供更加洁净、灵活、安全、社交安全的解决方案。

3.服务有形性设计的类别

希尔顿集团提升服务的有形性主要从视觉设计系统入手，分为4个类别，包括服务宣传材料、服务进程标识、宾客体验提示、服务方式展示。

(1)服务宣传材料

2020年5月，希尔顿集团向全球旗下酒店提供"项目启动传播工具包"，规范全球希尔顿旗下酒店对"希尔顿清洁无忧住"项目的宣传口径，统一服务标准，作出全球化服务承诺。

(2)服务进程标识

①在客房清洁后在房门贴有形的封签。

②在遥控器、镜子、马桶贴"已消毒的"标签。

③在会议室标注十大频繁接触区域并标注"已清洁"标签。

(3)宾客体验提示

①有关保持社交距离的提醒。

②第三方外卖送餐区指示牌。

③设备暂停使用(以推动保持社交距离)提示语。

④酒店各处增加了自助消毒设施。

(4)服务方式展示

①改变夜晚进行保洁工作的标准，鼓励酒店用日间保洁代替夜间保洁，让宾客对保洁过程一目了然，放心入住。

②扩大游泳池边躺椅、餐厅等空间的摆放间隔距离，方便宾客保持人际距离。

③支持更多的宾客选择使用电子房卡，以便通过无接触方式轻松打开房门，并保持安全社交距离。

④通过希尔顿的电子房卡技术，预订希尔顿客房的宾客可以在免费的希尔顿荣誉客会应用程序中办理入住，并在手机上遥控打开客房门锁。

三、水到渠成,用心服务终结硕果

(一)顾客好评如潮

基于广泛收集的2000余条住客评价,发现顾客对清洁无忧住计划的感知、评价持正向态度。以“无忧”为关键词,评论显示:“希尔顿清洁无忧住让我打消了各种设施是否安全清洁的顾虑,真的非常替客人着想,暖心!”以“防疫”为关键词,客人反馈:“酒店疫情期间防疫措施很到位,门口提供口罩,外卖可以机器人送物,房间卫生打扫很干净,浴缸也会消毒,住得很安心。”“防疫做得挺好,几乎在门口、电梯口、餐厅及各处前台,都能随手拿到口罩、消毒湿巾和消毒液,这一点真是可圈可点。”“出差入住,防疫措施很到位的一家酒店。”“酒店卫生干净,因疫情防控要求,检查严格,住起来也挺放心。”“酒店防疫挺到位的,卫生没的说,绝对过关。”等等。清洁无忧住计划体现了希尔顿酒店在任何情况下都积极践行热情好客之道,进一步得到了顾客的信任与好评。

(二)业界高度认可

目前,人们更加关注清洁卫生与健康,倾向于选择值得信赖的品牌,这些变化和需求对酒店业来说至关重要。

希尔顿作为全球领先的酒店集团,推出“希尔顿清洁无忧住”和“希尔顿清洁无忧·安心会”项目,加强了已有的严格卫生要求标准,重新定义了酒店行业清洁卫生标准,一经推出,就在全球范围引起极大关注和热烈反响,多家主流媒体以“希尔顿全面升级酒店入住卫生规范”“希尔顿定义酒店清洁新标准”等标题进行报道,仅在亚太区就获得了25亿次媒体曝光,让希尔顿成为行业清洁卫生标准的领头羊,在全球逾6700家酒店中为宾客提供放心的入住体验。

结　语

2019年之前,高度旺盛的消费需求、不断向好的酒店业绩让酒店业成为投资市场的香饽饽，极少有人关注支撑经营业绩背后的是优质的运营管理还是时代赋予的红利。

酒店供给侧改革势在必行，以往依靠高度活跃的消费驱动力和社会经济大环境，通过“品牌赋能＋地段流量”就能维持亮眼业绩的时代已经一去不复返。① 一些无法适应新要求的酒店逐步被淘汰，由此可见，酒店作为一个完整的微观社会生态系统，应该在精细化科学管理的基础上，进一步培养快速反应、变革创新、与时俱进的可持续发展能力。

济南鲁能希尔顿酒店及公寓在集团的部署和全球知名清洁消毒专业机构保驾护航下全面践行清洁安全服务标准，根据外部环境不断调整经营管理策划，围绕宾客体验与时俱进地积极开展实施“希尔顿清洁无忧住”和“希尔顿清洁无忧·安心会”项目，通过优化服务管理过程、升级服务标准、强化有形服务展示等创新举措，将逆境转变为机遇，给宾客带来了更洁净更安全的住宿体验的同时也创造了可观的经济效益，为国内旅游企业提供示范借鉴。

▶启发思考

1.请结合案例进行分析，面对突发状况，希尔顿酒店集团进行的服务创新与变革给我们带来哪些启示？

2.面对酒店供给侧改革的趋势，酒店应如何培养“逆商”，不断提升可持续发展能力？

3.结合本案例，你认为服务有形化的意义和实现路径是什么？

① 参见孙坚：《蹲低深思：疫情之下旅游企业如何生存》，《旅游学刊》2020 年第 8 期。

产业发展与乡村治理一体化

——庵上湖农民专业合作社的创新发展之路*

▶案例概览

庵上湖村的农民专业合作社从无到有，从“三无村”到示范村，庵上湖村实现了产业振兴到全面振兴。庵上湖村以合作社为平台，开启了现代农业产业发展之路，并通过村社联结的“党支部＋合作社”的发展模式，走村级单元为基础的集体经济道路，由发展乡村产业走向了产业发展与乡村治理一体化，推动了村庄在产业发展、基层组织建设、生态环境改造、公共服务、乡村治理等方面的全面提升，开创了一条以产业发展引领农村经济社会全面发展的新模式。实践证明，这种模式非常符合“产业兴旺、生态宜居、乡风文明、以治理有效、生活富裕”的乡村振兴战略指向，其经验成果直击乡村实现共同富裕和全面振兴的痛点，指导性强，可资借鉴。

引　言

2007 年 7 月 1 日，《中华人民共和国农民专业合作社法》正式颁布实施，推动我国农民合作社走上了依法发展的快车道，给我国农民专业合作社的发展指明了方向。合作社能够在提高组织化程度的同时，保证农民的主体地位，保障农民的收益，促进社员利益最大化。更重要的是，合作社为农民提供了一个强大的平台，并起到了与政府、外来企业等的沟通桥梁作用，可

* 本案例由山东农业工程学院田芸和庵上湖乡村旅游合作社赵继斌、李晓强撰写，由山东大学旅游产业研究院/山东省新旧动能转换重大工程精品旅游产业智库改编收录。

以有效提高农业产品竞争力和市场拓展能力。① 面对产业规模小、经营困难、产品质量不高、农民收入不稳定等发展难题，潍坊市昌乐县庵上湖村两委找到了解决方案，就是由村“两委”牵头成立合作社。事实证明，这是符合当时庵上湖实际的正确选择。华安瓜菜专业合作社的成立，使得庵上湖自此走上了农业产业化发展之路，成为村“两委”牵头成立合作社、壮大村集体经济、富裕农民的典范之一。

一、艰难起步，合作发展铸就产业振兴之路

（一）贫困中萌生的发展动力

2007 年 12 月，在村党支部书记赵继斌的发起带动下，庵上湖成立了第一家合作社——华安瓜菜专业合作社。合作社的成立，不仅是国家政策利好的结果，更是庵上湖人在多年的贫困中苦苦挣扎探索后的选择。

20 世纪末，庵上湖还是一个基础设施落后、村民收入低的远近闻名的贫穷村庄。2001 年，干了 10 年村支书的赵继斌升任村党支部书记，上任之后的第一件事就是考虑如何摘掉村里的“穷帽子”。但当时，村里的问题实在是太多了：村里资产为零，干群矛盾突出，村民贴大字报、小字报，给老干部柴火垛点火，往家中扔石头、砸玻璃……在一片迷惘和煎熬里，赵继斌在田间地头，苦苦地思索着。他深知，再难的路都得迈出第一步。他开始挨家挨户做工作，并发动党员干部带头行动起来。从此，庵上湖全体党员的家门口，全部钉上了共产党员户的牌子，党员会议步入正轨。人心齐了，赵继斌打算先从这片毫无优势的土地着手，进行改革创新。针对庵上湖既无城中村的地理优势，又无矿产资源优势，也无产业能人优势的实际情况，确定了发展现代大棚种植的方向。但这样一条崭新的致富思路，到了一直从事传统种植的村民眼中，却是始终不敢尝试的“新事物”。对此，赵继斌采取了两个解决办法：一是组织群众外出学习，现场感受瓜菜种植的优势；二是党员干部先带头尝试发展，率先垂范，给群众蹚出一条前行的路途。2001 年，5 名村干部带头建起了 37 个大棚，每个棚年收入都突破了 2 万元。第二年，

① 参见阳宁东、邓文：《农民专业合作社在乡村社区旅游中的运用》，《农村经济》2012 年第 3 期。

村民们看到了希望,有了强烈的建棚愿望。到2006年,全村大棚瓜菜种植达到600亩。但新的问题又出现了,农产品价格忽高忽低,不仅影响了农民的收入,也让他们的信心大受打击。同时,农户分散经营、质量难管控、售价上不去、农民收入不稳定成为摆在村干部面前的一个新难题。

(二)成立合作社,迈出规范提质发展第一步

2007年7月1日,《中华人民共和国农民专业合作社法》颁布实施,给困境中的庵上湖带来了好消息,在以赵继斌为首的党支部的推动下,华安瓜菜专业农业合作社于2007年12月正式成立,并注册了"庵上湖""华品"2个瓜菜品牌,庵上湖的现代农业产业终于迈出了规范发展的第一步。

合作社成立的目的就是通过打造品牌来保证质量、稳定农产品价格。所以成立之初,合作社就采取了两项举措:一是强化管理,村"两委"所有干部均在合作社交叉任职,分类考核;二是合作社注册了"庵上湖"商标,注册资金3万元,500元一股,共60股。由于合作社在当时还是新鲜事物,所以加入的百姓比较少,规模有限,庵上湖就先从生产质量抓起,决定以当时受欢迎但是安全性也备受质疑的韭菜为切入点,2008年合作社种植的有机韭菜上市后被抢购一空,看到希望的村民纷纷加入,合作社成员迅速扩展到了100多户。韭菜的成功销售,让合作社认识到了食品安全的重要性,也更加坚定加强农民合作、进行标准化生产、以质量取胜的发展宗旨。

(三)以食品安全为立社基础,抓质量,塑品牌

"一把韭菜铸就了一个品牌,一把韭菜带动了一个产业",从食品安全入手抓产业,庵上湖品牌系列产品开始进入市场。为加强食品安全管控,合作社制定了详细的管控方案:一是采取"党员包户""干部包区"方式,一个党员包靠8户直系亲属或邻居,村委干部和合作社干部对种植基地实行分辖区管理,一旦产品中被检测出使用违禁农药,干部要辞职;二是对社员进行积分考核,即把一年中四次检测的结果纳入积分,年底进行核算,作为合作社进行分红的依据之一;三是树立精品意识,建立严格的质量追溯制度,生产的所有瓜菜都贴有标注种植日期、采摘时间、社员代号的标签,并设立高标准农药残留检测室,外销瓜菜批批检测,杜绝不合格瓜菜外流。一年下来,每个棚比普通户平均纯收入高出3000元以上,就这样,越来越多的农户加入了合作社,2009年入社农户超过了200户。合作社对社员的瓜菜统一使用合作社包装销售,要求大批量销售的订单注明产地。庵上湖始终都把蔬

菜质量安全作为合作社发展的生命线，把种植优质瓜菜，呵护“庵上湖”招牌作为合作社发展的总方针。

2011年，为解决社员贷款难的问题，合作社开始实行金融合作，在合作社内部实行信用资金互动，推行食品安全与资金互动挂钩，只要食品安全做得好，合作社实行无担保无抵押信用借款。食品安全做得越好借款利率就越低，弘扬了“社会诚信”正能量(合作社金融不允许盈利，亏损部分由合作社财务部补齐)。庵上湖诚信经营、良心种菜的做法得到了广泛认可《人民日报》、新华社和《大众日报》及中央电视台、山东电视台、潍坊电视台多次对庵上湖合作社的好做法进行了报道，庵上湖的食品安全品控成为全市、全省乃至全国的典范。2013年，村支部书记、合作社理事长赵继斌被评为“全国食品安全诚信守望典型人物”;2015年，赵继斌受邀参加了在北京举行的“第七届食品安全周”活动，并在大会上介绍了庵上湖合作社发展的经验。华安瓜菜专业合作社瓜菜种植品种有30多个，其中20多个品种获得了绿色、有机、无公害认证，还建设了50亩有机蔬菜生产园区。合作社产品直供北京、济南的大型超市和酒店，还自建了线下、线上的品牌直营店，瓜菜销售均价比一般瓜菜高出约50%。

合作社的成立，标准化、规模化的生产和品牌化运营保证了产品质量，推动庵上湖村迈出了强村富民发展的第一步，“庵上湖”成为响当当的金字招牌。“庵上湖”如今成了放心绿色蔬菜的代名词，严格的质量管理、检测标准和完善的积分制度考核铸就了庵上湖食品安全的金字招牌，连续20多年没有出现农产品质量安全问题。庵上湖无公害瓜菜种植基地也被评为“国家级设施蔬菜标准园”“山东省标准化生产基地”。

(四)规范管理，推动合作社健康发展

合作社成立之初，在村党支部的指导下，按照“民管、民办、民受益”的原则制定了《章程》，选举产生了理事长和监事长，确立了议事协调、收益分配等制度，每月固定一天召开党支部与合作社联席会议，共同研究解决合作社生产经营问题。合作社运营过程中，建立了统一供种、统一供肥、统一供药、统一指导、统一销售的“五统一”模式，实行标准化生产、规模化经营;带动成员树立精品意识，建立严格的质量追溯制度，生产的所有瓜菜都贴有标注种植日期、采摘时间、成员代号的标签;设立高标准农药残留检测室，外销瓜菜批批检测，杜绝不合格瓜菜外流。严格的制度带来了规范化管理，从而推动着合作社健康有序发展。

(五)以改革促发展,壮大集体经济

华安瓜菜专业合作社的成立使庵上湖迈开了蓬勃发展的步伐,以食品安全为核心的品牌建设为庵上湖的发展带来信息和机遇。2015 年之前,合作社经营的资产,既包括入社社员的承包土地,也包括村集体的四荒地、塘坝、机井及部分建设用地。村集体和社内的其他社员之间在股权和利益分配方面没有明确的界限,按照约定,合作社是和村里“混着过”,合作社每年都拿出总利润的 10%,用于村集体公益事业建设和向村民发放福利。然而后来,随着合作社示范带动效应的放大,尤其是来自外村社员的加入,这种“混着过”的矛盾也日益凸显。

合作社占用着集体土地等资源,同时合作社的大部分盈余都用于村里的公益事业,合作社和村集体之间是一笔糊涂账,社员有意见,大家都想弄明白。此时,恰巧昌乐县被确定为全国 29 个“积极发展农民股份合作、赋予农民对集体资产股份权能改革”试点县之一,庵上湖村作为全县首批试点率先展开了农村集体产权制度改革。2015 年 11 月 23 日,庵上湖村集体经济股份合作社顺势成立,合作社把村集体的 136.4 亩四荒地、87 万余元经营性净资产、4002 平方米村集体建设用地等作为集体经济股份量化到人、确权到户。在此之前合作社先进行了成员资格界定,最终界定 679 人为庵上湖村村集体经济组织成员,核算后的村集体资产每人一股,每股折算成 1300 元和共计 134.19 平方米土地,入股华安瓜菜专业合作社,参与经营收益分配,“产权变股权、村民变股东”。同时,上级政策资金投资旅游等形成的固定资产也入股到了合作社,每年参与分红,确保了集体资产的保值增值。村集体经济股份合作社的成立,以产权为纽带,理顺了村委、村集体经济组织与专业合作社的关系,村、社、农户之间结成了利益共同体。这项改革,让村集体与合作社之间有了一本“明白账”,为合作社进一步发展扫除了产权不清晰的障碍,从根本上保障了庵上湖村集体和村民的产权权益,为合作社的进一步规范发展铺平了道路,更为发展壮大集体经济奠定了基础。一是进行土地合作,村民自愿用确权到户的土地承包经营权开展股份合作,由集体经济组织统一对外经营。需要注意的是,庵上湖村民的土地确权与别处不同,采取“确权确股不确地”的方式,目的是便于统一规划。全村 845 亩耕地全部进行了流转,按一亩一股的标准入股华安瓜菜专业合作社,每股每年固定享有 700 元保底分红。二是发展集体经济组织内部资金互助,社员借款不用担保抵押,支持社员发展蔬菜生产、农家乐,购置农用机械等,解决了农民扩

大生产资金难的问题。三是社社合作，与周边村的6个村集体经济组织联合流转土地，建设高标准蔬菜大棚，实现优势互补，带动周边村发展设施农业。四是开展社企合作，与矿机集团合作成立了庵上湖农业科技发展有限公司，企业的加入为合作社的发展壮大注入了资金和市场支持。通过合作发展，建立了村集体与合作社成员共享发展成果的利益联结机制，也打开了村集体和合作社共同发展的新局面。2021年，合作社社员已经达到243户，发展无公害设施蔬菜基地面积1200余亩、辐射周边11个村庄种植无公害蔬菜6000余亩，合作社资产达3000多万元，连续多年保持“国家级示范社”称号。同时，庵上湖村集体经营性收入也突破了90万元。

二、产业融合发展，厚植乡村全面发展的基础

（一）产业融合发展，扩大合作社发展规模

发展现代农业、品牌农业使庵上湖打开了知名度，推动庵上湖走向了致富路，也为庵上湖带来了新的发展机遇。有了优势产业做基础，庵上湖人迅速抓住了另一个发展机遇，开始了乡村产业旅游化的转型发展之路。2015年，李晓强成为合作社乡村旅游负责人，负责庵上湖村乡村旅游的接待、讲解、采摘服务、农家乐餐饮等相关工作。2016年，庵上湖村斥资进行村庄环境改造，打造了千米观光水系、葡萄观光长廊，将一条千余米的垃圾沟打造成了风景秀丽、硕果累累的葡萄沟。2018年，庵上湖累计接待游客12.6万人次，实现旅游收入460万元，户均达12万元，同时辐射带动周边11个村建成6000亩优质农产品生产基地，发展起观光采摘和农家乐新产业。2019年，山东矿机集团投资6000万元，建设了集培训、住宿于一体的乡村振兴学院，村集体经济股份合作社以20亩集体土地使用权入股，每年获保底分红20万元。随着接待设施的不断完善，游客规模不断增长，庵上湖村又复刻了华安瓜菜合作社的成功经验，联合周边六个村庄，于2020年5月成立了庵上湖乡村旅游专业合作社，负责旅游组织和服务接待。社员以经营性和资源性资产入股，社员不仅包含庵上湖村民，还吸纳了周边村庄一些能人加入。其中，村集体在旅游合作社中的股份为30%，所有成员风险共担、利益共享。

至此，庵上湖依托现代农业，不断推动田园变公园、农区变景区、农事变

体验、农品变商品，变现代农业资源为旅游资源，将庵上湖打造成集瓜菜生产、杂粮生产、农业观光、教育培训于一体的优质农产品生产示范基地。乡村旅游的发展推进了农业新旧动能转换，不断拓展产业链，实现各个环节保值增值，产生乘数效应，促进合作社收入稳步增加。可以说，庵上湖农民专业合作社不仅推动了各产业融合发展，更创造了合作社规范发展和乡村振兴的“庵上湖”模式。

(二)发展乡村旅游，引领乡村经济社会全面发展

庵上湖乡村旅游的发展基于现代农业这一优势产业，不仅有了现代农业的良好产业依托和已形成的品牌影响力，更在前期形成了成熟的运营管理机制。庵上湖乡村旅游之所以能成功，关键在于始终牢牢抓住绿色瓜菜产业不放松，实现了园区景区一体化、产旅资源一体化、产旅品牌一体化，让游客有得看、有得吃、有得拿、有得体验，厚植了乡村旅游发展的内生动能。随之而来的不仅是村民收入的全面提升，更重要的是，还带动了乡村的景区化和村民生活品质的提升。因此，乡村旅游解决了传统农业经济无法解决的根本性问题，以乡村旅游为依托就有能力来主导整个乡村经济和乡村治理的一体化发展，并构建了一种新型的乡村社会关系，即主客关系(居民和游客之间的关系)、乡村旅游和其他产业之间的关系。庵上湖以发展现代农业起步，通过乡村产业的旅游化，使乡村旅游成为乡村经济的主导产业和纽带性的主体产业，带动了乡村经济的全面发展，进一步由乡村旅游走向乡村旅游与乡村治理一体化。庵上湖通过发展乡村旅游，进一步壮大了集体经济，强化提升了基层组织的力量和治理水平，改善了村居环境，改变了村民的生活方式并提升了生活品质和水平，促进了乡风文明，进一步解决了民生问题，从环境到生活，从生产到生态，带来了乡村全方位的发展和变化。可以说，庵上湖开创了一种全方位的乡村发展的新模式，为各地乡村建立产权明晰、运转高效、党政经一体村级管理体制提供了借鉴，也为实现农村农民的共同富裕和乡村全面振兴提供了示范，打造了乡村振兴的“齐鲁样板”。

三、村、社联结:合作社助力乡村全面振兴

(一)"党支部+合作社":为乡村全面发展提供保障

1.党支部:引领村级社会治理组织创新

实现乡村振兴,离不开村党组织把方向、管大局的引领作用,庵上湖农民专业合作社的成功,正是因为有村党支部的敢创新、勇担当,把合作社和农民组织起来抱团融合发展,实现了土地、资金、人才等各种要素资源的优化配置。

农村要发展好,很重要的一点就是要有好班子和好带头人。对此,赵继斌深有体会,他深刻认识到,要带动村庄发展,必须充分发挥村"两委"的组织和引领作用。赵继斌上任后,针对当时的现状,确定了党建和产业两手抓的发展思路,确定了"党支部+合作社+农户"的发展模式。在这种模式下,村"两委"是领导核心,农户是参与主体,合作社是具体的经营管理单位。因此,合作社的班子与村"两委"班子实行"交叉任职、双向进入",这种模式创新性地将党支部的政治、组织优势与合作社的市场、技术优势充分结合起来。村"两委"成员在合作社关键岗位任职,带头学用新技术,为社员提供生产管理、技术指导、瓜菜销售、质量检测等服务。7 名干部每人分别包靠 1 个种植片区,20 名党员技术骨干每人分别包靠 8 家种植户,负责技术指导、质量监管,一旦出现食品安全问题,包靠干部自行辞职,社员做退股处理。同时,在合作社的管理人员中,也培养了一批入党积极分子、发现了一批村干部人选。每月固定一天召开党支部与合作社联席会议,就一些重大事项进行集体决议。"党支部+合作社+农户"模式为党员、干部干事创业提供舞台,为党支部提升组织力搭建了平台。

这种模式为庵上湖后来发生的翻天覆地变化奠定了坚实的基础。中国传统社会是建立在农耕文明基础上的农业社会,农村社会以"血缘""地缘"为基础,在实践基础上逐渐形成了以宗族文化、传统习俗、乡规民约等一系列非正式制度规范,从而形成了中国农村社会的内生秩序,以实现农村社会的自我整合和治理。[①] 在城市化、现代化的过程中,在"以经济发展为中心"

① 参见张红霞:《乡村文化变迁与社会治理机制创新》,《桂海论丛》2014 年第 5 期。

理念的影响下,我国乡村的文化习俗、价值体系、社会伦理也逐渐变质,传统的乡村秩序因失去了社会基础和生活基础而日益破碎。乡村秩序的内生基础逐步消解,村庄的利益格局发生了很大的变化,对现代乡村的管理模式提出了很大的挑战。庵上湖村“两委”面对乡村发展的困局,积极探索创新,逐渐构建了一种适合农村生活现实与农民生活逻辑、实现农村基层有序现代化变迁的新的治理体系,不仅有效解决了“三农”问题,更让村庄基层组织(村委)焕发了新的活力,建立了乡村振兴有力的组织保障。党支部领办下的合作社,成为基层党建的新阵地,成为带动村民组织化的新平台,不仅推动党建与村庄治理、产业发展、群众增收融合发展,更构建了社会治理新的“生态体系”。更重要的是,这种村社共建的模式,理顺了村“两委”、合作社与村集体之间的关系,形成了坚定的村基层组织保障。

2.合作社:构建共建共享的农民利益共同体

从2007年7月起,我国合作社走向了依法发展的道路。尤其是通过集体资产股份权能改革,进一步明晰了村民的集体资产股份权能,保障了村民的产权权益,充分调动了每一个村民的积极性和主动性,有效解决了集体经济发展的资源投入不足、活力下降、联系松散、监管困难等问题,同时通过股份合作,对村民间进行利益联结,让村民共享发展成果,形成了以股份合作为纽带的共建共享共富的分配体系,使农民成为村庄发展的最大受益者。

现在的庵上湖村,已经做到了全员入社,合作社、村民和村集体之间建立起了紧密的联系,成为共建共享的利益共同体。不仅如此,合作社发展始终不忘对困难弱势群体的帮扶,建立了长效助贫机制,让每一名贫困群众都能共享合作发展的成果,坚持不让一户村民掉队,对贫困户、残疾人、低保户落实“两优先一赠股”的精准扶贫政策,优先将土地流转进合作社,每亩每年700元保底分红,优先安排合作社岗位,每年赠送贫困户1000元股份,2017年起将赠股扩增至3000元,年底统一分红,并对贫困户蔬菜瓜果“优先优价采购出售”,帮其尽快脱贫。并且在庵上湖瓜果采摘园建立了扶贫基地,为贫困户们提供就业机会,变“输血”为“造血”。专门制定出“日结、周结、月结”三种不同的工资结算方式,按时给贫困户发放工资。此外,还探索实行资金互助模式,贫困户成为合作社社员后,可以将存款存入合作社,合作社给予多于银行1倍的利息。另外,合作社还按照农民意愿,每年从收入盈余中提取10%~20%的资金,用于村庄修路、整治环境等公益事业。为了不让利益集中到少数人手中,在合作社股权设定上,每户成员年增股不能超10股,终生持股不能超150股,防止“一人独大”。大家共同劳动,共享收益,为发展注入了源源不断的动力。

(二)积分制:从保障食品安全到创新现代乡村治理

为了抓好食品安全管理,合作社推行了积分制度,对社员实行积分管理。将农产品药残检测结果纳入社员积分制内容,每季度一考核,满分为10分,主要评分指标是瓜菜药残检测抑制率,抑制率在10%以内得9分,10%~20%得8分,依次类推。年底将社员各季度积分情况换算成平均分,社员积分与合作社年度分红挂钩,积分高的分红就高,积分低的分红就低。若检测瓜菜药残超标一次,社员不享受合作社分红,药物检测不合格的直接做退股处理。社员积分还与资金互助挂钩,积分越高,可从资金互助合作社获得的贷款额度越高,利息越低;积分高的社员,合作社优先收购其瓜菜,并且价格也高。积分制运行一段时间后,效果非常显著,社员抓好瓜菜质量的积极性被充分调动起来,深深筑牢庵上湖食品安全品牌的基础。经过了实践检验的积分制,进而被推行到党员考核和村民管理中,庵上湖开始实行全员积分制管理。

一是党员积分。党员积分包括基础积分、贡献积分、民主评议积分三个方面。庵上湖村党员基础积分每年80分,参加学习培训、带头遵规守纪、联系服务群众、弘扬新风正气四个方面都有积分,达不到要求的扣分。基础积分扣分情况由村党支部据实核定,每季度张榜公示一次。贡献积分上不封顶,可根据党员为村集体和群众作贡献情况赋分,比如参与村集体义务劳动和公益活动,每次加4分。民主评议20分,每年年底由全体党员和村民代表根据每名党员表现情况进行评议打分。党支部每季度对党员的基础积分、贡献积分、民主评议积分进行汇总并公示,年底汇总出全村31名党员的积分,结果作为党员评先树优的重要依据。党员积分制的实施,倒逼党员自觉履行义务,带头服务群众,当先锋、做表率。

二是村民积分。2017年,庵上湖村开始探索实行村民积分,推行村规民约。村规民约共12条,每条根据重要性赋予不同分值,总分值100分。为强化考核的有效性,每年的分值也会根据工作重点进行调整,如2020年把生态发展、加强人居环境治理调整为20分,成为村规民约里分值最高的一项,同时也实行人居环境一票否决制,以此来倡导人人争当人居环境模范户。庵上湖村成立了积分考核小组,由部分村“两委”干部、人居环境整治网格长和村民代表组成,每周对居住区、棚区进行打分,对主动绿化房前屋后的村民给予一定积分奖励,对卫生不合格的户进行拍照留据扣分。村规民约“一户一档”,积分考核情况将被整理入档,在村委办公室统一存放。村民积分结果与村内福利等挂钩,充分调动了村民遵守和维护村规民约的主动性,激发了村民的内生动力,推动形成了乡村文明新风尚。

2022年,庵上湖村紧跟数字赋能大趋势,搭建起了乡村治理智慧管理平台,将积分管理由线下搬到线上,进行了再一次的创新。每家每户门口都悬挂着一块小木牌,村民只要用手机扫一扫上面的二维码,自己的党员积分情况和村规民约积分情况就一目了然。一户一码的方式改变了传统的公开栏公示积分的模式,避免了“张榜”带来的隐形矛盾。

如今,积分制已然成为庵上湖村推进人居环境整治的有力杠杆,充分调动起群众参与乡村治理的积极性、主动性,形成了党员带头、社员主动、村民自觉,共同推动乡村振兴的良好局面,积分制成为现代乡村治理最有力的措施,庵上湖村探索出了一条符合农村特点和规律的乡村治理新路子。

(三)“产业引人”和“人育产业”的良性互动

1.产业的发展离不开思维先进、素质过硬的干部队伍

庵上湖在产业发展之初,就采取了村、社联结的方式,可以说,合作社能健康迅速发展,离不开一支思维先进、素质过硬的干部队伍。村干部作为中介角色,是国家与农民、政府与村庄关系中的重要变量。[①] 乡村要实现全面振兴,必须构建以基层党组织为基础的乡村治理体系,村级干部队伍是乡村治理的重要能动性主体,在乡村治理体系建设过程中占据着重要地位。尤其是在农业现代化背景下,农村要发展,必须有一个好的村级领导班子,他们的视野、能力和水平直接影响着乡村发展的深度和广度。农村要发展好,很重要的一点就是要有好班子和好带头人。无论创业之初的率先垂范,还是发展过程中的主动探索,都得益于有一个有格局、有能力、愿付出的领路人,村支书赵继斌带着对政策把握的深思熟虑,对形势研判的准确无误,一次次打破陈规、独辟蹊径,促成了村庄事业的几次飞跃。庵上湖通过创办合作社,改变了原来低效的传统农业生产方式,大力发展现代生态农业和乡村旅游业,这种产业结构调整的背后,是农民传统观念和思维模式的改变。干部队伍也伴随着产业发展的需求和合作社经营管理理念的改变而不断调整,在17人的管理队伍中,年龄40岁以下有10人,大专以上学历有7人,毫

① 参见胡业方:《村干部“名”与“实”的历时性嬗变——基于浙江赵村的实地调查》,《华中农业大学学报》(社会科学版)2018年第1期。

无疑问，这是一支适应现代农村发展、理念先进、结构合理、更年轻化、高素质的管理队伍。

2.人才是推动产业发展的核心变量

如果说，合作社发展之初和后来的不断壮大，得益于老一辈党员干部的奉献和担当，而随着庵上湖产业链条的不断延伸，乡村旅游、电商等现代乡村服务业的发展更需要一批懂服务和经营管理的人才，更有创新意识的年轻人成为合作社持续发展的新生力量。为加强人力队伍建设，庵上湖采取了一系列措施。一是加强内部培养，实现了从农产品生产到乡村旅游接待的内生力量的补充，庵上湖乡村旅游负责人就是一位在沃土中成长起来的新生代农民；二是采取措施引进人才，专门制定了引才政策，对大学生来村创业就业的进行补助，其中本科生连续3年每年补助5000元，研究生连续5年每年补助1万元。吸引了一批大学生和“城归”精英人才返乡创业。这部分人具有一定的商业经营与社会经验，具有开阔的视野及市场适应能力，成为带动普通村民提升创业能力、推动乡村内源式发展的中坚力量；三是通过乡村振兴学院的建设，引入了投资方的专业团队负责产品的包装和销售，弥补了本土人才营销宣传能力的不足。正是这些措施，使得庵上湖成立了一支拥有专业知识、市场意识和创新能力强、工作努力的年轻人才团队，他们凭借其自身的资金、技术、观念与文化优势，在带动村民创新创业、培育村民的先进思维、引导村民观念转变等方面，起到了关键性作用，从根本上保证了庵上湖的现代农业和乡村旅游业的持续高速发展。庵上湖在发展中深刻体会到，人才才是真正推动乡村发展的内生动力，直接关系到产业发展的经济效益、产业的融合程度与质量，关系到实现乡村的全面振兴。庵上湖的目标，不仅是引来人才，更多的是要留住人才。为此，庵上湖规划建设了乡村振兴学院，一方面依托乡村振兴学院各类培训，通过培训和全国各地农村的交流实现庵上湖品牌的推广和新业态的孵化。另一方面通过与省内外高校和科研平台的合作，实现农业科技创新和乡村人才的汇聚。乡村振兴学院是庵上湖人才培育的基地，也是庵上湖实现乡村人才开发和合理配置的写照。

3.构建“产业引人”和“人育产业”的良性互动机制

乡村产业与乡村人才之间有着密切联系，产业的发展是吸引人才回流的物质基础与经济动能，人才是乡村产业发展的基本保障，是促进乡村产业发展的内在动力。借助于合作社这一平台，庵上湖实现了产业发展和人才回流的良性互动，从实践层面阐释了乡村产业与乡村人才之间的良性互动，是推动乡村振兴战略有效实施的关键。乡村人才振兴的动力机制在于,通过培育本土人才和壮大村庄产业来推动村庄转型,在推动村庄顺利实现转型之后,又通过制度化机制吸纳更多的人才回流乡村,并为返乡人口提供充足的非农就业机会,从而实现"产业引人"与"人育产业"的良性互动与有机融合。[①] 合作社通过发展现代农业,推动庵上湖不断进行产业结构的优化和调整,延伸了产业链,促进了产业转型升级,也就为村民提供了更多的就业机会。随着产业的发展和村庄的全面转型,一部分进城谋生、复员军人和企业员工等精英人才产生了返乡创业的意愿,他们本来就对乡村价值和乡村文化比较认同,有着浓厚的乡土情结,而村庄发展对资金、技术和人才的需求又为他们返乡创业提供了外部推力。在十几年的发展过程中,庵上湖村的人才结构的不断变化和调整,证明了"乡村振兴,关键在人",也证明了乡村发展要形成"产业引人"和"人育产业"的良性互动机制。

(四)产业反哺民生,展现乡村新风

1.以村规民约构建全方位的诚信体系

随着市场经济的发展,乡村社会转入一个高度开放的社会化体系,以家族文化特征的乡土文化逐步走向解体,农民合作社的发展促进了乡风文明和乡规民约的重塑。[②] 农民合作社作为公共服务的提供者能够联合政府自上而下和通过市场运行自下而上地为乡村提供服务,树立农民的责任意识,强化现代乡村社会的契约精神,调节农民之间关系,解决农民之间的矛盾纠纷和培育乡风文明,使农民成为乡村治理共同体。庵上湖华安瓜菜专业合作社发展过程中逐步建立起来的规范化管理模式也被应用到乡村治理中,如前所述,积分制从社员积分推广到了党员积分和村民积分,将村规民约与积分制结合成为庵上湖乡风治理的有效举措。《庵上湖村村规民约》共12条,包含公德美德、食品安全、移风易俗、环境卫生等内容,通过创新性地与积分制结合的方式,让"村规民约"的推行变得不再强硬,而是放权于民,有效转变了村民观念,让大家都放下"面子",寻求一个"平衡点",同时还能主动监督,让移风易俗具有更强的操作性和落实性,构建起了全方位的诚信

---

① 参见李卓、张森、李铁星等:《"乐业"与"安居":乡村人才振兴的动力机制研究——基于陕西省元村的个案分析》,《中国农业大学学报》(社会科学版)2021年第6期。

② 参见程慧、贾广宇:《乡村振兴背景下农民合作社参与乡村治理的创新路径研究》,《南昌师范学院学报》2022年第4期。

体系。在全村形成了党员带头、社员主动、村民自觉,共同推动村庄发展的良好局面。

2.探索乡村养老新模式

随着人口老龄化的进一步发展,如何解决农村老年人的养老问题已经成为社会关注的焦点。富裕起来的庵上湖有了底气和能力反哺民生,以幸福院建设为切入,围绕“老有所依、老有所养、老有所乐”的目标,探索出了一条农村养老新路子。2019 年,庵上湖投资 100 多万元办起了幸福院,凡是本村 70 周岁以上、身体能自理的老人都可以入住。

幸福院与常规意义上的养老院不同,实行“子女尽孝、集体兜底、互助养老”模式,同时也与积分制结合。一方面,集体为养老兜底。庵上湖幸福院每年的运营费用(服务人员工资、老人日常生活开支、冬天取暖费、水电费等)将近 30 万元,抛去老人子女缴纳的“尽孝费”,另外 20 万元的资金缺口来自村集体以 20 亩土地指标入股乡村振兴学院的保底分红。另一方面,积极倡导子女尽孝和互助养老。党支部与入住老人子女签订协议书,由子女承担入住老人每年 3000 元的入住费用以及因自身原因产生的医疗费用,让子女尽到赡养老人的义务,而且要求子女必须经常探望老人,为此建立了积分制度,根据子女探望情况给子女积分,明确赡养老人的主体责任。同时老人也有积分,提倡老人之间互助,身体条件好的老人可以帮助别人而获得积分。这样做的好处是,不但节省了人员开支,还培养了老人互助互爱的风尚。

庵上湖农村幸福院的建设与运营是一项实实在在的“民生工程”,提升了老年人的生活幸福指数,形成了老人不离乡土、不离乡音、不离乡情,就近互助抱团养老的农村养老新模式,也为新形势下探索农村养老长效机制提供了可推广可复制的“庵上湖”模式。

结　语

农民合作社可以成为促进乡村振兴的主力军,成为带动农民共同富裕的组织载体,成为联系政府和农民的桥梁。庵上湖村从一个没有资源优势、区位优势、产业优势的“三无村”,发展成为一个产业基础好、治理能力强、集体经济宽裕、村民走向共同富裕的先进村、示范村。庵上湖农民专业合作社依托“党建为引领、合作社为平台、产业振兴为根本”的发展理念,从传统乡村经济到乡村旅游，再到乡村治理，由经济领域扩展到乡村全方位的发展，合作社组织村民从发展现代农业入手，“抱团”发展现代农业和乡村旅游，坚持基层组织建设、产业发展和村庄治理同步推进，推动庵上湖村从一个穷村、弱村，发展成为远近闻名的村级班子强、产业基础好、集体经济壮大、村民富裕的先进村、示范村，创建了新时期乡村振兴的“庵上湖模式”。

面对未来，以赵继斌为代表的合作社班子成员又开始了新的思索：如何增强合作社的经营管理能力，如何进一步壮大集体经济，如何推动村庄的可持续发展能力等。这些成为摆在合作社管理团队面前的新问题。

▶启发思考

1.乡村振兴背景下，农民专业合作社应如何参与乡村治理？

2.人才是实现乡村全面振兴的核心力量，你同意吗？如何解决合作社发展中人才短缺的问题？

3.华安瓜菜专业合作社是推动庵上湖壮大集体经济、强村富民的有效组织载体，但目前也遇到了一些发展的瓶颈，如果你是庵上湖农民专业合作社的负责人，你认为目前合作社运营发展中面临的最大问题是什么？未来合作社应如何进一步推动乡村的可持续发展？

凤凰涅槃，实现康庄梦

——山东兰陵压油沟以乡村旅游实现脱贫致富*

▶案例概览

2015年以来，兰陵县城投开元旅游开发有限公司怀着强烈的社会责任感和使命感，投资开发压油沟生态文化旅游脱贫项目，按照“精准扶贫、精准脱贫”的要求，本着“保护为主、合理布局、适度开发”的原则，将压油沟村重新定位，依托压油沟秀美的自然山水和独特的生态资源优势，发展乡村旅游，在不断实现精准扶贫与乡村振兴的有机结合过程中，始终坚持“企业＋政府＋合作社＋农户”的经营模式，走出了一条龙头企业带动、乡村旅游扶贫、文农旅融合发展的脱贫致富之路。压油沟项目不仅有效推进了精准扶贫，实现了群众的脱贫致富愿望，而且探索了贫困山区旅游发展模式，促进了与乡村振兴的有效衔接，也为其他旅游扶贫项目提供了良好的借鉴。

引　言

压油沟田园综合体位于山东省临沂市兰陵县，毗邻临枣高速，紧靠兰陵县城，位置优越、交通便利。昔日的压油沟村，以传统种植业为主产业，产业基础薄弱、品类单一，且村里外出务工比例逐年提高，不少贫困家庭缺乏健康劳动力。多数贫困人口思想观念陈旧落后，依然停留在自给自足的自然经济时期，没有发展动力。该地缺少能够支撑长效增收的特色效益产业，脱

---

* 本案例由兰陵县城投开元旅游开发有限公司吴佃富和曹飞撰写，由山东大学旅游产业研究院/山东省新旧动能转换重大工程精品旅游产业智库改编收录。

贫致富难度很大。

这两年,土得掉渣的“压油沟”一夜之间成了鲁南甚至山东乡村旅游的“香饽饽”。从一个全村共有 76 户 276 人(建档立卡贫困户就有 42 户 88 人)、人烟稀少、穷得叮当响、野獾满村跑的国家级旅游扶贫村,一年换了“新颜”,两年成为“旅游扶贫试点村”,三年成为“国家 4A 级旅游景区”,四年成为国家首批乡村旅游重点村,五年发展成为由点及面、辐射带动周边 14 个村的田园综合体,入围山东省精品文旅小镇,同时还入选《世界旅游联盟旅游减贫案例 100》。可以说,在旅游的全程助推下,压油沟用惊人的速度,打造了从脱贫攻坚走向乡村振兴的“齐鲁样板”。

一、背景

近年来,乡村旅游已发展成中国旅游业的重要组成部分,也是助力乡村振兴、帮助农民致富的重要途径。2023 年中央一号文件提出:“实施乡村休闲旅游精品工程,推动乡村民宿提质升级。”[①]党的二十大报告提出:“要发展乡村特色产业,拓宽农民增收致富渠道。”[②]乡村旅游是新时代做好“三农”工作的重要抓手,也是实现乡村振兴的重要途径。近年来,乡村发展呈现出勃勃生机,为巩固拓展脱贫攻坚成果和乡村振兴的有效衔接发挥了重要作用。在保护绿水青山中谋发展、在保留乡土特色中求创新,乡村旅游大有可为。

在上级和当地党委、政府的主导下,兰陵县城投开元旅游开发有限公司注资开发建设压油沟村,逐渐摸索出了一条适合当地发展的扶贫路径。公司秉承“保护为主、合理布局、适度开发”的原则,对以压油沟村为核心的 5000 亩山地进行保护性开发。依托压油沟独特的资源优势,项目规划建设居旅相宜的田园式大景区,形成集古树名木、农事体验、文明传承、历史教育、休闲观光、健康养生、特色民宿、度假旅游等功能于一体的综合旅游景区。在这里,既有秀丽的田园风光,也有淳朴的乡土民情,是一处望得见山、看得见水、记得住乡愁的地方。

---

① 《中共中央国务院关于做好 2023 年全面推进乡村振兴重点工作的意见》,人民出版社 2023 年版,第 11 页。

② 习近平:《高举中国特色社会主义伟大旗帜　为全面建设社会主义现代化国家而团结奋斗——在中国共产党第二十次全国代表大会上的报告》,人民出版社 2022 年版,第 31 页。

二、制度规划是保障

(一)土地流转制度

实施土地(荒山、耕地、丘陵)流转分红制度,让村中每户每人都有稳定持续的收入。压油沟土地流转合作社成立后,将全村的土地进行流转,打破原来分散种植模式,村委会与各家各户签订土地流转合同,支付给户里土地流转费,土地流转到合作社,由合作社统一经营、种植、发包。土地流转,不仅土地实现了高效益,农民还得到了实惠。

(二)就业与经营制度

村庄提供就业岗位,优先吸纳本地贫困人员及子女和周边群众就业,安排到环卫、安保、酒店、建筑、绿化等岗位,使农民变为拿工资的工人或职业农民。给有经营能力的贫困户提供经营场所,开展各种小吃、手工艺品制作和土特产售卖,增加收入。此外,贫困户可以拿出自己破旧的老房子(多为危房)作为固定资产入股公司,在公司统一修葺装修后,作为乡村记忆的载体面向游客,真正实现化腐朽为神奇、变废为宝。

除此之外,当地利用富民生产贷、致富带头人贷等金融扶贫政策和旅游扶贫专项资金进一步强化帮扶成效。其中,山东省旅游扶贫专项资金140万元用于部分设施建设,作为固定资产投资,在保证压油沟村集体资产所有权的基础上租赁给景区使用,运行后景区每年拿出固定收益作为建档立卡贫困户的现金收入,既发挥了扶贫资金的聚集优势,也保证了扶贫资产的长期收益。

通过以上的扶贫组合拳,贫困户和贫困人口每年都能够有较为可喜的收入。压油沟村土地、水库、山地的流转费用,加上扶贫产业项目以及旅游扶贫收益每年数十万元,给贫困人口每人每年带来2万多元的收入,压油沟村成为远近闻名的旅游扶贫示范村。通过创新“公司+农户”运营模式,不仅让当地村民过上幸福的生活,也改变了农民固有的思想观念和生活方式,促使传统农民向新型职业农民和产业工人转变。

(三)社会保障制度

为了让村民无后顾之忧,开发方投资 1200 万元建设安置楼房 80 套,将压油沟村 76 户群众进行搬迁安置,有效改善了村民居住条件。景区建设上按照“培训一人,就业一人,脱贫一家”的思路,优先安排本地劳动力,吸纳贫困人员及子女就业。当地农民短期务工高峰时达到 500 人次,人均月工资达 2600 元以上。结合企业帮扶,村里每年拿出 14 万元为压油沟村每位村民购买 500 元的养老保险、缴纳基本医疗保险,每月为村里 60 岁以上老人每人发放价值 60 元的物资,全村实现了住有所居、病有所医、老有所养。

三、产业融合促发展

曾经的压油沟村因山区地理限制,虽然风景秀美,但村落发展缓慢,是远近闻名的贫困村。近年来,景区始终聚焦“三农”发展,着力打造现代化农业生态旅游项目,带动群众在家门口就业创业,改善村居环境和居住条件,实施金融和产业项目帮扶,让农民摘掉贫穷帽子,让农村旧貌换新颜,让农业发展产业化。

(一)构建田园综合体

近年来,随着乡村振兴战略的实施,村庄借助地理优势,保留山区村居,将压油沟村及周边统一改造,升级改建成兰陵县压油沟田园综合体,小山村变成了涵盖自然景观、农事体验、传统工艺和休闲养生的综合性体验基地。依托“三加”(农业+旅游+文化)规划,助推乡村振兴,通过“压油沟家乡年”等大型活动,晒丰收喜悦、赶热闹年集、赏经典民俗、展致富成果,形成了农商文旅的大融合,穷山村换了新面貌,农民致富有了盼头。

尝农家饭,做农家活,看农家事,精品花木,特色水果、生态水产、精品蔬菜等种养业品种齐全、体验丰富,压油沟乡村旅游以此为基础,持续打造一批集旅游观光、休闲采摘、农耕体验、创意农业、绿色产品供应为一体的田园综合体,休闲观光农业成为农民增收的“钱袋子”、市民休闲的好去处。游客来了,村民们的腰包鼓了,大伙的生活幸福感和美丽乡村建设的参与度也不断提高,压油沟田园综合体已经形成以特色农业为亮点的乡村旅游良性循环。

(二)发展生态农业

压油沟立足“农”字,以产业兴旺促进乡村振兴为主导,按照“一村一业、一村一品、一村一特色”原则,整合兰湖周边资源,发展创新型生态农业。截至 2022 年,已建成盆景产业园、生态蔬菜园、牡丹园和菊花生产基地等多种功能片区,正不断加强培育区域性特色农产品品牌和生产基地,同时将生态种植与工业生产相结合,实现农业生产体系规模化、标准化、特色化。建设高标准农田,打造现代化的农业园区,坚持品牌强农、科技兴农的发展战略,让农业发展有了奔头。如今的压油沟,群众年人均收入已由原来的不足 2000 元增加到 2 万元以上。

四、五大振兴准发力

(一)产业振兴

乡村振兴,产业是前提。压油沟村着力推进现代化农业转型升级,不断推进农业供给侧结构性改革,借助“旅游”实现第一、二、三产业融合发展,推进农业与旅游,乡村与文化、教育、健康养老等的深度融合。

1.坚持多产业运营

压油沟的种养殖业在旅游产业带动下,实现了第一产业的“接二连三”,既可以让三个产业融合互动,也可以让第一、二产业或第一、三产业联动。压油沟探索产业联动,还体现在农产品加工上,压油沟充分利用当地万亩板栗园的优势,以林地资源为依托,以科学技术为支撑,充分利用林下土地资源和林荫空间,在林冠下开展农、林、牧等多种项目的复合经营,并通过加工、生产原汁原味原生态的绿色食品,产品附加值翻了几十倍。它使林地既是生态保护带又是综合经济带,变林业资源优势为经济优势,使林地的长、中、短期效益有机结合,极大地增加林地附加值,带动形成了“产业强、农民富、环境美、乡风正”的“三农”工作新格局。

2.建立手工作坊

传统古朴的压油沟百工坊集天然作物与手工制作于一体,让游客体验传统手艺,怀念老家的声音。“百工坊”就是百姓手工坊,真实再现了传统手工作坊,有煎饼坊、油坊、酒坊、辣椒坊、小磨香油坊等传统作坊。

清代蒲松龄在其《煎饼赋》中写道:“煎饼则合米豆为之,齐人以代面食,圆如望月,大如铜钲,薄似剡溪之纸,色似黄鹤之翎,此煎饼之定制也。”蒲松龄把煎饼描绘得淋漓尽致。李白的诗中写道:“兰陵美酒郁金香,玉碗盛来琥珀光。但使主人能醉客,不知何处是他乡。”简单的诗句书写出兰陵美酒的酒文化、酒历史。古老的酿酒方式将酒香留住,留住酒香,记住家乡。

这些特色传统手艺的展示,让前来的游客大饱眼福和口福。纯手工、无添加、原生态等特点引人注目,充分展现了过去农家百姓的饮食制作方式,在充分展现的同时,将其制作的成品包装售卖,其中馒头、煎饼等特色产品已经走进临沂各大超市,供临沂广大市民食用。另外,各种茶类、干果山货、食用油、调味品等产品也深受游客喜爱,游客总能找到一抹家乡的味道。

3.发展乡村民宿

压油沟的乡村民宿各式各样,游客在这里可以深度体验乡村生活。在古村落民宿区体验到原汁原味、古色古香的沂蒙人家,住的是老房子,有的是新感觉;在画家村民宿可以感受到别具一格的艺术氛围,过一次雅致、清新、安静的生活;在麦山小院民宿则有满满的田园世外之感,品茗、踏青、望远,置身其中,繁杂全无;在爱情海民宿,仿佛置身西欧城镇,满眼都是异域的风情;在天圆地方民宿,中式的建筑风格加上现代化的体验,听着窗外的鸡鸣安然入睡;兰湖北岸度假民宿背靠青山,面朝兰湖,既有秀丽的田园风光,也有淳朴的乡土民情,是一处望得见山,看得见水,记得住乡愁的地方。山东省文化和旅游厅公示的 2022 年山东省五星、四星旅游民宿评定结果中,压油沟有三家民宿获评五星级,分别是爱琴海民宿、麦山合院民宿、麦山小院民宿;四家民宿获评四星级,分别是兰湖北岸民宿、画家村民宿、古村落民宿、居客之家民宿。

(二)人才振兴

乡村振兴,人才是根基。要加强基层农业技术推广体系,培养创业、创新的新农民,建立农民合作社,开展农业企业建设,联合愿意留在乡村、建设乡村的小农户有效衔接,成为乡村振兴的主力军。

1.聚才引智,强化外来人才保障措施

首先,为人才搭建干事创业的平台,公司结合当地农业产业发展状况,制定科学的发展规划,加大资金等方面的投入,吸引更多企业落户本地。不断扩大本地农业产业的规模,为人才提供干事创业的平台和机会。其次,为人才提供干事创业的软件基础。出台相应的优惠政策,尽可能从政策、制度的角度降低干事创业的成本。再次，为人才提供干事创业的硬件基础，提高整体的硬件设施水平，为入住的各位业主免费通水、通电、通路，提供一切优惠便利条件和优质的服务，同时建立人才服务专员制度，对重点人才（团队）提供相应的专属服务。最后，建立健全问题反馈机制，畅通公司与人才间的沟通渠道。通过多种方式广泛收集意见，查缺补漏，不断完善人才工作。

2.求贤若渴，鼓励外出务工人员返乡创业

三级联动，共建引才平台；政策赋能，共促产业发展；精准服务，共建良好环境。通过减免首年房租等多种方式，对返乡创业人员从资金、土地、项目、人才等方面加大扶持力度，逐步形成“人才回流，项目回迁”的良好局面，有效带动当地产业发展。在压油沟未进行旅游开发前，村民夏永春和妻子海燕长年在外，靠打零工为生。景区开发后，苍山街道及县妇联积极对接，海燕在景区内有了一家小小的作坊，命名为“老咸菜坊”。两个人就用民间最传统的手工艺晒大酱、做咸菜，在家售卖现场加工制作的辣椒酱，旺季一天能挣2000元以上，一年收入10万元以上，带动周边10余名妇女就业。海燕还通过电商网络平台，实现线上、线下同步销售，产品销往北京、天津、上海、杭州等40多个地区。海燕的咸菜坊被兰陵县妇联评为2019年度“兰陵县巾帼脱贫示范基地”“县妇女居家灵活就业示范点”。海燕表示：“现已计划注册商标，加大电商经营，拓宽销售渠道，扩大规模，能够带动更多的妇女实现创业就业，共同实现脱贫致富。”

（三）文化振兴

乡村振兴，文化是基础。乡村是我国传统文明的根据地，乡土文化是根，是人们乡愁的寄托地。传承优秀文化，加强传统村落的建设，保护乡村文化遗产，使乡村成为人民寄托乡愁的载体。

1.传承创新乡村文化

压油沟流传着这样一个老故事，当年荀子任职兰陵郡时，由于贫穷，压油沟的老百姓们大都逃荒去了，而荀子则让留下的人去荒地里除草，按车结算工钱，一来二去，压油沟荒地变良田，不断吸引其他地方的人来安家置业、开垦荒山，由于这里的土质尤其适合种植油料作物，榨油业兴盛起来，榨油作坊遍布全村，时间久了这里就被称为“压油沟”。如今压油沟农产品品牌与民俗文化、农事节庆、美丽乡村建设、农业休闲游一起发力，立足生态优势、乡村特色，结合农产品生产季节，推出赏花、采摘等各种农事节庆活动，立足“农耕”文化，做好“农游”大文章，提升农产品的知名度和美誉度，拓宽了特色农产品的销售渠道,也扩大了地域文化的影响力。

2.举办文化活动

近年来,压油沟风景区结合自身特色先后举办了“压油沟农民丰收节”“压油沟家乡年”等大型活动,不断优化提升景区演艺项目,并通过中央电视台、山东电视台等媒体现场直播各节庆活动的盛况,受到了广大游客的一致好评。山东省文旅扶贫带货大会、“好客山东·亲情沂蒙”贺年会等省市级大型活动的成功举办均取得了良好的社会效益和经济效益,在助推临沂打造乡村振兴齐鲁样板中走在前列,作出了积极贡献。

“压油沟原乡水音季”是中国兰陵压油沟风景区暑期推出的高品质旅游产品,已连续举办两届。活动通过明星驻场演出、传统民俗演艺、户外露营、电子音乐节、啤酒烧烤特色美食节、原乡精品民宿体验等众多特色活动,吸引了大批游客开启“夜游模式”,并成功入选“好客山东游品荟”旅游宣传推广典型案例名单。

压油沟春节“家乡年”活动以鲁南文化为基调,还原记忆中老家过年的情景,将环境氛围和民俗演艺融为一体,十步一景、百步一表演,让老家记忆与现实生活更迭交错,让游客听得见乡音、闻得到乡味、看得见乡景、触得到乡愁。压油沟家乡年活动已连续举办三届,赢得游客的一致好评。

(四)生态振兴

乡村振兴,生态是基础。开展美丽乡村建设,整治贫困乡村,打造美丽乡镇、特色村庄,让乡村“留得住青山绿水,记得住乡愁”。压油沟田园综合体规划与地形地貌有机结合,融入山水林田湖等自然要素,彰显优美的山水格局和高低错落的天际线。压油沟田园综合体建设对于推进当地村庄实现生态振兴具有非常重要的意义。压油沟田园综合体坚持“创新、三美、共享”的总体定位,致力做好“山、水、林、田、路、居”六篇文章,坚持美化环境、保护生态,留住原有的村落格局,留住特有的乡土味、人情味、民俗味,真正成为“绿水青山就是金山银山”的践行者。

压油沟风景区果木花卉种植已达到2100余亩,经济林带已达到1700余亩,荒山绿化森林覆盖率达86.6%,可谓是一所天然氧吧。板栗树是压油沟的主要经济作物,板栗素有“干果之王”的美誉,在国外它还被称为“人参果”。板栗花晒干后还是天然的蚊香,点燃后有一股特殊的香味可以驱蚊,生态、环保、无毒。除了板栗树以外,压油沟还种植了山楂树、柿子树、核桃树、桃树、梨树、樱桃树等多种果木,秋天时果香四溢。

(五)组织振兴

乡村振兴,组织是保障。通过发挥好党的作用,使党员成为乡村振兴的“中坚力量”,时任临沂市委常委、县委书记任刚同志亲自帮扶,成立压油沟田园综合体建设领导小组,负责统筹协调田园综合体建设工作,配合拟订田园综合体建设重要政策措施,制订建设方案,明确建设目标任务,推进建设工作,研究解决田园综合体建设重点难点问题,督促检查田园综合体建设事项落实情况。

1.抓好党建制度

为抓好旅游景区安全工作,确保景区景点安全、平稳、有序运行,党支部着力提升党建工作质量,不断深化围绕企业发展抓党建、抓好党建促进企业发展的认识,完善党建工作责任制考核的内容和方式,抓好党建工作责任制的落实及考核结果运用。扩大党组织和党的工作覆盖面,充分发挥服务群众、凝聚人心、促进和谐的作用。党支部根据“主题党日”活动计划安排,在上级党委的正确领导下,为扎实推进“学党史、强信念、跟党走”主题教育常态化制度化。广泛宣传营造氛围,引导全体员工主动向榜样学习,推行党员先锋岗、党员突击队等制度,发挥群众的监督作用,接受群众监督。充分发挥基层党组织战斗堡垒和党员先锋模范作用,奋力开创新时代旅游景区建设新局面。

2.加强党课学习

兰陵县城投开元旅游开发有限公司始终把学习贯彻习近平新时代中国特色社会主义思想作为首要政治任务,不断强化全体党员的理想信念和政治立场,把广大党员干部的思想和行动统一推动公司发展上来,筑牢全体干部职工创业的思想根基。以专题党课、主题党课日为依托,坚持集中学与自学相结合,学政治与学业务相结合,以“学习强国”“灯塔—党建在线”网络平台开展自主学习,引导广大党员群众学党史、守初心、担使命。

3.壮大党员队伍

党支部全力做好入党积极分子培训和党员发展工作。通过加强学习教育,定期思想帮扶和发挥岗位先进作用等举措,严格按照《中国共产党发展党员工作细则》,遵循“控制总量、优化结构、提高质量、慎重发展”的方针,严格入党标准条件,严格履行入党手续,确保程序完整,手续完备,材料齐全。党支部切实抓好“源头”建设,加强党的后备力量培养,认真做好入党积极分子培养工作,通过民主推优、公开选优等方式不断拓宽视野、畅通渠道,努力壮大入党积极分子队伍。

五、东鸣西应促发展

(一)带动区域共同富裕

压油沟短时间内的发展变化让本村的老百姓“开了眼”,也让邻近的其他几个村“红了眼”。在当地政府的引导下,可乐圈村、南码头村、小东山村、压虎庄等村庄纷纷拿出土地、房屋等资源,积极与压油沟景区对接。2019年年初,涵盖3个乡镇14个村,总占地超过23平方千米,以压油沟风景区为龙头的“压油沟田园综合体”建设拉开了序幕。综合体整合了长新桥水库周边的山、水、林、田、宅等资源,在进一步丰富压油沟旅游要素,拉长旅游时间的基础上,探索建设高效、循环、生态农业,同时创新发展香草、油料作物种植业、盆景园艺、休闲渔业等产业项目,并辅以油料加工业,实现“以旅促农、以农兴旅”的可持续发展。

1.小东山建成盆景专业村

小东山村位于压油沟田园综合体东北部,项目开始建设前是一个远近闻名的穷村子。全村共60户,220人,主要种植花生、地瓜、板栗、核桃等农作物,人均耕地不足半亩,年收入较低,大部分村民选择外出务工。2018年,“压油沟田园综合体”规划为小东山送来了发展的东风,村党支部牵头将全村规划土地全部流转入股到田园综合体后,依托综合体投资建设,小东山村道路、绿化、自来水、污水管网等基础设施全部建设完成,综合体项目每年按照每亩800元的分红返给村民,2018年村集体收入就达到了12.81万元。

项目采用“公司+农户”的合作方式,借助土地入股等多种形式,组织小东山村民成立了专业盆景合作社,常年聘请全国专业知名盆景大师现场对农户进行培训和指导,通过完善的物流和电商体系进行销售,实现了产、学、研、销的一条龙模式,人人种植盆景、人人加工盆景、人人销售盆景,家家户户都成为盆景专业户,加快了农民的发家致富奔小康步伐。

目前该村的盆景产业园项目正在建设当中,项目计划投资3亿元,规划面积1000亩,涵盖义合庄、潘家沟、上园等村庄。作为临沂市重点项目,建设完成后将有148家盆景商家入驻,能有效解决周边村民就业问题,带来良好的经济效益和社会效益,真正让群众看到变化、见到成效、得到实惠,不断提升人民群众获得感、幸福感、安全感,推进乡村振兴提质增效。

2.南码头建成美丽民居村

推进美丽村居建设，为乡村振兴添活力。公司投资1200万元，结合村庄区域优势，打造人与自然和谐共生的美丽乡村，为方便村民出行，公司在村庄硬化、绿化、亮化、美化、净化上下功夫，依据村民实际需求和村庄自然肌理进行合理规划建设，对村庄进行了整体改造。公司还投资1000万元打造了17套特色示范民宿，带动村民发展特色民宿和农家乐，设立保洁队伍，加强村庄环境的日常管理。南码头美丽村居省级试点建成后，不仅能给村里带来显著的社会效益、文化效益和生态效益，还将以“鲁派民居”新范式，形成可借鉴、可复制、多样化的经验模式。

3.压虎庄建成生态渔业村

压虎庄面朝兰湖，背靠虎头山，拥有良好的自然生态环境，项目区内有山有水，湖光山色尽收眼底。项目投资700万元新建游客中心；投资1000万元对村庄进行环境整治，重点对村庄公共设施等进行提档升级，不仅村路和主干道全部进行沥青硬化，铺设污水管网，还新改建停车场；投资1300万元对会议室、餐厅和民宿进行了提升，建设诸如住在水边、食有水鲜、观有美景的休闲模式，充分利用“阳光、青山、湖水、空气、绿色”五大要素，使之与山水人文景观相映成趣，建成湖边度假、阳光沙滩、休闲垂钓、游弋观光、渔家乐，食住在湖间亭榭楼台的新型产业，带动村民大力发展休闲渔业。兰湖北岸甜心农场包含漂流、儿童戏水区、粉红沙滩、矮马牧场、七彩滑道等区域，已成为各地游客前来打卡的“网红”地，到压虎庄“看海”，体验水上运动一时成为时尚。

以盆景为支柱产业的小东山村、大力发展休闲渔业的压虎庄村、鲁派民居新范示的南码头村先后入选山东省景区化村庄。村庄不仅找到了长久发展的主导产业，还成了游客向往的省级精品旅游特色村。

（二）带动产业多业态发展

近年来，随着景区开发的不断深入，压油沟的品牌知名度和影响力逐渐加大，对当地的产业发展起到了良好的带动作用。一方面，乡村旅游业不再是农家乐、采摘园等单一业态，而是开展创意设计、文创商品、特色农产品销售等多业态运营；另一方面，乡村旅游业不再是自然风光、休闲度假等传统开发，而是深度挖掘文化体验、生态涵养、健康养生等复合价值。日益完善的乡村旅游产业体系，在为人们的美好生活增添了更多精彩的同时，也为乡村休闲游打开了发展空间。

醉卧兰陵酒业酿造股份有限公司响应国家乡村振兴战略和三产融合号召,依托兰陵文化和自然资源,结合产业发展和自身优势,履行企业社会责任,为重塑兰陵美酒之美誉、振兴兰陵酒产业的发展和促进乡村振兴和三产融合,决定以醉卧兰陵酒业集团为主体,以“醉卧兰陵”品牌建设为起点、依托压油沟田园综合体为基础,兴建华夏酒城文旅城。

华夏酒城落成后,将形成集酒业酿造、文旅观光、田园旅游、休闲度假、文化体验为一体的国内首家酒文化主题综合文旅城。以“生、长、养、藏”为特点的酿酒产业生态链与“品、观、游、购”组成的文旅生态链相结合,形成“文旅+酒”“酒+文旅”的创新产业模式和产业链条,以此弘扬兰陵文化和中国酒文化,成为振兴酒产业的平台、促进三产融合的典范、乡村振兴的标杆。

华夏酒城将以“产业兴旺、生态宜居、乡风文明、治理有效、生活富裕”为抓手,从带领当地人民实现就业、做大做强做好兰陵酒生产,到保护与传承当地文化、身体力行做好生态文明建设,用独有的方式重新讲述“兰陵酒故事”,不断为乡村振兴事业添砖加瓦。

结　语

乡村旅游产业作为实现乡村振兴战略的重要手段,不仅承载着都市人“归园田居”的人文情怀,也肩负起乡里人“强富美”的家园梦想。压油沟项目通过“公司+农户”运营模式,让老百姓在家门口就有了土地租金、就近务工、旅游服务三笔收入,走出了一条“村庄美、产业兴、农民富、环境优”的农文旅融合发展之路。下一步,压油沟将依托农业、文化、旅游资源优势,传承弘扬好新时代沂蒙精神,做足农文旅融合发展文章,因地制宜,挖掘乡村生态、生产和生活的个性特色,推动产业融合,培育发展乡村休闲度假、研学旅游、观光旅游、康养旅游、创意农业等新兴业态,推动乡村旅游产品业态和发展水平全面提升,走好乡村旅游特色产业发展之路,为乡村振兴注入强劲、持续的动能。

▶启发思考

1.乡村旅游如何实现可持续发展？

2.乡村旅游同质化、单一化竞争现象比较普遍，如何创新路径推动乡村旅游发展？

3.乡村旅游是乡村振兴战略的重要途径，是推动乡村振兴战略的重要抓手，我们应如何发挥乡村旅游的重要作用？

从省定贫困村到中国美丽休闲乡村的华丽转身

——前杨村的乡村振兴实践*

▶案例概览

前杨村从远近闻名的省定贫困村发展到村集体年收入近百万元的“中国美丽休闲乡村”，在规划总体思想的指导下，在乡村振兴实践中立足自身实际，尊重乡村文化，创新休闲产品，开创了县、街道、村三级联动，规划、建设、营销三措并举，乡村社会、经济、生态三位一体统筹发展的前杨村乡村振兴模式，在临邑县乡村振兴中率先破题，带动乡村旅游全面发展。在前杨村的示范引领下，临邑县已经形成了融集体经济、乡村记忆、红色文化于一体的乡村振兴旅游示范带，实现了从“独树一帜”到“满园开花”的美丽蝶变。

引　言

党的十八大以来，中央对“三农”问题的重视持续加强。党的十九大报告正式提出实施“乡村振兴”战略，并制定出“产业兴旺、生态宜居、乡风文明、治理有效、生活富裕”①的二十字方针。为深入贯彻落实国家乡村振兴战略，山东省先后制定了《乡村振兴战略规划》和乡村“五大振兴”工作方案，出

---

* 本案例由山东省旅游工程设计院有限公司王丽丽、高向华、于飞、李猛、闫祥青、刘培强撰写，由山东大学旅游产业研究院/山东省新旧动能转换重大工程精品旅游产业智库改编收录。

① 习近平：《决胜全面建成小康社会　夺取新时代中国特色社会主义伟大胜利——在中国共产党第十九次全国代表大会上的报告》，人民出版社 2017 年版，第 32 页。

台一系列政策支持文件，逐步形成了一批富有山东特色的乡村振兴模式和路径，涌现出一批可借鉴推广的乡村振兴齐鲁样板，为在中国式现代化进程中全面推进乡村振兴、建设农业强国提供了实践范式。

前杨村地处鲁西北平原，隶属于德州市临邑县临盘街道，这里水资源匮乏，产业结构比较单一，曾经村集体收入不足千元，是远近闻名的省定贫困村。在乡村带头人的引领下，前杨村探索出了一条以乡村旅游推进乡村治理、助力乡村振兴的发展路径。首先，聘请山东省旅游规划设计院进行总体规划，因地制宜建设了前杨记忆馆、前杨村史馆、花海栈道、农耕长廊等特色化旅游项目和产品，持续优化完善乡村旅游基础设施和乡村旅游环境；其次，利用乡村振兴政策配套资金，不断吸引社会资本进入，调整农业产业结构，先后流转土地1000余亩，建设了高档花卉苗木、鲜果采摘和芦笋种植基地、黄金菊花海、金银花采摘园、黑鱼养殖基地等项目，农业生产迅速从小农经济向规模经营转变，乡村产业转型升级成效显著；最后，为了让市场化运营赋能乡村旅游实现高质量发展，前杨村坚持以党组织为引领，召开全体村民大会，成立文化旅游发展公司，大力实施村庄产权制度改革，完成了村内资源变资产、资产变股金、村民变股民三大根本性转变，极大地激发了乡村经济发展活力，带动了村民增收和村庄和谐稳定发展。

如今，前杨村面貌发生了翻天覆地的变化，新时代文明时间活动得到了全面深入落实，前杨村村庄变美了，水变清了，村集体年收入已近百万元，村民生活更富裕了，成功获评“山东省乡村振兴‘十百千’工程示范村”“山东省第一批美丽村居建设示范村”“山东乡村旅游重点村”“中国美丽休闲乡村”“国家级美丽乡村”“第一批国家森林乡村”等。

一、强化党建引领，加强组织设计

“前杨模式”是县、街道、村三级联动，规划、建设、营销三措并举，乡村社会、经济、生态三位一体统筹发展的乡村振兴模式。其中党建引领下的组织振兴，是前杨乡村振兴的政治底色和最牢根基。

2018年2月，为改变前杨村的贫困面貌，山东省纪委监委派驻崔磊担任前杨村党支部书记，决定带领群众走乡村旅游业和现代农业相结合的路子。在前杨村党支部书记的带领下，前杨村“两委”加快推进乡村振兴战略，进行土地流转，加快产业转型，推进集体经营性资产股份合作制改革，确认集体成员身份,在资产折股量化、股权设置管理、收益合理分配以及股份有偿退出、抵押担保、继承等方面积极探索。在振兴旅游工作中,结合村庄产权制度改革,成立了德州前杨记忆文化旅游发展有限责任公司,认定村经济成员817人,每人分得17股,经过旅游公司的运营,实现了资源变资产、资金变股金、村民变股民。前杨村连续两年进行了旅游产业成果分红,吸引了11名青年加入公司返乡创业,注册了农产品"三品一标",设计了前杨商标,为42家个体经营业户提供平台,解决周边120余名劳动力在家门口就近就业,实现工资收入60万元。

二、加强顶层设计,绘制发展蓝图

山东省旅游工程设计院作为一家拥有多年过硬旅游规划设计经验的规划设计机构,积极履行社会责任,充分彰显国企担当,承担了前杨村旅游规划编制工作,立足行业专长优势为前杨村乡村旅游高质量发展进行统筹规划和顶层设计(见图1)。

图1　山东省旅游工程设计院规划组首次赴前杨村考察①

摄影:刘培强

在对前杨村旅游开发基础条件和乡村旅游市场消费趋势进行系统分析的基础上,规划创新性地确立了"政府引导、市场运作、群众参与、多方受益"的开发理念,以突出乡村主题,深入推进乡村产业、地方文化与旅游融合发展,建设高品位乡村旅游度假区为发展目标,以田园生态、农耕文化、特色采摘、休闲度假为功能导向,积极构建了"四个整体化"的乡村旅游开发新模

① 本案例图片均由山东省旅游工程设计院有限公司提供。

式,创新开辟了“五个一体化”的乡村旅游建设新路径,前杨村乡村旅游发展如火如荼蓬勃开展。具体来说,“四个整体化”开发模式,即通过整体化规划奠定前杨村乡村旅游发展的空间框架,通过整体化构建推进交通、信息咨询、安全、智慧化等旅游公共服务体系不断完善,通过整体化开发保证“村”“民”效益实现双赢,通过整体化营销打造前杨乡村旅游发展整体形象,共同构建了乡村旅游“前杨模式”的基础支撑。“五个一体化”建设路径,即创新创新生态建设与经济发展一体化、乡村经济与旅游发展一体化、党建引领与脱贫致富一体化、景观建设与设施建设一体化、景区开发与文化建设一体化,形成了以推进乡村旅游高质量发展助力乡村振兴的“前杨实践”。

在旅游工程设计院的助力下,一个集现代生态农业、农业文化研学、农耕田园体验等为一体的综合型休闲产业样板园区蔚然成型,托起了打造鲁西北地区乡村旅游新高地、乡村休闲生活新标杆的乡村振兴齐鲁样板梦。

三、统筹功能区域,推进协调发展

在省直机关派驻前杨村党支部书记崔磊的带领下,前杨村党支部立足于临盘街道现有历史文化和农业文化,整合村庄周边的林地、耕地、供水干渠区域,统筹考虑生产、生活、生态空间,以农业为基础,大做“旅游”的文章,构筑起禹临牧场、寨子营地、临盘乡野、锦绣田园、家庭农场五大业态分明的功能区域(见图 2)。

图 2 前杨村整体规划

(一)锦绣田园

锦绣田园片区主要范围在村口位置,通过在进村道路东首建设引景大门、停车场、游客中心等设施,旨在打造整个景区的综合性入口服务区、引景区,增强旅游服务、景观引景功能;同时突出前杨的农耕文化,在对道路进行加宽的同时提升道路两侧田园景观风貌。其中,道路北侧为景观大棚片区,用于开展生态采摘、自然教育等旅游活动,道路南侧为大地田园片区,通过增加景观花海、艺术田园、一分田等特色项目,在丰富入口景观效果的同时,提升景区吸引物与核心竞争力。

(二)临盘乡野

临盘乡野片区以乡野民俗体验、农家风情休闲为主要功能,在保持现有村落的空间形态基础上,不断加强村容村貌和人居环境整治,最大限度地延续了村落整体格局、聚落形态、巷道肌理。以乡村农家为主题,将前杨文化、鸭文化元素融入景观打造和项目建设中,使前杨村整体景观环境有了显著提升。同时为了营造更加浓郁的休闲氛围,前杨村以打造旅游步道体系和旅游环线为重点,选择合适节点增加休闲游憩设施和景观小品,村内观景空间更加丰富,乡村休闲氛围愈发浓郁。乡村旅游发展,最为重要的是地方民居建筑的新规划、再设计,前杨村以民居建筑和院落空间为重点,以政府引导、市场主导、示范带动、稳步推进为导向,通过植入手工艺展示、特色购物、主题餐饮等休闲业态,乡村旅游产品日益完善和丰富,旅游品质得到较大提升。

(三)家庭农场

家庭农场片区以乡村田园为背景,合理规划分区,统筹布局“情景交融—休闲游憩”“快乐田园—多重体验”“生态课堂—寓教于乐”三大组团。其中“快乐田园—多重体验”组团,旨在打造情景交融、动静结合的户外活动区域,让游客奔赴前杨融入自然,在原生态的乡村农场中体验“醉氧”的乐趣。“快乐田园—多重体验”组团以“商、养、学、闲、情、奇”新旅游六要素中的“学”“闲”与“奇”要素为体验导向,通过创新开发谷趣运动场、节气园、五谷丰登、五谷田园等不同主题的项目,品赏农田美景、体验农耕乐趣、研读农学知识,让游客在广阔的乡村田野间获得农趣体验同时体验“沉浸式”乡村慢生活。“生态课堂—寓教于乐”组团以生态式教育为主导,以农作物认知、农事参与体验、二十四节气科普、田野课堂、农场运动拓展为主题，开发研学型、科普型、互动性和体验性的项目活动，打造科普研学教育基地。

（四）寨子营地

寨子营地片区在充分挖掘“一溜十八寨”历史文化的基础上，以生态观光、休闲体验、户外拓展为功能导向，以打造兵寨文化深度体验区和兵寨文化休闲精品旅游区为抓手，立足独具特色的兵寨文化，建设户外拓展营地、兵学体验、丛林木屋、CS野战、生态露营等项目，拓展军事主题餐饮、购物等休闲场所，做活军事主题旅游新业态，让游客亲身体验“穿越”的感觉、“共生”的激情，在味觉、嗅觉、视觉、触觉等多重感官刺激下全方位感受兵寨文化的魅力。

（五）禹临牧场

禹临牧场片区位于前杨村的西北部，靠近禹临河。该区域主要以萌宠游乐、文化体验为功能导向，合理划分观赏、游乐、互动、体验空间，布局小动物商店、小羊牧场、小猪快跑、疯狂兔子、萌鸡总动员等旅游项目，将动物巡游、动物接触、动物喂养、动物竞赛、手作工坊、户外游乐等体验业态与自然环境相结合，组织“当一天羊倌”“小兔管家”“小猪快跑运动会”等趣味活动，设计沉浸式的景观小品和游憩设施，营造嗨萌酷爽的休闲娱乐氛围，打造一个集趣味性、参与性与体验性为一体的亲子主题农园。

四、紧跟消费需求，完善产品体系

前杨村紧跟现代旅游消费需求变化，以“有氧”“有机”“乐活”“低碳”“创意生活空间”等现代休闲理念为指导，以独具鲁西北特色的乡村资源为基础，遵循“资源—市场—产品”的开发理念，积极推动“文旅＋”“＋文旅”融合发展，以生态农业为基础，以休闲旅游为主体，以新业态特色产品为亮点，构建起了以生态休闲游、文化体验游、养生度假游、科普研学游和特色专项游五大旅游产品为支撑的乡村旅游体系，为前杨村乡村旅游高质量发展注入了强劲的内生动力。

(一)生态休闲游

前杨村河塘纵横、林水相依、绿荫环绕、空气清新，拥有发展乡村旅游的良好生态基底。近年来，前杨村牢固树立"绿水青山就是金山银山"的发展理念，以绿色低碳高质量发展旅游为方向，以打造低碳旅游吸引物、建设低碳旅游设施、培育低碳旅游体验环境、倡导低碳旅游消费方式四大举措为路径，以开发生态观光游乐、滨水休闲购物、田园康体慢游、生态休闲采摘四大主题产品为抓手，形成生态、经济、社会协调共荣的复合系统，为生态文明新时代背景下乡村旅游可持续发展提供了新的创新典范。生态观光游乐是前杨村乡村旅游的基础产品，在全面提升乡村生态环境的基础上，增加了自然营地、健康步道、休闲绿道、花海栈道等游憩设施，全面增强了生态旅游的可参与性，游客获得感更加充分。滨水休闲购物主要围绕着禹临河周边区域，大做"休闲旅游"文章，积极推动市集、营地、驿站等休闲购物业态集聚，打造前杨村休闲旅游核心区。田园康体漫游产品则以骑行、垂钓、冥想等为主题，吸引各地游客来前杨村体验乡村"慢生活"。生态休闲采摘旅游则重点以前杨村 4 个采摘大棚为依托，组织花卉、哈密瓜、油桃采摘活动，举办前杨村采摘节，已经发展成为前杨村乡村旅游的重要名片。

(二)文化体验游

乡村文化是乡村历史、农耕文明、自然遗产的传承凝聚，是现代人"望得见山、看得见水、记得住乡愁"的乡根所在。前杨村历史文化底蕴深厚，迨至今日已有 600 余年的建村史，明朝徐达曾在此扎寨练兵，遗留下点将台、国丈井、饮马湖等历史遗迹，此外村内还有杨氏酒坊、前杨家庙、杨沄老宅等传统民宅以及酿酒、榨油等众多民间传统工艺。这些历史文化遗迹都是乡村旅游不可或缺的一部分，也是吸引游客的重要因素之一。前杨村充分挖掘乡村传统文化要素，深入推进文化旅游融合，以寨子营地为依托，创新古代军寨文化的旅游化利用，开发骑马、射箭、兵器体验、CS 野战、拓展训练、丛林体验等军事主题产品，成为前杨乡村旅游的品牌产品。为了让游客感受到前杨村 600 多年的厚重文化，前杨村建设了前杨记忆馆、前杨村史馆、山东历史教育博物馆，让游客在"记忆"中传承乡土文化，在"怀旧"中感悟浓浓乡愁，成为乡村振兴中的一道靓丽风景线。为了满足城区游客体验农事的需求，讲好乡村的生活故事，前杨村还建设了五谷田园、谷趣运动场、乡村市集、三分田等农耕主题的体验类项目，让游客在沉浸式的乡村体验中，感受农耕文明，习得农耕文化。

（三）康养度假游

随着物质生活水平的日益提高，人们的健康需求和旅游观念不断升级，乡村因生态环境质量较高、活动区域相对开阔等优势，成为城市居民重要的康养度假的首选。前杨村立足独特的人文和生态优势，开始围绕乡奢民宿、生态露营等康养度假热点产品做文章，推出时光旅舍、兵营帐篷营地、生态营地、知情营地等新兴业态，同时结合乡村产业布局，大力发展“民宿＋”“露营＋”，配套研学教育、乡村美食、垂钓、农耕活动、军事体验等乡村旅游休闲业态，形成了以生态康体养生、特色民宿度假、户外露营度假为核心的康养度假产品集群，成为推进前杨村乡村旅游转型升级实现高质量发展的“金钥匙”。

（四）科普研学游

2016年，教育部等11部门印发《关于推进中小学生研学旅游的意见》，提出将研学旅行纳入中小学教育教学计划，催生了“研学＋农业”“研学＋拓展”“研学＋文化”等多业态研学项目，研学教育成为乡村旅游新蓝海。前杨村聚焦农、文、学、艺四大核心产业，依托前杨记忆馆、点将台、丛林木屋、采摘大棚、陶艺坊、扎染坊、五谷农园、谷趣运动场等重点项目，重点针对亲子游、研学游等市场，推出农耕体验、自然教育、国防教育、节气物候、拓展训练等专题研学课程，探索“农文旅教”融合发展推动乡村振兴的新路径。

（五）特色专项游

有别于生态观光、度假旅游等常规旅游产品，以自驾游、摄影写生、情感追忆、节庆赛事、研学教育为主的特色专项旅游逐渐呈现出蓬勃发展的势头。前杨村针对不同的专项市场消费需求，以展现乡景、突出乡味、体现乡愁、打造乡韵为总体导向，不断完善“食、住、行、游、购、娱”等旅游要素，制定个性化定制化的旅游产品。针对自驾游客，设计自驾旅游地图，建设生态自驾露营地，提升自驾旅游服务，配套相关旅游产品，打造最前杨的乡村自驾游目的地。针对亲子游和学生市场，以自然教育、学农研学、文化体验为主，开发亲子夏令营、研学夏令营课程。针对婚恋、艺术写生市场等，则采用“栽好乡旅‘梧桐树’，引得游客‘真凤’来”的发展策略，优化景观环境，提升服务质量，建设写生基地和摄影基地来吸引专业爱好者群体。同时，为集聚人气，巩固乡村旅游发展成果，前杨村还持续举办幸福前杨民俗庙会、临盘绿野踏青赏花节、乡村生态采摘节、美丽乡村休闲游暨乡村篷客节等活动，形成了“前杨沃野，月月笙歌，四季欢乐”的节事营销氛围。

五、深化乡村建设，探索进阶之路

(一)建设美丽村居

为了贯彻落实乡村振兴国家战略，扛牢乡村振兴齐鲁样板责任担当，山东省政府制定出台了《山东省美丽村居建设“四一三”行动推进方案》，集中打造胶东、鲁中、鲁西南、鲁西北四大风貌区，布局建设胶东海滨、沂蒙山区、黄河沿岸、大运河沿线等 10 条风貌带。到 2025 年，形成多片立足乡土社会、体现现代文明、宜居宜业宜游的“鲁派民居”建筑群落，山东特色的现代版“富春山居图”基本绘就。2018 年 10 月，山东省政府办公厅印发通知，公布包括临邑县前杨村在内的 56 个村庄作为山东省第一批美丽村居建设省级试点村庄。

以建设省级美丽村居为目标，前杨村积极践行“绿水青山就是金山银山”的发展理念，聘请浙江省建科建筑设计院有限公司按照“四一三”行动推进方案相关要求，集合鲁北民居特色，对村容村貌、基础设施、绿化景观、功能定位等进行了整体规划。前杨村“两委”制订了美丽乡村建设行动计划，围绕农村饮水安全、污水治理、厕所革命、生活垃圾处理和农业废弃物资源化利用等开展城乡环境卫生综合整治，扎实推动水、电、路、气、信等基础设施建设，高标准开展“硬化、净化、美化、绿化、亮化”五大工程，大力推进“美丽庭院”建设工作，共栽植绿化树木 7000 余棵，硬化道路 3000 米，疏浚沟渠 800 米，建设桥涵 3 座，打深井 4 眼，在临邑县率先实施了厨房、厕所污水一体化改造，气改煤工程，治理了空中网线，整理闲散坑塘，开发了亲水体验、休闲垂钓等活动，利用闲置宅基地建设了前杨幸福院、前杨记忆馆、乡村振兴学院、时光旅社、乡村振兴学院等项目，乡村面貌焕然一新，群众的生活品质大幅度提升，书写出了一个适应现代生活、体现乡土风貌、天蓝水清、优美和谐的富饶乡村画卷。

(二)完善乡村产业

乡村振兴,产业兴旺是基础。前杨村立足村庄实际,贯彻“乡村资源资本化、乡村资本资产化、乡村资产产业化、乡村产业持续化”的总体思路,制定了发展乡村旅游助力乡村振兴的发展路径,以发展特色产业为抓手,积极调整农业产业结构,投资200万元建设了4个单体面积在2600平方米的旅游采摘大棚,种植哈密瓜、油桃、葡萄等水果,整合村内闲散土地16亩,种植贵人果、吉祥果等名优果品,先后流转土地1000余亩,建设高档花卉苗木、鲜果采摘和芦笋种植基地,黄金菊花海,金银花采摘园,黑鱼养殖基地等项目,有效促进了农村第一、二、三产业融合发展,农业产业结构从单一零散式向集约化差异化规模化方向发展,为乡村振兴注入了“新动力”。

进行土地流转之后,前杨村持续深化“旅游+”融合发展模式,以推动农文旅深度融合发展为切入口,加快推进“旅游+美丽乡村”“旅游+农业”“旅游+文化”“旅游+购物”“旅游+创意”发展,推出手绘动力小火车、明信片、鸭蛋、香油、柳编工艺品等乡村旅游衍生产品,针对学校、家长研学需求,开发了历史文化、红色经典、乡村民俗、户外营地四大课程,并推出了前杨民宿、陶艺坊、扎染坊、茶艺、活字印刷、拓片等体验项目,同时,针对成人团建的实际,建设了趣味运动场、高空拓展、真人CS、丛林穿越等项目,旅游项目建设扎实推进,旅游产品供给日益丰富,全面凝聚三大产业功能优势互补的发展合力,不断激发“乘数效应”和“化学反应”,构建乡村六次产业,全面延展乡村全产业链与价值链。

(三)开发旅游项目

前杨村高度重视旅游项目和配套设施的建设,修缮了点将台、国丈井等历史古迹,建设了知青营地、民宿、泥巴坊、扎染坊、采摘大棚、南湖、七彩滑道等项目。在村史馆集中展示了前杨建筑、农耕、生活、商贸、教育等影像和实物两百余件,在乡村大舞台,持续上演演艺地方非遗剧目,在广场周围设置了随时可以售卖冷饮、小食、小玩具的摊位,在风筝广场,游客可在老师傅们的指引下现场DIY个人专属风筝,在知青营地开发真人CS、弓箭对抗、高空拓展等项目,在乡村振兴学院,推出沙画、秸秆画、剪纸、葫芦烙画、拓片等5项临邑县特色文化体验项目,在红色党史体验公园则创意打造了场景化旅游产品,游客通过闯关游戏沉浸式体验峥嵘岁月、胜利曙光、知青岁月、恢复高考、改革开放经典影视城、奥运荣光、科技强国、赞赞新时代、喜迎二十大等9个富有年代感的场景模块,感悟百年大党的光辉历程,以项目建设为抓手,以创新为载体,夯实了多元产业融合发展的基础,开创了魅力前杨的旅游新格局。

(四)增强民生福祉

前杨村的发展始终以尊重村民主体地位、唤醒文化自觉、激活村落内生动力为主旨。

首先,以脱贫攻坚、富民增收作为第一民生工程,对于村中13名贫困户分门别类地进行帮扶,有劳动能力的安排在村中的扶贫岗位工作,对于无劳动能力的,落实各项帮扶政策;协调资金为贫困户进行旱厕改造、院落硬化,切实改善他们的居住环境,并组织党员、群众代表集体到他们家中进行庭院、居室打扫,配合开展美丽庭院、洁净扶贫,帮助贫困户树立健康生活理念。

其次,全面丰富村民精神文化生活,立足群众各项需求,建成启用百姓大舞台、农村幸福院、前杨村史馆、前杨幼儿园,承办中国地方志工作现场会,承接省书协、省京剧院、省吕剧院等开展送书画下乡、送演出下乡活动。重阳节、端午节为181名60以上老人分油、米、面、粽子等物品,连续三年举行"金秋助学"公益活动,广泛开展文明家庭评选、"好婆婆""好媳妇"评选等文明实践活动,完成《前杨村志》编纂出版,满足广大村民在文化、教育、生活娱乐等各方面的需求。

再次,设置民生服务室。在党群服务中心设置民生服务室,让29个服务事项下沉到村,打通服务群众"最后一公里"。

最后,全面保障村民利益,积极鼓励村民按照传统习惯开展乡社文化活动,并保护与之相关的空间场所、物质载体以及生产生活资料。积极吸纳村民参与村落开发经营、商品生产与销售,解决部分村民的就业问题。同时,建立合理的利益分配制度、参与制度、补偿制度,统筹城乡经济,带动农民增收。

(五)巧用网络营销

随着互联网的快速发展,网络已经浸润到民众生活的方方面面,互联网也成为旅游营销的重要阵地。前杨村也搭上互联网营销的快车,利用"互联网+"赋能产业发展。一方面,借助互联网传播范围广、不受时空限制,成本低、速度快的优势积极开展微信、微博、直播等宣传推广,构建现代化的乡村旅游营销网络，提高前杨乡村旅游的传播力度。另一方面，巧用互联网进行创意营销，破解产业发展困境。2020 年，为破解前杨旅游业的困境，前杨村利用网上营销加远程视频的方式，开展线上植树活动、线上认领哈密瓜活动，配合网络直播等营销方式，搭乘直播“快车”跑出乡村旅游“加速度”，实现旅游产业转型升级。

(六)推出特色活动

为了提高前杨村旅游知名度，提升旅游发展活力，前杨村积极举办各项主题活动、节庆活动，邀请省书协、省话剧团开展送书画下乡，送演出下乡，小红军下乡记、摄影大赛、蜜桃采摘节、大手牵小手亲子游、庆重阳菊花展、迎新春庙会、德州市青年踏青节、特色美食评选等，擦亮前杨村乡村旅游的名片，丰富了群众的精神文化生活。这一系列新时代文明实践活动的开展，让前杨村广大村民享受到了以前未曾奢望过的幸福生活和美好希望，也获得了德州日报、齐鲁网、德州电视台、山东电视台的多方报道。2021 年 4 月 8 日，中央电视台《新闻联播》以《奋斗百年路，启航新征程，同心奔小康，多彩乡村游，致富小康路》为题，用 4 分钟的时间单条报道聚焦山东，高度赞扬了临邑县前杨村立足乡村旅旅游产业，迈向更加富足的小康生活的事迹，取得了热烈反响。

六、前杨经验

前杨村通过大力实施乡村振兴战略，群众脱贫致富奔小康，村集体经济得到壮大，前杨村成为远近闻名的“网红村”“明星村”，铸就了乡村振兴的成功模式，探索出了一套可复制、可推广的乡村振兴经验。

一是抓好基层组织建设。要下好乡村振兴战略这盘棋，需要一大批信念坚定、政治过硬、勇于担当的优秀党员干部来带领群众脱贫致富，确保党在农村工作中始终总揽全局、协调各方。县乡干部驻村入户、结对帮扶，凭着发展强村的信心，带头干事的恒心，久久为功的决心，在建强基层组织上谋求突破，才能带领群众贯彻落实乡村振兴。

二是通过转变观念拓宽思路。通过走出去、请进来、引回乡，广聚民智，拓展眼界，理清思路，找准强村富民之路，找到全面快速发展的路径，才能打通脱贫攻坚到乡村振兴的任督二脉。推出系列活动聚揽人气，推出系列项目丰富业态,实现乡村旅游产业转型升级。

三是深化改革。用改革的精神破除一切体制机制阻碍因素,公共财政及产业投资、各级智慧更多地向农村倾斜,建成服务乡村振兴的基础设施、旅游设施、文化教育设施和产业项目,充分体现集中力量办大事的优越性,满足广大村民在文化、教育、生活娱乐各方面的需求。实行集体产权制度改革,将集体资产折股量化,资源变资产、资金变股金、农民变股民,充分发掘深化改革的内生潜力。

四是以服务民生为宗旨。组织党员干部对相对贫困人员进行院落硬化、洁净扶贫,安排扶贫岗位,落实帮扶政策。对村庄空中网线进行清理、入地,建设污水净化处理站,实行厨厕污水一体化改造、气代煤改造、电代煤改造。党员干部敢做为民担当的"开路人"、关心群众的"家里人"、体察民情的"明白人"、群众权益的"发言人",群众就会一呼百应,听党话,跟党走,就能凝聚起乡村振兴的磅礴力量。

结　语

乡村振兴是新时代"三农"工作的总抓手,是社会主义发展的本质要求,对于实现经济高质量发展、推进城乡一体化、构建新型农业经济体系、推进中国式现代化具有重要意义。"五大振兴"是乡村振兴战略的核心内容和主要抓手。在组织振兴方面,中共前杨村支部成为带领村民实施乡村振兴战略的具体组织者和实践者,在土地转型阶段抓牢了合作社组织建设,在振兴旅游工作中抓住了旅游公司的组织建设,在乡村治理、人才储备以及乡风文明建设中也发挥了关键作用,为前杨村乡村振兴提供了强有力的组织体系和制度保障。在产业振兴方面,前杨村以"产业兴农、环保兴农、旅游兴农"为核心,按照首先发展特色种植,推动农业转型升级,然后拓宽农业产业边界开拓加工、服务业,最后大力发展旅游业的步调,筑牢了三产融合发展的"四梁八柱",实现产业振兴。在文化振兴方面,前杨村打造了乡村文化墙,建设前杨村史馆、前杨记忆馆,前杨大舞台、幸福院、文化广场的文化设施,建设文艺队伍丰富春节、元宵节、中秋节等传统节日内容,挖掘村落传统文化编撰村志,修葺文化遗址遗迹,推进移风易俗活动等,乡村文化生活不断丰富,乡村社会文明程度得到较大提升,为乡村振兴提供了持续强大的精神动力。在人才振兴方面,前杨村一方面积极培养本土人才,培养新型职业农民，另一方面与山东农科院、山东晟辉农业有限公司以及德州学院等建立合作平台，引进高层次技术人才，为乡村振兴提供了强大的智力保障。在生态振兴方面，前杨村大力实施乡村生态振兴亮点工程，以美丽村居、美丽庭院、美丽村庄、美好生活建设为抓手，积极开展乡村生态保护与修复，综合整治乡村人居环境，全面治理乡村污染，乡村面貌实现了从“局部美”向“全域美”的巨大转变。

未来，前杨村将坚持党建引领，按照“产业兴旺，生态宜居，乡风文明，治理有效，生活富裕”总要求，聚焦乡村产业、人才、文化、生态、组织“五大振兴”，大力实施“生态兴村，文化立村、果业富村、旅游强村”发展路径，精准发力补短板，重点突破强产业，全面推进夯基础，扎实推进乡村振兴战略在前杨村落地开花，绘就了产业旺、人才兴、乡风美、生活富、生态优的乡村振兴新画卷。

▶启发思考

1.目前，前杨村客源以近地市场为主，如何突破空间瓶颈吸引中远途市场？

2.以乡村旅游为龙头，如何提档升级通过高质量发展带动整个德州市甚至鲁北乡村旅游的全面发展？

3.淄博“火山圈”，好客山东深得人心。趁此东风，怎样通过管理和服务的提升打造属于前杨的人间烟火、政通人和？

Ⅲ

科技赋能创新案例

数字赋能，文旅增效

——文旅云引领山东文旅科技融合创新实践*

▶案例概览

近年来，全球化进程加快，数字信息技术发展迅速，"数字中国"战略应运而生。在中国文化和旅游产业创新变革及旅游市场需求快速变化背景下，以"一机游"为代表的智慧文旅数字化治理模式应运而生。目前全球已经有近 50 个国家、省、市(县)、景区在建设或建成"一机游"项目。"一机游"模式以体制机制、应用聚合、社会协同等诸多探索创新，成为近年引领全域智慧文旅发展的新风潮。"好客山东　云游齐鲁"平台是山东省探索文旅数字化治理方面的实践探索，作为一个综合性产业解决方案，在推动文旅产业融合、实现产业转型发展方面做出了贡献。该平台着重解决数字化治理滞后、企业智慧服务水平较低、游客智慧旅游体验差等弱点和痛点。如何将"一机游"做出山东特色，实现平台发展、产业发展和公司发展共赢，是现阶段山东文旅云智能科技有限公司重点突破的难题。

引　言

2020 年 12 月 24 日，山东文旅云智能科技有限公司(以下简称"文旅云公司")在济南成立。每当有人问起"文旅云"是做什么的，文旅云公司总经理曲磊就会答道："最具代表性的产品自然是'一部手机游山东'。公司以平

* 本案例由山东文旅云智能科技有限公司的曲磊、于庆、郑兵兵撰写，由山东大学旅游产业研究院/山东省新旧动能转换重大工程精品旅游产业智库改编收录。

台为抓手,在政府的引领和指导下,汇聚文旅产业链上下游人才、资源、数据、资金等要素,致力于构建山东省数字文旅的底层基座。”人们不禁好奇,毕竟就山东文旅产业的历史而言,距离“科技”实在太远,“一机游”概念又太大。这家命名“文旅云智能科技”的公司将在齐鲁大地上做出怎样的文章?如何为文旅产业赋能?而且,“一机游”在外省已做了多年,在山东省能行得通吗?这些都成为文旅云公司首先要解决的问题。

一、大势所趋:山东省躬身入局

曲磊在文旅产业已有近15年的从业经历,对文旅产业的发展有着深入的思考和丰富的实践经验。在他看来,山东省文旅产业发展总体可归纳为三大发展阶段。第一阶段(20世纪80年代至2003年)为“资源驱动型”的自发式旅游消费阶段。该阶段旅游基本属于“啃老产业”:历史遗留下的三孔、泰山、黄金海岸、黄河等,都是超一线的旅游资源,具有不可替代性。当时的旅游起源于国际交流,消费者大多为“有钱人”,旅游属于奢侈品。第二阶段(2003年至2018年)为“品牌驱动型”的引导式旅游消费阶段。文旅产业快速发展,各地文旅产品层出不穷,竞争加剧。“好客山东”开启了省域旅游品牌发展之路,之后又先后推出了“好客山东”休闲汇、贺年会,十大文化旅游目的地品牌等,再次引领山东旅游发展。第三阶段(始于2019年)为“科技和文化驱动型”的智慧文旅阶段。随着新一代文旅消费者的强势入场以及科技的快速发展,“好客山东”品牌影响力、市场号召力逐渐减弱,新一代消费者更加关注科技感、体验感、便捷度,追求精神文化的认同,更注重身心健康,文旅产业进入了“科技和文化(艺术)双轮驱动型”的选择式文旅消费阶段,智慧旅游成为引导和影响消费者旅游行为的重要因素。5G、云计算、大数据、物联网、区块链、人工智能等新兴信息技术与实体经济深度融合,全面加速了各类行业的数字化转型。数字生活、数字消费、数字农业、数字健康、数字出行、数字文化等数字经济蓬勃发展,“数字文旅”迎来最好的发展契机。

在第三阶段初期,“一部手机游云南”率先成为国内区域文旅数字化治理的样板工程,在破解云南旅游产业服务乱象方面取得成效。与山东文旅云智能科技有限公司创建模式类似,2017年云南省政府联手腾讯集团合资成立了云南腾云信息产业有限公司,由腾云公司负责承建和运营“一部手机游云南”项目。深受旅游乱象之苦的云南省集全省之力，专门成立了“一部手机游云南”工作领导小组，由时任云南省省长阮成发亲自挂帅，组织36个省级部门协同推进，每年投入扶持资金3亿元，以期为云南打造一个智慧、健康、便利的省级全域旅游生态项目。2018年，“一部手机游云南”上线后，获得诸多省份省政府及省级文旅主管部门的关注和重视，成为推动政府数字化治理在文旅领域的有益尝试和成功探索，全国各地上到省市、下至区县乃至单体景区陆陆续续建立起“一机游”。

2020年，山东省先后印发《山东省“十四五”数字强省建设规划》《山东省文化旅游融合发展规划（2020～2025年）》等文件，为全省智慧旅游建设指明了方向、规划了路径、提供了动力。山东文旅产业在智慧化进程上取得一些成果，但随着时代变迁和产业升级，加之文旅产业边缘较广、发展模式相对传统、行业数据高度离散、全域旅游蓬勃发展，存在政府监管不够精准高效以及企业数字化转型乏力、产品供给滞后于游客需求等问题。优势资源向优质文旅产品的创造性转化不足，文旅服务场景的智能便捷化体验不足，文旅产业的在线化数字化转化不足，加之各区域、各景区智慧化和数字化建设进度、思路、平台不统一的短板日益凸显，给文旅产业融合发展和政府监管造成较大困难，急需从省级目的地层面完善顶层设计。

总体来说，政府端、企业端、用户端均存在智慧化需求，急需从旅游目的地层面进行系统化的顶层设计，急需一个强有力的抓手进行系统化的资源整合，推动产业数字化转型。因此，能够串联起政府和市场资源的“一机游”项目成为必要选项。“好客山东　云游齐鲁”智慧文旅平台应运而生。

为支撑该项目落地，经山东省委、省政府重点部署，山东省文化和旅游厅批准，山东省文旅龙头企业——山东文旅集团、海看网络科技（山东）股份有限公司、深圳市腾讯产业创投有限公司、山东省财金集团共同出资组建了文化旅游领域科技创新企业——山东文旅云智能科技有限公司，全面负责“好客山东　云游齐鲁”智慧文旅平台（“一部手机游山东”）及相关项目的开发、建设和运营。

二、命题作文:挖掘一机游价值

(一)勇接时代考题

创立伊始,文旅云公司即明确了三大“企业使命”、一大“企业愿景”,面对文旅产业数字化、智能化的重大转型变革机遇期,以“管理提效,企业赋能,文旅惠民”为己任,用科技的力量赋能文化旅游产业的高质量发展,“鼎新聚变,励精唯实”致力于成为具有全国引领效应和影响力的、山东一流的智慧文旅创新平台和科技公司典范。能否真正担当起这一重任,对初创的文旅云公司来说,“好客山东　云游齐鲁”智慧文旅平台是第一个“命题作文”,既要写完,又要写好。

“好客山东　云游齐鲁”智慧文旅平台一期的如期建成,圆满完成了山东省委、省政府下达的“2021 年‘五一’前上线”任务。文旅云公司自创立之日起,各种事务、机会、压力、困惑甚至质疑全面袭来。公司几乎每天都忙于应对各种棘手、紧迫的事情,羽翼未丰的文旅云公司面临多线作战难题,但手中的牌只有“三新”:新平台、新业务、新团队。建设云游齐鲁平台是公司的头等大事,是山东省委、省政府领导和山东省文化和旅游厅领导们关切的一桩大事,也成为很多关注“一机游”人士的高度关切。赶在“五一”前上线的宣示如同军令状,一旦立下,就没有回旋余地。政府给出的开发时间只有两个月,时间紧任务重,没有退路,只能迎难而上。于是,从2021 年春节开始,全公司加班加点成为常态,员工每天 24 小时吃住在单位。最终,2021 年 4 月 29 日,“好客山东　云游齐鲁”智慧文旅平台一期上线,正式开始以科技之力赋能山东文旅产业的历程。依托“好客山东　云游齐鲁”智慧文旅平台,文旅云公司搭建起“一中心四个平台”:智慧大脑“山东省文旅融合大数据中心”、面向游客端的“智慧服务平台”、面向政府端的“诚信监管服务平台”、面向企业端的“综合服务赋能平台”、面向社会各界的“全域文化创意产业平台”。

“苦”的是创业的艰辛,“乐”的是难得的发展机遇。文旅云公司初创时期的高管均是在文旅产业深耕十余年的老文旅人,深知这次文旅科技融合的机遇有多难得,也深知扛在肩上的责任有多重。

(二)上交满意答卷

“云游齐鲁”平台是山东文旅产业数字化发展的样板工程，是文旅云公司的核心产品、立命之本。三年来，曲磊被问到最多的就是“云游齐鲁”平台的价值。在他看来，“好客山东　云游齐鲁”智慧文旅平台，是山东省“数字强省”战略中文旅领域的新基建代表项目。作为“一机游”区域目的地智慧旅游发展模式在山东省的落地实践，“好客山东　云游齐鲁”智慧文旅平台将在推动政府侧、产业侧、用户侧升级方面发挥着积极作用，具体表现在为政府管理提供决策支撑(强政)，为文旅企业提供运营支撑(兴企)，为游客本地体验提供数字化服务支撑(惠民)。

1.面向政府端：强政

“好客山东　云游齐鲁”智慧文旅平台在规划建设期以“强政”为核心建设，完善公共服务基础，搭建融通的数字平台。通过为政府提供数据服务、数字化解决方案，破除数据孤岛，实现“互联网＋管理”，形成一张图管全省。重构涉旅行政监管流程，优化旅游市场监管智慧治理体系，协助政府有效实现有序运营、无缝监管、智能化监管，深化“放、管、服”改革，提供便捷、高效、智能的治理新模式，使“管”成为闭环，真正达到“政府管理服务无处不在”的目标。

2.面向企业端：兴企

“好客山东　云游齐鲁”智慧文旅平台将为以中小微企业为主的旅游产业的转型升级提供驱动力。依托“全省一盘棋”的战略规划，借助政府无形手的推动，实现旅游产业上下游数字化、平台化，加快文旅企业融入科技赋能文旅发展的变局中来，进一步加快推动智慧景区、智慧文博场馆、智慧酒店建设，进一步增强企业用好数据的能力，进一步拓展VR、MR、虚拟现实、智慧导览、景区流量监测、刷脸入园、票仓管理、智慧厕所、慢直播、数字导游导览等产品新形态，实现赋能营销、赋能服务、赋能管理、赋能运营，从而多维度“兴企”。特别在近几年，全域旅游智慧化转型对促进景区和景点有序开放、有效疏导客流、探索文旅新业态、助力文旅产业加快复苏具有重要作用。

3.面向用户端：惠民

从中长期来看，“好客山东　云游齐鲁”智慧文旅平台落脚点在“用户”，即通过强化政府端、优化企业端，实现更优质地服务国内外游客的终极目标。5G、互联网、大数据等新技术在全产业的运用将变革旅游服务模式，依托"一机游"打造的各省级一体化文旅平台,一站式汇聚全省文旅产业要素,为游客提供涵盖游前、游中、游后等全链条、多功能服务,尤其是科技元素的融入让体验全面升级,游客可以感受自由自在的旅游体验。基于产业资源整合而开展的省市级一体化营销、惠民消费活动等,最大限度实现惠民利民,激发居民消费潜力和活力。

为保障该项目的顺利实施,按照上级领导对平台"三年期"建设培育的思路,文旅云公司乘势而上,腾出时间抢抓发展机遇,积极开拓外部市场,不放过稍纵即逝的发展机遇。目前,"云游齐鲁"平台一期"山东文旅融合大数据中心、国内外游客综合服务平台"已于2021年上线运营,平台二期正在紧锣密鼓地实施,并对一期功能进行持续优化提升。

三、盈利初探:跳出平台做平台

"好客山东　云游齐鲁"智慧文旅平台上线后,文旅云公司首先要解决的是运营盈利的问题。纵览全国"一机游"项目,大多采取政府主导、企业运营的模式,不外乎三种推进路径:主导建设者运营(各地文旅局人员组成的工作小组)、外包给专业团队运营、由主导建设者和专业团队合作运营。但大多数平台尚未形成清晰的盈利模式,这也成为其他区域践行"一机游"模式的痼疾。

如何破题?文旅云公司内部先后多次发起"思想大讨论"活动,团队成员畅所欲言,可以天马行空,也可以借鉴他山之石。经过一轮轮的讨论,文旅云公司坚定了一个信念:必须跳出平台做平台。"一机游"作为政府现代化治理的模式,首先要解决的是政府难题,这也是为何全国一机游都由政府主导。"云游齐鲁"平台带有浓厚的公共服务属性,在游客端很难实现直接变现,但若单纯依赖政府输血,激发不出经营活力,将难以实现高质量长远发展。所以,必须要把平台自带的时代势能、政府优势转化为市场优势、业务优势。自此,一条"TO'G—B—C'"的实现路径梳理出来,即通过服务G端(政府端)、影响B端(企业端),进而实现服务C端(消费端)。

聚焦B端方面,文旅云公司内部推出"揭榜制""请缨制"等做法,大力鼓励创新。"揭榜制"是指凡经过公司内论证可以干的项目,将原来由领导任命的办法,改为员工主动揭榜,通过展示行动方案、计划书,获得同意,即可揭榜执行。在此制度下孵化催生了"惠心卡"项目(智慧工会项目)。为弘扬创新氛围，文旅云公司贯彻“四不”原则，即对投身创业者“不打板子，不减票子，不戴帽子，不撤凳子”，使创新完全没有后顾之忧。“请缨制”则是让员工自主提出项目，主动请缨去做，在运行机制上，改“由上而下”为“自下而上”，实现了“自主人、自管理、自驱动”。为激发创意和想法，公司内部还组织“亮剑论坛”，持续营造宽松、活跃的企业氛围。这种创新的工作氛围和机制，使得新生的文旅云公司充满生机，能够在市场竞争中抓住新机会。

常态化创新机制的保障，作为具有科技型公司和平台型公司双重属性的文旅云公司，在建设运营好“好客山东　云游齐鲁”智慧文旅平台的同时，逐步加大科研投入，自主研发储备了多个项目，诸如“万经万里”智慧研学项目、“好客山东”一码通等，利用平台优势多业态布局，助力山东文旅产业高质量发展。

四、模式创新：居游一体一云多端

作为山东“十四五”重点项目、省文旅新基建项目、省重大项目、省新旧动能转换项目，“云游齐鲁”是“一机游”模式在山东省的落地实践。相对于其他“一机游”项目，“云游齐鲁”平台具有一个鲜明的特征，即“居游一体化”。“居游一体化”倡导居民积极融入当地旅游产业，整合当地文化特色，打造目的地专属平台。

“好客山东”这一品牌在国内外颇受好评，成为区域性品牌营销的成功范例，而“好客山东　云游齐鲁”智慧文旅平台是对“好客山东”品牌的又一次升级。它的内涵不仅包括政府现代化治理，还包括产业转型升级以及品牌到商业及服务的落地承载。它必须要成为“最懂山东”的平台，成为“山东文旅的综合服务大厅”。

基于此，文旅云公司在运营“好客山东　云游齐鲁”平台时，将秉承“居游一体化”原则，持续深耕区域文化和旅游要素、文化和旅游产业，将平台打造为动态发展的区域性智慧文旅生态系统。“云游齐鲁”平台不只是包含游客，还包括当地居民；不只是旅游要素，还包括文化、手造、演艺、产品、活动、服务、数据的全面整合；不只是刺激游客出游，而是在兼顾旅游需求的基础上，注重人文体验与内在（知识、技能、文化等）提升，满足的是精神诉求，打造“最懂山东”的综合型文旅平台。

“云游齐鲁”平台还强化了“在地化属性”，关注本地休闲消费、本地文化消费、本地研学消费等细分领域,以“云游齐鲁”平台为依托,面向B端需求挖掘,内部孵化了智慧研学平台、“好客山东”一码通、山东手造商城、智慧工会等一系列细分垂直性业务平台并快速推向市场,丰富平台业务体系,优化提升平台内涵,通过丰富多样的现代化文旅项目推动山东省优质文化和旅游资源向创新型文旅产业转型升级。

“好客山东 云游齐鲁”智慧文旅平台,既要深入平台做大做强,也要跳出平台引领做优产业。模板是以“云游齐鲁”平台为支点深入探索山东省全产业的数字化提升,持续打造“一云多端”体系。

在文旅云公司的构想中,“一云多端”既要纵向互联省、市、县三级智慧文旅平台以及省直文旅系统细分领域服务平台,推动省、市、县一体化发展,也要横向打通及创新推出文旅惠民消费券领用平台、智慧研学平台、智慧工会、实景物联、“好客山东”一码通、旅游企业分销等诸多业务平台,把企业的政策优势、资源优势、技术优势转变为盈利优势、业务优势,实现企业、产业的共赢。未来,“一云多端”还要积极打通省级其他行业的智慧平台,接入多元数据,更要积极融入全国文旅产业大平台体系、政务信息化大平台体系,真正释放出数据的价值、平台的能量。

五、效能初显:公司平台产业多赢

凭借着“创新创业,实干兴企”的干劲儿,文旅云公司交出第二份满意的答卷:公司成立首年即盈利。2021年,文旅云公司营收390余万元,研发投入1024万元,利润283万元;2022年,营收3887余万元,研发投入1511余万元,利润604万元。在实现公司盈利的同时,“好客山东 云游齐鲁”智慧文旅平台作为山东文旅产业新基建项目的效能也逐步呈现。

首先,实现“一机”全面监管文旅产业。文旅产业数据特点是海量、高度离散、非结构化。在“一中心四平台”体系中,“一”是整个架构的底盘,即山东智慧文旅融合大数据中心,实现省内文旅数据的有效整合。面向G端,基于山东智慧文旅融合大数据中心,打造了山东文旅智慧大脑,实现政府管理精准高效。中心从省域层面引导资源优化配置,将文化、旅游、文物等相关资源平台、监管平台等数据进行汇总整理。目前已使用的数据包括客流数据、预约数据、视频数据、产业经济、客情分析、营销分析等,累计采集数据8300多万条,接入诸如景区、文化场馆、酒店、旅行社、导游等山东文旅全要素，可对 299 家景区实现近 3000 路实时视频监控，已完成景区监测、产业经济、文旅资源、客情分析等模块建设，并实现文旅产业资源数字化、数据资源可视化，完整刻画山东省文旅产业整体情况，为山东省旅游产业规划和发展提供数据基础。目前“山东文旅融合大数据中心”已成为山东省委省政府、省文旅厅应急或假日调度的必备工具。

其次，实现“一机”多维服务文旅企业，面向企业端，“云游齐鲁”平台采用“零佣金”策略，助力企业拓销、减负，吸引酒店、景区、文博场馆 30000 余家进驻平台。2022 年，“云游齐鲁”平台成为山东省级文旅惠民消费券唯一指定发放平台，发放 4000 余万元的惠民消费券，拉动文旅消费超 1.4 亿元，为文旅企业有效助力，更惠民利民、更精准纾困、更安全规范、更有效刺激消费、更带动内需。面对文旅产业数字化、智能化的重大转型变革机遇期，文旅云公司充分发挥“平台公司＋科技公司”的属性，依托“云游齐鲁”平台技术，深入探索 5G、大数据、北斗技术、GIS、数字孪生、人工智能等技术在文旅产业的研发和应用，全面布局智慧城市、智慧文旅、数字乡村、智慧教育、智慧园区场馆等应用场景数字化解决方案，先后为泰山学院、山东文旅集团、天下第一泉、天蒙景区、微山湖风景区、沂山景区等提供智慧解决方案。

最后，实现“一机”全域体验智慧旅游。目前以“云游齐鲁”客户端、小程序、微信公众号等为入口，已打造资讯最全、资讯最鲜、资源最多、最懂山东的国内外游客智慧服务平台，实现“一机在手　畅游山东”，传播“好客山东”品牌，讲述山东文旅故事。平台基本汇聚山东食、住、行、游、购、娱等全文旅资源要素，接入山东省景区、酒店、民宿、文博场馆等 3 万余家，具备预约入园、全景 VR、智慧导览等 13 类功能，实现一站畅玩，游客可 5 秒完成酒店、门票、餐饮等预订服务。开通 16 城市“数字名片”专题频道，便于游客快速检索各地旅游资源。截至 2022 年，平台累计浏览量近 4000 万人次。

“好客山东　云游齐鲁”智慧文旅平台先后荣膺第一届中国新型智慧城市创新应用大赛特等奖（“强基”赛道排序第一名）、第三届山东省数据应用创新创业大赛济南赛区数字经济赛道第一名、第四届 5G 应用征集大赛一等奖，被列为山东省“十四五”规划重点项目、山东省绿色低碳高质量发展先行区重点项目、山东省新基建项目、山东省首批数字经济重点项目等，成为山东省智慧文旅标杆，并被写入《山东省文化旅游融合发展规划（2020～2025 年）》《关于加快推动山东省文化和科技深度融合的实施意见》等政策文件。这是文旅云公司交出的第三份耀眼的成绩。

六、科研赋能:产研融合激发内生动力

“云游齐鲁”平台释放出强科研磁场,作为依托平台,先后承接了科技部“北斗智能精准定位技术集成及区域服务业创新示范”项目、山东省科技厅——山东省重点研发计划“关于山东智慧文旅云平台关键技术的研发及产业化应用”项目、山东省科技厅“北斗星动能科技示范工程(一期)”项目。尤其“北斗+文旅”项目是“北斗”在文旅领域的唯一示范项目,一定程度提升了山东文旅产业在数字赛道上的竞争优势,这是文旅云公司交出的第四份答卷。以前,山东文旅企业从未拿到过科技类的项目和资金。在2021年之前,甚至整个文旅系统尚未在省科技厅系统开户,说明过去的山东文旅行业忽略了旅游与科技的结合。

数字文旅是创新应用,而不是创造应用。文旅产业为技术集成应用提供了大量的场景。未来公司的发展必须锁定“产品化”这一出口不动摇,瞄准丰富数字化文化产品供给,将不同的地域差异化的传统风俗文化、历史文化和现代文化与现代科技相结合,以线上产品、线下产品以及线上线下一体化产品的形式,给文旅企业主体带来有效的工具,为文化消费者带来全新的体验。

为激发创新活力,文旅云公司积极推进外联合作,在人工智能、虚拟现实、物联网、大数据、云计算、元宇宙等领域共建一批文旅科技融合发展实验室,促进与科研机构、高校开展多种形式的合作与交流活动,整合产品、技术、智力资源,共同进行科研技术攻关,同时促进产教供需多维融合,实现人才共育、科研共进、成果共享。在山东省文化和旅游厅指导下,2021年5月,由文旅云公司发起,联合国内32家高校、科研机构、科技企业和金融机构共同组建“山东文旅科技融合发展联盟”,为持续深入推进文旅产业产学研纵深融合提供资源和平台基础,有效提升公司在文旅科技领域的影响力。截至2022年,文旅云公司已经拥有2家省级实验室(山东省文化和旅游重点实验室、山东省数据开放创新应用实验室)、2家省级校企共建技术研发中心、4个共建实验室(文旅云公司分别与杭州海康威视、山东联通、山东大学、飞思达合作共建),以实验室和示范项目为载体,共同推进行业关键技术的研发及创新应用,激发创新活力,推动项目孵化。

七、仰望星空:一云一链一园一基金

技术变革日新月异,市场局势波云诡谲,文旅云公司在脚踏实地创新创业的同时,未来仍要继续努力,确保竞争优势。

目前,文旅云公司的经营模式仅仅是初探,但盈利模式永远在不断探索中。根据文旅云公司的规划,下一步将深挖"云游齐鲁"平台优势、平台价值、平台内涵,在山东省文化和旅游厅主导下,以山东文旅云智能科技有限公司(企业主体)为核心,紧密联合科研院所、产业链上下游企业等,构建"一云一链一园一基金"生态体系。

"一云",即文旅产业云,建设山东文旅产业的大数据中枢,为企业提供存储服务、数据处理服务以及融合云存储、云计算和 SaaS 智慧化产品,为企业提供便捷、低成本的管理、营销和财务工具,助力文旅企业低成本数字化转型。

"一链",即基于区块链技术搭建山东文旅数字文旅交易链,汇聚全省文旅数字产品,提供文旅数字产品内容的标识解析、搜索查询、形象展示、收藏交易、结算支付等服务,助力文旅数据及产品实现跨企业、跨行业、跨区域的互联互通,发展山东数字文旅交易聚集生态。

"一园",即建设山东文旅元宇宙产业公园,重点建设文旅元宇宙研发中心、应用基地、产业服务平台、企业孵化基地等园区版块,汇聚元宇宙技术服务企业,拓展元宇宙产业链,打造元宇宙产业集群和体验聚集区,建成集数字文旅产品展览展示、关键技术研发、NFT 产品交易、元宇宙沉浸式体验等产研学展商游功能于一体的大型综合元宇宙产业公园。

"一基金",即创建山东文旅产业发展基金,探索资本化运作,为企业转型发展、产业链升级提供资金支持。

通过"一云一链一园一基金"的生态体系,将进一步实现山东文旅资源汇聚、数据汇聚、人才汇聚、资金汇聚、产业汇聚,助推山东文旅产业转型提档升级。

未来一段时期,文旅云公司还将按照"平台化、数字化、资本化"战略定位,致力于建设健全山东数字文旅产业的底层架构,推动山东文旅数字生态的构建,并从中继续深挖发展空间,推动公司长远发展,持续为全省文旅产业转型升级贡献力量。

结　语

两年时间,文旅云公司凭借着“鼎新聚变　励精唯实”的精神,从初创公司成长为文旅科技领域的新起之秀,“好客山东　云游齐鲁”智慧文旅平台也成为智慧文旅领域的标杆工程。但在文旅云公司看来,探索的脚步没有尽头。目前,全国有50余个地市落地“一机游”模式,均处在摸索持续盈利模式的阶段。对于文旅云公司的立身之本——“云游齐鲁”平台而言,如何持续做优平台运营内容、做大平台流量、做强平台资源是接下来要重点考虑的问题。作为文旅科技公司,文旅云公司如何撬动文旅企业智慧化市场也需费一番思量。“路漫漫其修远兮,吾将上下而求索。”

▶启发思考

1.文旅融合背景下,如何利用科技为其赋能?

2.文旅云公司是如何实现盈利的?你认为文旅平台还可以通过哪些途径实现盈利?

3.你认为“一部手机游山东”产品相较于全国其他地区的“一机游”模式有什么优势?文旅云公司该如何在众多相似平台中脱颖而出?

科技赋能文旅资源数字化转型

——山东文旅数字场景化平台的探索实践*

▶案例概览

在虚拟现实技术快速迭代、国家政策大力支持文旅产业数字化发展的背景下，山东演艺集团旗下子公司山演数字科技（山东）有限责任公司依托山东大学、山东产业技术研究院的技术科研力量和产业平台优势，运用人工智能、5G、区块链等技术打造了全国首个以省域文旅资源为主体的山东元宇宙平台。平台具备文旅延伸、文旅孪生、虚拟文旅、交互文旅、数字资产、特色文旅等六大功能，通过科技赋能实现山东省域文旅资源在生产系统、社交系统、经济系统上的虚实共生，将山东省内数字文旅产业供给方、需求方优势和诉求进行整合，为文旅产业市场主体提供数字化转型服务。平台旨在成为推动文旅产业融合发展的重要抓手和文旅产业主管部门的重要管理工具，引领山东文旅产业创新性发展，充分发挥产业资源协调、产业联动等优势，实现数字经济赋能文旅实体经济，为宣传山东文旅讲好山东故事做出应有贡献，力争在全省乃至全国成为文旅元宇宙应用的先行者和典范。

引　言

在2023年青岛数字文化应用产品交易大会现场，山东演艺集团展位格外受人关注，前来参与体验的游客络绎不绝。以海洋为主题的裸眼3D，如

* 本案例由山东演艺集团有限责任公司解东、张宁宁、贾辰、姜宏撰写，由山东大学旅游产业研究院/山东省新旧动能转换重大工程精品旅游智库改编收录。

梦似幻、栩栩如生,带来超强的视觉冲击力,让人仿佛置身海底世界。基于增强现实技术的AR文物修复,使游客能够实时观察到文物修复的过程和效果,与文物对话,与历史交流,在互动中见证文物的往日辉煌。站在AR大屏换衣镜前,只需“抬抬手”,就能看到自己喜爱的衣服穿在身上的真实效果。佩戴VR眼镜,即可进入灵岩寺虚拟数字景区,感受“海内第一名刹”的深厚历史和浓郁的文化底蕴;或是进入微山岛“荷园”虚拟数字景区,欣赏盛夏时节荷花竞相绽放的靓丽美景。在元宇宙主题党建专区,丰富的党建文化内容、新颖的虚拟党建活动,通过强烈的感官刺激,吸引大量游客进行体验。山东文旅数字场景化平台(山东文旅元宇宙平台)联合生态合作伙伴共同展示了平台主要功能模块及相关产品、技术,为现场观众带来了一场精彩的“文旅+科技”沉浸式体验。

一、前瞻布局,创新开展文旅数字化建设

近年来,山东省文旅产业发展取得长足进步,对社会经济发展的牵引带动作用日益凸显,但存在文旅资源数字化水平不高、供给结构质量有待优化、新型业态培育不够、线上消费仍需培养巩固、数字化治理能力不足等问题,特别是文旅市场复苏,超大规模的市场优势急需数字文旅产业快速发展。为了进一步满足消费者对高质量文旅产品的需求,顺应消费升级趋势,需要不断探索文旅资源数字化的有效举措。山东演艺集团从省域文旅资源数字化建设入手,服务文化和旅游资源数字化、智能化,致力于打造山东文旅数字场景化平台(山东文旅元宇宙平台),构建现实和虚拟结合的数字空间,以科技赋能打破时空限制,推动文旅融合,优化消费供给,助推文旅产业实体经济的数字化升级和商业模式创新,为文化和旅游产业发展带来全新可能。

(一)国家政策支持文化数字化建设

2022年,《“十四五”数字经济发展规划》《关于推进实施国家文化数字化战略的意见》《关于推动数字文化产业高质量发展的意见》《“十四五”文化和旅游发展规划》等文件陆续发布,明确提出文化数字化成为国家战略,在夯实数字文化产业发展基础、培育数字文化产业新型业态、构建数字文化产业生态等方面提出多项意见。2025年,我国数字经济核心产业增加值占GDP

比重提升至10%，彰显国家战略层面对数字经济未来发展的重视程度。

山东省政府印发《山东省“十四五”数字强省规划》，指出发展数字文娱产业，充分挖掘我省优秀文化资源，推动虚拟/增强现实、5G超高清视频等数字技术在动画动漫、网络游戏、数字化内容制作等数字服务创意领域的多样化创新应用。山东省工业和信息化厅等七部门联合发布的《山东省推动虚拟现实产业高质量发展三年行动计划(2022～2024年)》提出，将持续激发数字孪生、元宇宙等新兴业态，为山东省经济社会带来新的增长点，为山东文旅资源数字化建设营造了良好的发展环境。

(二)技术积累为项目建设奠定坚实基础

现阶段，技术手段的不断创新为平台建设奠定基础。全景超高清图像采集和低延迟传输技术能够提供重要的内容质量保障；分区分块传输技术、动态路由传输技术以及其他低延迟传输技术和编解码技术，可以使内容传输延迟达到行业顶尖水平；团队自研且全球领先的XR-NERF技术，让NERF技术在文旅产业得到更好的应用推广。各项创新技术的应用都加快推进山东文旅数字场景化的技术研发、成果转化、场景应用，推动科研成果产业化。

(三)产业发展催生数字场景生态建设

数字文旅产品具有传播网络化、消费个性化等特点，符合年轻消费者消费习惯，互联网和数字技术的广泛普及以及网民付费习惯的养成，使数字文旅产品的消费潜力和市场价值得到进一步释放。从影视、游戏、动漫，到网络文学、短视频、网络直播、数字文创、虚拟现实，再到“云观展”“云演出”“云赏花”“云会议”等文旅产业新业态、新形态，数字技术对文旅资源进行开发、利用、重组、存储、传播、再现与延展的程度日益加深。依托“内容+科技+融合创新”，构建可持续健康发展的数字场景生态，实现从数字到实体的商业模式创新，成为文旅产业全产业链与数字技术跨界连接的重要选择。

(四)战略推动开展文旅资源数字化尝试

2022年初，山东演艺集团积极贯彻落实国家文化数字化战略，在新一轮技术革命中找准自身定位，主动拥抱互联网产业革新的新机遇，持续推进经营创新转型，通过新业态、新模式探索新空间，全面布局山东文旅数字场景化平台发展建设。在山东省文化和旅游厅的大力支持下,山东演艺集团了打造全国首个省级文旅数字藏品展销专区——数字文创“山东馆”,聚焦山东旅游、非遗、文博等山东优秀传统文化创造性转化、创新性发展,利用数字科技打造文旅消费双动线,推动产业生态融合,赋能文旅资源新价值。山东省文化和旅游厅下发《关于征集数字文创“山东馆”文旅 IP 资源的通知》,面向全省征集文旅 IP,内容包括全省范围内的“国家 4A 级旅游景区”、“国家 5A 级旅游景区”以及省级、国家级非遗和文博等文旅资源,收集全省优质文旅 IP 资源 400 余项。集团与蚂蚁鲸探、百度超级链、银联数藏、海豹数藏等多个数字藏品发行平台签署战略合作协议,共同推动数字文创“山东馆”建设,扩大山东文旅的宣传。联合曲阜三孔、黄河口生态旅游区、沂蒙山旅游区龟蒙·云蒙景区、台儿庄古城、蓬莱阁风景区、萤火虫水洞·地下大峡谷旅游区在内的 6 家“国家 5A 级旅游景区”发行“齐鲁多娇”专题数字藏品,联合孔维克发行《一山一水一圣人》书画专题数字藏品,反响良好,有效助力山东文旅单位在疫情常态化形势下走出现有困境,推动了文旅 IP 内容升级、传播升级、场景升级以及文旅创意产品升级。

通过前期建设数字文创“山东馆”的大胆尝试,山东演艺集团旗下子公司山演数字科技(山东)有限责任公司依托山东大学、山东产业技术研究院技术科研力量和产业平台优势,着手打造山东文旅数字场景化平台(山东文旅元宇宙平台),力求联合生态合作伙伴共同服务文旅产业,推动全省文旅资源数字化,满足消费者文旅消费需求。2022 年 8 月 30 日,山东文旅数字场景化平台共建启动仪式在山东济南举办,标志着山东文旅数字场景化平台进入全面建设阶段。2022 年 11 月,山东省委宣传部、省发改委、省科技厅、省工信厅、省财政厅、省文旅厅等 14 部门联合印发《山东省文化数字化行动计划》,明确提出依托全省文化旅游资源,打造山东文旅数字场景化平台,培育虚拟演唱会、虚拟景区、虚拟文化场馆、虚拟体育、虚拟偶像、虚拟导游等文旅消费新业态,构建元宇宙资源整合、产业合作平台,推动文旅产业生态虚实融合。2023 年 2 月,山东省文化和旅游厅发布《山东省 2023 年文旅提质赋能计划》,明确提出丰富数字文旅新场景,支持山东演艺集团打造山东文旅数字场景化平台。在各个部门的大力支持和帮助下,山东文旅数字场景化平台(山东文旅元宇宙平台)于 2023 年 4 月在青岛举办上线仪式,山东省文旅厅、省工信厅、省艺术研究院相关领导出席。平台上线应用不仅为数字化背景下文化和旅游融合发展提供了更多机遇,也为山东文化和旅游行业发展带来全新可能,将成为优化文旅体验方式、重塑文旅产业格局、助力突破产业瓶颈的关键力量，全面引领山东文旅产业创新性发展。

二、创新引领，推动省域文旅资源数字化转型

在山东文旅数字场景化平台（山东文旅元宇宙平台）规划建设初期，山东演艺集团积极开展广泛调研，经过多方考察论证，在政策引导、理论研究方面做了很多工作，发展模式也得到了权威机构的认可。平台通过科技赋能实现山东省域文旅资源在生产系统、社交系统、经济系统上的虚实共生，将山东省内数字文旅产业供给方、需求方优势和诉求进行整合，为文旅产业市场主体提供数字化转型服务，将数字科技新业态融入并贯穿于文旅产业各个环节，打破时空限制，形成智能、感知、互联的山东数字文旅创意产业新平台，实现文旅资源的永续化传播，为广大消费者带来全新的临场体验。

（一）打造文旅数字化转型新模式

平台建设从理论、应用、模式等方面都进行了创新。在理论方面，项目建设以文旅融合为导向，通过科技赋能，推动文旅资源数字化转型，实现文旅资源的永续化。推动文旅产业市场主体呈现方式、运营方式、管理模式、营销模式通过数字化转型进行变革和创新，以科技创新驱动推进文旅产业供给侧结构性改革，实现文旅产业提质增效。在应用方面，平台不仅是全国首个省域文旅资源为主体的元宇宙平台，也是遥在技术、NERF技术在医疗、教育行业应用外，首次实现文旅产业落地。在模式方面，项目建设将充分发挥产业资源协调和产融联动能力，构建以产业研究，创意研发，应用示范，智库服务，数字内容运营推广，成果运用转化等为一体的文旅资源数字化转型山东模式。

（二）引领山东文旅产业创新性发展

平台通过时空拓展、高度沉浸、感官延伸、人机融生等特点，极大延展了文旅场景时空体验，加速文旅资源普及推广和转化利用，在政策引导、技术演进、资本推动、疫情常态化的多重作用下，成为优化文旅体验方式，重塑文

旅产业格局,助力产业实现瓶颈突破的关键力量。[①] 旨在成为推动文旅产业融合发展的重要抓手和文旅产业主管部门的重要管理工具,实现数字经济赋能文旅实体经济,为宣传山东文旅讲好山东故事做出应有贡献,力争在全省乃至全国成为文旅元宇宙应用的先行者和典范,为山东省文化和旅游行业发展带来全新可能。

(三)构建数字文旅产业发展新格局

现阶段,文旅产业面临着有效供给不足的痛点,即文旅企业所提供的产品和服务不能有效满足游客多样化、个性化、集约化的需求。为了满足人民群众对高质量文旅产品的需求,必须要深化文旅产业供给侧结构性改革,顺应消费升级趋势。平台通过技术手段,加强文旅资源数字化建设,以产品和服务的数字化、智能化为导向推进文旅产业转型升级,深化供给侧结构性改革。形成贯穿文旅产业上、中、下游,需求牵引供给、供给创造需求,线上线下互联的全新产业链条,构建文化引领、技术先进、要素齐备、链条完整、结构合理、效益良好的数字文旅产业发展格局。

三、数字转化,演绎数字文旅发展新动能

游客通过佩戴 VR 设备或使用手机 App,即可进入数字映射的虚拟文旅空间,沉浸式体验虚拟景区、虚拟演艺、虚拟文化场馆、虚拟导游、“数字文创”山东馆、元宇宙主题党建等主要功能模块,获得真实的元宇宙临场体验。

(一)平台功能介绍

山东文旅数字场景化平台(山东文旅元宇宙平台)具有文旅延伸、文旅孪生、虚拟文旅、交互文旅、数字资产、特色文旅等六大功能,通过山东文旅数字沙盘、特色文旅、全景体验、数藏专区等功能场景,歌剧厅、曲艺厅、音乐厅、会展厅等元宇宙文娱场所,会谈室、会议厅等元宇宙商务空间及主题党建专区等场景进行展示和应用。

① 参见石培华、王屹君、李中:《元宇宙在文旅领域的应用前景、主要场景、风险挑战、模式路径与对策措施研究》,《广西师范大学学报》(哲学社会科学版)2022 年第 4 期。

1.文旅延伸

文旅延伸是指在文旅领域内从时间、空间维度和用户体验出发，利用VR、AR、MR、遥在视频等技术手段，从虚实结合、超视角体验、跨越时间等角度，对景区的“边界”进行延伸，进一步提升景观和文化的容纳性，赋予其丰富的展现形式和交互方式，促进导览升级、剧情体验升级，丰富观光临场体验。使之摆脱土地、场馆、人力、自然资源等生产要素的限制，在完全虚拟的时空中形成一个开源开放、规模宏大、品类齐全的数据库。

2.文旅孪生

文旅孪生是指通过数字孪生、云渲染等技术将现实的文旅场景和产品复刻到元宇宙中，形成数字化的文旅世界，为传统景区打造虚实统一、实时互动的数字孪生体。一方面通过构建数字孪生景区、数字孪生文化场馆等，突破时空限制，结合线上与线下互动，为消费者提供全新的沉浸式感官体验，并通过区块链技术建构的元宇宙消费场景推动景区生发更多线上消费场景。另一方面，搭建景区全域感知管理体系，实时掌握景区运营状况，并以此做出调整和决策。文旅孪生是景区升级布局元宇宙的首要一步，也是实现景区服务智慧化、管理智慧化、运营智慧化的关键一步。

3.虚拟文旅

借助数字化的手段，打造虚拟景区体验和产品，从沉浸式景区游览、社交等泛娱乐体验延伸到虚拟人接待、虚拟人同游、虚拟人和虚拟场景互动等，逐步实现极致的沉浸体验，丰富的内容生态、超时空的社交体系、虚拟交互的经济体系，为用户提供层层深入的全沉浸式体验。通过元宇宙的沉浸感和社交属性吸引更多线上爱好者，组建虚拟文旅的线上新社群，打造遥在场景社交、趣味道具互动、社交“足迹”、虚拟形象花式互动等功能，从而实现流量变现。通过为不同景区、消费者及品牌方提供虚拟人及虚拟场景的定制化服务，在虚拟场景中实现品牌合作，为景区拓展更多收益空间，提升收益转化。

4.交互文旅

交互文旅是一个综合性的体验场景。平台在这一环节通过多感官、强互动、开放性的呈现方式，为用户提供全新的交互式文旅消费体验。实现在虚拟情境和现场 AR 视野里虚实交互的演唱会、音乐会、超现实感交互式购物等。通过虚拟情境和现实场景互动，让数字内容在交互体验上实现更好的发展。

5.数字资产

数字资产是文旅元宇宙中的价值体系，不仅包括景区孪生世界等景区的数字资产，还包括用户创造的资产。依托区块链技术，将实体空间和虚拟空间消费情境联动，是在文旅元宇宙中引入的新的概念。在文旅元宇宙平台的环境中，景区的数字孪生世界是景区和用户共创的，用户可以是普通用户，可以是专业的设计师，不论什么人，都可以参与到景区数字孪生世界的共创中，这也符合用户创造内容，用户拥有内容的理念。消费者在文旅元宇宙中还可以购置虚拟地产、设置虚拟场景用来社交、娱乐、展示等，和现实世界空间物理属性相似，拥有属于自己的数字资产。

6.特色文旅

平台特色文旅功能不仅是上述功能的综合，更像是在一个特定场景下的完整独立的文旅元宇宙闭环。用户能够在主题党建、红色旅游、乡村振兴旅游、博物馆观展等场景进行应用，可以根据场景需求进行个性化定制，突破时空局限，获得更有沉浸感、科技感的体验，是特定场景实现降本增效的新尝试，能够有效实现文旅资源的价值提升。

(二)应用场景展示

进入山东文旅数字场景化平台首先可以看到山东文旅元宇宙中心建筑(见图1)，中心建筑以山水形胜写意，深度融合现代极简艺术思维与中国传统建筑美学，用流动的自然曲线和极具张力的设计语言诠释着自然、人文、现代的艺术理念。让用户进入山东文旅元宇宙时，目之所及，豁然开朗。

图1　山东文旅元宇宙平台中心建筑①

① 本案例图片均由山东演艺集团有限责任公司提供。

1.主要功能专区

(1)游客中心

元宇宙中心建筑共三层，一层设置游客中心，是山东文旅元宇宙主要功能区。游客进入游客中心，可以自行设置虚拟形象，开启山东文旅元宇宙沉浸体验之旅。还能够通过特色功能设计房屋、制作家具，根据自己的喜好进行空间配置，创造自己的理想家园；或者在平台添加好友、与好友进行实时交流、共同游览等体验诸多社交功能。在游客中心的多功能数字咨询台，通过虚拟人前台服务、大厅功能介绍引导、门票专区、导游预约等，可以体验全方位的智能引导服务。通过门票专区，可直接购买景区线下门票、线上门票、纪念版门票等，不同门票对应不同的线下权益，有效通过线上体验为线下消费引流。在导游预约专区，还可以对导游导览功能进行选择，不仅能够使用系统配置的虚拟导游(见图2)，也可以使用实时在线的真实导游，享受细致全面的解说服务。

图2　山东文旅元宇宙平台虚拟人导览

(2)山东文旅沙盘

通过山东文旅沙盘(见图3)能够总览山东省内的虚拟景区，沙盘通过3D效果进行展示，吸引用户关注。文旅沙盘根据用户缩放大小分别显示山东各地市服务大厅、景区、度假区、民宿、酒店等。用户可自行放大至具体地点，并选择“任意门”穿越，即可进行参观游览。

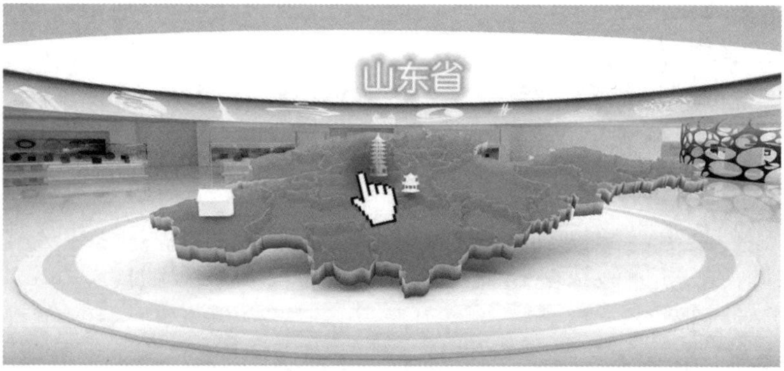

图 3　山东文旅数字场景化平台数字沙盘

(3)特色文旅专区

特色文旅专区(见图 4)是文旅元宇宙平台最重要的场景应用之一。这一区域主要对省内的重点景区进行多维展示,用户在此专区可预览景区介绍、视频、图片等信息。通过此区域可以直接进入该景区的游客中心,继而进入景区专属的元宇宙空间。特色文旅专区的多维展示功能能够使游客在短时间内了解景区,是景区通过元宇宙平台进行宣传推广的良好渠道,也是特定场景实现降本增效的新尝试。以博物馆观展为例,将博物馆的介绍、馆藏文物等内容进行高精度数据采集,借助增强现实技术进行呈现;通过实物与数字孪生的交互,活化馆藏内容;通过简短的展示和体验,激发用户的参观兴趣,可以选择进入博物馆元宇宙空间,线上参观;也可以预约线下参观,形成线下流量的转化。

图 4　山东文旅数字场景化平台特色文旅专区

(4)全景体验专区

用户进入全景体验场景,即可进入孪生景区,佩戴 VR 设备以第一视角在景区内部获得沉浸式临场体验。重点呈现著名景点、文艺演出、商业街区、特色体验等适合沉浸式体验的文旅项目。在全景体验专区(见图 5),用户可以使用 VR 设备跨越时空,进入到景区的虚拟现实世界中。虚拟景区是对现实景区的数字孪生,超高拟真度使用户拥有和线下景区近乎完全相同的沉浸式体验,不但实现了视觉上的"身临其境",而且在 VR 设备的辅助下,用户还可以完成动作与行为的"到场"。用户以虚拟人的身份进入景区游玩,可以看到同时在线的其他用户,并且与其他用户进行交流沟通,产生互动;虚拟景区拥有丰富的文化资源与数藏资源,用户可以自由参观游览,并且在 AR 导览技术的加持下,实现对事物的多维感知;还可以参与趣味互动测试等,体验到线上虚拟世界的独特功能。利用 VR 设备随意放大或缩小视角,视角所达之处,通过交互系统都可以实现"即触即达",实现在景区的"瞬移",瞬间到达自己喜欢的景点,提升了用户的综合虚拟漫游体验。全景体验专区是文旅孪生功能的具体展示,缩短了时空距离,使用户足不出户即可体验大好山河,同时真实再现的景区场景是对旅游场所的二次宣传与推广,有利于潜在游客的挖掘,实现线上体验到线下游览的导流。

图 5 山东文旅数字场景化平台全景体验专区

(5)数字藏品专区

山东文旅数字场景化平台将对全省文旅领域的 IP 进行数字藏品的开发与创作,并在数字藏品专区(见图 6)进行展示、销售。用户可以在数藏专区查找、销售、赠送、寄售数字藏品。通过 VR 设备,能够看到在售数字藏品的相关信息,包含数字藏品的基本介绍、IP 原型、设计灵感、故事内容等,使用户可以更加直观地了解数字藏品。

图 6　山东文旅数字场景化平台数字藏品专区

2.元宇宙文娱场所

通过楼梯，即可进入元宇宙中心建筑二层——元宇宙文娱场所专区。元宇宙文娱场所专区包括曲艺厅、音乐厅（见图 7）、歌剧厅等，是对线下真实曲艺厅、音乐厅、歌剧厅等文化艺术娱乐场所的数字映射，真实还原线下场景，给予用户沉浸式的艺术欣赏体验。用户可以选择进入曲艺厅、音乐厅、歌剧厅等场景，通过 VR 设备以最佳视角沉浸式体验实景演出、虚拟演出等，也可选择进入正在直播的演出，或者预约即将开始的演出进行观看。演出院团也可以在平台进行演出预约，通过平台对演出进行直播。在元宇宙中心建筑二层的会展厅，设置博物馆展厅、文化馆展厅、美术馆展厅等各类常规性展厅，同时还配有特色展厅，面向全球承接各类品牌特展、艺术展会、交易展会，用户可以通过 VR 设备，足不出户，沉浸式观展。

图 7　山东文旅数字场景化平台曲艺厅与音乐厅

3.元宇宙商务空间专区

元宇宙中心建筑三层为元宇宙商务空间专区，会谈室可以为客户提供具有高度隐私性、真实性和交互性的元宇宙线上会谈体验，能够实现身在各处的参会者身临其境地在同一个线上空间洽谈交流，进行商业沟通、小型研讨等。在元宇宙平台会议厅，高度还原了线下开会场景，带给人独特的三维会议体验。（见图8）可承接各类元宇宙会议，参会者身在其中，可以申请发言，与同事进行实时语音交流，也可以将需要用的视频和课件上传投影大屏播放。同时，增加人工智能引擎，可以对会议发言进行分析，在会后快速形成会议纪要，并实时判定会议中每句发言与主题的关联度。在强化交互感实现“沉浸式开会”的同时，也能够有效提升会议效率。

图8　山东文旅数字场景化平台会谈室与会议厅

4.元宇宙主题党建专区

此外，元宇宙中心建筑三层还设置了元宇宙主题党建专区（见图9），平台提供了丰富的党建文化内容、新颖的虚拟党建活动和定制化的党建文化学习系统。用户可以在元宇宙主题党建虚拟展厅、红色研学虚拟基地、党建数字景区等应用场景内，通过丰富的学习内容、强烈的感官刺激、强大的交互体验,增强参与感,更专注地投入党建学习和活动之中。

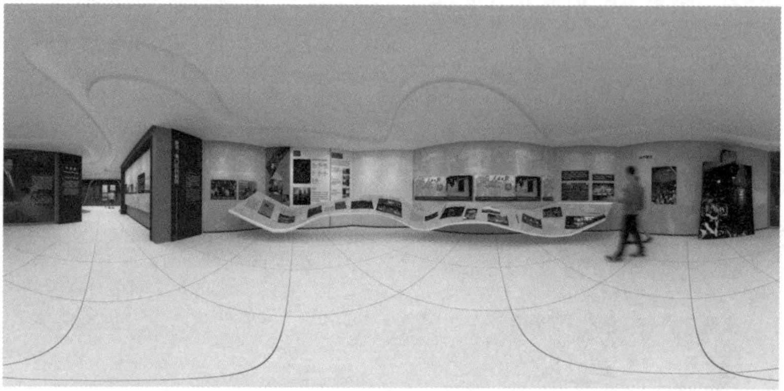

图9　山东文旅数字场景化平台主题党建专区

四、多元服务,实现市场主体合作共赢

山东文旅数字场景化平台(山东文旅元宇宙平台)以山东文旅资源为基础,不断突破文旅领域生产组合、观念组合、市场组合,加强文旅产业数字空间与物理空间深度融合,推动文旅产业加快数字化转型,打造数字文旅生态链,形成"文旅元宇宙+"的新型文旅产业形态。平台充分发挥高自由度、去中心化、可持续内容自制和产业协同共建等优势,整合文旅产业上、中、下游企业资源,向文旅产业市场主体提供管理服务、内容服务、广告服务、数字资产服务。构建以文旅数字场景化平台运营为核心,上下游企业协同发展的文旅元宇宙全产业链布局,不断丰富内容供给,提升用户体验,优化应用场景,从流量获得收益,实现平台参与方的多方共赢。

(一)管理服务,助力高效运营

做好元宇宙时代的"信息服务商",依托内容优势和流量优势,以巨大的流量和智能分发能力、品牌沟通能力、平台渗透引导能力、用户转换能力,吸引全产业链的用户参与平台共建,推动更多文旅场景化应用落地。提供规划和咨询、场景建设、委托代运营、授权管理、内容管理、溯源确权、可信节点认证和辅助监管、互动管理及数据管理等服务,助力平台和用户高效运营。

(二)内容服务,优化体验场景

通过与新一代信息技术融合,构建数字内容创作者平台,打造云创作、云制作、云发行、云管理等全链条数字内容产业圈。以不断丰富的数字内容为主,为平台用户提供一个全时在线、互联互通、虚实共生的3D文旅元宇宙沉浸式体验社交空间。针对消费者,提供特权、装备、任务进度、皮肤、解锁成就、虚拟人定制、沉浸式体验、遥在购物等个人体验服务;针对景区、剧院、文化馆、博物馆等文化旅游场所,提供元宇宙智慧景区系统搭建和元宇宙沉浸式体验场景建设等服务,拓展全景旅游,打造线上线下双向联动的沉浸式体验场景。

(三)广告服务,加强宣传营销

在元宇宙场景下的虚拟世界将成为各品牌方抢占的宣传市场,在山东文旅数字场景化平台城市服务大厅,借助VR的虚拟性和沉浸感等特点,为广告宣传提供更广阔的想象和创造空间。为品牌方打破传统广告的时间空间上的限制,在极短时间内吸引受众的全部注意力和好奇心,构筑起品牌的场景,强化消费者对品牌的认知。平台借助大数据、消费者画像等技术对受众群体进行精准推送,将在各类虚拟场境内设置广告位,开设虚拟展会、品牌发布会、首发上线推广、沉浸式直播带货等板块,为不同品牌方提供全方位推广宣传及销售服务。

(四)数字资产服务,提升利用效率

平台将系统整合和规范多元化的数字文旅资源。运用区块链技术为数字化后的文化和旅游资源、素材、模型进行存证和管理。搭建展示、销售、交易大厅,以“数字资产超市”的模式,为数字藏品、数字文创、数字版权、数字门票等合法合规的数字资产提供包括创意制作、发行、交易等服务。在提供规范、丰富、整合的数字化资源同时,大幅提高资源利用效率。

五、持续提升,打造数字文旅新生态

现阶段,山东文旅数字场景化平台已完成手机端和VR端的一期开发,实现虚拟景区、虚拟演艺、虚拟文化场馆、虚拟导游、“数字文创”山东馆、元宇宙主题党建等功能,并在2023年青岛数字文化应用产品交易大会上对平台的部分功能进行了展示,受到与会嘉宾、业界同行、生态合作伙伴的关注与支持。

山东文旅数字场景化平台(山东文旅元宇宙平台)项目的构建是一项系统性工程,需要地方政府、文旅景区、文创IP、元宇宙高新技术企业、策划设计团队等多方共同协作与配合,从而实现项目的合理规划、技术保障和安全实施。为进一步推动山东省文旅资源数字化转型,平台将联合生态合作伙伴各司其职、各展优长,在战略规划、资源聚合、技术应用、场景打造等方面协同配合,共同聚焦文化和旅游领域元宇宙布局和发展,探讨文旅元宇宙的生态共建、创新应用、市场培育和产业共享,打造“资—供—产—销—用”良好生态闭环,形成产业各方联动、互惠共赢文旅元宇宙生态体系。

结　语

宇之表无极,宙之端无穷。在技术演进、资本推动、政策支持的多重作用下,山东文旅数字场景化平台将吸引更多生态合作伙伴参与共建,共同探索数字文旅消费应用场景,持续优化和升级平台功能,更好地服务平台用户,虚实共生,以虚强实,实现文旅资源的永续化。努力发展成为全省文旅元宇宙多方共建,山东文旅数字场景化建设赋能,全省文旅智能服务管理,生态产业链企业联合发展的综合性文旅产业数字化平台,助力全省文旅资源数字化转型升级和高质量发展。

▶启发思考

1.作为一种新兴产业,元宇宙的发展可以分为萌芽、成长、成熟三个阶段。从发展现状来看，目前元宇宙处于萌芽阶段，产业基础相对薄弱，距离成熟应用仍有较大差距。在萌芽阶段，除了技术制约以外，你认为山东文旅元宇宙的场景落地还有哪些现实瓶颈需要突破？

2.元宇宙具有显著的动态可视化特征，数字孪生、混合现实等技术在产业链上具有深度应用前景，当前元宇宙主要应用于娱乐、游戏等领域，缺乏与文旅领域深度融合的切入点和着力点，如何加强元宇宙在文旅领域的有效应用？

3.在文旅资源数字场景化建设过程中，如何避免沉浸式体验表象化、文旅资源文化艺术品位低的现象？

微山湖元宇宙文旅岛

——科技赋能打造沉浸式旅游演艺新业态*

▶案例概览

习近平总书记在党的二十大报告中着重强调，要“坚持以文塑旅、以旅彰文，推进文化和旅游深度融合发展”①。在文旅融合的时代发展背景下，沉浸式旅游演艺体验产品凭借其独有的互动感、体验感和社交属性逐渐走入大众视野。② 山东演艺集团紧跟时代发展潮流，打造数字化文化消费场景，携手微山县文化和旅游局共同打造中国首家元宇宙数字化景区——微山湖元宇宙文旅岛项目。该项目以微山湖旅游区丰富的自然、人文、历史等旅游资源为依托，结合元宇宙等数字科技，注入“封神演义”的故事内核，创新打造“实景演艺＋元宇宙＋剧本杀”沉浸式文旅发展新业态，形成独特的文化IP，助力微山湖旅游区成为“国家5A级旅游景区”，推动微山县旅游业转型升级和全域旅游高质量发展。

---

* 本案例由山东演艺集团有限责任公司于鹏、王雪宁、刘龙和山东女子学院李西香共同撰写，由山东大学旅游产业研究院/山东省新旧动能转换重大工程精品旅游产业智库改编收录。

① 习近平：《高举中国特色社会主义伟大旗帜　为全面建设社会主义现代化国家而团结奋斗——在中国共产党第二十次全国代表大会上的报告》，人民出版社2022年版，第45页。

② 参见刘雨晨：《沉浸式文旅演艺项目的发展分析与评估》，《经济研究导刊》2022年第19期。

引 言

近年来,国家对旅游演艺的关注度不断提高,相继出台了一系列推动演艺旅游发展的方针政策。2019年3月,文化和旅游部印发《关于促进旅游演艺发展的指导意见》,提出"到2025年,旅游演艺市场繁荣有序,发展布局更为优化,涌现一批有示范价值的旅游演艺品牌,形成一批运营规范、信誉度高、竞争力强的经营主体"。2021年6月,文化和旅游部颁布的《"十四五"文化和旅游发展规划》中明确提出,要"推进文化和旅游业态融合、产品融合、市场融合,推动旅游演艺、文化遗产旅游、文化主题酒店、特色节庆展会等提质升级"。"鼓励沉浸式体验与城市综合体、公共空间、旅游景区等相结合。"①打造一批具有示范价值和社会效应的旅游演艺项目。2022年5月,国务院办公厅印发的《关于推进实施国家文化数字化战略的意见》(中办发〔2022〕27号)中"鼓励旅游演艺的数字化转型以及利用科技赋能搭建数字化文化体验的线上线下相结合的服务互动新场景"。极大地鼓舞了旅游演艺向娱乐可视化、科技智能化、场景沉浸化以及互动可触化的智慧文旅新业态转型升级。

微山县位于山东省济宁市,被誉为"中国荷都""鲁南明珠""齐鲁灵秀"。曾先后被评为"国家级生态示范区""中国新能源产业百强县"以及"2007年中国最佳旅游目的地"。具有丰富的煤炭、水产、稀土、湿地等自然资源,深厚的红色旅游资源和历史悠久的运河资源。同时受齐鲁文化和孔孟文化的影响,民风淳朴,文风蔚然,名家辈出。微山县水陆交通十分便捷,东靠京沪铁路和京福高速公路,104国道和湖滨公路贯穿其中,东西向有枣曹公路相通,西依南四湖,大运河纵贯南北,交通可达性高。微山岛周边社会环境优越,基础设施配套健全,周边无工业企业,区域内环境质量监测良好,为微山县调整产业结构、大力发展文化旅游业奠定了坚实的基础。

山东演艺集团借助微山县资源禀赋,立足于"以文塑旅、以旅彰文"的创新发展理念,以满足人民群众日益增长的精神文化的需求为创意宗旨,迎合具有巨大消费潜力的当代年轻消费群体的消费需求。深化演艺与旅游融合,用演艺内容诠释旅游内涵,着力打造彰显旅游体验价值的旅游演艺新业

① 参见蔡雨明:《剧本杀为景区带来新突破》,《小康》2021年第35期。

态、新场景,用旅游演艺、数字科技赋能带动城市全域旅游。2021 年,山东演艺集团携手微山县文化和旅游局共同将微山湖独有的文化、历史、自然资源在舞台剧《微山湖》的基础上,利用科技赋能为微山湖注入创新血液,提出了微山湖旅游演艺"五部走"实施路径,全力打造微山湖元宇宙文旅岛的"实景演艺+元宇宙+剧本杀"沉浸式文旅发展新业态,形成独特文化 IP,将微山湖景区建设成中国首家元宇宙数字化景区。该项目未来也将作为山东省景区主推旅游项目,打造由山东辐射全国的旅游演艺消费新场景。

一、得天独厚的发展时机——PEST 环境分析

(一)政治环境分析(Political)

《中华人民共和国国民经济和社会发展第十四个五年规划和 2035 年远景目标纲要》在第五章"打造数字经济新优势"中指出:"充分发挥海量数据和丰富应用场景优势,促进数字技术和实体经济深度融合,赋能传统产业转型升级;构建基于 5G 的应用场景和产业生态,在智能交通、智慧物流、智慧旅游等重点领域开展试点示范。"山东省政府也在国家政策的指引下发布了《山东省国民经济和社会发展第十四个五年规划和 2035 年远景目标纲要》,指出要"建设集旅游观光、文化展演、体育健身、休闲娱乐等于一体的公园(绿道)消费新场景、新地标和网红旅游地"。

与此同时,《微山县城市总体规划(2009～2030)》将微山县功能定位为运河、旅游、航运、文化带枢纽节点以及鲁南经济带崛起的战略空间,提出将加大其产业结构调整力度,积极培育以旅游服务为主导的非煤产业和接续产业,不断延长产业链,打造新的经济增长点。2019 年制定的《产业结构调整指导目录》中,包含了利用"数字化技术、高拟真技术、高速计算技术等新兴文化科技支撑技术建设服务"以及"电影数字化服务和监管技术开发及应用"的规定,鼓励科技服务类和文化类产业的发展。

由此可以看出,在国家、地方政府乃至产业政策层面,都强调文化产业与旅游产业的融合[①],强调科技赋能,为提升当地文化软实力、促进文旅产业

---

① 参见柳红波:《文旅融合视域下旅游演艺产品开发路径研究——以〈回道张掖〉为例》,《乐山师范学院学报》2023 年第 2 期。

高速发展、传播当地文化形式特色文化品牌、进一步打造新的经济增长点提供有利条件。

(二)经济环境分析(Economic)

改革开放以来,微山县政府认真实施“开放带动”的战略,不断完善投资环境,积极扩大招商引资,经济建设取得了快速发展。近几年,在国家政策带动下,微山县的经济建设显示出强劲的增长势头。经济的发展大大提高了市民的消费能力,为文化事业和文化产业的发展奠定了良好的基础。

据《2021 年微山县国民经济和社会发展统计公报》数据显示,微山县社会经济发展迅速,经济实力持续提升,为打造微山湖元宇宙文旅岛提供了坚实的物质基础。初步核算,2021 年全县实现生产总值(GDP)428.47 亿元,按可比价格计算,比上年增长 7.7%。分产业看,第一产业增加值 61.70 亿元,比上年增长 5.1%;第二产业增加值 154.33 亿元,比上年增长 10.0%;第三产业增加值 212.44 亿元,比上年增长 7.1%。分行业看,农林牧渔业增加值 65.63 亿元,比上年增长 5.3%;工业增加值 145.05 亿元,比上年增长 8.8%;建筑业增加值 9.78 亿元,比上年增长 31.2%;批发和零售业增加值 73.77 亿元,比上年增长 8.9%;住宿和餐饮业增加值 13.61 亿元,比上年增长 17.5%;交通运输、仓储和邮政业增加值 28.98 亿元,比上年增长 10.7%;金融业增加值 16.45 亿元,比上年增长 3.3%;房地产业增加值 8.22 亿元,比上年下降 3.4%;其他服务业增加值 66.99 亿元,比上年增长 3.8%。三大产业结构由上年的 15.1∶32.8∶52.1 调整为 14.4∶36.0∶49.6。

与此同时,全县“十强”产业增加值比上年增长 13.3%,对全市增量的贡献率为 4.02%。其中,文化产业增加值 13.21 亿元,比上年增长 14.12%,对全市增量的贡献率为 6.52%;旅游产业增加值 14.27 亿元,比上年增长 14.90%,对全市增量的贡献率为 5.29%。

(三)社会环境分析(Social)

随着经济迅猛发展,人们收入水平提高,消费结构发生了明显变化。城镇居民人均实际支出较上年有较大增长,其中教育支出增长和文化娱乐支出增长分列前几位。经济的发展使人们对精神生活的需求日益增长,微山县作为经济正处于快速增长的城市,第三产业显现出蓬勃向上的势头。

目前,中国旅游行业呈现出长途观光旅游逐渐淡化的趋势,原本以远距离观光游客为主要客源的景区大型旅游演艺项目迎来了游客大量流失的行业寒冬,游客对城市周边度假游等短距离休闲游的需求大幅增长。这类客群的主要活动范围集中在市内街区、商业综合体及近郊的休闲旅游度假地,具有较高的消费频次和消费水平,对短途休闲娱乐的需求更加强烈,对文旅产品类型的要求更加多元。[①] 这就要求原来以“大制作”“大投入”“大场景”著称的大型旅游演艺产品,要逐步向“小而精”“小而美”“小而全”的中小型旅游演艺和全场景沉浸式演艺的产品转变。

(四)技术环境分析(Technological)

在市场需求的推动下,各类观光型景区加快向数字化景区、智慧化景区转型。在先进科技成果的加持下,利用数字化方案提升传统景区,解决传统景区在产品创新、营销渠道、品牌塑造、数据运营、财会管理里等“成本高+运营差+营销难”的经营困境,打造“景区数字化产品”,成为景区转型的法宝,为景区赋予多样化的玩法和呈现形式。[②] 如使用 AI 技术搭建智慧景区数字化平台,引入人脸动态模型捕捉、实时背景分割、2D 到 3D 转化引擎、语义生成图片模型、五官融合模型、AR/VWMR 等,通过快速识别人脸对游玩项目排队进程合理规划,减少游客拥堵等情况。基于 AI/LBS/GPS 等技术,将地理位置信息和实时发生的状况传入景区监控室并能实时通话及视频锁定,帮助保安巡检,保障游客的安全。AI 技术还可以结合一些 AR 硬件设备,实现全息互动投影、裸眼 3D、三维制作方式,打造沉浸式景区虚拟体验项目,例如虚拟音乐会、虚拟舞台剧等,开发出旅游演艺、光影艺术等沉浸式体验。

2021 年,国内外企业巨头纷纷布局元宇宙、同时将以区块链技术为依托的区块链数位账本上的数据单位(NFT)广泛地应用于数字艺术品交易、游戏、音视频等行业的迹象充分表明,在如今科技成果的推动下,先进的技术加快了数字经济与文旅产业的深度融合,衍生出更多的商业形态和产业图景。在未来会涌现出一大批“文化+元宇宙”“旅游+元宇宙”“文旅+元宇宙”的非物质文化遗产传承和沉浸式旅游感官新体验的文旅创新产品。微山湖元宇宙文旅岛项目借助时代发展的东风,为微山湖打造“实景+元宇

---

① 参见鲍扬:《贵州民族文化资源的旅游演艺产品开发现状及对策》,《贵州民族研究》2020 年第 10 期。

② 参见张鼎一:《5G 沉浸式传播视角下辽宁文旅品牌创建的策略》,《包装世界》2021 年第 5 期。

宙”的国内首座全景沉浸式戏剧岛、国内首个水上实景 VR 沉浸移动剧场以及国内首座全域沉浸文商旅融合生态岛提供了无限创造和想象的空间。

二、行业催生下的沉浸式发展潮流

沉浸式体验自 2011 年出现以来一直饱受热议，文旅产业在巨大市场需求的催化下积极开展各类沉浸式体验产业的产品打造和试点工作，探究沉浸式旅游演艺的跨界融合新模式。沉浸式旅游演艺产品在 2019～2021 年呈现出指数型增长的发展态势，在全国范围内遍地开花，旅游演艺产品逐步由传统大型旅游演艺延伸至沉浸式旅游演艺。同时，受国家对文旅产业创新融合相关规划政策出台的影响，以“文旅＋”“科技＋”为主流转变方向的多条内容主线并行的实景中小型演出形式和全沉浸式演出形式，成为未来旅游演艺行业发展的重要载体。

2022 年 2 月，北京京和文旅发展研究院在最新的研究成果《中国文化产业和旅游业年度盘点(2021)》表明：“旅游演艺行业受疫情影响较大但也具备较大市场吸引力。企查查数据显示，2019 年全年新增旅游演艺行业相关企业 940 家，2020 年新增 643 家，而 2021 年仅有 290 家，较 2019 年大幅下降；截至 2022 年 2 月，全国旅游演艺行业相关企业 5783 家，其中广东省、贵州省、安徽省、四川省、陕西省、海南省六省份相关企业共计 2583 家，占据全国总数的 44.6％。”据中国演出行业协会披露的数据显示，2021 年“五一”期间，全国共上演 1600 余场旅游演艺项目，接待游客超过 240 万人次，票房收入达 3.6 亿元。数据表明，旅游演艺市场虽发展放缓，但从长期来看，我国旅游演艺市场仍具备较大的发展潜力。

微山湖元宇宙文旅岛项目弥补了微山县旅游业态创新不足、夜经济缺少支点撬动周边区域乃至微山县全域经济发展的空缺。有助于加快推动微山县由单一的煤矿产业向发展第二、三复合型产业的转型升级，打破微山湖区域内业态单一的现状。同时通过提升优化配套旅游设施，打造具有巨大消费潜力的年轻客群的创新型文旅产品，在山东省乃至全国提升微山旅游品牌影响力，吸引更多的消费者走近微山县、泛舟微山湖、游览微山岛、研习微山文化，从而促进微山县产业转型和经济发展的良性循环。

微山湖以国家和地方政府的政策为导向，推动微山湖战略化品牌建设，同时以数字科技赋能打造线上线下“实景＋元宇宙”沉浸式体验新场景，重视互联网独有的大数据和营销能力，利用新兴营销手段，聚焦年轻一代并将其培育为景区的忠实客群，同时利用忠实客群在即时社交软件以及私域流量的体验分享，提升口碑效应，打造社群的体验化链接，实现微山岛全流程、全业态、全产业链的数字化、智慧化升级。打造整岛联动全域沉浸文商旅娱的文旅新业态，构建大运河文化旅游带的新亮点、新局面，助推国际文化产业和旅游产业融合发展的示范区。最终呈现出具有独特性、差异化、可持续发展特征的微山湖品牌形象，以及“立得住、演得久、传得开”的独特旅游演艺产品。

三、战略引领下的模式创新

(一)“五步走”发展战略引领

从话剧《微山湖》项目立项初期，山东演艺集团携手微山县文化和旅游局就确立了“五步走”的实施路径。第一步，整合多方资源 96 天创排红色话剧《微山湖》，配合微山湖景区于 2022 年成功申报“国家 5A 级旅游景区”。第二步，先后在济宁、济南两地公演话剧《微山湖》，实现了院线巡演，提升了微山旅游知名度。第三步，将传统院线演艺落地景区，打造“一岛、二主线、多剧场”的景区散点式旅游演艺项目，将微山岛各点串联，快速将景区升级为参与性、互动性强的全域沉浸式主题景区。第四步，融合数字科技搭建实景模型化的元宇宙线上交互平台，实现微山湖景区由传统景区向数字化景区的转型升级。第五步，形成线上和线下相结合的微山湖沉浸式旅游演艺岛。

微山湖元宇宙文旅岛项目以“国家 5A 级旅游景区”微山岛实景旅游资源为依托，结合数字科技、元宇宙等互联网技术，注入“封神演义”的故事内核，打造“实景演艺＋元宇宙＋剧本杀”的实景互动嵌入式的游客独特游玩体验项目，将微山岛建设成为集观赏、互动、体验、游乐、主题商业融合于一体的多元化全景沉浸式文旅综合体。

(二)特色文化支撑

微山县当地文化特色鲜明，现有微山岛的微子文化、铁道游击队的红色文化、微山县非遗文化以及殷商文化、运河文化、渔家文化等独特文化资源急需传承和创新。基于此，微山湖元宇宙文旅岛项目将深度挖掘、树立并提取当地的文化内核，着力将微山岛打造为人文之岛、红色之岛、生态之岛、振兴之岛，向社会全方位展示微山岛丰厚的文化内涵，为景区塑造独具特色的文旅品牌形象。

1.人文之岛

微山岛位于微山湖中，岛上保存着许多古老建筑和历史遗迹，记录了岛上居民的智慧和文化传承。此外，微山岛还是许多文人雅士的聚集地，殷微子的故事流传许久。彼时文人墨客在这里创作了许多优秀的诗歌和文章，为这个小岛增添了浓厚的人文氛围。公司利用声光电以及投影技术，结合XR扩展现实基础，传承微山湖上沉浸多年的微子文化、渔家文化等，再现几千年前微山岛的人文风采，无论是游客还是岛上居民，都可以在微山岛上感受到人文之美。

2.红色之岛

“一寸山河一寸血，一抔黄土一抔魂”，微山岛是中国革命的摇篮之一。在抗日战争和解放战争期间，微山岛成为抗日斗争和革命斗争的重要基地，相继诞生了用鲜血和生命搭建的“红色秘密交通线”、连同京杭大运河的“运河支队”、星星之火可以燎原的“铁道游击队”等，岛上的红军纪念馆和烈士陵园见证了那段艰苦卓绝的历史。微山岛的居民以坚定的革命信仰和英勇的斗争精神，为国家的解放事业作出巨大贡献。赋予“红色之岛”的称号，将使微山岛成为中国革命历史的重要象征。

3.生态之岛

“湖岸细柳千枝翠，碧水荷花万点红”，微山岛拥有丰富的自然资源和独特的生态环境，岛上居民也非常注重环境保护和生态建设，积极参与湖泊的治理和生态修复工作，使微山岛的自然生态得以保存。岛上的湖泊、草原和森林构成了多样化的生态系统，吸引了许多动植物栖息和繁衍。在微山岛，春天的湖水银绢素帛；夏天的万亩荷花映红了天；秋天的渔歌唱晚水天一色；冬天犹如洁净琉璃世界的美丽画卷。集团将开展科技创新探索尽显微山湖的生态之美，让前来观赏的游客感受晨辉初露的白帆点点，夕阳西下的波光闪动。

4.振兴之岛

近年来，微山岛以振兴之岛的姿态崛起，日新月异的变化都体现出当地政府和居民共同努力，推动岛上的经济发展和社会进步。通过发展农业、渔业和旅游业等产业，微山岛实现了经济的腾飞，居民的生活水平也得到了显著提升。同时,岛上的基础设施建设不断完善,教育、医疗和文化等公共服务也得到了改善。微山岛正以自身的力量,展示着一个振兴的新面貌。下一步,集团将微山岛打造为振兴之岛,顾往昔、看今朝,感受微山岛的日新月异。

(三)数字技术赋能

在微山湖景区现有实景资源的基础上,集团利用数字科技手段打造"撼、幻、奇、险、美、感、动"的全场景情景建设(见图1),满足游客心理,为游客带来一场穿越时空长河的曼妙之旅。

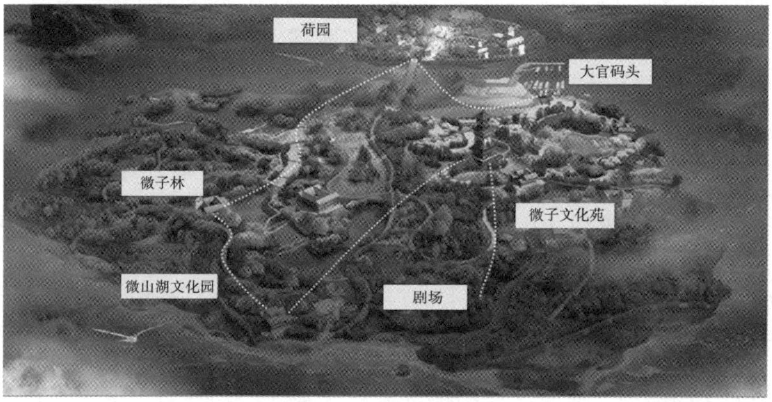

图1 微山岛建设鸟瞰图①

项目利用微山湖景区内现有资源,以数字赋能文旅,从视觉、听觉、触觉、嗅觉打造6D全息沉浸式体验,打造由线下微山岛实景拓展到线上元宇宙文旅岛"虚实结合"的现实感体验类产品,沉浸式、场景化展现殷商文化、运河文化、微山湖文化、渔家文化等独特文化资源。利用一体化VR头戴式设备、腕带式AR传感器、VR一体机、元宇宙VR体验设备、5G网关、5G集线器、智能网关(物联网)、区块链云平台等,融合区块链、5G、VR、AR、人工智能、物联网、大数据等前沿数字技术,打造元宇宙数字化空间。

结合微山岛实景旅游资源,打造元宇宙全景空间,构建元宇宙技术剧本杀,让游客在游览景区的过程中体验微山岛的瑰丽故事,完成一次虚幻和现实的绮梦之旅。通过实景游览、AR增强感官、两天一晚的千人剧本游戏、

① 本案例图片均由山东演艺集团有限责任公司提供。

NFT数字藏品、散点剧场演出等形式，游客可以亲身扮演商末周初的各种角色，在虚实结合的美景中搜集岛上全域线索，串联白天岛内多条演出线索衔接夜晚主线演出任务，解锁微子等伟大先贤与微山岛之间的历史渊源，体验全岛“景中有景，景中有情”和沉浸式的“虚实交融，古今合鸣”。同时，通过VR先导体验以及360°全景AR体验程序，吸引更多潜在游客足不出户就可以领略微山岛美景，最终将客源由线上元宇宙空间吸引到线下实景景区，为线下景区引流。

（四）品牌形象塑造

微山湖元宇宙文旅岛将着力打造“品牌化＋数字化＋元宇宙”三位一体的品牌形象战略，让文旅消费更具产业集合化、模式创新化、可持续发展化的发展特征。通过数字沉浸化创作和游戏化体验打造品牌化目的地，快速将景区升级为参与性、互动性强的“文化IP＋元宇宙＋剧本杀”的国内首座全域沉浸式文商旅娱融合生态岛的品牌形象。

除此之外，“沉浸式＋虚拟时尚”的交互体验服务与产品，催生出新的消费市场空间、新的商业发展体系以及新的社交互动平台，激发了未来具有巨大消费潜力的“Z时代”年轻消费群体的消费欲望。与此同时新的品牌营销形象、品牌营销渠道以及品牌营销理念也将随之而生。计划打造线上线下文化IP，形成明信片（IP拟人化形象）、实体盲盒（IP人物的3D模型）、元宇宙NFT（IP人物的动态元宇宙形象、荷花吉祥物）三位一体的联动IP打造。

（五）项目实施情况

截至2022年，该项目在山东演艺集团和微山县文化和旅游局的协同合作下，实现了“五步走”实施路径中的前两步，将96天打造的红色话剧《微山湖》由多地院线巡演推介微山文化旅游资源，逐步落地为在微山湖区形成常态化演出的实景旅游演艺项目，并在社会各界广受好评，取得了经济效益与社会效益双丰收。集团正在积极探索同时开展实地调研，深挖微山湖丰富的旅游资源和深厚的文化底蕴，结合微山湖景区自然生态资源优势，打造集观赏、互动、体验、游乐、主题商业融合于一体的多元化全景沉浸式文旅综合体。同时，配合线下实景搭建实景模型化的元宇宙线上交互平台，产出元宇宙全场景、演艺场景搭建、人物IP等多维概念设计图（见图2），向未来实现元宇宙线上平台与线下沉浸式实景演艺相结合的沉浸式文商旅娱四位一体的主题文旅生态岛的最终目标迈进坚实的步伐。

图2 微山湖概念设计效果示意图

四、项目支撑下的旅游演艺业态发展

元宇宙虚实相生的虚拟应用场景、数字孪生、区块链等技术为旅游演艺提供了全新的生产、呈现、价值和消费模式,为游客打造一个极具临场感和真实性的虚拟空间,实现旅游演艺时间、空间等不同维度的高效快速切换,为游客带来前所未有的体验方式和观赏渠道。[①] 旅游演艺产品是微山湖元宇宙文旅岛项目的载体和起源,按照"五步走"实施战略,打造微山湖沉浸式旅游演艺岛将为旅游演艺业态发展提供有效支撑,帮助构筑空间与时间自由开放的演艺空间,搭建起元宇宙框架下的演艺新场景。

从供给端来看,项目建成后,景区可采用在淡季进行地区巡演的方式进行动态化营销,使旅游演艺不再局限于地域和实践,有效扩大了微山湖旅游艺产品的知名度。[②] 同时利用数字科技手段拓宽了旅游演艺的适用场景,演艺不再局限于舞台之上,而是在线上、线下景区散点演出串联形成故事主线,打造"一岛、二主线、多剧场"的景区散点式旅游演艺项目,将微山岛各点串联,快速将景区升级为参与性、互动性强的全域沉浸式主题景区。此外,科技赋能旅游演艺降低了产品研发设计成本投入,解决了一般大型实景成

① 参见于剑:《元宇宙与演艺产业的转型及发展》,《人文天下》2022年第6期。

② 参见杨莹萍、张慧媛:《文旅融合视角下旅游演艺的再发展——以〈云南映象〉为例》,《文化创新比较研究》2022年第28期。

本高、投入大、资金回笼周期长的问题。

从消费端来看,“文化 IP+元宇宙+剧本杀”的全景沉浸式主题景区的散点演艺场景灵活,更能调动游客参与、互动的积极性,打造“景中人、景中店、景中街、景中岛”的全景沉浸式新体验。项目依托于微山湖特有景点和文化底蕴衍生出的旅游演艺产品,充分整合了微山湖的文化旅游资源,利用元宇宙、区块链技术、互联网大数据平台等科技手段赋能线上线下沉浸式旅游新体验,由“你演我看”的观赏式向场景、演员与观众互动的沉浸式转变。游客在元宇宙平台以及景区散点演艺中产生文化交互,增强了参与感、互动感、融入感和代入感,让游客真正入景、参景,最终产生成为景中人的心流体验。

五、数字引领下的发展规划

(一)打造特色品牌,提升创新意识

品牌传播和品牌文化的塑造是旅游产业吸引大众的重要因素之一,但若品牌内部没有优质的内容基础,品牌进一步延伸和继续发展将受到阻碍。[①] 与此同时,打造特有文化品牌的关键是文化,文化是旅游演艺产品的内核,创意则是旅游演艺行业中的核心竞争力,只有在当地文化的基础上进行不断地创新,才能创造出满足游客需求的旅游演艺产品。下一步,山东演艺集团将结合微山县当地独有的特色文化资源,搭建品牌主题场景,挖掘景区景点自身特点,塑造当地旅游演艺产品的品牌文化 IP。在深挖当地特有文化内涵以及当地旅游资源的充分挖掘和整合中,用当地文化讲述当地故事,找寻文化记忆,树立文化自信,创造出高质量的旅游演艺产品,打造特有文化品牌形象。

(二)坚持内容为本,利用科技赋能

为避免部分新业态的数字化表现形式相对浅表化、对于技术形态的关注有时会大于文化内容本身等问题出现,集团将坚持以内容为本,打造特色

---

① 参见常佳月、刘爱利:《旅游演艺研究的核心议题及发展趋势》,《资源开发与市场》2022 年第 2 期。

文化内核,增加产品故事性,带给游客沉浸式体验。同时,数字科技成果为文旅产业发展提供了新思路和新导向,集团将进一步利用科学技术赋能文旅产业新业态的转型升级,利用舞台光影效果和舞台特效形式,创造出满足消费者需求的新产品。深入探讨线上、线下相融合的新发展模式,传播当地文化,推动旅游演艺行业持续健康发展。

(三)激活需求潜力,供给高质量产品

2020～2021 年,我国居民文化和旅游需求潜力变小。就 2021 年居民消费需求方面的数据来看,2021 年全国居民人均教育文化娱乐消费支出 2599 元,占人均消费支出的比重为 10.8%。基于此,集团紧紧围绕微山文化旅游产业发展布局,推进微山岛、湿地公园白鹭湖、南阳儿童乐园和水陆游乐设施建设,以激发秋冬季节当地旅游消费潜力;创新“旅游+”模式,推动元宇宙科技与康养、红色、研学、科普旅游等多业态融合;加大运营管理力度和融资力度,保证产品开发项目建设顺利进行的同时持续供给高质量产品。

(四)聚焦新商业模式,推动产业融合

元宇宙带来了新的消费场景,推动了虚拟世界与现实世界的有效融合。未来将聚焦于“脱虚向实”,推动数字科技与文旅相关产业深度融合。微山湖元宇宙文旅岛将打造集观赏、互动、体验、游乐、主题商业融合于一体的多元化全景沉浸式文旅综合体项目。整岛演艺和商业融合、联动新商业模式,通过“以文促旅、以演带商”的发展模式,推动微山湖景区的主题商业化建设。将餐馆、民宿、商业街道等纳入文旅岛全景演艺空间范畴,植入相关剧情,将商业环境赋予独特的主题色彩,呈现出“景中人、景中店、景中街、景中岛”的全景戏剧电影,最终形成整岛联动的体验消费机制。

结　语

微山湖元宇宙文旅岛项目的建设符合国家和地方政府以及产业发展的政策要求,不仅是以文化链接科技构建出的新型文化旅游综合体,更是“数字科技+实景融合”的全新消费场景,为微山湖新商业模式的兴起和产业结构的转型升级勾勒出清晰的注脚。集团依托数字科技优势,把微山湖源远

流长的传统遗存与新时代青年喜闻乐见的体验方式相互融合，让历史迸发出活力的回响。项目建成后将开创微山湖文化旅游产业新业态，赋予微山湖新的品牌形象，推动微山湖有机更新，实现元宇宙技术与地方经济的深度融合，可以更好地为微山县全域的经济和社会发展服务，带动微山县的产业转型升级和走向经济发展新高度。未来，项目将深挖当地文化特色，打造特色品牌，推动微山湖元宇宙文旅岛向更高质量发展。

▶启发思考

1.结合政策和时代发展要求以及“文旅＋科技”的前进方向，谈谈微山湖元宇宙文旅岛应该如何进一步将科技融入景区？

2.如果你是微山湖元宇宙文旅岛营销运营部经理，你会在景区运营过程中开展怎样的营销策略助力文旅岛“出圈”？请简要阐述。

3.打造国内首座“微山湖元宇宙文旅岛”能为微山湖风景区带来市场竞争力吗？为什么？

擦亮孔府金字招牌

——三孔文旅做活文化产业平台*

▶案例概览

曲阜市三孔文旅公司为传承孔府菜文化精髓，坚持高科技与传统文化相融合，打造中国最正统的孔府菜博物馆。公司解读了孔府菜博物馆的空间设计理念，深入探寻了孔府菜文化的传承与发展。博物馆依照孔子“不时不食”的食学思想，利用孔府东学九如堂为核心的建筑群落、丰富的文物复仿藏品、详尽的宴食仪程仪轨，从春夏秋冬四季分别呈现“春雅”“夏丽”“秋韵”“冬影”四个主题的宴食内容，让国内外游客能更深刻地了解孔府菜的宴食嬗变历程理解孔子的食学思想精髓。未来三孔文旅公司将遵循线下和线上的多元化发展思路，展现孔府菜在遵循以市场化为主体的前提下，顺应时代格局的转变，坚持走发展创新之路，打造完整的、可持续发展的大博物新业态。

引　言

在2000多年前，孔子提出“夫礼之初始诸饮食”“食不厌精，脍不厌细”，以及“不时，不食”“惟酒无量，不及乱”等食礼哲学，其后裔为继承祖德，恪遵庭训为己责，以“食不厌精，脍不厌细”为食礼文化理念，将此内化于心，用菜（宴）为载体外化于行，奠定了孔府菜的发展总文化基调。

---

* 本案例由曲阜市三孔文化旅游服务有限责任公司董事长颜涛撰写，由山东大学旅游产业研究院/山东省新旧动能转换重大工程精品旅游产业智库改编收录。

有美食家曾经评价官府菜说:“人类饮食文明,到此为一巅峰。”曲阜孔府菜、南京随园菜与北京谭家菜并称为中国著名三大官府菜,而孔府菜名列三大官府菜之首。中国又有以鲁菜为首的鲁、川、粤、苏、浙、闽、湘、徽八大菜系,鲁菜菜系则是凭借孔府菜的意、养、形、义、蕴成为国宴的主力菜品,向全世界展现着中华民族文化的多元、多样性。

民以食为天,随着物质生活的极大富足,国人会吃、能吃、善吃、爱吃的特点显露无遗,“吃”也就成为旅游发展六大要素中的首位。曲阜三孔景区客流量虽保持在500万人次,但吃与购是曲阜旅游最大的短板,整个景区没有一家百年字号,没有一条美食街巷,没有一个能在游客心中叫得响的美食排行榜。虽然三孔景区周边每家宾馆、饭店都打孔府菜招牌,但是能够秉承孔府菜精神内涵、孔夫子食学精髓的餐馆几乎没有,能够全面展示孔府菜发展嬗变历程、文化内涵、宴食模式的项目更是稀缺,能够胜任孔府菜烹饪的厨作团队和宴事管理面临失传。曲阜拥有孔府菜这样享誉全球的非物质文化遗产项目,却没有一个专业的、系统的展示空间来正本清源说文化、探求本源做研究、秉承传统搞创新、迎合市场谈需求、做大产业促变局。

一、正本清源承初心,肩负使命谋发展

孔子认为,一个道德高尚的人,在饮食生活中,也要有很高的标准,就要讲究食德,就要完全按“礼”的规范去做。君子遇到美味要郑重其事地对待,并且要请长辈和老师先享用,这是最起码的礼节。在任何情况下,都要把饮食活动视为体现道德仁爱的载体。“食不厌精,脍不厌细”是基于当时平民阶层粗粝劣食的现状而提出来的,告诉人们在食物充足的情况下,尽可能提高食品的加工水平和烹饪水平,使饮食精细些。孔子认为,食物的卫生与否关乎人身安全。所谓“食饐而餲,鱼馁而肉败,不食”,是说粮食腐败发臭,鱼和肉腐烂,就不能吃了。“色恶不食,臭恶不食”,是说食物因霉烂而变了颜色就不能吃,食物变了味道也不能吃。

自汉至清末,伴随着孔子地位的提高,家族结姻豪门贵胄,婚姻遍布天下,这些夫人嫁入孔府,一般都会带有自己的仆人和厨师,使得孔府菜得以吸收各地膳食的精华,融合各地饮食特长,形成自己独特的风格。从“孔府菜”形成的过程来看,经过一代代在孔府司厨的劳动者们的智慧积累,历经千百年的发展,才逐步形成和完善起来的菜肴体系,传承着孔子“食不厌精,

脍不厌细”的饮食理念，在历史长河中影响着中华饮食文化的发展历程，是不可或缺的文化瑰宝。

中华人民共和国成立后，以孔府菜为首的鲁菜始终是国宴招待外宾的第一选择。20 世纪 90 年代初，原孔府西路孔府饭店的大厨受邀赴多个国家和地区进行厨艺交流，受到广泛好评。2018 年，青岛上合峰会首次正式使用了“孔府菜”的提法，使孔府菜在国宴中成为主角，六菜一汤的国宴孔府菜被大众所熟知。作为国家级非物质文化遗产名录中唯一的菜系项目，孔府菜是不可或缺的文化瑰宝。文物承载灿烂文明，传承历史文化，维系民族精神，是先辈留给我们的宝贵遗产，是加强社会主义精神文明建设的深厚滋养。中华优秀传统文化是中华文明的智慧结晶和精华所在，是中华民族的根和魂，是我们在世界文化激荡中站稳脚跟的根基。弥补孔府菜文化的传承缺失，是我们应肩负的重大责任与义务，结合新的时代条件传承好、弘扬好中华优秀传统文化，守正创新、推陈出新，让中华文化绽放出新的时代光彩。

秉承确保孔府菜的正统体系和规制保持传承与传播的初心，曲阜市三孔文化旅游服务有限责任公司(以下简称“三孔文旅”)勇担历史使命，肩负起孔府菜的传承重任。公司成立于 1984 年，得益于圣城悠久深厚的文化资源，三孔文旅牢牢把握儒学文化资源优势，抢抓文旅融合重大机遇，坚持新旧动能转换改革方向，持续创新经营理念与方式，发展成为当今国内最大的儒文化全产业链集成服务商。其业务范围不仅覆盖吃、住、行、游、购、娱、学等全要素产业板块，更拥有三孔等文物景区、孔子博物馆等场馆丰富的运行和维护经验，迎宾馆、政德培训中心等 4 家酒店的服务经验，全国文庙系统 40 余家单位策展、布展经验，上万个品类文创商品、复仿展品的策划、制作经验，上千场古礼演艺和雅乐演奏经验。这些都为孔府菜博物馆的建成、运营和维护，特别是未来孔府菜产业链的基础巩固、链条完善、产业腾飞奠定了牢固的产业基础。

二、搭乘科技新载体，古为今用促创新

阅读是人类重要的认识活动，也是文化得以保存和传播必不可少的途径。随着新媒体时代的到来，网络媒体广泛普及，受众进行阅读的媒介日益繁多，人们日常学习、工作的阅读习惯已由纸质资料浏览变为以电子阅览为

主，给旅游展览方式带来深刻性变革。基于此，三孔文旅利用高科技媒介，将孔府菜精湛的烹调技艺、浸润千年的儒家文化活态化加工处理，“科技＋文化”融合成为传承孔府菜文化的重要渠道。

公司通过文物复仿藏品与现代高科技手段结合的方式，采取光、电、动漫等提升手段，充分展示孔府菜文化发展、创新、鼎盛的过程，项目充分利用物联网、云计算、大数据和移动通信技术，将原有的文物资源，以数字的、可交互可分享的形式进行线上存储、展示和传播，为观众提供便捷化参观、专业化导览、沉浸式体验的优质服务，为工作人员提供便捷可查、动态实时、数据可靠的管理平台，构建起线上与线下融合，实体展览与云展览、云课堂、云直播平台结合的高品质服务。科学编制孔府菜博物馆陈展大纲，建立起一套完善的科学管理步骤，严格按照藏品接收、鉴定、登记、分类、编目、定级、建档、入库、排架、等程序进行管理，对现有藏品进行有条不紊的保护工作。场馆专门设计多媒体触摸屏系统以及等离子大屏幕电视系统，并采用幻影成像技术，将仙鹤、凤凰、祥云等文化符号叠加在场馆内的幕布上，并结合环境、场景模型和灯光的变换，构成了动静结合的影视画面，给人以视觉上的冲击，新颖直观。

现代科技需要与传统服务相结合。为增进游客对孔府菜历史资料的理解，在博物馆建设运营期间，三孔文旅始终秉承“五美至礼，天下为公”的标准化服务理念，以管理创新、产品创新、品牌培育、服务监督和考核激励等环节为抓手，将“优质服务”纳入各员工培训必修内容，精心挑选出经验丰富、专业过硬的资深讲解人员，通过层层筛选考核，组建了一支“专业、精心、高效”的讲解队伍，为海内外游客提供优质、个性化的讲解服务，将孔府菜文化内涵更加生动地传递出去。高效直观的科技呈现配备专业的人员讲解，让博物馆好评如潮。据博物馆游客满意度调查问卷分析，博物馆顾客满意率达 99.6%，成为行业的标杆。

三、打造博物新体验，开源博物新业态

随着时代的发展，博物馆的边界与功能在不断延伸，博物馆不应只是建立在以“物”为基础的高冷殿堂和精英者的学术象牙塔中，而应是以丰富的文化底蕴为基础，服务于人类与社会，同时能实现价值转换的集成体。2021 年 7 月，孔府菜博物馆正式启动建设，博物馆解读了孔子饮食思想对中国饮

食文化的影响,构建起以孔子饮食文化为主题的全年龄段多元体验空间,传承、发扬孔府菜精髓的同时,融入沉浸式新消费体验模式,通过线下堂食体验、线上文创销售、对外品牌输出的形式创造更多衍生价值,构建起一个集参观、研学、研究、研发、购物、用餐为一体的新产业业态。博物馆规划面积约 3000 平方米,2022 年 9 月,孔府菜博物馆正式建设完成。

(一)博物空间,打造沉浸式新博物体验

为体现对孔府菜的传承,孔府菜博物馆将孔子的饮食思想通过创意设计,更巧妙地融入展品,深入挖掘精细之道、营养均衡、食品安全、饮食规律、节制有度等被现代人尊崇的健康饮食理念,引发古今文化共鸣,激发更多深入的思考。同时增强互动性,通过可参与的孔府菜品制作、多媒体互动、心理互动形式,让观众从展示中的被动角色变为主动角色,走近孔子的饮食思想。孔府菜博物馆围绕五大主题篇章建设,坚持三位一体的物馆规划原则,在尊重历史、完美复原的基础上,关注符合当代人的审美需求,突出展品主体的亮点与文化气息。博物馆邀请国内顶尖团队进行设计施工,配合实景陈列,利用数字影像技术,打造沉浸式投影空间,将孔府厨作制度与宴事管理生动形象地重现,全面覆盖观众的视角,达到一种身临其境的穿越体验感。

1."致敬夫子"篇章

"致敬夫子"篇章集合了孔子的辩证饮食思想,游客进入该主题,仿佛在听圣人讲述他的饮食之道,让观众对孔府菜有一个大致的了解。场馆依托世界第一家族档案《孔府档案》中对孔府菜核心思想、食事规章、宴会仪注、场景需求、盛器家具、烹饪技艺、原料采办、进卒食仪轨、演革迭代、宴乐节目等的详细记载,结合当代人的阅读习惯,以互动多媒体的形式展示出来,增强内容的可读性,让观众对孔府菜有一个初步的了解。以时代为主线,选取有代表性的时间节点作重点展示,突出孔府菜的核心思想,加深观众对孔府菜的理解和记忆。

2."华筵广张"篇章

游客进入"华筵广张"篇章,孔子宴请宾客的画面映入眼帘,仿佛来参加孔子的家宴。制作衍圣公府宴享分类和肴馔数列的实景陈列,可让观众近距离地感受衍圣公府宴享的尊贵与严谨,同时制作上合青岛峰会国宴实景复原宴席,展现孔府菜品在当代的应用与不可取代的文化价值。利用数字影像技术,配合实景陈列,打造沉浸式投影空间,将孔府厨作制度与宴事管

理生动形象地重现，全面覆盖观众的视角，达到一种身临其境的体验感。

孔府菜博物馆依照孔子“不时不食”的食学思想，按照春、夏、秋、冬四季分别设置“春雅”“夏丽”“秋韵”“冬影”四个主题的宴食内容，选用的菜品模型严格应季，通过浮雕的形式，向观众展示一年四季孔府内“守时令”的饮食变化，如二月二炒料豆、三月三收芥菜、五月端午包粽子等。殿内设置展览空间，复原当时制作孔府菜的热闹场景。

3.“宴安好味”篇章

参加完“家宴”后，游客便可以开始探索孔府的经典传承。“宴安好味”篇章主要陈列孔子嫡长子孙即历代衍圣公的饮食生活器物和饮食喜好，体现孔府菜的一脉相传。场馆精心展示了历代衍圣公的饮食生活风貌，同时放置巨幅画卷，展现孔府历经全年历史长河的全貌，画卷主体为水墨衍圣公府，人物、重要元素，采用激光投影设备，将仙鹤东飞的景象通过动画的形式呈现出来，向游客展示“一品高升”“指日高升”的美好寓意。展馆的布置也十分考究，真实还原了八仙桌、官帽椅等家具，将曲阜传统的民俗再现出来，让书卷上的人物和场景活了起来。

4.“譬如美器”篇章

游客进入“譬如美器”篇章，能看到孔府琳琅满目的饮食器具。孔府旧藏文物中与饮食相关的盛具、家具、摆件、祭祀专用具不胜枚举，“譬如美器”篇章展示了404件食器，复刻了独具特色的鸭锅和寿桃锅。另外，厅内还展示了明永乐年间的青花碗、成化年间的斗彩碗，清康熙、雍正、嘉庆年间的餐具，打开了后世对“钟鸣鼎食”的宴饮场景的想象空间。在博物馆中堂的后轩，以《论语》竹简为造型，对用餐的长桌进行了造景铺垫。微缩的山川河流从书中拔地而起，象征着民以食为天，映衬了孔府菜的主题。

5.“戏乐相陈”篇章

“戏乐相陈”篇章为衍圣公府宴乐展示体验，创意复原表演孔府宴享时的戏乐场景，馆内现有“盛世宴歌”“大雅国风”“箫韶雅乐”三大古乐舞演出，公司通过深入挖掘传统典籍后创意复原创作，以礼仪、古乐、古舞的多元融合形式呈现，将礼仪之邦的待客之道娓娓道来，音律优美、舞姿优雅、服饰华丽，在音乐、舞蹈、服装等方面，都具有强烈的仪式性和中华美学特征，表达了对中华优秀传统文化的向往和赞美。观众在歌舞中感受礼乐与饮食的相互促进与文化融合，仪式感庄重，雅乐优美，震撼心灵。让观众身心沉浸其中，去感受各种食礼哲学。

(二)博物造物,创意研发孔府菜衍生品

孔府菜博物馆在创作衍生价值方面,具有极强的天赋优势。观众在饱餐精神食粮后,也能获得物质食粮。在被赋予了丰富文化意涵的环境中,观众能够“吃下”一肚子的学问。在设计之初,孔府菜博物馆就充分考虑到观众的购买需求,重点放在对孔府菜用餐环境、用餐文化、用餐礼仪的复原。

1.传承传统礼乐,升级观瞻内容

公司依托中国孔庙保护协会、孔府文物档案馆,通过查阅《孔府档案》等700余份重要文献,复原宋版、明清宴乐、宫廷乐,在孔府菜馆内将起菜、宴饮、宴乐等演出常态化。不仅保持了孔府宴宾礼乐的延续性,在仪程上最大限度地保持了传统礼制,还赋予起菜仪式、雅乐、讲菜等环节新时代的特征。将箫韶古乐省级非遗传承中心设在三孔,更保障了日常演出的需要。

2.深挖文化内涵,创新多元业态

为让孔府菜文化看得见、摸得着、用得到,满足现代消费需求,公司创新研发以孔府菜文化特色的餐具、装饰、菜品、糕点等为主设计系列的文创产品。孔府菜博物馆的文创研发划分为文化产品类、饮食产品类、体验产品类和数字产品类。文化产品类的研发主要围绕融入孔府菜文化特色的餐具、装饰品为主,更像是一个孔府菜家居文化体验中心,常用的家居用品、摆件都可以在这里买到。饮食产品类主要是孔府糕点、预制菜、酒类、调料四大类,孔府糕点包含儒韵六景系列、儒家六经系列、儒家六艺系列、福禄寿喜系列、五常饼系列。预制菜类不同于工厂性质的工业产品,更多是手工烹饪,进行真空处理,加热后可直接食用,可定制大型宴席的全部菜品,品质趋向高端,当然配套也有自热锅类的零售产品,满足不同需求。体验产品类主要是指在孔府菜博物馆里面的参观用餐一体化体验内容,包括参观体验、讲解体验、宴席体验、食礼体验四位一体,满足高端定制和团队定制的需求,从进门的礼迎嘉宾,全程的专业导学引领与讲解,到宴席上的礼乐演出,绝对是焕然一新的沉浸式体验模式;数字产品类前期主要是菜品的3D模型,以数字藏品的形式进行销售,随着研发的深入,或者推出更多品类。

(三)博物学院,专注人才引入和文化交流

文化的传承离不开人才的振兴,文化产业的振兴和发展需要一代代人薪火相传。在成立之初,公司就把孔府菜传承人、萧韶雅乐传承人、文博讲解员等人才的培养作为一项重要任务,广泛开展孔府菜技艺和文博讲解培

训，通过讲演、实操、交流座谈，让更多人才深入了解孔府菜发展史、传统技艺，为传承孔府菜文化的传承储备人才力量。通过师徒帮带、技艺培训，共培养 50 多名相关人才，带动 240 多人从事泥塑制作行业，这支人才队伍已然成为孔府菜文化传承与发展的中坚力量。

三孔文化公司与全国各大高校、全国各地文庙、博物馆、国学文化专家一起建立文化交流平台，相互达成长期的学术合作关系，积累大量学术资料，进一步丰富自身文化资源，牢固发展根基，不断为激活文化新活力。同时，博物馆选聘世界知名儒学专家任文化顾问，国内多名鲁菜烹饪大师、非遗传承人任烹饪顾问，世界儒学大会秘书处秘书长、国际儒学联合会理事、中国孔子基金会理事孔祥林先生任民俗顾问。另有孔、颜、曾、孟四氏后裔代表、阙里食礼传承人 1 人、箫韶雅乐团 70 余人、资深讲解员 20 余人、名厨 10 人。为博物馆的建成运维奠定了扎实的人才基础。多措并举，为打造史料内容丰富、文化价值一流的孔府菜博物馆之博物学院奠定了坚实的文化与实践基础。

博物学院与全域 100 多家景区、机构、学校、机关建立长效合作机制，牵头整合区域内软硬件资源，共同享有各类研学研发成果和文化学术成果，公司要做的是成立更加开源的博物学院体系，更确切地说是一种真正能迎合市场需求的学术产品。公司建立一个学术共享平台，让所有人都可以在其中受益，可以去深入了解孔府菜的文化底蕴、制作工艺、健康理念，不断扩大孔府菜在市场中的影响力。通过平台可以积极探索企业、高校、民间多方投入、成果共享新机制，实现协同发展，促进以孔府菜为中心的产业、科技、人才深度融合。积极构建“产学研用”协同平台，强化与博物馆之间各类主体的协同配合，实现对孔府菜继承和发扬，实现人才共享、合作共赢的局面。结合平台的力量，将孔府菜博物馆的运营和管理智慧走出去，在全国乃至全世界建立体验中心，将孔子饮食文化与礼仪文化发扬光大。同时，打造完整的孔府菜品牌体系，围绕最具文化底蕴的美食、跨越千年的美食文化等主题不断提升品牌价值。

（四）博物运营，坚持“走出去”的发展模式

完善博物馆的运营，主要是从博物空间的运作、博物造物的研销、博物学院的传播层面实施开展。坚持“走出去”“请进来”的发展思路，“走出去”开阔视野促创新，“请进来”交流经验促提升，为孔府菜博物馆的发展积累了丰富的管理及运营经验。

1.博物空间的运作

博物馆在建设之初就制订了全面详细的对接市场的运营方案和服务标准,以满足人们的多元化需求为建设导向,构建起以孔子饮食文化为主题的全年龄段多元体验空间,融入沉浸式新消费体验模式,通过线下堂食体验、线上文创销售、对外品牌输出的形式创造更多衍生价值,构建起一个集参观、研学、研究、研发、购物、用餐为一体的新产业业态。此外,公司加快景区信息系统建设,全面实行景区智慧化,提升管理效能、降低运营成本,搭建品牌孵化平台,不断实现智慧游览的战略目标。

2.博物造物的研销

三孔文旅公司围绕孔府菜文化特色的餐具、装饰品,设计推动系列文创产品,让孔府菜文化看得见、摸得着、用得到,满足现代消费需求。进一步完善经典传承,融合产业发展。在公司旗下的教育培训机构开设孔府菜培训课程,增加孔府菜菜品和糕点体验产品,丰富线路产品内容;在企业旗下的酒店建立孔府菜博物馆体验中心和文创产品展区,在丰富酒店体验产品的同时,创造更多延伸价值;在企业旗下的展陈板块中增加孔府菜宴席展陈和餐具藏品复原项目,填补产品的空白,助力企业的健康快速发展。强化孔府菜博物馆对外技术服务的输出,面向全国各地的孔府菜餐厅提供服务、礼仪、菜品、糕点等各类相关技术内容的培训课程,联合各类食品、餐具、日用品厂等行业协同发展。

3.博物学院的传播

借助现代餐饮业管理制度进行运营,公司寻找联名伙伴,推进孔府菜的商品化进程,为孔府菜的未来发展创造无限可能。为加强传播效果,三孔文旅公司成立自媒体团队,在线上发布较为轻松亲切的宣传内容,编辑孔府菜博物馆相关文章,拍摄宣传短片,多平台内容铺设增加项目的品牌曝光度。以微信公众号、抖音作为核心宣发阵地,配合博物学院的知识分享功能,不断吸引新的粉丝、读者,进一步扩大孔府菜在市场中的影响力。

三孔文旅公司依托博物馆的菜品制作、文创产品、箫韶雅乐、孔府菜起菜仪式等内容,成功在中国国际旅游文化博览会、旅游发展大会、儒源雅集(尼山世界文明论坛)、中日韩文化部长会议等重要展会上惊艳亮相,成为对外展现中华优秀传统文化的重要窗口。此外,公司积极组织参加中国孔庙保护协会第二十四次年会,曲阜市(青岛)“双招双引”推介会、全国百家旅行社圣城行暨曲阜市文化旅游推介会等各类推荐会,为现场观众奉上了一场场儒家传统饮食文化盛宴。

四、继往开来接续力，创造博物馆新时代

博物馆不仅是展示一个国家和民族文化的重要窗口，更是进行国民教育、科普宣传、历史文化和艺术熏陶的重要课堂。

孔府菜博物馆的设计、建设、保护、运营，将独具商业化、产业化特色，它的文化根源于传承千年的文化底蕴、赓续百代的贵族传承、日复一日的饮食需求，更源于中华文明的辉煌历程。随着社会、经济、文化的转型发展，孔府菜博物馆将会向多元化迈进，更加趋向于智慧化、复合化，形式、功能、空间和运营模式。将围绕“走出去”的核心愿景，整合资源、充分利用，实现博物馆与城市、与国家、与世界的有机结合，达到公共职能的扩大化、社会化和服务化，同时促进孔府菜博物馆自身的可持续发展，将传承、弘扬、创新、发展落到实处。三孔文旅公司将进一步推动传统儒学文化与在线教育、线上营销、新一代数字体验技术等的结合，进行全域覆盖、全知传播，通过多样化的传播与展示手段，系统高效转化儒学文化资源，融合创意与科技，助力中华文化振兴和对外传播。

曲阜一地成功后，可在全国连锁推广，让孔府菜博物馆的运营和管理智慧走出去，在全国乃至全世界建立体验中心，将孔子饮食文化与礼仪文化发扬光大。公司计划开设孔府菜培训课程，推出更多孔府菜菜品和糕点产品并建立孔府菜博物馆体验中心和文创产品展区，在丰富公司体验产品的同时，创造更多延伸价值，并对外进行技术服务的输出，面向全国各地的孔府菜餐厅提供服务、礼仪、菜品、糕点等各类相关技术内容的培训课程服务，联合各类食品、餐具、日用品厂等行业协同发展。

结　语

近年来，三孔文旅搭乘科技快车，大力推动传统旅游业向现代旅游业的战略转变，发挥精品旅游、全域旅游等新动能的驱动能力，实现新旧动能转换；着重发展文创产业和精品旅游产业，增强文化自信和软实力，传承创新儒家文化，推进优秀传统文化创造性转化、创新性发展。围绕“走出去”的核心愿景，整合资源、充分利用，实现博物馆与城市、与国家、与世界的有机结

合,达到公共职能的扩大化、社会化和服务化,同时促进孔府菜博物馆自身的可持续发展,将传承、弘扬、创新、发展落到实处。

孔府菜博物馆的设计、建设、保护、运营独具商业化、产业化特色,其文化根源于传承千年的底蕴,赓续百代的传承,日复一日的饮食需求。在未来的发展道路上,三孔文旅也将会迎来新的机遇与挑战。

▶启发思考

1.博物馆作为人类文明传播的重要载体,它的发展体现了人类社会文明的进步,也反映了人类经济、政治、科技等方面的不断发展,孔府菜博物馆如何肩负起属于它的历史使命?

2.随着信息时代的不断发展,大数据、云计算、物联网、互联网、人工智能等先进数字科技赋能博物馆,推动了博物馆管理提质增效,加速了文物资源数字化、信息化进程。孔府菜博物馆未来如何向智慧化、复合化、多元化迈进?

3.结合孔府菜博物馆独具的商业化、产业化的特色,你认为三孔文旅公司在运营过程中如何找到盈利点?

Ⅳ

营销推广创新案例

造节营销突出重围

——济南融创乐园的营销创新*

▶案例概览

面对新形势下用户需求的变化，济南融创乐园进行了诸多创新尝试和探索。针对地方文旅经济复苏振兴的需求，乐园阶段性举行了欢乐南瓜节、稻草人王国、海洋嘉年华、灯光节等主题活动。活动充分运用事件营销和全媒体宣传，集新闻效应、广告效应、公共关系、形象传播、客户关系于一体，为新产品推介、品牌展示创造机会，快速提升了融创品牌的知名度和美誉度。本文通过对济南融创乐园主题活动营销案例的分析，反映济南融创乐园在疫情防控常态化大背景下对营销推广的创新优化，提炼了可复制的模式和经验，有助于激发消费活力，提振地方文旅市场。

引　言

2022 年上半年，旅游行业再次受到重创。济南融创乐园为突出重围，在宣传推介方面进行了全面的创新升级，在多次举办的宣传营销活动中皆取得优异的成绩。为了满足人们对休闲方式和消费场景的多元化需求，济南融创乐园根据不同时间节点分别举办南瓜节、稻草人王国、海洋嘉年华和灯光节主题系列活动，不论是赞美秋天、祈福平安的南瓜节，还是融互动、科

---

* 本案例由山东青年政治学院邢琦娜、杨文凯和济南融创铭晟文化产业有限公司李爱敏、齐怀远、门昊辰撰写，由山东大学旅游产业研究院/山东省新旧动能转换重大工程精品旅游产业智库改编收录。

普、娱乐为一体的稻草人王国，都带给游客新鲜刺激的感受。随着旅游业逐渐回暖，济南融创乐园最大限度创造爆点，创造机会，刺激市场，有效解决北方城市文旅资源淡旺季明显等相关痛点。

一、迎接冲击，寻找破局利器

(一)企业介绍

融创文旅城的主题乐园因人们对休闲方式、消费场景的多元化需求以及文旅行业发展的多元化趋向诞生。融创中国最初是一家商业地产企业，2018年组建融创文旅集团，在坚持以地产为核心产业的基础上，实施“地产＋”战略，布局融创地产、融创服务、融创文旅、融创文化、融创会议会展、融创医疗康养六大产业板块。融创文旅城带来的商业模式可以理解为“在存量时代的商业地产中打造出一种全新的消费形态和消费场景”，文旅产业释放的新消费空间帮助这种模式实现存量项目的优化和增量项目的扩容。

(二)案例背景

2020年以来，受新型冠状病毒感染影响，国内旅游业受到较大冲击，到2021年底，我国国内旅游市场游客总量和收入较2020年有所恢复，文化和旅游部发布的国内旅游抽样调查统计结果显示，2021年我国国内旅游总人数为32.46亿人次，比上年同期增加3.67亿人次，增长12.8%(恢复到2019年的54%)。值得注意的是，相比游客的恢复，我国国内旅游收入更为理想。2021年，我国国内旅游收入(旅游消费总额)2.92万亿元，比上年同期增长0.69万亿元，增长31.0%(恢复到2019年的51%)。由此可见，文旅行业呈现恢复趋势，如何抓住回暖后旅游者的“报复性”消费时机是当今旅游业的重要议题。

事件旅游，专指以各种事件为核心旅游吸引物的一种特殊旅游形式，其所营造的节日氛围和强烈的仪式感广受游客关注和期待，成为旅游业的着力点。融创乐园突出的建筑优势、游玩项目优势等为其打造事件旅游提供了有力的先决条件，也决定了融创乐园将在事件旅游上精雕细琢，充分利用节庆盛典、主题活动等强势回归。

为增强事件旅游的传播效果，以新媒体为宣传支撑是新媒体时代的必然要求。新媒体作为一种营销手段，对景区、城市甚至国家的形象传播具有重要作用。随着新媒体的进一步发展，事件营销在新媒体营销中的应用不断创新，通过打造特别化的品牌、统一的信息、持续的宣传手段，保证节事营销的推广效果。企业应从节事营销入手，积极利用各大新媒体平台，创新性地思考节事营销在新媒介环境下的发展策略，以提高事件旅游的传播力，推动事件旅游对地方品牌塑造的经济带动作用。

新媒介营销是一种以计算机技术为基础的新兴媒介营销，包括社区网络、微博、微信、社交网络、网络视频、博客等手段开展各项营销动的总和。① 截至 2020 年 6 月，全国网民数量已达 9.01 亿，其中，短视频用户占比达 87.0%，用户总数为 8.18 亿。而在网络视听市场规模中，短视频的市场规模占比同样最高，达 1302.4 亿。② 一方面，短视频呈现方式多种多样，相比于图像和文字来说，视频比文字、图像更具冲击力和吸引力。另一方面，现代社会节奏加快，人们碎片化时间较多，短视频时长一般在 1 分钟左右，降低了大众的观看门槛，方便大众获取信息。如图 1 所示，抖音、快手平台已经深入到大众生活，两大平台用户占据短视频市场规模的 2/3。由于抖音平台用户人群是 24～30 岁③，与融创乐园主题活动目标人群相契合，乐园事件营销将抖音作为宣传主阵地。截至 2023 年 6 月，济南融创文旅城官抖在抖音平台拥有 10.2 万粉丝，发布作品 256 条，累计获得点赞 45.2 万。“巧用短视频、营造节事活动”成为济南融创乐园经济复苏的两大利器。

---

① 参见谢朝栋：《旅游景区新媒体营销策略研究：以常熟服装城购物旅游景区为例》，南京师范大学硕士学位论文，2014 年。

② 参见陈旭光：《短视频：媒体融合的“狂欢”与内容再生产的消费美学》，《教育传媒研究》2022 年第 2 期。

③ 参见高燕：《新媒体时代短视频营销模式的反思和重构——以抖音短视频平台为例》，《出版广角》2019 年第 8 期。

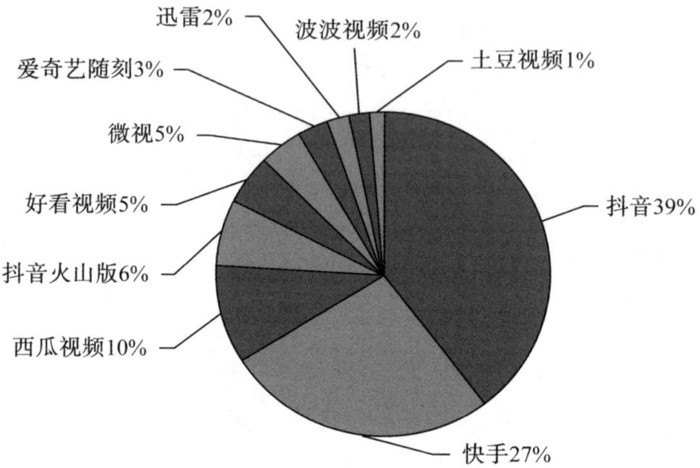

图 1　比达视听用户规模饼图①

二、标新立异，实行“破圈”打法

(一)创造节事爆点

由于传统的旅游宣传方式存在传播渠道单一、吸引力和竞争力不强等问题，济南融创乐园从节事营销着手，借助网络新媒体提高节事活动的传播力和影响力，先后发起了南瓜节、稻草人王国、海洋嘉年华和灯光节主题活动，助推融创品牌塑造，带动新形势下的经济复苏。

1.南瓜节主题活动

与传统节日不同，“万圣节”往往是年轻人集体狂欢的节日。国内其他主题乐园万圣节活动同质化现象严重，缺乏自己特色，主题乐园的产品开发以及园内设计容易与万圣节脱节。基于大环境和乐园冬季为旅游淡季等特点，为吸引济南本地游客，济南融创乐园南瓜节项目最大限度创造爆点，开放三大“惊魂鬼屋”、四大“剧情演艺”、七大“沉浸式互动”，刺激消费和市场回暖。

① 本案例图片均由济南融创乐园提供。

济南融创乐园南瓜节（见图 2）不同于其他万圣节活动，主题明确，产品设计独特新颖。为凸显南瓜主题，园内四处可见南瓜主题设施，将节日氛围拉满。背景设置魔王降临，吸血鬼暗黑军团席卷而至，将游客带入南瓜节情景，增加游客沉浸感。乐园根据阵营定制化设计了适合不同人群体验项目，游客入园之后可以选择阵营进行闯关，分为适合成人的正义军团和适合儿童游玩的小萌怪沉浸闯关线路，全天开放惊魂鬼屋，游客白天可以免门票入园，下午四点百鬼出动，三大鬼屋齐聚。为满足不同游客对鬼屋探险的需求，设置了不同恐怖程度鬼屋：恐怖指数 5 颗星的暗黑军团雪域城堡，适合喜欢危险刺激的游客群体；恐怖系数 3.5 颗星的吸血鬼堡，吸引大量喜欢沉浸式互动体验的游客；恐怖系数 2 颗星的冰川探险，在鬼屋中可以与冰雪恶魔战斗，适合家长带小朋友体验，日夜畅玩。此外，景区内还有魔术表演、面部彩绘、“不给糖就捣蛋”、“南瓜 DIY”等沉浸式活动；园区还举办召集 NPC 活动，游客变装 NPC 畅游魔法小镇。一系列设计强化活动亮点，分节奏释放优质内容，引发关注，推动口碑传播。

图 2 南瓜节

随着旅游业的不断发展,越来越多的游客由观光式旅游转向体验、沉浸式旅游。入目容易入心难,体验容易沉浸难。为增加游客沉浸式参与感,济南融创乐园在园区定点举行氛围表演(见表 1),上午 10 点举行盛典开场舞表演,下午 3 点南瓜精灵派对巡游表演,下午 4 点古堡奇缘情景舞蹈音乐剧表演开始,晚上 6 点开始暗黑军团机车巡游,还有狂欢夜舞蹈表演。晚上 7 点开始大型百鬼蹦迪现场表演,之后可以看到魔幻迷城大湖秀,让游客移步换景,惊喜连连。

表 1　南瓜节氛围表演安排

表演项目	表演场所	表演时间
黑暗军团机车巡游	魔法小镇冒险港湾	10 月 15～28 日 晚上 6 点(周末晚上 7 点,周二停演)
古堡奇缘情景舞蹈音乐剧	魔法小镇国王大街	10 月 15～28 日每日下午 4 点
南瓜精灵派对巡游表演	魔法小镇骑士广场	10 月 15～28 日每日下午 3 点
尖叫狂欢夜舞蹈表演	魔法小镇骑士广场	10 月 15～28 日 晚上 5 点 50 分(周末晚上 6 点 50 分)
泉城盛典欢乐开场舞	魔法小镇骑士广场	10 月 15～31 日每日上午 10 点
魔幻迷城大湖秀	魔法小镇大湖秀	10 月 15～28 日晚上 7 点 45 分(周末晚上 9 点) 10 月 29～31 日晚上 9 点

2.稻草人王国主题活动

景区举办了稻草展,进行稻草艺术展览美陈。通过主题活动提高园区新鲜度,吸引更多游客到访,为乐园聚集人气。各式各样的稻草人形象增加了济南融创乐园的可游玩性,向游客展现了更多优质的旅游资源。稻草艺术展览美陈可以延长游客在景区的滞留时间,通过活动的可操控性和感染力,让游客深入体验各种项目,营造良好的氛围,利用各种艺术文化创意活动增加项目的吸引力,从而提升对景区的关注度,在游客中形成口碑效应。稻草人形象可爱,富有标志性意义,老少皆宜。在此过程中,融创乐园招募抖音达人 1300 多人,话题曝光量超 4827.5 万;融创乐园稳居抖音打卡榜、热销榜、种草榜榜首,荣登同城热点榜第二,点击数量达 400 万以上。

(1)美陈设计

稻草人王国(见图 3)里有金刚、卡通龙猫、草帽王子等巨大稻草人编织搭建的梦幻场景。稻草人乐园不仅融入了亲子活动,还融入了漫画风格,给人耳目一新的感觉。稻田里，草垛上，吹着田野的微风，抚摸着初秋的暖阳，只存在童话世界里的12个巨型稻草人，将美好与童趣拉入现实。巨型金刚15米高的身形屹立在蓝天下，龙猫仿佛闯进宫崎骏动画世界，色彩与光影交织，营造浪漫场景；稻草恐龙庞大的身躯则展现着远古霸主的实力与魅力。

图3 稻草人王国

(2)研学旅行

研学旅游作为学校教育的补充，已纳入中小学教育计划并获得鼓励[①]，融创乐园积极响应国家号召，开展了"水稻的一生"研学课程，让家长和孩子共同参与，体验种植水稻的过程，观察水稻的生长，通过寓教于乐的方式增强游客的体验感。活动一经推出便深受孩子和家长的喜爱。乐园正在积极与相关机构接洽，定制专项课程时间，丰富各维度的活动内容。

同时，还有亲子草帽DIY活动，草帽以其特别的编制工艺、简洁的线条、舒适透气的材质、超高的出镜率占据了流行时尚的主要地位，成为稻草人王国主题活动的重要载体。当一款由家长和孩子精心制作的纳凉物品被完美呈现时，独一无二的设计理念和独具特色的创意风格留下独特的夏日记忆。融创乐园将图案设计与手工绘制有机结合在一起，让孩子自己塑造、制作不同形态的手工草帽。单一色调的草帽经过图案设计和手绘变成了艺术品，能够让孩子感受生活的乐趣，提高动手实践能力及创造能力。孩子们在创作中成长，不仅能参与劳动，还能学到知识，做到教育玩耍两不误。

3.海洋嘉年华主题活动

2022年夏季，济南市积极开展文化和旅游惠民消费季活动，采取了一系

① 参见孙九霞：《"游育"：研学旅游新论》，《旅游学刊》2022年第11期。

列如扩大资金投入、加强企业让利、强化产品供给、全面服务企业等方面的创新活动,使居民外出游玩的热情更加高涨。而恰逢暑期,学生和家长休闲时间充足,消费潜力被激发,亲子出游便成了热潮。济南融创乐园针对整个暑期档以及各个活动节点策划一场包含亲子互动、科普、娱乐为一体的月度主题活动,为2022年6～7月济南融创水世界暑期活动赋能。

(1)参与活动,学习海洋知识

海洋嘉年华(现场见图4)活动围绕"寓教于乐""科普研学""亲子活动"这三个关键词,举办了六大主题活动:问答海洋球、海星保卫战、套中冰圈、海洋生物大作战、海底垃圾分类挑战、击中海怪。小朋友们可以在专业导师的陪伴下探索神秘蔚蓝的梦幻海洋,探寻小伙伴,其间还可以看缤纷浪漫演绎,沉浸式与海洋朋友欢乐互动,树立海洋环境意识。每个主题活动都紧紧地抓住了孩子们的眼球,让孩子们在玩中学、学中玩,掌握更多有趣的海洋知识。

图4　海洋嘉年华现场

(2)英勇闯关,观看节目表演

暑期特别版海洋嘉年华中,小朋友们可以化身小小海洋守护者,一路通关打卡,完成指定任务,拯救被困小海星,承担起保护海洋环境的重担。在趣味十足的闯关活动里树立守护环境的意识。在互动演艺"蓝博士的百宝箱""奇幻泡泡秀"中进行一场穿越时空的海洋知识对话,在"鲨鱼湾探险"与"海洋奇遇记"沉浸式的欢乐互动中轻松学习丰富的海洋科普小知识。在"海豚海狮秀"里,海豚旋跳跃不停歇,用高超的舞蹈征服了孩子们,还有美人鱼姐姐与鲨鱼哥哥的绝美舞蹈表演。"人鱼传说"讲述了一场属于大海的浪漫故事，可以让每一个孩子都全身心地沉浸在浪漫、唯美、隽永的深海秘境里。

(3)亲子互动，举行优惠活动

在活动前期，家长们可以带孩子们参加海洋巨幅画公益活动，奉献自己的一份爱心；在活动中期有互动演艺“蓝博士的百宝箱”“奇幻泡泡秀”等亲子互动项目升温亲子感情；在活动末期，有海洋生态瓶 DIY 互动挑战赛，增强孩子们的动手能力。除此之外，景区还发放各种优惠券，如海世界海豹喂养体验券、海世界潜水体验券、海世界科普课程体验券等，拉动游客消费，带给游客多样化的游玩体验。

4.灯光节主题案例

5G 时代的到来和物联网、大数据、云计算等新兴技术的不断发展在很大程度上促进了城市灯光秀的发展。法国里昂灯光艺术节将灯光秀与城市环境进行了有机结合，巧妙地运用了当地的地形地势，将其演化为灯光艺术的展现媒介，为人们带来了视觉盛宴。[①] 国内湖北省武汉万科携手武汉市文化和旅游局举办了“英雄武汉 · 城市之光”昙华林灯光节，综合利用建筑投影艺术、灯光装置、激光等数字光影艺术语言，设计了“城市之光”“魅影森林”“英雄之城”等主题灯光秀，突破了传统近代历史街区的营造方式。[②] 这些成功的案例为济南融创乐园开办灯光节提供了有益借鉴。

济南融创乐园趁新年之际，举办灯光节（见图 5），刺激消费，发展经济，抓住人们好奇和探索新事物的心理，吸引了大学生以及当地居民前来游览，满足了人们又能看又能玩的需求。活动时间为春节和元宵节两个假期，有绝美飞天幕布裸眼光影秀《龙凤呈祥》，有定制造型酷炫北极光、萤火虫、光波鼓生命树、炫彩跑酷；有科技潮影“飞跃丝路”“皇家转马”“穿梭时光机”“奇幻漂流”，也有 7 米高的巨型中国结与新春花篮、创意十足的吉祥旺火、长 25 米的欧式主题建筑，还有红火的中国风灯组、超级月亮搭配雪山、巨型黄金麦田等（见表 2）。以灯造景，以景造梦，43 万平方米星梦奇园，近 5 万盏灯光犹如满天星辰跌入凡间，灯光璀璨处，美好奔涌来。

---

① 参见徐家宇、朱炜：《法国里昂灯光秀艺术表现形式分析》，《美术教育研究》2022 年第 13 期。

② 参见李鸣凯、史薇：《昙华林历史文化街区的可持续性发展研究》，《规划师》2015 年第 A2 期。

图 5　灯光节

表 2　灯光节活动内容

分类	内容
大型首创	绝美飞天幕布裸眼光影秀《龙凤呈祥》
定制造型	酷炫北极光、萤火虫、光波鼓生命树、炫彩跑酷
科技潮影	“飞跃丝路”“皇家转马”“穿梭时光机”“奇幻漂流”等
主题场景	7 米高的巨型中国结与新春花篮、创意十足的吉祥旺火、长 25 米的欧式主题建筑等
灯组搭配	红火的中国风灯组、超级月亮搭配雪山、巨型黄金麦田等

灯光节采用了灯光投影技术，给人带来一种亦幻亦真的感觉，效果奇特，能够产生较为明显的纵深感，使人产生视觉差，真假难辨。作为空间成像技术的一种，该技术具有极高的透明性与科技感，且清晰度较高，通过对对比度以及色彩的调整，能够与实物进行结合，与人们进行互动。[①] 与传统的宣传模式相比，灯光节各项活动并不会受到空间的限制，无论是天空水面还是人群密集的广场，都能够就地展现。此外，济南融创乐园的灯光秀很好

① 参见辛云涛:《区域经济发展中“文创灯光与夜游经济”的重要作用》,《科技资讯》2022 年第 18 期。

地融合了济南当地泉水文化的特色，科技与文化的融合，增加了灯光秀的故事感，让游客更能沉浸其中。

（二）打造品牌 IP

国内旅游热点多集中于经济较发达、知名度较高、旅游基础设施较完善的旅游名胜地，如北京故宫、上海东方明珠、杭州西湖、黄果树瀑布、九寨沟、西双版纳等风景点，具有一定知名度。这些旅游胜地打造了属于自己的名片，让人们在提起瀑布时就想起黄果树，提起北京时就想起故宫。一个景区想要成为经典旅游目的地，首先要打造一个属于自己的旅游 IP，吸引特定旅游人群。

我国主题乐园的盲目扩张阶段已经过去，想要在未来的市场竞争中取得立足之地，必须要有自身的核心竞争力，而优质的 IP 就是主题乐园建设中的核心竞争力，这从融创文旅的战略“IP＋内容＋新消费新场景”中体现得更加清楚。换句话说，融创文旅的定位从来不只是内容，而是一个有 IP 开发、文化内容、落地场景的综合体——IP 是基础，内容是放大器，新消费新场景则是商业价值的拓展路径。融创文旅通过举办四大主题活动，开始探索文旅领域更稳健的商业模式。目前，融创文旅已拥有 13 座文旅城、5 个旅游度假区、9 个会议会展中心、43 个文旅小镇（其中涵盖 22 个主题乐园）。融创文旅也公布了 IP 实景娱乐未来计划的四个方向，分别为国际数字化影都、影视娱乐小镇、梦之城乐园和未来科幻乐园。

如何运营 IP，如何在平衡好内容与商业的前提下打通变现路径，应是着力点所在。融创文旅建立了 IP 管理委员会，正式进入直播电商领域，用与时俱进的方式打造立体 IP。融创文旅将构建开放的文化生态圈，一方面整合融创文旅以及外部优质资源，围绕目标客群的需求打造融创文旅特有的活动 IP，比如音乐节、体育赛事、电竞赛事等。另一方面，结合不同城市的文化特质，以自有 IP 和外部合作的活动，发布符合城市客群需求、有文化主线贯穿的全年活动，将文旅城塑造成有优质丰富的内容、对客户有吸引力的城市“精神引力场”和“文化地标”。

（三）实施“零门票”进园

旅游正在融入城市居民的生活空间和休闲场景，游客已不再仅仅满足于观光层面，而是更加注重精神享受、灵魂追求。活动期间，融创乐园面向社会开放，采用“0 元入园＋分票制”的模式，所有游乐项目单独售票，游客可以自由选择想要体验的项目。这样一来,降低了游客入园的成本,延长了顾客停留时间,创造了潜在的消费机遇。济南融创文旅城涵盖"吃、住、行、游、娱、购"的全方位业态,即便是对融创乐园不感兴趣,消费者也会抱着"来都来了"的心态去游览其他项目。此外,为解决游客排队时间长、游玩时间短等一系列问题,济南融创乐园引进了先进的检票设施,优化排队管理,保证游客可以体验完整的游玩设施。

融创文旅城建立了一套独特的文旅商业逻辑,从市场反应来看,无疑已实现了自洽。2020年,融创文旅总收入38.8亿元,同比增长36%。不仅仅是在济南,其他城市已经开业的文旅城也十分火爆。昆明、成都、重庆等融创文旅城开业期间客流量均达到30万人次以上。每一座融创文旅城均具备融创乐园、融创茂和融创酒店三大业态,成为当地标志性项目。

三、多方营销,提高活动知名度

(一)借力新媒体做宣传

新媒体营销依靠强大的网络拥有传播范围广、传播速度快且覆盖率高的特点,能够最大限度地让人们了解活动,新媒体平台营销也普遍成为最受关注的模式。同时,新媒体具有交互性,消费者可以直接反馈产品意见,能够逐步建立起更亲密的主客关系。济南融创乐园主要借助抖音平台和微信公众号平台开展活动宣传。

1.抖音短视频

通过和客群标签匹配的关键意见领袖(Key Opinion Leader,KOL)利用他们自带的粉丝流量,进而精准推广。以稻草人王国活动为例,让网络红人进入景点打卡拍照或者录制短视频吸引粉丝,同时推广门票优惠,将购买方式放在视频左下方,方便消费者和粉丝购买。在所有短视频平台中,抖音是用户最多的,累计安装326亿,根据2021年6月的监测数据显示,抖音活跃用户数将近7亿,位居行业首位。

同时根据账号调性与粉丝画像,传播内容各有侧重,精细化运营。亲子类账户侧重传播亲子玩法和活动,探店类账号侧重传播鬼屋等核心产品、游玩攻略,打卡类账号侧重传播美陈、NPC招呼活动。选择抖音进行大规模宣传营销是济南融创乐园营销活动成功的重要举措。

2.微信公众号

济南融创乐园通过建立微信公众官方账号发布活动信息，利用推文等拉近与目标消费群体的距离。一方面，创造有趣且有吸引力的标题，如“惊魂之夜尖叫开局！谁来拯救危机四伏的魔法王国??”“心跳之旅！欢乐南瓜节十大尖叫指南全公开!”等，增强标题趣味性，通过具有感染力的表达提高文案点击率。另一方面，增加互动抽奖或发送互动性内容引导粉丝留言互动，增加阅读完整率。2022 年 10 月 10～31 日，微信公众号平台新增粉丝共计6804 人，其中官微新增 5072 人，服务号新增 1732 人；官微和服务号总计粉丝量达 19 万，其中官微 10 万，服务号 9 万(见图 6)。

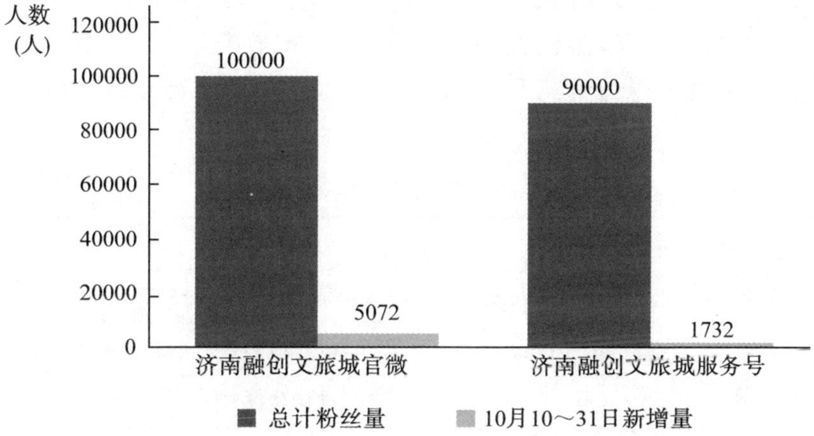

图 6 微信公众号涨粉情况统计

3.官方媒体的宣传

利用官方媒体的软性植入、展示图片、发表文案、告知活动时间和门票价格等吸引游客。以灯光节为例，百度搜索“融创灯光节”词条，能够出现 20 多条链接，其中不乏官方媒体。官方媒体在拓展获客渠道的同时也增加了活动可信度，吸引大批目标客户前来游玩。

通过打好新媒体组合拳，济南融创乐园各大主题活动在社交媒体保持了较高热度，达到了较好的宣传效果。在南瓜节主题活动中，济南融创乐园官方服务号、订阅号共发布 18 篇推文，曝光量 7.8 万以上，带货总额 3.7 万。在稻草人王国主题活动中，融创乐园招募抖音达人 1300 人以上，话题曝光量超 4827.5 万；“融创乐园”稳居抖音打卡榜、热销榜、种草榜榜首，荣登同城热点榜第二名，热度超 400 万。海洋嘉年华主题活动最终达成 12.13 万人次,抖音种草榜、打卡榜、热销榜三榜连续霸榜近2个月,1200余位达人加入分销及内容传播,实现曝光1亿人次以上。在灯光节活动中,抖音点击量超10万,点赞量转发量过1万,抖音还联合济南的各大网络主播,在直播间推销门票,送出优惠券,小红书中济南融创乐园灯光节的笔记超过9400条,表演视频及现场照片掀起了一波热度。

(二)分级运营做市场

分级运营是指把营销过程根据时间划分成不同的层级,采用不同的运营策略,分节奏阶段性释放活动亮点与卖点,持续发声,保持活动热度的运营方式。主要包括:节前预热,造势宣传;正式开幕,精准制造热点、爆点;抓住热点,进行发酵引流,推动活动达到高潮;结尾收官,巧抓消费者心理,饥饿营销抢收。这里以抖音南瓜节为例,分析四阶段活动分级运营的主要内容(见表3)。

表3　抖音南瓜节阶段分析

阶段	内容
南瓜节预热	发起第一波达人推广,由云视频剪辑转化为彩排等亮点传播
南瓜节开幕	大批量达人探店,活动亮点集中输出,引导好后续二次传播
南瓜节发酵	深挖活动亮点,进行差异化传播,维持传播热度
南瓜节收官	进行大规模探店,输出万圣夜一票制玩法,营造饥饿营销,快速抢收

1.第一阶段:南瓜节预热

首先,发起第一波达人推广,由云视频剪辑转化为彩排,悬疑故事线预热等亮点传播,预告万圣活动。其次,对NPC进行培训,创造良好节日氛围,以便促进游客对于变装及互动商品的购买意愿,进行二次消费。最后,成立南瓜节指挥小组,确保方案内容有效推进。

2.第二阶段:南瓜节开幕

吸引大批量达人探店,活动亮点集中输出,根据亲子、青年不同客群游玩习惯,推出针对性营销策略吸引流量,抖音、小红书、微信朋友圈等各社交平台全网刷屏,通过优质内容持续输出,传播事件打造,社群精准互动,引导好后续二次传播。

3.第三阶段:南瓜节发酵

深挖活动亮点,进行差异化传播,维持传播热度。精准对接大学生体验官，分阶段释放带动市场口碑。2022年15～16日策划校园体验官活动，结合时下热点，侧重社交、刺激元素传播。通过校园关键意见消费者（Key Opinion Consumer，KOC）低价促销换流量，活动期间2天共有6800人报名参与，提升档期首个周末园区人气。与此同时，利用种子用户，进行社交媒体的二次裂变传播，在小红书、抖音、校园群传播广泛，有效地拉动了南瓜节期间的人气和口碑，建立大学生社群12个，约1200人，同时为更好地接触学生，组织校园代理体验日，共计43所院校参与（包括山东大学、山东财经大学、山东工艺美术学院、山东建筑大学等）。

4.第四阶段：南瓜节收官

进行饥饿营销，线下引导游客大规模探店，持续传播，保持节日热度。推出万圣夜一票制玩法、尖叫狂欢夜等，快速抢收门票，推动结尾高潮，准备活动收官。

（三）丰富售票方式做渠道

1.开展平台合作

为增强活动传播效果，乐园与多个平台开展合作，增加售票渠道。现有第三方平台售票渠道以美团、抖音为主，侠侣、携程、锦程、乐游、自在游、齐鲁青年等为辅，合作平台实现横向延伸。以南瓜节为例，线上购票主力购票渠道为美团，次主力为抖音。其中抖音门票客单较美团低30元，导致美团与抖音出票人次虽差异不大，但收入相差较大。未来渠道合作将秉持“美团为优先选择，抖音为第二选择”的原则，继续完善在线售票合作体系。南瓜节购票情况如表4所列。

表4　南瓜节购票情况

渠道	出票人次（人）	人次占比（%）	门票收入（元）	收入占比（%）
美团	6949	44	68	53
抖音	5854	37	40	31
侠侣	968	6	5	4
携程	387	2	4	3
锦程	531	3	3	3
乐游	376	2	3	2

续表

渠道	出票人次(人)	人次占比(%)	门票收入(元)	收入占比(%)
自在游	278	2	2	2
齐鲁青年	208	1	2	1
其他	246	2	2	2
合计	15797	100	129	100

2.完善自有渠道

(1)官方公众号信息发布

借助官方公众号流量,增加主客互动,调动潜在顾客购票积极性。活动宣传期间发布点赞转发活动,官方公众号和抖音公众号会有评论点赞前几名免单的活动,调动了游客的积极性,游客评论点赞增加,获得较为理想的营销效果。通过使用官方微信公众号推文,达到推文产品售卖渠道总计销售额 15396 元。

(2)开展线上直播

济南融创乐园开展直播进行线上售票,冲高短期销量。直播可以实现集中传播的效果,短期内提升曝光量。在产品集中宣传期内直播优先,同时兼顾服务商,利用直播快速提升活动名气。此外,为提高主播积极性,乐园还设置了直播交易量奖惩政策,以保证宣传效果。

3.丰富售票票种

多样性的传播需配合多样性的产品,活动期间,济南融创乐园丰富售票产品组合,带动各类活动亮点传播,维持传播热度,延续售卖周期。乐园整体活动除设定全产品套票外,还设定散客产品分票,降低入园门槛,吸引更多散客入内。此外,不同主题活动也设置不同的票种。以融创海世界为例,作为亲子互动的主题活动,除了普通的成人票和学生票两种常规票种,还推出 9.9 元的儿童票与 168 元双人票。抖音达人推荐还有优惠团购票、99 元预售票等。抖音南瓜节也推出了鬼屋套票和夜场票等多样化票种产品。

结　语

在新型冠状病毒感染的冲击下,文旅行业如履薄冰。社会消费降级,降低了人们的出游欲望，减少了出游次数。亲近自然、短途周边、沉浸体验等产品成为消费者的新的选择。为积极响应文旅复苏，济南融创乐园积极开展节事营销，针对省会经济圈主要客源市场开发了四个主题活动项目，最大限度实行文旅融合，创造爆点，刺激消费，帮助市场回暖。为迎合特殊环境下的消费需求，景区打造了全新旅游生活方式，创新发展模式，实现从门票经济到综合经济，从观光度假到文化体验的转变。在融创文旅的发展模式中，“文、商、旅”三者不可切割——“旅”是枢纽，解决覆盖半径的流量；“商”是利刃，切开流量的诉求；“文”是底蕴，提高流量的黏性。融入文旅元素，便可以有效提升存量地产的价值，创新价值变现模式，使得乐园在取得较为可观的效益的同时为其他旅游产业提供借鉴意义。

▶启发思考

1.济南融创乐园如何鼓励营销人员进行营销创新，通过全媒体营销助推企业高质量发展？

2.济南融创乐园举办的“南瓜节主题活动”是其他旅游企业可借鉴的方案吗？可借鉴的点是什么？

3.如果你是融创乐园的总经理，你会在景区后续的运营过程中采取什么样的战略，请具体阐述。

“一规三品”全案营销策划模式

——易网创意助力文旅行业复兴*

▶案例概览

济南易网文化传播有限责任公司(以下简称“易网创意”)深耕文旅行业,专注于全案营销策划,成功打造了“济南野生动物世界”“聊城水上古城”两个优秀营销案例,助力文旅行业复兴。目前,易网创意负责省内外客户的品牌战略、全案营销、全案落地、整合传播、文旅演艺、影视设计、舆情策略等数十个业务板块,成功打造了“一规三品”,即营销总规划、品牌策划、品牌公关、品牌落地商业模式,明确了“创意始终　独一定制”的企业理念,累计为客户创造了数亿元的市场和品牌价值。

引　言

2019年年底,有着20余年历史的《生活日报》宣布停刊,内部孵化、发展两年多,为报社创造了千万元收益的年轻团队,始终无力逆转时代大潮,亦随百余名生活报人遗憾退场、分流,各奔东西。但这支近20人的队伍依旧青春澎湃,在集团内部短暂过度后,全员迎接二次创业。

时运不济,出师不利。二次创业的易网团队迎来的不是滚滚的市场浪潮,而是新型冠状病毒感染。这三年,与无数传媒广告、营销策划、活动公关类公司一样,易网团队遭遇了无数坎坷。

---

* 本案例由济南易网文化传播有限责任公司于洋、杨年、田迎春、张明菲、杨思雨撰写,由山东大学旅游产业研究院/山东省新旧动能转换重大工程精品旅游产业智库改编收录。

经过多次集中会议，济南易网文化传播有限责任公司（以下简称“易网创意”）决定开启全案营销探索之旅，创新性地提出了“一规三品”全案策划模式，通过模式创新实现逆境破局。2022年年底，明亮的曙光再次照进小微企业的办公室，这次的光比以往任何一次都耀眼、真实：公司喜获“山东旅游创新先进单位”称号，公司负责人于洋也荣获“山东旅游创新先进工作者”称号，以表彰他在推动山东文旅融合发展、创新营销和品牌升级等方面所作出的突出贡献。这些成绩的背后，是三年的坚守，也是无畏的逆行和奔跑。

一、深耕文旅，创新“一规三品”全案策划模式

（一）公司介绍

易网文化传播有限责任公司（易网创意-YW-idea）诞生于大众报业集团（大众日报社），是国内首家基于新媒体属性的全案创意、策划、公关团队。系山东精品旅游促进会核心会员单位，山东省旅游行业协会理事单位。同时，易网创意还是网易新闻山东运营中心的运营团队。

易网创意策划机构创始人于洋先生系资深媒体人、策划人，原大众报业集团生活融媒中心总经理、齐鲁晚报行业运营主任。现担任易网创意策划机构董事长、山东省旅游行业演艺协会副秘书长。在于洋先生的带领下，易网创意服务山东、北京、天津、江苏等全国客户近百个，执行各类案例数百个，多个家例获得各类大奖，为客户创造数亿元市场和品牌价值，为城市和政府打造若干次高质量品牌服务。

（二）“一规三品”全案例策划模式

全案营销是品效合一的最佳选择。营销就是运营和销售，产品和品牌都需要兜售，且后者服务于前者，前者成就后者，共融共生、共荣共生，品效不是要合一，而是本就是一，品牌战略规划、品牌策划、品牌公关、品牌落地形成的全案营销模式，是真正实现品效结果的最佳方式。为此，易网创意提出了“一规三品”，即营销总规划、品牌策划、品牌公关、品牌落地商业模式（见图1）。

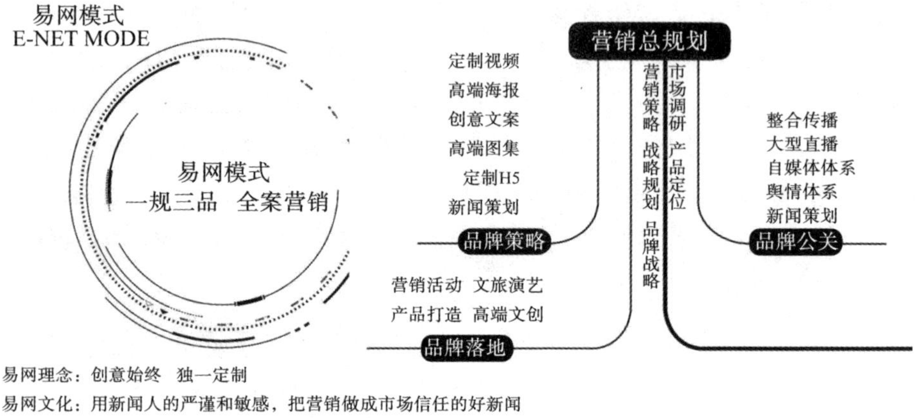

图1 易网创意“一规三品”模式①

“一规”是指项目战略总规划，总的规划要系统化、科学化，要做营销项目的白皮书，营销总规划是“一规三品”模式的核心，涵盖了项目总规划、总策划、市场和产品调研与分析、品牌和产品总策略、市场营销规划等多个版块的工作。

“三品”则围绕客户品牌塑造展开。品牌策划之于文旅行业则是基于年度、节点、产品所做的整体策划、执行策略、落地方略。文旅属性尤为需要策划的差异化——要形成符号、人设、认知、心智、甚至信仰的护城河和“独定”“高定”。内容要为精准渠道和精准人群服务，形式和内容要针对受众、客群和渠道要高度定制，要自带标签、自带流量、自成IP。品牌公关就是全渠道、全矩阵的整合传播，整个传播要形成矩阵、形成系统——主流媒体、流量媒体、自媒体、网红媒体、广告媒体、攻略媒体要形成权重搭配，背书和流量不可缺一。品牌落地对于文旅行业尤为重要，涉及场景、氛围、业态、互动、体验、演艺、打卡……整个流程落地是游客从品牌信息获取到出行冲动再到现场体验的闭环承接，也是文旅项目实现市场营销转化，实现二次传播、自传播、人流裂变的最终目的。

“一规三品”是一个总的运营模式，是易网创意在文旅市场的“独门武器”。“一规三品”模式引领易网创意持续服务于文旅、汽车、医美、教育、金融等各大行业，截至2022年，易网创意陆续为市场提供品牌规划与策略、全

① 本案例图片均由济南易网文化传播有限责任公司提供。

案营销系统打造、全媒整合传播、活动与演艺策划、场景氛围打造、事件营销策划执行、新闻策划与公关、全网直播执行、新媒体和自媒体运营、文创定制设计、舆情监测和处置、影视和设计等数十项服务，覆盖策划、产品、业态、视觉、文化、品牌、落地、活动、市场等全维度、全过程的策划体系，公司涉足的领域和区域也在不断扩展，易网创意商业格局实现了质的突破（见图 2）。

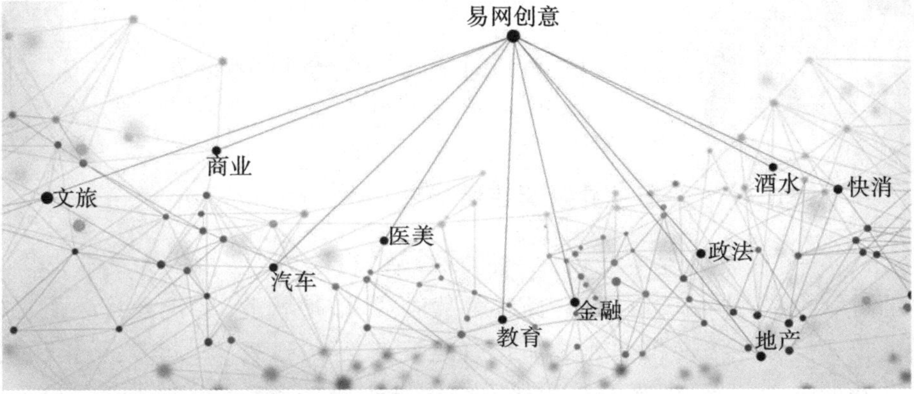

图 2 易网创意行业分布

二、初心不变，吹响文旅复兴号角

旅游行业是易网创始之初的“基因”，也是易网公司最重要的板块。“旅游行业是这三年来受冲击最大的行业之一，易网公司正是这个行业的逆行者。”对于这个论断，易网创意的创始人于洋甚为笃定。

2020 年起，易网开始了逆行之路。作为山东旅游行业协会演艺分会理事和副秘书长单位和山东精品旅游促进会核心会员单位，这三年对于易网创意来说是机遇和挑战。易网创意为行业策划了众多优秀案例，让很多旅游企业和景区起死回生，艰难地挺了过来。

三年来，易网创意进行了一系列文旅融合创新之举，给文旅业带来了一缕春风。为中国驿・泉城中华饮食文化小镇打造的“中国驿・红中国”年度品牌，涵盖十多项营销活动、数百次推广；为天蒙山景区全新升级打造“沂蒙山小调 MIX 国潮音乐节”首次将国风、国潮和民族文化有机融合，提升了“沂蒙山小调”文化品牌；为章丘平陵古城打造的“探花平陵城 梦回济南国”全案推广,吸引10多万游客;为大型实景演艺《沂蒙四季·红嫂》和文旅话剧《微山湖》打造的全案品牌和推广模式成为业界标杆。以下将以易网创意为济南野生动物世界重磅打造的“狂欢夏夜·潮野泉城”大型夜游和为聊城中华水上古城全案打造的“潮起东昌·明韵古城”狂欢季为例,展示易网创意全案营销项目的内容。

三、推陈出新,创意驱动营销落地

(一)济南野生动物世界唤醒夜游经济

近年来,夜游热度不断攀升。创新激活“夜经济”已经成为文旅产业复苏的有利举措,更是城市拉动内需、刺激消费、增加就业、实现经济高质量发展的重要载体。济南市文化和旅游局近年来落实国家、省、市关于扩内需、促消费的决策部署,以夜经济为抓手培育城市消费新动能、进一步释放消费潜力,通过各种举措让济南的夜晚“亮”起来、让商圈的人气“聚”起来、让夜间消费“火”起来、让群众生活“乐”起来。

济南野生动物世界作为济南文旅行业的一张名片,易网创意为其策划推出的“狂欢夏夜、潮野泉城”夜游季活动正是响应政策和市场的重要实践。易网创意围绕其“复苏”关键,精准把握时间节点,谋深谋细客源地及旅游需求,提前做好市场策划、客源组织、配套完善等文章,创想打造奇幻“夜游”,不仅丰富了游客的游玩体验,也提高了园区设施使用率,延长了游客驻留园区时间。自正式启动以来,济南野生动物园夜游以新奇特、高规格、高品质的清晰定位迅速“圈粉”,同时也树立了济南夜游活动的新标杆,并取得了亮眼的经济效益。

1.十大主题活动,爆爽整个夏天

在夜游群体构成中,“90后”成为绝对主力,占比高达34%,“80后”紧随其后,占比约29%,“00后”占比紧追“80后”,约12%。从夜游人群偏好分析来看,“Z世代”正在变身“夜经济”消费担当。对比其他客群,年轻游客更追求“现场感”强、“沉浸感”强的游乐体验。易网创意洞察“Z世代”消费特点和趋势,紧抓年轻人喜爱的音乐风潮,举办以潮酷夜生活为灵感的“梦幻舞会”“电音派对”和“篝火狂欢”,开启“动物园奇妙夜”探秘模式,构建一个精彩十足的“盛夏乌托邦”和“年轻化”的夜游新体验。

(1)动物狂欢,夏夜萌兽

清爽夏日,猛兽出没,夜游季期间,易网创意为济南野生动物世界策划的“动物狂欢　夏夜萌兽”体验板块,首次开创了“演艺+”的沉浸式新体验模式,动物园奇妙夜上演——松鼠猴在大树上“上蹿下跳”,小熊猫则悠闲地在栖架走来走去,享受着夏夜的清凉,黑熊们也开启了夜生活模式……园区“动物狂欢”观赏互动区里集结了一大波来探秘夜间萌兽的萌娃,萌兽和萌娃的互动妙趣横生,令人捧腹。

同时,潮野派对演艺表演与夜场的动物完美结合,游客在观看体验沉浸式的演艺同时,还可以和动物园的萌宠零距离接触互动,让游客在动物园感受到真正的“萌兽狂欢”,此活动在暑期深受亲子家庭的喜爱,在网上一度受到游客们的热捧。

(2)梦幻舞会,精灵起舞

易网创意团队为更好地提升济南野生动物世界游客的场景代入感和入口迎宾的氛围感,在景区入口精心打造了“风情迎宾”和“梦幻巡游”互动演艺,舞蹈演员通过创意的彩绘妆容将潮野风情提升到极致,门口的森林精灵与进入园区的游客互动拍照,踩着音乐鼓点带大家去看动物王国,让游客的园区体验更加丰富有趣。

(3)泡沫舞池,激情戏水

为夏夜增添清凉,园区内打造了“泡沫舞池”,为让游客有更好的夏日体验,还打造了超大泡沫舞池。游客手里的水枪伴随着大型泡泡机不间断生产绵密的泡泡,使灯光下的泡沫舞池更绚丽多彩。小朋友跳进泡泡池,尽情释放夏日激情。

(4)梦幻光影,如至幻境

森林奇幻季夜游项目以“光影秀”为核心主题,利用彩灯、数字光影、灯光装置以及声、光、电编程技术打造全沉浸式感官互动体验活动,致力于为游客呈现一个奇幻的光影森林。

当夜幕降临,精美绝伦的工艺彩灯、美轮美奂的LED变光灯珠,将济南野生动物世界装扮得流光溢彩、美不胜收。通过多彩灯光折射出梦幻场景,海浪沙滩、七彩琴弦、绿野秘境、霜天红叶……数种场景浪漫切换。走上这条奇幻的“光影大道”,游客可以在文化与光影、数字与艺术之间徜徉,沉浸式体验奇幻夜游。

(5)动物森林,音乐狂欢

易网创意联合山东音乐广播(FM88.7),在济南野生动物世界开启了“第二民谣济南星光季”。景区每周末的“动物森林奇幻音乐节”(见图3)更是重头戏。“动物森林奇幻音乐节”打造了独一无二的“动物主题狂欢舞台”,设计了虎头形状的舞台背景,每周末都有知名乐队和实力歌手驻唱演出。

图3　动物森林奇幻音乐节

在音乐现场,琳琅满目的餐车散发出诱人的香味。香喷喷的烤肉串、重庆小面、火爆鱿鱼、酸辣口味的泡椒凤爪、甜香软糯的糯米藕以及关东煮、羊肉串等上百种美食,配上音乐、啤酒,让游客充分感受济南野生动物世界的夏日激情。

(6)冰雪之旅,冰火尖叫

在马戏表演厅有惊险刺激的高空表演、杂技秀、摩托车展演、小丑表演等,充分调动游客的感官。除了惊险刺激的马戏表演外,游客还可以前往“雪国圣境”,内设超大型冰雕滑道,可以滑雪,也可以进行亲子游戏等互动体验。撒雪花、打雪仗等活动,让游客体验欢乐刺激的同时感受浪漫。

(7)光影童年,奇幻游乐

夜游季活动正值暑假,欢乐的童真世界也为孩子开启——五彩斑斓的双层旋转木马、闪耀着飞向星星的升降小飞机、操作感真实的挖掘机、畅游海洋的钓鱼游戏……清凉夜色中的彩色游乐园为孩子们开启了欢乐夜晚。

(8)“鹿”营民宿,与萌兽共眠

游客还可以入住济南野生动物世界附近的“鹿”营民宿区,感受夏日里森林的夜晚,一站式享受夜游、夜娱、夜食、夜宿等夜间游乐新体验。夜宿动物主题木屋,回归自然和平静,夜晚欣赏满天繁星,清晨和小动物们一起醒来,迎接美好一天。景区特地推出动物主题民宿惠民活动,游客可以以超低的价格享受同等的服务,将夏夜狂欢进行到底。

(9)深夜火车,探秘野生浪漫

走进森林,夜游一路惊喜——景区精心打造安全、便捷的夜游小火车(见图4),游客可以乘坐小火车,感受不一样的夏夜森林之旅。在游览途中,游客们不仅可以近距离观察动物的夜间习性,感受森林的静谧,还可以参加多项活动。亲子互动的手影剧场,游客按照手影攻略在幕布上变换形式各样的形状,可以亲手用光影“创造”出小动物;旅途之中,还有年轻人喜欢的“后备厢集市”,奶茶果饮、精品零食、小样饰品……大大小小的汽车装饰着彩色的灯光,集合了多种多样的新奇好物。

图4　夜游小火车

(10)篝火派对,激情点燃

点燃篝火,燃起希望,放下疲惫,燃烧激情。一场篝火派对让素不相识的游客们熟络了起来,留下一场难忘的回忆。篝火向星辰,所愿皆成真。熊熊的火苗在夜空燃烧,在主持人的带领下,围绕着象征欢乐的篝火,大家手拉手、肩并肩,转出一个“幸福圆”。激情的篝火、熟悉的旋律、动感的音乐奏响欢快的时光，游客们载歌载舞，伴着歌曲的演唱，灯光、火光映红整个夜空，歌声、乐声、欢呼声响彻营地上空，现场的气氛不断被推向高潮。

“点亮”夜色，“焕新”经济。易网创意策划的济南野生动物世界“第二届动物世界光影森林奇幻季”暨“狂欢夏夜、潮野泉城”夜游季活动自2022年7月9日正式启动以来，以新奇特、高规格、高品质的清晰定位迅速“圈粉”。

2.专业团队运营，多渠道营销宣传

(1)推出早鸟体验票、夜场票特惠政策

经过前期调研，易网创意深度策划制定了济南野生动物世界2022年暑期夜游季的营销执行方案。7月9日至9月11日，济南野生动物世界在每周五、周六、周日16:00～22:00开放夜场，以“狂欢夏夜　潮野泉城”为主题，精心打造了十大主题夜游活动，游客不仅可以体验丰富的野生动物世界，零距离感受大自然，还能观看趣味横生的多个演艺演出，参加欢乐的篝火晚会和泡沫舞会，加上景区配套动物“鹿”营民宿区，度过难忘的森林奇妙夜。

活动开始前，推出夜游特惠政策——先推出早鸟票29.9元，限量5000张，早鸟票抢完后推行门票打折活动，原价280元的门票活动期间仅需49.9元，限量10000张。并且门票含景区内国际马戏表演、雪国圣境、亲子乐园旋转木马项目。超低门票享受超多项目，进一步增强游客的体验感。

通过提前推出票务，精准获得每周参与夜游季活动的游客数量，用折扣方式，刺激游客抢订门票，以保证客流量。

(2)多渠道整合传播

依托主流媒体进行宣传曝光，以此为活动进行官方背书。定期发送宣传稿件，不断刺激受众接收最新活动信息，扩大曝光度。邀请多平台自媒体游园打卡，在抖音、小红书、微博等大流量平台传播，从而带动宣传。在整个夜游季活动期间，每周的上半周对活动进行“强宣传”，维持“声音”不断。通过大流量渠道，全平台宣发活动内容。

(3)持续产出视效宣传产品

易网创意在夜游季项目期间全程策划设计制作了一系列海报、长图，包含倒计时海报、主题海报、系列九宫格海报等，用于朋友圈互动转发，形成长效机制，刺激游客的持续关注。安排摄影摄像定期拍摄剪辑主题短视频、宣传片，在朋友圈、视频号、官方号进行宣发。分主题拍摄视频，展现整个夜游季的主题活动。

2022年7月9日是夜间开放首日。16:00，济南野生动物世界正门外排队入场的游客人头攒动,夜晚的济南野生动物园热度不减、人气爆棚,高峰时游客超千人。7月16日晚,济南野生动物世界宣布正式启动"第二届动物世界光影森林奇幻季"暨"狂欢夏夜、潮野泉城"夜游季活动,将景区游览活动与发展夜间经济有机结合,完善配套服务和管理,丰富产品和服务供给,成功撬动暑期市场,推进景区由"苏醒"到"繁荣"。历时两个月,执行团队经受住了各种考验,活动期间,景区日均接待夜场游客千余人次,共计5万余名游客进入森林深处,感受浪漫绮丽的"光影动物之夜",畅游夏夜动物世界。济南野生动物世界以独特的产品优势和品牌影响力打造奇幻"夜文化",成功树立"夜游"新标杆,引爆暑期游。

从主题游乐、夜游文化、特色餐饮、夜游环境、交通保障和配套服务等多个方面丰富配套资源,通过夜娱、夜游、夜食、夜购、夜乐等系列活动,易网创意全心全意为市民和游客烹饪了一桌"文旅夜宴"。文旅业从重新开放、游客到来,再到收入逐步恢复,经历了一轮新的变革,也从被动成长,走向了接受挑战。作为文旅行业的特殊业态,以及济南乃至山东的地标景区,易网创意抓住行业复苏的"夜游"关键节点,做强"夜游"品牌,点亮城市"夜经济",不仅带来了城市经济指标的提升,还点燃了城市的人间烟火,提升了百姓的生活信心,为经济社会发展和生活秩序恢复释放了积极信号,实现了"逆风翻盘"。

(二)聊城水上古城依托现有市井文化引爆国庆假日

易网创意还全案策划执行了2022年"聊城水上古城首届明潮文化巡展"。"聊城水上古城首届明潮文化巡展"积极探索传统文化与现代生活的创新性表达,通过各类文化要素,融合"迎宾大典""歌唱祖国""国潮音乐"等丰富多元的新主题,全方位演绎古今国潮文化碰撞的变革,同时展现出聊城丰厚的历史底蕴。此次文化巡展串联了餐饮、民宿休闲等业态资源,与研学、非遗、阅读、沉浸式情景小剧等小众旅游体验结合,为游客呈现集观赏、游玩、互动、体验于一体的"文旅盛宴"。在这里,游客可以观景、看展、品美食,听戏、购物、玩非遗,沉浸式感受花灯璀璨、光影扶苏、市声鼎沸、人流如织的水上古城盛景。

1.明文化巡展,演绎繁盛大明风华

(1)迎宾大典

金秋十月,祖国山河披锦绣。丹桂飘香,华灯闪耀庆辉煌。2022年10月1日上午,一段气势恢宏磅礴的《盛世中华》开场舞隆重拉开了聊城水上古城“首届明潮文化巡展”启动盛典的大幕。

用音乐追溯历史长河，用演艺承载民族文化。具有浓郁明朝文化风格的大型歌舞《梦回大明》等演出轮番上演，将开幕式现场气氛推向高潮。

(2)主题巡游与情景表演

经过对服装、道具、历史故事等多方考究，易网创意精心策划了主题性巡游和情景表演节目。把影视场景搬入现实生活，把文化因素注入游园场景，并在中间穿插经典影视作桥段的情景式表演，将明朝的礼仪文化、锦衣华服、才子佳人等文化特色以国潮的表达形式进行呈现，供游客重拾明朝礼仪文化，品读中华之礼。

漫步其中，古色古香的街道，热闹非凡的市集，随处可见身穿明代华服的“路人”，仿佛真的回到了鼎盛时期的明朝。文化巡展期间，来聊城水上古城“穿越明朝”的游客络绎不绝，景区内人头攒动，热闹非凡，处处洋溢着节日的欢乐气氛。

明朝文化的大型歌舞秀、婉转动听的国风音乐游园会、情景式互动演艺、趣味十足的巡游演出……“聊城水上古城首届明潮文化巡展”的每个节目都对服装、道具、历史故事等多方考究，将明朝的礼仪文化、锦衣华服、才子佳人等文化特色以国潮的表达形式进行准确演绎。节目还别出心裁地穿插经典影视桥段的情景式表演，在不同场景下做到古今融合，用精美的舞台表演为游客呈现繁盛的大明风华，展现聊城丰厚的历史底蕴。

(3)红色主题演出

华灯闪耀，歌唱祖国。有五星红旗的地方，就有信念的灯塔。如果信念有颜色，那一定是中国红。聊城水上古城街头巷尾旗海摇曳，国庆期间，精心筹备了“56个民族舞蹈快闪”“我和我的祖国红歌互动”以及《又见芳华》《我爱你中国》等一场场别具风格的红色演艺节目和多处国庆氛围场景体验，为游客朋友们送上一场红色文化盛宴，将满满的爱国情怀倾注游客心中，让游客仪式感满满地进入古城，共庆祖国73岁生日。

(4)极光秀《东昌幻境》

古街安置极光装置和烟雾机，精心打造极光秀《东昌幻境》，通过声、光电等技术手段创造出一场文化与科技结合的沉浸式视觉盛宴。极光幻彩、如临幻境，绚烂灯光打造奇幻梦境，光影下仙女舞动，长衣飘飘，绝美曼妙，仿佛穿越仙境一般。通过情景演绎、沉浸体验等形式将明朝文化特色以国潮的表达形式进行呈现，供游客重拾明朝礼仪文化，品读中华之礼。

(5)水幕灯光秀

聊城水上古城的水幕灯光秀也是不容错过的看点，在美丽的东昌湖上，真实的水舞与虚拟的影像互动起来。四大篇章《乾隆驾到》《火树银花》《攻城之战》《喜结良缘》与文学名著、运河文化、聊城特色相融合，创意性植入游船登岛体验，创造出一场文化与科技结合的沉浸式视觉科技盛宴。

(6)古风主题市集 还原大明烟火气

古色古香的街道，热闹非凡的市集，随处可见身穿明代华服的“路人”，漫步“聊城水上古城”，仿佛真的回到了鼎盛时期的大明朝。易网创意遵从明朝古风遗韵，按照明代的文化生活类目划分了“美食小吃类”“饰品服装类”“明礼互动类”“非遗民俗类”场景，还原明朝古风主题市集，全方位打造明朝繁盛的市集文化，将明朝的烟火气，与民风民俗、市井文化一一呈现。以“明朝饰品服装类”摊位为例。近几年，汉服的复兴带动了国潮的流行，而明朝正是文化极度繁荣、服饰极具特色的时期，现在很多优秀的汉服设计都以其为参考。钟情于汉服文化的游客品味明制汉服的端庄大气与雍容华贵，透过一件件华裳触摸大明盛世的绝代风华，感受中国风带来的视觉冲击。

2.多个体验业态，享受国庆欢快假期

除了“聊城水上古城首届明潮文化巡展”，还有多个体验项目，带游客领略古韵文化，享受欢快假期。“灵动少年”智慧体验研学之旅让孩子放下手机，亲手体验非遗手工；亲历考院，体验古代状元的科举之路；与鹦鹉对话，感受亲近喂食的自然之旅。

(1)山东手造古街

非物质文化遗产是传统文化的代表，传承、体验非遗使中华民族传统文化源远流长，展现其丰富的文化底蕴。易网创意整合展示山东民间手造文化，将道署东街打造成“山东手造古街”，将山东民间的非遗文化全面展示在游客眼前。游客可在这里沉浸式体验非物质文化遗产项目，感受传统文化之美。非物质文化遗产之扎染如图 5 所示。

图 5　非物质文化遗产之扎染

(2)海源雅集及海源书房

海源雅集及海源书房打造集文化体验、茶咖书香、社交雅聚等业态融合的民宿综合体,让游客可以感受地域文化,体验别样文化气息。海源雅集民宿酒店以住宿为载体,通过挖掘和活化本土文化,融入时尚生活美学,打造集文化体验、茶咖书香、社交雅聚等业态融合的民宿综合体。海源雅集民宿酒店有客房 17 间,不仅能够为市民和游客提供舒适的住宿条件,而且能够提供精致的西餐、咖啡饮品等特色服务。海源书房位于古城西侧,内设休闲书吧、水吧、茶室、就餐包房 11 间,整体以中国东方书香文化为定位,融入西餐饮食文化,以阅读文化为核心,为顾客营造出清幽、雅致、品味的休闲文化氛围,打造聊城地标性的多元文化活动空间。

(3)东昌湖鱼馆

湖上之城的中华水上古城也为游客准备了“无鱼不成宴”的大餐——东昌湖鱼馆。餐厅主打鲁菜、湖鲜、东昌湖野生鱼,当地山羊肉、牛肉、黑猪肉等,充分利用东昌湖生态食材,是广大游客不容错过的美味体验。

3.完善配套服务,保障群众出游安全

从品牌策划到品牌落地,易网创意贯穿始终。为保证活动有序进行,策划团队协助古城当地疾控部门和公安部门,严格落实相关政策,规范游客出游行为,为广大游客安全出行保驾护航。

(1)党员干部冲在前,圆满完成各项服务接待任务

在黄金周期间,易网创意执行团队和聊成水上古城全体职工以饱满的精神面貌迎接八方来客,一举一动诠释了古城人的精神,一言一行展示出古城人的风貌。尤其是各个岗位的共产党员们,从领导到普通职工,冲在前,干在前,吃苦在前,奉献在前,用实际行动践行了共产党员的模范带头作用。全体职工用诚心、热心、爱心让游客在聊城水上古城度过一段安心、舒心、开心的难忘时光。

(2)落实相关政策,全力保障游客健康安全

为更好地保障游客健康安全,聊城水上古城深入贯彻落实相关工作部署,严格开展安全消杀工作,员工坚守一线,尽心尽责守护群众生命健康安全。在工作人员的有序引导下,广大游客自觉佩戴口罩、测量体温、出示健康码、行程码、实名登记信息等,有序排队入场,安全出行。

(3)"警察蓝"助力"红色游"高效统筹疫情防控

国庆旅游旺季,人员流动性和集聚性增加,新型冠状病毒感染传播风险不断上升,健康安全形势依然严峻。为做好"十一"期间的相关服务保障工作,聊城市执勤民警提前部署、多措并举,每日坚守岗位,提前到岗开始一天的巡逻执勤,并对园区内的安检措施、公共设施、消防器材等进行了全面检查,对园区工作人员进行培训,提高大家发现问题、解决问题的能力。

4.拓宽宣传渠道,多方位增加古城热度

(1)多渠道整合传播

依托主流媒体进行宣传曝光,定期发送宣传稿件,不断刺激受众接收最新活动信息,扩大曝光度。山东电视台、聊城电视台、网易新闻、中宏网、海报新闻、中国山东网、鲁网、山东商报·速豹新闻网、人民网、腾讯、闪电新闻、大众日报观澜、新黄河、搜狐等主流媒体整合报道,除了主流媒体,还邀请聊城及周边区域的众多自媒体对国庆期间景区的十大主题做持续的报道。形式涵盖多平台直播、视频、图片等,整个国庆期间,累计曝光量达到数亿人次。

(2)持续产出视效宣传产品

易网创意在文化巡展期间全程策划设计制作了一系列海报、长图,包含倒计时海报、主题海报,并设计了电子邀请函方便文化巡展宣传。通过契合的明朝特色主题海报,对活动的整体主题进行宣传。拍摄剪辑主题短视频,宣传片等在朋友圈、视频号、官方号进行宣发。拍摄主题短视频,对聊城水上古城的各个特色街区、景点进行串联,全方位展现聊城水上古城的特色古

城文化。

“十一”期间,尽管冷空气携风雨入鲁,但游客的出游热情仍然高涨,聊城水上古城景区迎来客流高峰。数据显示,国庆假期累计接待游客 21.8 万人次。古色古香的街道被挥动的小国旗装点,景区飘满“中国红”,处处洋溢着喜庆祥和的节日气氛。如梦如幻的明朝盛景、独具匠心的非遗体验、大快朵颐的美食集市、精彩绝伦的红色演艺……“聊城水上古城首届明潮文化巡展”以国潮腔调演绎一场大明风华与现代国潮的跨界文化盛宴,呈现出古今文化碰撞的变革。

结　语

春雷声声,浩浩荡荡。文旅复兴之路业已全面开启,诗和远方承载着人民对美好生活的向往和追求。易网创意不断优化、改善、提升“一规三品”的全案营销策划模式,助力文旅市场的全面复兴。

凡是过往,皆为序章,过往的苦涩会成就新篇章的甘甜,过往的成就会成为新路程的力量。易网创意将在第三次创业之路上继续摸索前进,与前两次不同的是,这次是“正向创业”,不再是“无畏逆行”。

▶启发思考

1.如何利用实景沉浸演艺提升游客的复购率?

2.景区如何抓住“文化+旅游”融合红利期实现“破圈”?

3.随着旅游旺季来临,如何紧抓消费者心理,景区应有哪些硬件、软件的提升?

协同、耦合与连接

——打造济南文旅“政”能量*

▶案例概览

近年来，济南市旅游宣传推广中心积极利用济南市文旅政务新媒体矩阵，在文旅线上宣传推广中不断探索创新，矩阵影响力在全国文旅政务新媒体和省级政务新媒体排名中稳居前列，泉城济南的知名度、美誉度显著提升。通过创新传播渠道、挖掘传播内容、总结宣传模式，济南市旅游宣传推广中心致力于将济南文旅政务新媒体矩阵打造成为城市形象传播的崭新窗口，让济南这个集历史名城、文化圣地、现代化都市于一体的城市更好地连接用户、连接世界。本案例以济南文旅政务新媒体矩阵为研究主体，总结2022年以来宣传推广活动在矩阵“协同”“耦合”“连接”三个维度上的创新经验，为各级政务新媒体矩阵建设提供一定参考。

引　言

旅游宣传从某种程度上可称为“旅游营销”，即相关的经营者在以获得利益为目标的前提下，根据当地的实际情况，满足旅游者的需求，并进行宣传与推广，以最大程度吸引游客。① 从济南文旅宣传推广的既有基础与发展

---

* 本案例由济南市旅游宣传推广中心中级经济师叶玉琦撰写，由山东大学旅游产业研究院/山东省新旧动能转换重大工程精品旅游产业智库改编收录。

① 参见谭宇菲、刘红梅：《个人视角下短视频拼图式传播对城市形象的构建》，《当代传播》2019 年第 1 期。

成果来看,无论是济南文旅政务新媒体矩阵的综合传播力还是主要平台的线上传播力,已经在细分行业和领域中走到了前列。济南文旅宣传推广在实践中遵循着经济社会发展需要,厚植济南文旅产业沃土,迎合大众文旅消费习惯,助力构建济南城市的形象力、吸引力、感召力,积蓄起经济社会发展的流量池。

济南文旅线上媒体矩阵搭建过程中,从一个平台的运营延伸到多个平台,经历了一段漫长且曲折的道路。2014 年,随着信息化的不断发展和普及,济南文旅持续尝试探索"互联网+"的宣传新模式,依托移动互联网打造的"两微"平台基本完成,微博、微信这类新兴媒体信息发布平台,满足了群众对于线上旅游宣传的需求,得到社会各界的广泛认可。截至 2016 年年底,济南文旅陆续开设了今日头条、一点号、企鹅号、搜狐号、西瓜视频平台账号,济南文旅政务新媒体矩阵的雏形正在展现。2017~2018 年,随着短视频的兴起,抖音、快手、哔哩哔哩、微视等视频平台成为济南文旅政务新媒体矩阵搭建不可或缺的一部分。在文旅融合大背景下,"坚持以文塑旅、以旅彰文,推进文化和旅游深度融合发展"[①],为新时代文旅产业高质量发展指明了方向。在实践中,济南文旅逐步理清政务新媒体矩阵各平台的规划思路,把矩阵作为文旅宣传服务的重要阵地、发出济南文旅声音的主要窗口、联系群众的坚实桥梁,全面提升政务新媒体传播力、引导力、影响力、公信力,传递文化和旅游"政"能量。

近年来,济南市旅游宣传中心积极打造"济南市文化和旅游局"政务新媒体矩阵,通过孜孜不懈的创新运营,卓有成效。不仅开创了文旅行业创建图片素材库的先河,还构建起了日臻完善的文字素材库与视频素材库,为城市文旅宣传推广培育了丰厚的土壤。矩阵下设平台共 16 个,其中包括微信公众号、新浪微博、今日头条、百家号、企鹅号、搜狐号、一点号、澎湃号、新浪看点等在内的 10 个图文平台以及包括抖音、快手、哔哩哔哩、微信视频号、腾讯微视、西瓜视频在内的 6 个视频平台。依托新媒体矩阵,济南文旅线上宣传推广每年发布约 3 万条文章和视频,创造出约 11 亿次的浏览量,稳健积蓄了可观的"私域流量"。在文旅指数产业实验室发布的年度全国市级文化和旅游新媒体传播力指数报告中,济南文旅政务新媒体矩阵稳居全国前列。

① 习近平:《高举中国特色社会主义伟大旗帜　为全面建设社会主义现代化国家而团结奋斗——在中国共产党第二十次全国代表大会上的报告》,人民出版社 2022 年版,第 45 页。

一、定位先行：发挥创新协同合力

（一）在明确矩阵定位上彰显高度

文旅宣传工作要服务于意识形态工作大局，服务于中国特色社会主义文化大繁荣大发展，牢牢把握意识形态工作正确方向，站在理论自信、制度自信、道路自信、文化自信的高度，弘扬主旋律、传播正能量。

1.在提升济南城市品牌影响力上持续发力

良好的城市旅游形象是推动地方经济发展的重要途径。济南作为山东省的政治、经济、文化、科技教育和金融中心，面向国内大循环为主体、国际国内双循环互相促进的新发展格局，迎来了新旧动能转换起步区、中国自由贸易试验区、黄河流域生态保护和高质量发展、强省会、都市经济圈等国家级与省级战略交汇叠加的重大机遇，为文旅产业发展构筑了千载难逢的战略发展窗口，文旅产业战略地位更加凸显、战略空间全面拓展、战略潜力充分释放。“山、泉、湖、河、城”立体勾勒出的济南，作为国家历史文化名城，具有8000多年的考古史、4600年文明史、2600年城建史，更有泉水文化、龙山文化、大舜文化、黄河文化、名士文化等多元文化体系荟萃交融，塑造了光彩溢目的城市文化底色，蕴生了蔚为大观的城市人文气质，成为中华文化不可或缺的组成部分。济南文旅宣传推广在优质线上传播基础上，持续关注内容主题的优化，逐渐在粉丝和用户心智中建立并夯实“文化、泉水”等印记。济南市印发《关于“提升城市软实力　创建文明典范城”的实施意见（征求意见稿）》，提出“提升城市文化驱动力、提升城市创意创新创造力、提升宜居宜业宜游吸引力”等“十力”，全面推进“建设底蕴深厚的文化之城、建设闻名中外的天下泉城、建设品牌荟萃的魅力之城、建设创新创意的活力之城”等“十城”，为济南文旅政务新媒体的发展指明了方向。近年来，济南市旅游宣传中心厚植济南市文化特色，不断打造泉城济南城市品牌影响力，迎接百年未有之大变局给我国文化产业和旅游业发展带来的挑战。

2.在扩大济南文旅宣传推广上持续创新

如今媒体传播已经进入了碎片化、数据化、标签化的时代，如果没有明确的方向梳理和优化多维的宣传推广内容，容易被大数据算法赋予非理想化的标签。特别是市场已经进入“用户主权时代”，文化是济南文旅融合发展中显著的优势,济南文旅政务新媒体急需在用户心中打下个性鲜明的烙印,构建起独特的发展壁垒。聚焦活化利用,凭借弘扬黄河文化、夯实文物基础、加强考古工作、赓续红色基因、创新非遗传承,推动文化遗产保护传承焕发新活力。聚焦文旅消费,借助招大引强增量提质、丰富业态创新供给、全域旅游全面开花,使文旅产业为“强省会”注入新动能。聚焦城市形象,聚焦增强开放吸引力、品牌影响力、区域带动力,为国际文化交流合作搭建新平台。济南文旅政务新媒体矩阵标识如图 1 所示。

图 1　济南文旅政务新媒体矩阵标识①

(二)把服务群众作为工作出发点和落脚点

群众的需求在哪里,济南文旅的创新实践就推进到哪里。济南文旅政务新媒体矩阵在服务群众需求、强化政民互动中有着明确定位,矩阵的搭建是将服务群众作为文旅新媒体宣传工作的一切出发点和落脚点。矩阵内容生产来源于群众的文旅需求,充分发挥各新媒体平台优势,加大对文旅资源线上宣传推介力度,积极开展网上引导服务,及时发布景区场馆最新资讯,为市民出行提供有效推介和指导,形成与网友粉丝良好的互动关系。此外,依托重点平台的粉丝基础,建立起粉丝群,打通与群众交流的渠道,通过加强互动交流,热切回应公众关切,及时为网友答疑解惑,建立健全为民服务长效机制。

① 本案例图片均由济南市旅游宣传推广中心提供。

新型冠状病毒感染防控期间，凭借新媒体受众广、速度快、交互性强等优势，济南文旅政务新媒体矩阵全平台及时发布信息，为形成高效的防控局面提供有力支撑，树立责任意识。2022 年 3～5 月，“济南市文化和旅游局”全平台共发布相关信息近 800 条，总阅读量为 2500 余万；矩阵微信平台汇总济南市疾病预防控制中心和各景点、场馆、交通系统最新公告，并向市民科普相关知识和措施，进行“文旅战‘疫’日志”系列报道，制作“同心战‘疫’，济南文旅在行动”视频，提振信心；微博平台及时推送场馆、景区开闭时间调整最新消息。同时，今日头条、百家号、一点资讯、搜狐号、腾讯号、澎湃号等主要宣传平台联动发布图文信息，扩大宣传影响范围；抖音、快手等短视频平台转发权威机构紧急提示，共同筑起健康与安全的屏障。

二、加大引力：强化平台耦合效应

(一)推进协作机制，加强舆情监管

健全工作推进机制，确保矩阵信息发布安全。济南文旅政务新媒体矩阵牢牢坚守底线思维，牢固树立网络安全思想。根据《中华人民共和国保守国家秘密法》《中华人民共和国网络安全法》和《中华人民共和国政府信息公开条例》，结合具体工作实际，济南市旅游宣传推广中心补充制定《政务新媒体安全管理制度》，对矩阵 16 个新媒体平台进行了规范化梳理工作，责任落实到人，严格密码管理；创立“十发十不发”工作法，确保信息内容创作的安全。此外，还建立完善的信息审核发布机制，加强各政务新媒体信息管理，发布《政务新媒体信息发布审核制度》，信息审核实行分级负责制，对于转载类、报送类、自编类不同信息类别和不同发布平台采取四级审核制，内容审核根据各平台实际情况实行最多六级的分级负责制。

济南文旅政务新媒体矩阵积极主动做好舆情监测工作。长期以来，济南文旅舆情以正面信息为主，负面信息影响可控，整体舆情态势平稳，未涉及政治性有害信息。一方面，依托专业机构全方位、全天候进行实时监测预警，与大众舆情中心建立舆情服务合作，通过文旅舆情客户端、微信小程序，对全网涉及济南市文化和旅游工作相关舆情进行 24 小时实时监测预警，增强应对涉文涉旅突发事件和重要社会关切的主动性、积极性。另一方面，完善重要舆情的处置机制，对重要舆情信息，第一时间启动专项事件监测，跟

踪事件发展态势,并视情将舆情传播情况汇总报送,切实做好新形势下重要涉文涉旅舆情收集、研判、处置工作。

(二)保持宣传热度,聚焦主题主线

1.聚焦“东亚文化之都”活动年

“东亚文化之都”是落实习近平总书记在亚洲文明对话大会上促进亚洲文明交流互鉴倡议的重要举措,是中日韩三国共同发起的亚洲第一个国际性文化城市命名活动。当选2022“东亚文化之都”,对于济南而言,不仅是“聚力提升城市软实力”的重要平台,也是扩大国际“朋友圈”、打造对外开放新高地的闪亮名片。2022年是东亚文化之都济南活动年,系列活动按照主题突出、形式新颖、内容丰富、合作共享的要求,采取线上、线下相结合的方式,全年举办会议、论坛、展览、演出、赛事、节庆等内容丰富、精彩纷呈的100余场文化交流活动。济南文旅政务新媒体矩阵紧紧聚焦“东亚文化之都”这一国际性文化活动,紧跟活动热点,积极在全平台保持宣传热度,让更多市民网友看到泉城济南与各“东亚文化之都”一道描绘的“诗与远方”的美丽画卷。

2022年4月26日晚,“2022东亚文化之都·中国济南活动年”开幕式(见图2)在济南举行,开幕式采取线上直播的方式,“济南市文化和旅游局”微博平台将开幕式活动推上同城热搜,“文旅济南”微信公众号开辟“东亚文都济南年”专题专栏,各平台对多项文化交流活动进行紧密追踪,积极响应东亚文化之都济南年宣传工作,进一步提升泉城品牌影响力。活动期间,济南文旅新媒体矩阵的微博等社交平台、微信头条等图文平台、抖音快手等短视频平台共同形成宣传合力,对相关活动进行全方位、立体式宣传报道,创作宣传海报,撰写高质量原创文章,制作形式多样的长、短视频,重大活动云上直播,生动塑造出“看山、听泉、观湖、游河、品城”的济南特有文化气质。相关话题、图文、视频的阅读量近2000万,打造“云观展”“云赏剧”惠及网友6000余万人次,推进传统文化与融媒体的深度融合,济南文旅政务新媒体矩阵正确把握流量走向,最大限度发挥矩阵黏性,形成宣传合力。

图 2 2022"东亚文化之都·中国济南活动年"开幕式截图

2.紧跟"二安"文化旅游节

清代神韵派大师王士禛称李清照与辛弃疾为济南"二安":"宋代词派有二,一曰婉约,一曰豪放。婉约以易安为宗,豪放以幼安称首,皆吴济南人,难乎为继矣。""二安"文化赋予了济南特有的文化底蕴。

为了促进中华优秀传统文化的创造性转化和创新性发展、全面提升济南城市软实力、助力文明典范城市创建,济南市委宣传部、济南市文化和旅游局联合,以"'二安'与我们的城市"为主题,举办 2022 年中华"二安"文化旅游节,持续塑造"二安"文化 IP,让泉城因诗词而灵动,让市民为诗词狂欢。2022 年 6 月中旬,中华"二安"文化旅游节·诗词闯关上线,每日前200 名答题满分者可获得景区门票、文创美食等奖品;二安"仿妆挑战赛"在抖音平台同期火热开展,带上话题"二安仿妆挑战",即可参与活动;7 月 2 日,中华"二安"文化旅游节·宋风游园会在大明湖畔超然楼前盛大启幕。在活动期间,济南文旅政务新媒体矩阵广泛宣传,为中华"二安"文化旅游节造势,图文平台第一时间同步活动资讯,视频平台制作现场视频在抖音、快手、视频号等多平台推送。近年来,济南市围绕"二安"文化 IP 不断挖掘拓展,"二安"文化内涵持续扩容、生态边界不断延伸,早已成为泉城市民骄傲自豪的文化象征,更是济南走出去的一张响亮名片。能够孕育出这样伟大的诗人,是济南这座城市的自豪和骄傲,弘扬"二安"文化也是济南文旅政务新媒体矩阵的责任所在。

3.统筹"惠民消费"活动季

对于重大文旅活动,济南文旅政务新媒体矩阵高度重视、统筹谋划,积极开展全方位、多角度的立体式宣传。2022 年 5 月中旬,济南文旅政务新媒体矩阵积极开展“5·18博物馆日”“5·19中国旅游日”等系列宣传活动。通过制作博物馆推荐视频、游览攻略、深度长文进行推广,矩阵共发布博物馆日相关文章、视频20余条,吸引超50万人围观打卡。5月19日中国旅游日,全市共有19家旅游景区(点)推出了21项门票半价以上惠民旅游活动,约“惠”泉城。矩阵积极宣传文旅惠民政策,扩大旅游日的泉城影响力。为充分发挥财政资金补贴文旅消费的带动作用,助力文旅企业纾困,进一步激活文旅消费场景,推动文化和旅游消费提质扩容升级,6月2日,第六届文化和旅游惠民消费季活动在印象济南·泉世界省市同步启动。济南文旅政务新媒体矩阵在多平台发布第六届济南文化和旅游惠民消费券领取指南,及时更新消费券发放信息,市民游客可通过“济南市文化和旅游局”官方微信公众号平台跳转微信小程序“贴票票”领券下单,购买文旅产品、线上选座购票、预定门票及民宿可享5～7折不等的消费优惠。9月15～19日,第三届中国国际文化旅游博览会、首届中华传统工艺大会在济南举办。本届展会以“博览中华手造　共享文旅盛会”为主题,分别在山东国际会展中心和山东手造(济南)展示体验中心设置两个会场。济南文旅政务新媒体矩阵积极分享文旅热点,制作发布现场视频,展示丰富多彩的活动,展现现场的互动性、趣味性和参与性。

(三)突出重点亮点,联通线上线下

随着夏天到来,露营经济的热度不断攀升,济南文旅政务新媒体矩阵着力打造“一起趣野　‘营’在泉城’”2022济南露营季活动,抢抓旅游市场新风口,激发文旅消费新活力。2022年6～9月,集中推送露营目的地资讯,带动新一波暑期热潮。“济南市文化和旅游局”微博平台开辟的“济南夏日宝藏打卡计划”“济南露营季”等话题登上全国热搜榜,微信公众号开设“济南露营就来这儿”话题,在露营季活动期间共发布14篇专题文章,视频号发起“济南露营季”活动,共91条视频参与活动(见图3)。以轻奢露营、房车露营等一系列旅游产品为重点,扩大泉城露营产品的覆盖面,拓宽露营产品的销售渠道,济南市文化和旅游局联合美团、携程等平台,开通济南露营地预订端口,上线各大露营地电子套餐票,搭建起露营地与万千游客需求的智慧预订平台。此次露营季活动,济南文旅政务新媒体矩阵初步建立起露营、民宿、景区的通信员队伍,通过和景区及周边露营地的积极沟通,安排摄影师团队采风拍摄,形成丰富的一手宣传素材,充分满足露营地的宣传需求,宣传效果直接反馈于露营地订单的火爆,景区客流量、咨询量均有大幅度提升。以露营景区月牙山谷为例，参与活动一月内咨询量较上月增加了 40%，轻奢帐篷和自带帐篷露营的预订率增长了 30%；山野来信、若谷里等露营基地的网上订单量也有了较大提升。

图 3 “济南市文化和旅游局”微信公众号话题文章截图

2022 年 7 月 9 日下午，由山东省旅游行业协会、济南旅游联合会、山东省自驾车旅游协会、山东文旅景区投资集团举办的山东（济南）露营经济论坛在章丘区“花 YOUNG PARK”景区举办，济南文旅政务新媒体矩阵对论坛进行现场直播，向市民网友传递文旅行业的最新资讯。山东省文化和旅游厅、济南市文化和旅游局相关工作负责人、旅游行业专家、精致露营地企业代表、旅行社代表共同探讨济南露营经济的发展趋势、露营产品的现状和走向、露营智慧化及典型培育等。此次研讨会是贯彻落实 2022 年山东旅游发展大会精神的重要举措，济南市举办露营季活动、发展露营经济是恢复启动旅游市场、促进本地化消费的有效路径。下一步，济南文旅政务新媒体矩阵对于露营经济的宣传，要从政府多部门协同推进机制的建立、露营产品多样化需求的满足、露营消费体验满意度的关注和文明露营、无痕露营理念的倡导等方面做足文章、做好提升。

三、持续发力:发散矩阵连接触角

(一)"点"上强抓手,制造网络热点

在大数据加持下,让活动流量变成矩阵"留量"。济南文旅政务新媒体矩阵在活动策划上,积极向文化和旅游部、省文化和旅游厅靠拢,参与的2022年"文化进万家——视频直播家乡年"和"2022·秋游诗画泉城"活动成效显著。

2022年年初,济南文旅政务新媒体矩阵积极组织、统筹谋划,从多角度、全方位挖掘济南地区丰富独特的非遗年俗文化。新媒体的使用真正让非遗从"线下"走到"线上",全景呈现泉韵非遗的直播和短视频在线上引发热议,与年俗相关的非遗产品"触网"销售火爆,进一步扩大了非遗文化的影响力和覆盖面。活动期间,济南市文化和旅游局官方抖音、快手、微信视频号、微博等新媒体平台共发布视频254条,累计浏览量750万,引发众多点赞和评论参与,以丰富的内容、多样的形式为广大网友带来了极具特色的非遗文化盛宴,矩阵报送的"老济南酸蘸儿""赶大集　最年味""观济南皮影,过热闹虎年"三支优质短视频在文化和旅游部官网视频直播家乡年活动专区进行了展播;"济南皮影戏"的虎年新作,通过新华社客户端与腾讯新闻联合发起的"寻家乡味,过非遗年"春节主题互动活动,登上微信红包封面走进千家万户。山东省抖音、快手平台视频投稿量位居全国前十,优质视频入选数量居全国前六,济南市抖音、快手平台非遗视频播放量均进入全国前十。非遗视频高投稿量和高播放量,体现了济南文旅政务新媒体矩阵以"新"创"新"——以新媒体创非遗技艺传播新思路的工作初见成效,突破"非遗"传播瓶颈,提升非遗宣传价值。

2022年9～11月,矩阵策划发起"2022·秋游诗画泉城"文旅新媒体全平台宣传推广主题活动,活动以"济南的秋天"季节特点为宣传主线,结合中秋节、国庆节、重阳节等重大秋日节庆节日,露营节、泉水节等文旅活动,策划一系列秋季活动。截至2022年,各平台共发布信息1200余条,其中视频84条;全平台阅读(播放)量超3500万,传播效果显著,多种表现形式,全方位地推荐了济南秋天的吃、住、游、购、娱。其中微信平台原创秋季推介长文14篇,通过发布原创好文、美图、视频等形式对济南秋季旅游进行全方位宣

传，涵盖秋季自驾线路、乡村旅游、城市漫步，户外运动、寻泉、采摘，赏红叶、文化活动等多个秋季出游热点。官方微博积极与网友互动，主持“秋游诗画泉城”“秋游国庆泉城游玩指南”等话题，阅读量超2000万。以满足市民游客需求为出发点，全方位展现济南秋季文旅特色。结合相关要求，打造“济南人游济南”秋季产品。响应山东省文化和旅游厅的号召，2022年国庆假期期间，济南文旅新媒体矩阵深度挖掘济南秋季资源优势，打造“本地游”“近郊游”旅游产品。以国庆节、重阳节为契机，策划推出了国庆期间红色旅游、乡村自驾、重阳登高、金秋采摘等特色旅游线路，并及时推送文旅惠民消费券等活动攻略。活动开展深秋红叶游、沿黄游、自驾游、老街游、赏菊游、采摘游等济南特色深秋系列旅游宣传，与新浪公司合作的“秋收”系列宣传活动也即将上线官方微博平台，届时将全面调动济南市文化和旅游局新媒体矩阵下属16个平台，充分发挥各平台特点，扩大秋季宣传影响范围，提升济南城市美誉度，为下一步打造济南“四季旅游”品牌积蓄经验力量。

（二）“线”上肯纵深，深耕精细化运营

在“文化进万家　非遗泉城年——视频直播家乡年”活动中（见图4），济南文旅政务新媒体矩阵凝聚起济南非遗传承人力量，让非遗的保护有温度。非遗传承人是非遗技艺的守护者，每一位非遗传承人的背后都凝结着几代人的努力与汗水。时逢虎年新春，“浓情文旅　虎年送福”系列视频以“新”作的形式给大家在新媒体平台送上新春祝福，同时新春拜年送祝福的视频拍摄制作凝聚起了非遗传承人的共识，11位传承人纷纷为视频录制创作了“虎年”主题的全新作品。据了解，一些非遗技艺人的拜年视频经矩阵短视频平台播出之后，四面八方来的订单络绎不绝，足可见与传统节日相结合的传播方法，不仅让广大群众更加了解非遗、喜爱非遗，也实实在在为非遗传承人带来了经济效益，为非遗技艺的保护、传承和可持续发展注入了新的动力。活动启动以来，济南文旅政务新媒体矩阵多措并举，开展视频拍摄技能培训，帮助传承人设立账号，组织线上、线下联动活动，带动社会媒体参与，打造线上线下活动联动机制，形成以官媒宣传为主阵地、网红和传承人自媒体为补充的宣传矩阵，掀起了年俗非遗宣传热潮，在营造了欢乐喜庆祥和的中国年氛围的同时，培育了一批传承人自媒体宣传平台，推出了一批济南特色的网红非遗项目和产品，取得了济南文化传播和非遗传承双提升的良好成效。

图 4　矩阵抖音平台“文化进万家　非遗泉城年”视频一览

“直播＋非遗”也是此次活动的一大亮点，全市共 18 场各类型的非遗直播活动亮相云端，济南市旅游宣传推广中心联合天下泉城客户端春节期间推出了结艺、面塑、木版年画等非遗项目直播，传授制作技艺，引发广大市民高度关注和热情参与，其中“尹氏结艺”的直播累计观看人数破百万；联合章丘区文化馆、山东商报·速豹新闻网在石匣古村开展了年俗活动直播，各平台累计观众 51 万，原汁原味的民间艺术表演让观众大饱眼福，全景呈现了泉城浓郁的年俗年味。

传统技艺需要走向未来。让非遗真正融入广大群众的生活中，不要让“技艺”成为“记忆”。济南文旅政务新媒体矩阵决定从改变人们的观念入手。以大家广为熟知的章丘铁锅为“试验田”，利用官方微博、抖音平台创新发布“章丘铁锅年夜饭”系列视频，十六道美食在新年前后陆续亮相，为观众带来了章丘铁锅的全方位介绍，将“章丘非物质文化遗产打铁技艺真正将美味‘打’进每一道美食里”的理念真正传递到大家的餐桌和味蕾。该系列视频一经发布，便引起广大网友的积极反响。这既是宣传方法的创新，也为济南市其他非遗技艺与现代生活、实际应用相结合提供了思路和启发。

（三）“面”上广覆盖，实现资源互通互享

近年来，在扩大济南文旅宣传覆盖面上，济南市旅游宣传推广中心不断探索提升文旅宣传管理服务效能的新方式，其中，持续加强队伍建设是扩大宣传推广不可或缺的一环。一是打造文旅融合发展先锋队，在重大主题宣传工作任务上，如从济南申报“东亚文化之都”以来，济南文旅政务新媒体矩阵通过原创深度长文、海报设计、短视频制作、直播、文化知识问答等多种方式，持续宣传弘扬济南文化名片，为济南持续增强“东亚文化之都”影响力提供线上助力。二是打造应急处理先锋队，在日常工作中，对重要时间节点、重大活动的风险点进行提前研判，通过自动抓取舆情数据和人工预警对全市文旅舆情全程监测，牢牢把握正确舆论导向。三是打造服务群众先锋队，明确定位，将新媒体矩阵打造成“民意直通车”；带领各平台遵循及时、准确、有效的原则，为网民办实事。

济南市旅游宣传推广中心还与国内城市积极及省会经济圈城市联动，成立济南文旅传播指数研究室，发挥“双报到”资源优势。在新型冠状病毒感染防控期间，济南与武汉、西安等城市线上联动，以图文、直播、短视频等多种方式共同传递正能量，扩大城市影响力。组织开展“新春锦鲤齐鲁有礼”大型线上活动，加强了与省会经济圈各新媒体平台的联系，扩大济南省会辐射广度。2022 年 1 月起，每月发布区县文旅新媒体传播力指数情况和分析报告，调动区县文旅局积极性，整合区域内优质文旅资源，推进济南市全市文化和旅游新媒体“两微一抖多端”的新媒体宣传矩阵逐步完善。中心牵头，各区县联动，进一步实现文旅资源的互通互享，助力全市文旅影响力的显著提升。2022 年年中，餐饮收入普遍锐减，宽厚里小吃街也面临着线下消费困境。随着中心与“双报到”单位大明湖街道舜井国际社区共建交流的持续深入，为协助社区有效化解宽厚里美食街线下消费困境，济南市旅游宣传推广中心利用自身平台优势，结合社区资源，在 2022 年 8 月初策划开展“推广打卡宽厚里网红美食”系列宣传活动，联合商家开展“抽奖送美食”线上活动，取得良好推广成效，进一步促进社区与“双报到”单位资源有效整合利用。

结　语

目前,济南文旅政务新媒体矩阵建设已初显成效,在文旅宣传推广的深度和广度上有了突破性的进展。宣传推广线上内容多元涉猎,线下活动紧跟宣传热点,双线联动,将新媒体的作用充分发挥,展现了媒体传播的包容性与开放性。展望下一步发展,未来还需在以下三个方面持续发力。

首先,灵活利用文旅资源,夯实泉城济南特色。资源要素与基础支撑,既是谋定济南市文旅宣传推广战略规划的起始点,又是思考贯彻战略规划的落脚点。因此,灵活利用文旅资源,夯实泉城济南特色,对于提升济南文旅的宣传推广,具有显著的必要性。济南因泉而兴,“泉水”“泉城”人与泉水和谐共生,故而“天下泉城”已经成为济南重要的形象标志,具有鲜明的认知,这是济南文旅宣传推广的独特符号。绵延的历史脉络、多元的文化体系、凸显的名士印记、卓著的文化遗产都是济南市文旅宣传推广的核心素材。此外,进一步夯实“东亚文化之都”的认知亦是“文化济南”的重点工作之一,这在一定程度上为济南文旅宣传推广工作指明了方向。

其次,科学关注传播数据,推进平台精细管理。大数据是宣传推广持续迭代升级的主引擎。微博、微信、抖音等不同媒体平台目前存在各有差异的障碍或内容偏好。这就意味着在各个平台数据的指引下,文旅宣传推广要着力加强针对不同平台的精细化管理和内容产出,以更契合用户喜好的方式和方法,实现更多的用户转化。细分数据维度、建立数据模型、挖掘数据价值,将对济南文旅与用户的沟通起到至关重要的支撑性作用。从数据中洞察机会、驱动增长,是高质量发展的必须之路。

最后,着力打造推广模式,激发多元联动生态。济南市文旅线上宣传推广互动体系的实践,离不开清晰的“组织结构、互动版块、互动形式、互动方式”等高效互动机制的保障。一方面,互动机制有利于提升工作效率、强化工作效能;另一方面,有机会形成各区县可复制的学习样板,促进共同发展。着力打造推广模式,将进一步激发形成多元主体共建的联动生态,以济南市文旅宣传推广中心为平台和龙头,牵引打造宣传推广共同体——由中心推动构建起“优质创作者、高校学子、文旅企业、各区县”等主体参与的宣传推广联动生态。

▶启发思考

1.资源要素与基础支撑，既是谋定济南文旅宣传推广战略规划的起始点，又是思考贯彻战略规划的落脚点。对打造济南文旅宣传推广增长点有积极意义的资源要素与基础支撑有哪些？

2.如今媒体传播已经进入了碎片化、数据化、标签化的时代，内容易被大数据算法赋予非理想化的标签。济南文旅政务新媒体矩阵如何有效提升济南重要文旅景点知名度？

3.在济南文旅线上宣传推广成效明显的大前提下，线上的流量优势如何赋能线下？线下的部分优质活动又如何反馈回线上，成为优质的传播内容？